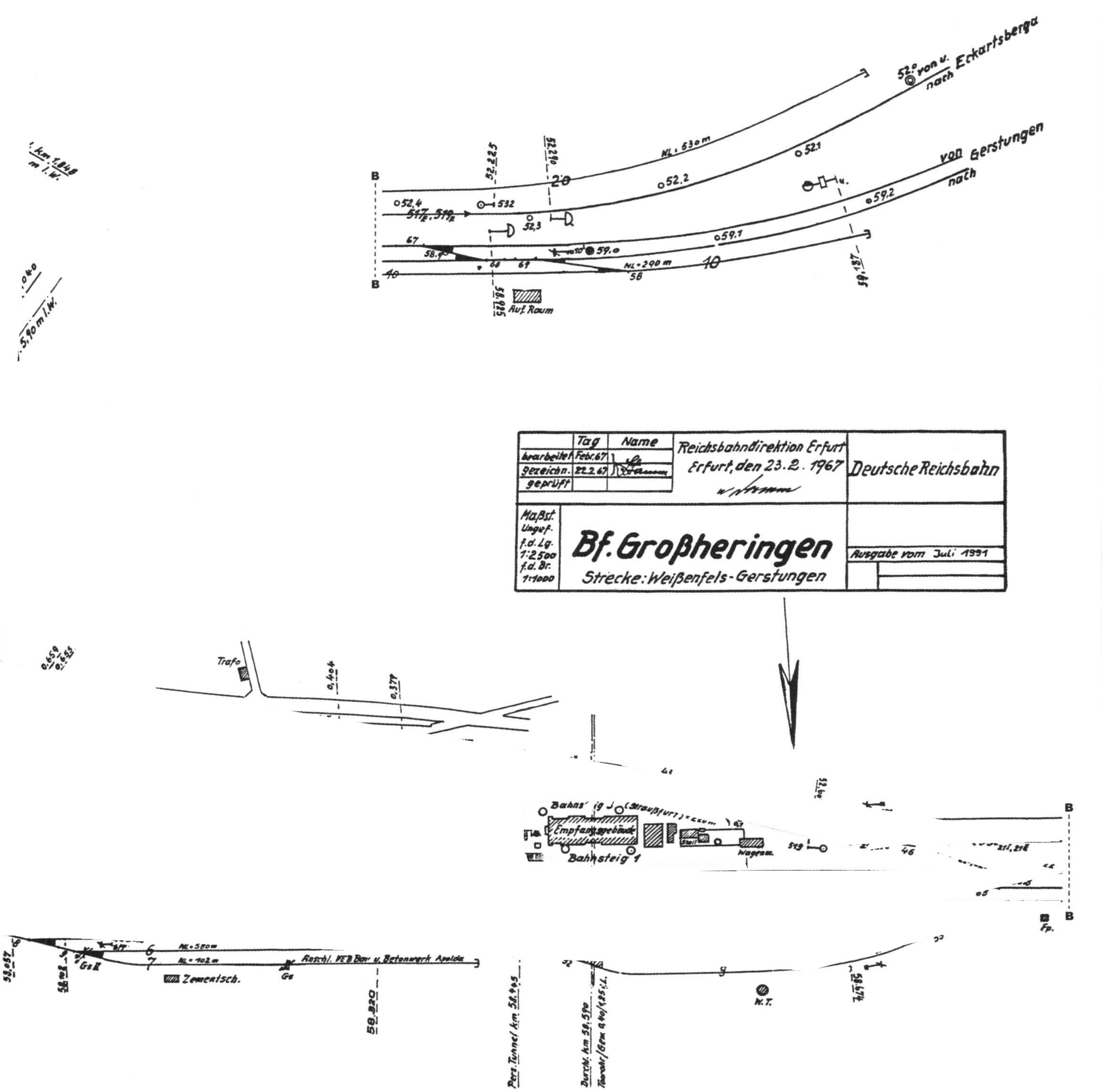

Reichsbahndirektion Erfurt
Erfurt, den 23.2.1967
Deutsche Reichsbahn
Tag
Name
bearbeitet Febr. 67
gezeichn. 22.2.67
geprüft
Maßst. Ungef. f.d. Lg. 1:2500 f.d. Br. 1:1000
Bf. Großheringen
Strecke: Weißenfels-Gerstungen
Ausgabe vom Juli 1991
von u. nach Eckartsberga
von Gerstungen nach
NL = 630 m
NL = 290 m
Auf. Raum
Trafo
Empfangsgebäude
Bahnsteig 1
Wagenm.
Zementsch.
Anschl. VEB Bau u. Betonwerk Apolda
NL = 580 m
NL = 402 m
Pers. Tunnel km 58,405
W.T.
Fp.

Werner Drescher

Die Saalbahn

Die Geschichte der Eisenbahn zwischen Großheringen, Jena und Saalfeld

EISENBAHN KURIER
VORBILD UND MODELL

EK-VERLAG

Titelbild

Sie waren ab 1935/36 das Modernste, was die Eisenbahn bieten konnte: Die „Fliegenden Züge“ der Deutschen Reichsbahn. Zu den ersten Strecken, über die die hochmodernen Schnelltriebwagen fuhren, gehörte auch die Saalbahn. Im Juni 1936 haben SVT 137 225 und 226 als FDt 551 gerade die Dornburger Schlösser passiert und durchfahren mit den hier zulässigen 110 km/h gleich den Bahnhof Dornburg. Beide Triebwagen haben an diesem Tag früh um 6.12 Uhr Stuttgart Hbf bzw. 6.40 Uhr München Hbf verlassen, sind während eines sechsminütigen (!) Haltes in Nürnberg vereinigt worden, und haben um 8.37 Uhr die mittelfränkische Metropole wieder verlassen. Die folgende 323 km lange Strecke bis Leipzig Hbf über die Rampe des Frankenwaldes und durch das Saaletal legen beide Triebwagen ohne Halt zurück und werden nach insgesamt 685 km Fahrt bei einer Höchstgeschwindigkeit von 160 km/h um 13.24 Uhr die Reichshauptstadt (bei einer Durchschnittsgeschwindigkeit von 102,7 km/h) erreichen.

AUFNAHME: CARL BELLINGRODT/EK-VERLAG

Rücktitel

Mit Beginn des Jahresfahrplanes 2000/2001 wurden die bisher verkehrenden IC durch ICE-T der Baureihe 411 abgelöst. Im Sommer 2001 verlässt eine 411-Doppeleinheit (411 012/009, ICE 1517 „Therese Giese“, Berlin – München) den provisorischen Paradiesbahnhof in Jena. Das Bild dokumentiert auch die Veränderungen der letzten Jahre: Der Intershop-Tower (das ehemalige Universitätshochhaus) wir gerade saniert und die Stadtkirche St. Michael hat erst seit wenigen Tagen wieder ihre Kuppel erhalten, die sie im Zweiten Weltkrieg verloren hatte. AUFNAHME: WERNER DRESCHER

Vorsatz

Der Gleisplan des Bahnhofs Großheringen im Zustand des Jahres 1991

ABBILDUNG: SAMMLUNG WERNER DRESCHER/HARALD WÖLFEL

Nachsatz

Der Gleisplan des Bahnhofs Saalfeld/Saale im Zustand des Jahres 1991

ABBILDUNG: SAMMLUNG WERNER DRESCHER/HARALD WÖLFEL

ISBN 3-88255-586-6

EK-Verlag GmbH – Postfach 500 111 – 79027 Freiburg
www.eisenbahn-kurier.de

Bearbeitung/Gestaltung: Thomas Frister / Silvia Teutul

Inhaltsverzeichnis

Der Streckenverlauf der Saalbahn und ihrer Anschlussstrecken im Zustand des Jahres 1972

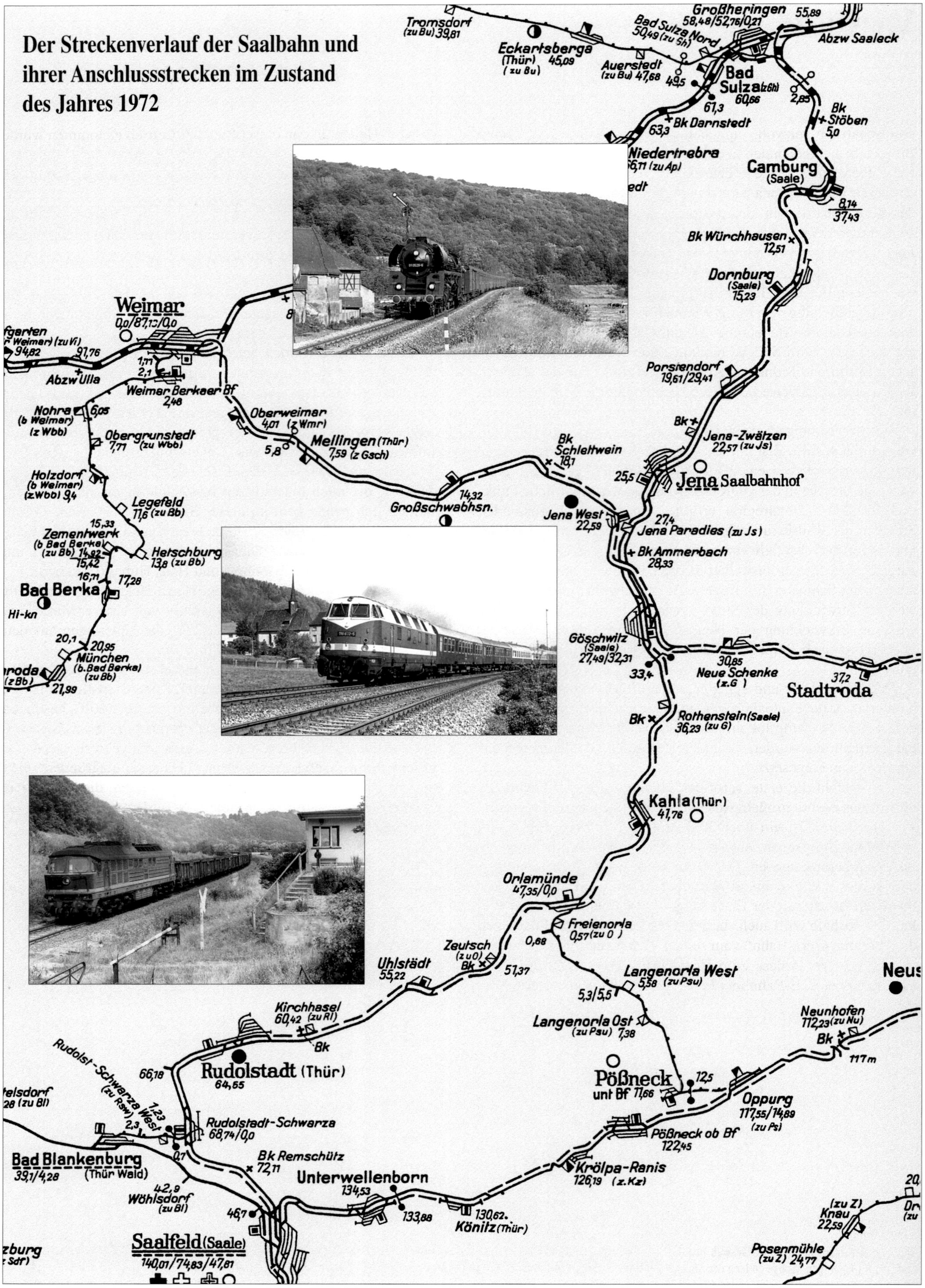

Vorwort

Landschaftlich reizvoll, eingebettet in das Saaletal mit seinen Burgen, fest eingebunden in die deutsche Geschichte, verläuft die weit über die Grenzen Thüringens bekannte Saalbahn von Großheringen über Jena nach Saalfeld. Sie war immer Barometer der gesellschaftlichen und wirtschaftlichen Entwicklung. Am 14. Februar 1871 wurde die „Saal-Eisenbahn-Gesellschaft" in das Jenaer Handelsregister eingetragen. Daher auch ihr Name „Saal-Eisenbahn" oder kurz „Saalbahn" (Jena Saalbahnhof). Anfangs war sie lediglich eine Bahn mit regionaler Bedeutung. Erst mit ihrer Verstaatlichung, die durch Preußen fast „erzwungen" wurde, wandelte sich ihre Bedeutung. Sie entwickelte sich schnell zu einer wichtigen Nord-Süd-Verbindung und zu **der** Verbindung zwischen Berlin und München. Aber nur bis zum Ende des Zweiten Weltkrieges. Zeitweise trug diese Verbindung die Kursbuchnummer 1!

Mit der Teilung Deutschlands wurde sie in ihrer Bedeutung weit zurückgestuft. Erst mit der Wiedervereinigung wurde sie aus ihrem vergleichsweisen „Dornröschenschlaf" gerissen, auch wenn die Strecke in der DDR eine wichtige wirtschaftliche Funktion für die Saaletalregion erfüllte und zu den bedeutenden Strecken der Rbd Erfurt zählte. Seit 1990 gewinnt sie wieder an überregionaler und teilweise auch an internationaler Bedeutung zurück. Viel Investitionsmittel flossen in diesen Jahren in den Ausbau der Saalbahn. Ein Ende ist noch nicht abzusehen. Wie die weitere Entwicklung der Strecke sein wird, hängt viel von der weiteren Entwicklung der Neubau-ICE-Strecke von Nürnberg über Erfurt nach Leipzig/Halle ab, die man sehr kritisch sehen muss.

In den siebziger und achtziger Jahren des vergangenen Jahrhunderts war die Saalbahn auch ein Eldorado für Eisenbahnfreunde. Die letzten Dampflokomotiven, die bei der Deutschen Reichsbahn verkehrten, wurden von Saalfeld aus und vor allem auch auf der Saalbahn eingesetzt.

Es ist nicht die erste Veröffentlichung zu diesem Thema, es dürfte aber die mit großem Abstand attraktivste und umfangreichste sein. Damit ist ein über 30 Jahre alter Wunsch des Autors in Erfüllung gegangen, eine repräsentative Veröffentlichung zur Saalbahn herauszugeben. Der Autor ist dem EK-Verlag dankbar, dass er dieses Risiko auf sich genommen hat. Die Entstehung der Saalbahn ist eng mit der Entstehung der Weimar-Gera-Bahn verknüpft. Deshalb wird auch zur ergänzenden Lektüre auf das Buch die „Weimar-Gera-Bahn" vom selben Verlag verwiesen.

Ein weiterer Anlass zum Erscheinen dieses Buches ist die Eröffnung des ICE-Bahnhofs Jena Paradies. Es ist das vierte Mal, dass ein Haltepunkt an dieser Stelle in Betrieb genommen wurde. Dabei war ein Standort an dieser Stelle, dem Jenaer Paradies, einer landschaftlich reizvollen Naherholungsanlage, schon seit 1870 umstritten.

Eine neue Veröffentlichung ist aber schon deshalb notwendig, weil auch nach der Wiedervereinigung neue Quellen zugänglich waren, die neue Informationen, neue Erkenntnisse ergaben. So konnten vor allem die Jahre nach 1930 bis 1946 aber auch die Zeit bis 1990 ausführlicher behandelt werden. Nicht zu vergessen, die letzten 15 Jahre einer rasanten, manchmal schon nicht mehr nachzuvollziehenden Entwicklung.

Leider wird es immer schwieriger Informationen direkt von der Deutschen Bahn zu erhalten. So konnten die Fortschreibungen der Verkehrsentwicklung sowohl im Reise- als auch Güterverkehr nach 1980 nicht weitergeführt werden. Archive der Eisenbahn im klassischen Sinne gibt es nicht mehr und jüngere Informationen erhält man aus „Datenschutzgründen" nicht.

Umso mehr bin ich den Eisenbahnern und Privatpersonen dankbar, die mich unterstützen bzw. Unterlagen zur Verfügung stellten. Ich nenne gern an dieser Stelle Hans Bürglen, Helmut Grubert, Jens Hild, Rüdiger Höhn, Uwe Kupka, Wolfgang Laudin und Rainer Nette sowie Dienstvorsteher i.R. Norbert Fox und Günter Koll (Jena Saalbahnhof) und Hans Huber (Göschwitz).

Bedanken möchte ich mich bei Herrn Helge Hufschläger für seine Unterlagen aus dem Werksarchiv von Krauss-Maffei und bei Herrn Wolfgang-Dieter Richter für die Unterlagen aus dem Werksarchiv der Firma Klett & Co.

Ganz besonders möchte ich mich bei meinen Freunden Olaf Behr, Thomas Frister, Detlef Hommel, Konrad Spath und Harald Wölfel bedanken, die dank ihrer Hinweise und Hilfe besonders zum Gelingen dieses Buches beigetragen haben. Ich würde gerne noch aktive Eisenbahner nennen, denen ich sehr zu Dank verpflichtet bin, möchte dies aber aus „Datenschutzgründen" nicht tun. Bedanken möchte ich mich auch bei allen, die Aufnahmen zur Verfügung gestellt haben und als Bildautoren im Buch genannt sind.

Jena, im Oktober 2004

Werner Drescher

Linke Seite:
Die Lage der Saalbahn zwischen Saaleck bzw. Großheringen und Saalfeld/Saale mit allen Betriebsstellen im Zustand des Jahres 1972. Noch sind große Teile der Strecke nur eingleisig. Die drei Bilder zeigen Motive entlang der Strecke: Ganz oben 01 0529 am 8. Juni 1974 an der Blockstelle Würchhausen, darunter 118 692 vom Bw Glauchau mit dem D 900 nach Katzhütte am 9. Mai 1989 in Göschwitz und 131 005 im Sommer 1975 bei Orlamünde. AUFNAHMEN: DETLEF HOMMEL (2) UND DIETER WÜNSCHMANN (1)

Die Entstehungsgeschichte der Saalbahn

Es war ein langer Weg, ehe die Saalbahn zwischen Großheringen und Saalfeld am 1. Mai 1874 dem Verkehr übergeben werden konnte. Von den ersten bekannt gewordenen Projekten bis zur endgültigen Ausführung dauerte das Ringen um diese Verbindung rund 40 Jahre.

1834: C. Grote

Die Wahl der Eisenbahntrassen in der Gründerzeit folgte in der Regel alten Handelsstraßen und -wegen. So stellte das Saaletal, durch das schon in frühesten Zeiten Nord-, Mittel- und Süddeutschland verbindende Straßen führten, eine günstige Trassierungsmöglichkeit für eine Eisenbahnstrecke dar. Ein solches Projekt erscheint zum ersten Mal 1834 in C. Grotes „Eisenbahnnetz für Deutschland". Den Anschluss Thüringens an dieses Eisenbahnnetz fixierte Grote folgendermaßen:

1. Von Magdeburg über Bernburg – Halle – Merseburg (mit Zweigbahn nach Leipzig), entlang der Saale über Jena – Rudolstadt – Saalfeld, über den Thüringer Wald nach Nürnberg und München bis zum Golf von Genua; oder
2. Magdeburg – Leipzig – Zeitz – Lobeda (heute Stadtteil von Jena) saaleaufwärts nach Rudolstadt und weiter nach München.

Des Weiteren schlug Grote eine Linie Leipzig – Cassel vor, die als Fortsetzung der Strecke Leipzig – Zeitz – Lobeda, von letzterer abzweigend, weiter nach Jena – Weimar – Erfurt – Gotha – Eisenach in Richtung Bebra führen sollte.

Das unter 1. genannte älteste Projekt einer Eisenbahnstrecke durch das Saaletal entspricht der schließlich ausgeführten Saalbahn nahezu völlig. Ebenfalls zum ersten Mal, wenn auch nur für den Teil von Jena nach Weimar, erkennt man hier die später ausgeführte Weimar-Geraer Bahn.

Aber die Umsetzung nationaler und volkswirtschaftlich notwendiger Eisenbahnprojekte erwies sich in Deutschland aufgrund des Partikularismus in der ersten Hälfte des 19. Jahrhunderts als undurchführbar. Besonders die buchstäbliche Kleinstaaterei in Thüringen erwies sich beim Bahnbau als äußerst hinderlich und sorgte neben langwierigen Verhandlungen auch für Verzögerungen bei der Ausführung der Bahnprojekte.

Mit dem wachsenden Erstarken des Bürgertums und der damit verbundenen stürmischen Entwicklung von Wirtschaft und Industrie in Thüringen, wurde der Ausbau der Verkehrswege zum zwingenden Erfordernis für die Verbesserung von Handel und Wandel sowohl innerhalb der thüringischen Staaten als auch für den Durchgangsverkehr.

Das Schiffbarmachen von Saale und Werra, der Ausbau des Straßennetzes in Thüringen in den dreißiger und fünfziger Jahren des vorvergangenen Jahrhunderts zeigt, wie notwendig die Änderung der Verkehrsverhältnisse in jener Epoche war. Neben den Landverkehrswegen im Saaletal stellte der Fluss – die Saale – selbst einen wesentlichen Verkehrsweg dar. Seit Jahrhunderten übten hier traditionell Flößer das Gewerbe der Saaleflößerei aus. Das Holz des Thüringer Waldes wurde Saaleabwärts und weiter auf der Elbe bis nach Hamburg gebracht.

In den alten noch nicht sanierten Flusswehren der Saale sind heute noch die Floßgassen erhalten, die Zeugen dieses harten Handwerkes sind, das jedoch durch die Eisenbahn seine Daseinsberechtigung verlieren sollte. Von Hobbyflößern in Uhlstädt wird dieses Gewerbe seit etwa zwanzig Jahren wiederbelebt.

Nach langwierigen Vorarbeiten begann schließlich im Oktober 1844 der Bau der Thüringischen Eisenbahn, die abschnittsweise zwischen den Jahren 1846 und 1849 dem Betrieb übergeben wurde. Die Thüringische Eisenbahn (Stammbahn), die von Weißenfels bis Großheringen auch dem Lauf der Saale folgt, bot sich geradezu für eine anschließende Zweigstrecke weiter saaleaufwärts an. Besonders das fortschrittliche Bürgertum der aufstrebenden Städte des Saaletales hatte erkannt, dass mit dem Anschluss an das neue Verkehrssystem eine Steigerung der Produktion, geringere Kosten für die Anfuhr der Rohstoffe und günstigere Absatzmöglichkeiten für die hier produzierten Waren erreicht werden konnten. Es bildeten sich daher recht bald in allen Städten Eisenbahnkomitees, die allein und gemeinsam die Durchsetzung ihrer Interessen verfochten.

Der Flößerplatz in Kahla. Hier wurden Flöße angelandet und gebildet. Die Scheitholzflößerei für die Salinen in Halle/Saale war vor dem Bau der Saalbahn bedeutend.

AUFNAHME: SAMMLUNG WERNER DRESCHER

1846: Carl Joseph Meyer

Nach den bereits erwähnten ersten Vorstellungen C. Grotes über eine Linienführung durch das Saaletal griff Carl Joseph Meyer, Begründer des Bibliographischen Instituts in Gotha und ein Freund Friedrich Lists, diese Idee auf und erarbeitete konkrete Unterlagen über erforderliche Anlagen und Betriebsmittel. Sein „Plan zum deutschen Central-Eisenbahnnetz" vom 31. Mai 1846 beinhaltete folgende Strecken:

1. **Die Thüringische Süd-Nord-Bahn**
   a) Arnstadt – Erfurt – Sondershausen – Northeim oder
   b) Arnstadt – Gotha – Langensalza – Mühlhausen – Heiligenstadt – Göttingen – Northeim, jeweils mit Anschluss an die Hannoversche Südbahn.
2. **Die Thüringer Waldbahn**
   Saalfeld – Sonneberg mit Anschluss an die Werrabahn bzw. nach Coburg.
3. **Die Thüringer Werrabahn**
   Von Gerstungen das Werratal aufwärts bis zur bayrischen Landesgrenze mit Zweigbahnen nach Sonneberg, Bad Liebenstein und Neuhaus am Rennweg.
4. **Die Thüringer Saalbahn**
   a) Saalfeld – Rudolstadt – Jena – Bad Kösen oder
   b) Saalfeld – Rudolstadt – Kahla – Eisenberg – Naumburg, jeweils mit Anschluss an die Thüringer Ost-West-Bahn.
5. **Die Thüringisch-Vogtländische Bahn**
   Arnstadt – Blankenburg – Saalfeld – Schleiz – Greiz – Werdau oder Mylau mit Anschluss an die Sächsisch-Bayrische Eisenbahn.
6. **Die Thüringische Unstrutbahn**
   Nordhausen – Artern – Halle.
7. **Die Thüringische Harzbahn**
   Nordhausen – Halberstadt mit Anschluss an die Braunschweig-Magdeburger Bahn.

Meyer hatte damit einen für seine Zeit kühnen Plan vorgelegt. Unter anderem hatte er darin dargelegt, dieses Netz unter eine einheitliche Verwaltung zu stellen. Das Projekt sollte schrittweise verwirklicht werden, wobei er die Werrabahn und die Saalbahn als wichtigste bezeichnete. Er begann auch sofort, den Bau der Werrabahn voranzutreiben. Inzwischen brach jedoch das Jahr 1848, das Jahr der bürgerlichen Revolution, an. Meyer bekannte sich zu den Zielen dieser Revolution, zog sich damit aber den Unwillen einiger Herrscher der thüringischen Staaten zu. Unter erheblichen persönlichen Schwierigkeiten versuchte er trotzdem, das Projekt der Werrabahn zu verwirklichen.

Der Bau der Saalbahn, aber auch der meisten anderen thüringischen Eisenbahnen, ist letzten Endes dem Bemühen lokaler Eisenbahnkomitees zu verdanken, die sich in jahre-, oft jahrzehntelangem Kampf mit den jeweiligen Regierungen auseinander setzen mussten. Besonders die Komitees in Jena warben immer wieder für einen Anschluss der Stadt an das Eisenbahnnetz. Das erste Komitee wurde 1851 gegründet. Gemeinsam mit den Komitees von Rudolstadt und Remda traten sie für den Bau einer Eisenbahn durch das Saaletal ein. Sie sollte in Großheringen oder Weimar beginnen und damit die Thüringische Stammbahn mit der bayrischen Strecke Lichtenfels – Neuenmarkt verbinden, weshalb sie auch Thüringisch-Fränkische Eisenbahn genannt wurde.

Das Projekt war jedoch noch nicht ausgereift. Allein die Frage, ob die Bahn in Großheringen oder Weimar ausmünden sollte, löste viele Diskussionen aus. So sah sich das Dornburger Zweigkomitee am 14. Dezember 1851 zu einer Eingabe veranlasst, in der es u.a. heißt: *„Wir haben in diesen Tagen aus der Petition des provisorischen Comités der Saalbahn zu Jena mit wahrem Schmerze ersehen, daß man geneigt ist, die Saalbahn so zu legen, daß dieselbe bei Jena das Saalthal verlassen und ihre Richtung nach Weimar nehmen soll".*

Durch diese Entwicklung wurden die Verfechter der beiden Linienführungen für viele Jahre in zwei Lager gespalten. Für die Anhänger der Richtung Großheringen – Jena entstand die Bezeichnung „Wasserkopf" und für die Anhänger der Linie Weimar – Jena (die 1876 als Teil der Weimar-Gera-Bahn in Betrieb genommen wurde) die Bezeichnung „Querkopf". Selbst als die Saalbahn fertig gestellt war – die Weimar-Geraer Bahn befand sich noch im Bau – wurden von den Saalbahn-Anhängern noch Spottgedichte auf die Anhänger der „Querbahn" verfasst und veröffentlicht.

Nicht nur der Streit um den Anschluss an die Thüringische Eisenbahn ließ dieses Projekt scheitern. Weimar konnte ihm nicht zustimmen. In einem Vertrag vom 5./19. August 1840, den es mit Sachsen-Meiningen und Sachsen-Coburg-Gotha abschloss, war festgelegt worden, *„daß es erst dann andere Eisenbahnunternehmen unterstützen werde, wenn der Bau der Werrabahn gesichert sei"*. Am 20. Dezember 1841 wurde zwischen Preußen, Hessen, Sachsen-Weimar und Sachsen-Coburg-Gotha ein Staatsvertrag unterzeichnet, der Ähnliches zum Inhalt hatte. Im Jahre 1845 trat Bayern diesem Vertrag bei. Damit war der Bau weiterer Eisenbahnen in Thüringen für lange Zeit blockiert.

1851: Das Jenaische Centralcomité zur Erbauung einer Thüringer Saalbahn

Gerade die Stadt Jena besaß ein besonderes Interesse am Anschluss an das Eisenbahnnetz, war sie doch die Universitätsstadt in Deutschland mit den ungünstigsten Verkehrsverbindungen. Das 1851 gegründete *„Jenaische Centralcomité zur Erbauung einer Thüringer Saalbahn"*, stellte sich das Ziel, eine Eisenbahn von Großheringen durch das Saaletal, zum Anschluss an die projektierte Strecke von Sonneberg nach Lichtenfels über Coburg zu verwirklichen. Als führende Vertreter dieses Komitees verwendeten sich vor allem die Professoren der Jenaer Universität Dr. Matthias Jakob Schleiden, Dr. August Danz und Dr. Ernst Erhard Schmid dafür. Am 8. Juli 1852 baten sie in einem Schreiben an den Gemeinderat Jenas um Unterstützung: *„... so scheinen doch über die Vortheilhaftigkeit einer solchen Bahn für die Stadt Jena noch gar manche verschiedenen Ansichten zu herrschen, welche den Fortgang des Unternehmens hemmend in den Weg treten könnten. Es bedarf keiner Auseinandersetzung von unserer Seite, um den Gemeinderath darauf hinzuweisen, wie eine solche Bahn auf unsere aufblühende Industrie von dem erfreulichsten Einfluß sein würde. Es bedarf ebenfalls keiner Ausführung, daß eine solche Bahn das jetzt isolirte – weit aus dem Verkehr des Lebens hinausgedrängte Jena wieder in den Weg der großen Weltstraßen bringen würde und so einen entscheidenden fördernden Einfluß auf das Gedeihen unserer Universität ausüben würde. Es liegen nur zu viele Beispiele vor, daß Studierende welche bei der Wahl einer Universität schon zum Theil günstig für Jena gestimmt waren, nur aus dem Grund einen anderen Ort wählten, weil, wie sie sagten, Jena außer der Welt sei und keinen erfreuenden Aufenthalt mehr darbieten könnte ...".*

Sie ersuchten die Stadt, sich öffentlich zu dem Projekt zu bekennen und die Vorarbeiten finanziell zu unterstützen, um damit *„das Zustandekommen dieses patriotischen Unternehmens zu fördern"*. Am 20. August 1852 teilte der Gemeinderat mit, dass er die Bestrebungen des Komitees unterstützen wird. Allein aus den genannten Gründen kam auch dieses Projekt nicht zum Tragen. Einige Zeit versuchte das Komitee noch, diesen Plan zu verwirklichen, löste sich aber Ende 1853 auf.

Nachdem sich 1855 erste Erfolge um den Bau der Werrabahn zeigten, plante Meyer die Verwirklichung der Saalbahn. Mit ihren Zweigbahnen wurde sie von ihm auch das „Thüringer Bahnkreuz" genannt. Der Mittelpunkt sollte Rudolstadt sein. Von den Regierungen Schwarzburg-Sondershausen, Schwarzburg-Rudolstadt und Sachsen-Altenburg hatte er die Erlaubnis zu den vorbereitenden Arbeiten bekommen. Zugleich erhielt er von ihnen eine Zusicherung zur Konzessionserteilung. Von den Regierungen Sachsen-Weimars und Sachsen-Meiningens, auf deren Territorien die Saalbahn ebenfalls verlaufen sollte, erhielt er offensichtlich keine Genehmigung, denn vor allem mit der weimarischen Regierung hatte Meyer seit dem Revolutionsjahr 1848 ein gespanntes Verhältnis. Die genannten Verträge taten ein Übriges.

Im Oktober 1855 ersuchte er noch in mehreren Schreiben das *„provisorische Comité der Gößnitz-Gera-Jena-Weimarischen Eisenbahn"* in Jena um Fürsprache bei der Konzessionierung seiner Unternehmen bei der Großherzoglichen Regierung in Weimar. Dieses Komitee, kurz zuvor gegründet, war aber noch nicht in der Lage, Meyer zu helfen. Mehr und mehr musste Meyer erkennen, dass der Widerstand Sachsen-Weimars gegen ihn zu groß war, um seine Ziele zu verwirklichen. Resigniert und verbittert gab er nach fast 20jährigen Bemühungen um den Eisenbahnbau in Thüringen alle seine Arbeiten auf. Nach 1856 war der Bau der Werrabahn ohne Meyer und seine vorgeschlagenen Zweigbahnen nach Bad Liebenstein gesichert. In den nächsten zehn Jahren sollten weitere Pläne für den Bau einer Saalbahn ruhen.

In und um Jena befasste man sich mit der Umsetzung von Projekten, die Weimar mit Jena und Sachsen verbinden sollte. Der Grund ist auch hier in der Thüringer Kleinstaaterei zu sehen. Der größte Thüringer Kleinstaat war das Großherzogtum Sachsen-Weimar-Eisenach mit seiner Landeshauptstadt Weimar. Die wichtigsten Städte in diesem Großherzogtum waren Weimar als Landeshauptstadt, Jena als Stadt der Landesuniversität und der Wissenschaften und Apolda als Stadt der Industrie und der Verwaltung. Weimar war zunächst bestrebt gute Verbindungen zu diesen Städten einzurichten. Da eine Verbindung zu Apolda über die Thüringer Stammbahn bereits bestand, war nur Jena schlecht zu erreichen.

Die Klagen über die Verkehrsverbindungen von und nach Jena nahmen mehr und mehr zu. Als beispielsweise am 18. August 1858 in Jena Feierlichkeiten anlässlich des 300jährigen Bestehens der Universität stattfanden, wollten im Anschluss mehrere hundert Menschen die Wagen der Post gleichzeitig benutzen. Da das Platzangebot bei weitem nicht ausreichte, spielten sich stundenlang chaotische Szenen im und um den Posthof ab. Zeitgenössischen Berichten ist zu entnehmen, dass eine Fahrt mit der Postkutsche in den seltensten Fällen ein Vergnügen war. Im Winter war oft Hilfe nötig, um steckengebliebene Posten zu befreien. So

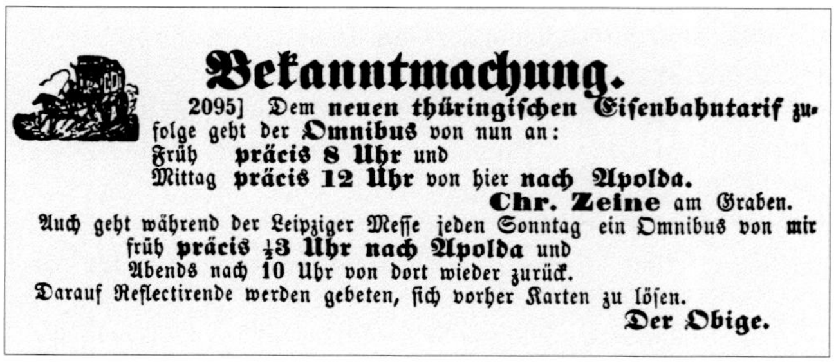
Bekanntmachung.

2095] Dem **neuen thüringischen Eisenbahntarif** zufolge geht der **Omnibus** von nun an:
Früh **präcis 8 Uhr** und
Mittag **präcis 12 Uhr** von hier **nach Apolda.**
Chr. Zeine am Graben.

Auch geht während der Leipziger Messe jeden Sonntag ein Omnibus von mir
früh **präcis ½3 Uhr nach Apolda** und
Abends nach 10 Uhr von dort wieder zurück.
Darauf Reflectirende werden gebeten, sich vorher Karten zu lösen.
Der Obige.

In der noch eisenbahnlosen Zeit Jenas – nach dem Bau der Thüringer Stammbahn – war die Reise mit dem Pferdeomnibus nach Apolda zum Zug die schnellste Möglichkeit, um von Jena nach Leipzig oder Berlin zu gelangen. Zeitgenössische Anzeige in der Jenaischen Zeitung vom 2. Mai 1867. ABB.: SAMMLUNG WERNER DRESCHER

z.B. am 21. Februar 1856, als die Neustädter Post bei Hummelshain nur durch das Vorspannen von fünf Paar Ochsen aus den Schneemassen befreit werden konnte. Vor allem längere Fahrten dürften sehr anstrengend gewesen sein. Im Jahr 1829 gab es wöchentlich zwei Verbindungen nach Berlin. Dienstags konnte man früh 3.00 Uhr abfahren, war um 18.00 Uhr in Halle, konnte 21.30 Uhr mit der Schnellpost weiterfahren und war mittwochs gegen 16.30 Uhr in Berlin.

Neben dem „Fürstlich Thurn und Taxis' schen Lehenspostamt Jena" gab es nur wenige private Pferde-Omnibus-Unternehmer, die den Verkehr nach außerhalb vermittelten. Noch 1871 bemängelte der Jenaer Naturforscher und Philosoph Ernst Häckel, bedingt durch seine vielen Reisen auf ein schnelles Verkehrsmittel angewiesen, die eisenbahnlosen Jenaer Verkehrsverhältnisse. Am 27. April 1871 kam er von einer Studienreise aus Triest zurück. In einem Brief schrieb er dazu: *„... abends 5 Uhr hielt ich per pedes von Apolda her (ca. 20 km d. V.!) meinen Einzug (da die vielversprochene Eisenbahn noch immer nicht fertig ist) ...".*

1862: Die erneute Gründung eines Komitees

Das Projekt der Saalbahn wurde in Jena nicht in dem Maße wie das der Weimar-Geraer Bahn weiterverfolgt. Demgegenüber unternahm das in Camburg gebildete *„Local-Comité einer Saaleisenbahn"* weit mehr Aktivitäten. Bereits am 28. Mai 1856 plädierte dieses Komitee in einem umfangreichen Schreiben an den Gemeinderat Jena für den Bau der Saal-Eisenbahn. Wenn vielleicht auch der Gedanke dabei war, dass es durch den Bau einer Eisenbahn von Weimar nach Gera Camburg nicht zu einer Eisenbahn käme, so ist doch die Zielstrebigkeit dieses Komitees bemerkenswert. Mit dem Schreiben vom 22. Mai 1862 erreichte schließlich Camburg, dass am 6. Juni vom Gemeinderat Jena der Beschluss gefasst wurde, zwei Mitglieder aus ihrer Mitte möchten sich mit *„zwei bis drei tüchtigen Männern aus der Bürgschaft"* zu einem Komitee konstituieren. In der ersten Sitzung am 20. Juni 1862 nahm das Komitee unter anderem Bruno Hildebrand auf. Kurze Zeit später übernahm Bruno Hildebrand den Vorsitz dieses Komitees. Er brachte Erfahrungen im Bau und Betrieb von Eisenbahnen mit, denn er war Begründer und Direktor der Schweizer Nordostbahn. Damit konnte die Verwirklichung der Saalbahn zielstrebiger verfolgt werden.

Das Komitee stellte sich die Aufgabe, eine Eisenbahn zu erstreben, deren Führung durch den Lauf der Saale geboten wurde. Zur weiteren Untersuchung legte man die Linie Kösen – Camburg – Dornburg – Jena – Kahla – Orlamünde – Rudolstadt – Saalfeld weiter über Kronach mit Anschluss an die bayrische Bahn fest. Die folgenden Wochen und Monate waren dadurch gekennzeichnet, die betreffenden Städte des Saaletals über dieses Projekt zu informieren. Zugleich wurden sie aber auch gebeten, die Vorarbeiten finanziell zu unterstützen. Die meisten Orte sprachen sich, wenn auch wenig überzeugt von der schnellen Durchführbarkeit, für das Projekt aus, wobei das Schreiben aus Orlamünde wahrscheinlich die Haltung vieler zum Ausdruck brachte: *„So sehr wir auch zweifeln müssen, daß eine Saaleisenbahn, die insbesondere auch für unser kleines Städtchen gewiß sehr erwünschenswert sein würde, überhaupt oder wenigstens in den nächsten Jahren zustande kommen wird, so glauben wir doch, ein solches Projekt unterstützen zu müssen".*

Lediglich aus Rudolstadt kam eine Ablehnung, weil man dort an der Verwirklichung einer Strecke von Erfurt über Hof nach Eger (heute Cheb) arbeitete. Es dauerte noch bis 1864, ehe das

Komitee mit dem Gemeinderat Jena in einer Eingabe an die Großherzogliche Regierung in Weimar um Unterstützung für das Saalbahn-Projekt bat. In der Antwort des Großherzoglichen Staatsministeriums vom 26. Mai 1864 findet dieses Projekt Billigung und Förderung bei der weimarischen Regierung, *„vorausgesetzt, es entsteht dadurch eine unmittelbare Eisenbahnverbindung zwischen Weimar und Jena, denn das läge schon längst in den Wünschen der Großherzoglichen Regierung"*. Einer Führung der Saalbahn über Saalfeld hinaus wurde zurückhaltend begegnet, weil bereits andere Komitees (in Gera und Neustadt) wirksam waren, denen die weimarische Regierung ebenfalls verpflichtet war. Es wurde aber gestattet, Vorarbeiten auf eigene Kosten auszuführen.

Für das Komitee in Jena bedeutete diese Antwort einen Rückschlag, denn eine Linienführung Weimar – Jena – Saalfeld entsprach nicht den Wünschen und Zielen der Komitees im Saaletal. Am 12. Juni des gleichen Jahres wandte sich der Gemeinderat Jenas nochmals an die Regierung in Weimar. Die Antwort war diesmal noch deutlicher. Es heißt u.a., dass es für das Großherzogtum auf Grund seiner geografischen Lage schwer ist, eine für den großen Verkehr wichtige Strecke ohne Mitwirkung der Nachbarstaaten zu bauen. Vor Beginn der Vorarbeiten zum Bau der Bahn sollte zumindest die Konzessionierung der Großherzoglichen Regierung für das weimarische Gebiet vorliegen. Dazu ist die Regierung aber nicht imstande, *„denn sie wolle keine Konkurrenz für die geplante Strecke Gera – Weida – Saalfeld – Eichicht* (heute Kaulsdorf), *die von ihr unterstützt werde"*. Die Ablehnung ging sogar so weit, dass dem Gemeinderat abgeraten wurde, 1.000 Taler zur Finanzierung der Vorarbeiten aus der Stadtkämmerei zur Verfügung zu stellen. Das Komitee war nun gezwungen, die Mittel für diese Vorarbeiten anderweitig aufzubringen. Die Städte Camburg (300 Taler), Kahla (200 Taler), Dornburg (50 Taler) und Orlamünde (50 Taler) wurden aufgefordert, diese Geldmittel zu beschaffen. Jena selbst wollte sich mit 400 Talern beteiligen. Am 12. Juli 1864 erging dazu ein Aufruf an die Bürger der Stadt. 208 Einwohner beteiligten sich, u.a. Carl Zeiß mit drei Talern und erbrachten eine Summe von 402 Talern und 20 Silbergroschen. Zum ersten Mal trafen sich alle Lokal-Komitees, die für den Bau der Saalbahn wirkten, am 9. November in Kahla. Das wichtigste Ergebnis dieser Konferenz war die Schaffung eines *„Central-Comités"* in Jena. Es bestand aus Vertretern der einzelnen Lokal-Komitees. Die Linienführung wurde von Großheringen nach Naschhausen (Orlamünde) und von da weiter nach Pößneck oder Saalfeld festgelegt.

Am 28. Januar 1865 reichte das Komitee eine mit 13 Seiten sehr ausführliche Erläuterung als Petition an den Landtag in Weimar ein, der vom 22. Januar bis 5. April zu einer XVII. Ordentlichen Sitzung zusammengetreten war. In dieser Petition wurde noch einmal zwingend dargestellt, welche Bedeutung die Saalbahn für die Bewohner des Saaletales und für den Nord-Süd-Verkehr hat. Des Weiteren wurde hervorgehoben, dass die Bauausführung kaum auf technische Schwierigkeiten stoßen werde. Überhaupt wurden in den Jahren 1864/65 in Jena große Aktivitäten entfaltet, um zu einem Eisenbahnanschluss zu gelangen. Am 8. Oktober 1864 hatte sich in Jena erneut ein Komitee für den Bau einer Eisenbahn von Weimar nach Gera konstituiert.

Am 21. März standen in der 24. Sitzung dieses Landtages drei Eisenbahnprojekte zur Beratung, und zwar eine Eisenbahn von Gera über Neustadt – Weida nach Saalfeld und weiter nach Kronach sowie die beiden Jenaer Projekte. Die Neustädter Abgeordneten intervenierten auf das heftigste gegen den Bau der Saalbahn, weil sie in ihr eine ernsthafte Konkurrenz für die Rentabilität einer durch ihr Gebiet zu bauenden Eisenbahn erblickten. Sie machten weiterhin geltend, dass sie bereit seit 1855 zu fast jedem Landtag wegen ihres Projektes vorstellig und immer wieder vertröstet wurden. Der Neustädter Kreis mit seinen wichtigsten Orten Neustadt und Weida benötige unbedingt eine Eisenbahn, da sonst die angesiedelte Industrie zugrunde gehen würde. Ein Abgeordneter meinte sogar, *„daß sie schon lange eine Eisenbahn hätten, wenn sie noch zum Königreich Sachsen gehören würden; man wolle nicht hoffen, daß man in Neustadt den Tag bedauern müsse, an welchem der Kreis dem Großherzogtum Weimar (1815 durch eine Schenkung des Zaren, d. V.) einverleibt wurde"*.

Wenn die Neustädter Abgeordneten ihr Eisenbahnprojekt mit Hartnäckigkeit durchsetzen wollten, ist das verständlich. Zu dieser Zeit hatte der Neustädter Kreis eine bedeutendere Industrie als Jena. In Jena mit seinen 7.233 Einwohnern war nur die Universität von Bedeutung. Der Wirklich Geheime Rat und Staatsminister Dr. v. Watzdorf brachte in dieser Debatte die Haltung der Regierung zum Ausdruck: *„Wir bewegen uns auf einem Felde, wo große Gedanken und große Wahrheiten allmählich sich erst Bahn brechen und nothwendig eine gewisse Zeit darüber vergehen muß; Sie können nicht erwarten, daß alle die Projekte, die jetzt fraglich sind, so schnell realisiert werden ... Sie müssen also hier, wie in allen großen Fortschritten der Zeit langsam vorwärts gehen ..."*.

Diese Reaktion des Großherzoglichen Staatsministers ist aus heutiger Sicht völlig unverständlich, denn seit 30 Jahren wurden in Deutschland bereits Eisenbahnen gebaut und mit Erfolg betrieben. Schließlich fasste dieser Landtag den Beschluss, der Großherzoglichen Regierung zu empfehlen, die Verbindungsbahn durch den Neustädter Kreis zu fördern.

Das Projekt der Saalbahn hingegen wurde von der weimarischen Regierung nur unzureichend unterstützt. Dieses Komitee erhielt im Mai 1865 die Genehmigung, Vorarbeiten auf eigene Kosten ausführen zu lassen. Neben den bereits genannten Städten Jena, Camburg, Dornburg, Kahla und Orlamünde stellte auch die Gemeinde Dorndorf-Naschhausen (Ortsteil von Dornburg) 60 Taler zur Verfügung. Auch Naumburg war interessiert, direkt an die Saalbahn angeschlossen zu werden und bewilligte 400 Taler. Im Juni 1865 zog der Stadtrat von Rudolstadt seine frühere Ablehnung bei der Mitarbeit an dem Projekt der Saalbahn zurück.

Der Deutsch-Österreichische Krieg des Jahres 1866 unterbrach weitere Bestrebungen zum Bau der Bahn. Als am 18. März 1867 ein Staatsvertrag zwischen Sachsen-Weimar, Sachsen-Meiningen, Schwarzburg-Rudolstadt, Reuß jüngere Linie und Preußen abgeschlossen wurde, in dem sich die genannten Staaten verpflichteten, den Bau der Strecke Gera – Neustadt – Saalfeld – Eichicht (Kaulsdorf) zuzulassen, trat dem Bau der Saalbahn ein neues Hindernis entgegen. In diesem Vertrag bekannte sich Sachsen-Weimar neben den anderen Staaten zu einer Zinsgarantie, falls der Reinertrag der Bahn nicht ausreichen sollte, eine Dividende den Aktionären auszuzahlen. Sachsen-Weimar hielt auch die Gera-Eichichter Bahn für bedeutender, da Kohletransporte aus Sachsen und Böhmen sowie Erzfrachten gesichert waren, während die Saalbahn nur dann Bedeutung erlange, wenn ihre Weiterführung nach Bayern sicher wäre. Wiederholt befürchtete man auch, dass die Saalbahn der Gera-Eichichter Bahn eine ernsthafte Konkurrenz sein könnte.

Damit werden die thüringischen Eisenbahnverhältnisse besonders deutlich. Finanziell konnte es sich ein solcher Kleinstaat gar nicht leisten, zwei Eisenbahngesellschaften, die auch noch untereinander konkurrieren, zu unterstützen. So konnte das Eisenbahnprojekt der Saalbahn noch immer nicht verwirklicht werden. Obgleich die weimarische Regierung 1865 dem Projekt der Saalbahn immer noch die Unterstützung versagte, betrieben die Eisenbahnkomitees der Städte im Saaletal beharrlich die Vorarbeiten für den Streckenbau. In zahlreichen Zeitungsinseraten und mit Flugblättern legten sie der Bevölkerung immer wieder die Bedeutung der Eisenbahn für Wirtschaft und Verkehr im Saaletal dar. Ein aus

Die Entstehung der Saalbahn ist vor allem seinem Wirken zu danken: Bruno Hildbrand, geboren am 6. März 1812, gestorben am 29. Juni 1878 in Jena. Seine Büste steht auf dem Jenaer Johannisfriedhof. AUFNAHME: WERNER DRESCHER

dieser Zeit erhaltenes Dokument ist der *„Bericht über Anlage und Rentabilität der projectirten Saalbahn Saalfeld – Kleinheringen, erstattet im Auftrag des Centralcomités von Dr. H. v. Scheel"*. In dieser Arbeit wird anhand exakter Vergleichsrechnungen die Linie durch das Saaletal als Verbindungsstück für die kürzeste deutsche Nord-Süd-Verbindung nachgewiesen. Eine sehr ausführliche Rentabilitätsbetrachtung stellt die Bauwürdigkeit der Saalbahn außer jeden Zweifel, bestätigt sie als sichere Kapitalanlage und untermauert ihre politische sowie militärische Bedeutung *„als Glied des Eisenbahnnetzes des norddeutschen Bundes"*.

Ein Blick auf die Landkarte aus der Mitte des 19. Jahrhunderts bestätigt die deutsche, vor allem thüringische, Kleinstaaterei. Es erscheint aus heutiger Sicht nahezu sonderbar, dass im Verlauf dieser rund 75 km langen Eisenbahnlinie die Territorien von vier „Staaten" berührt bzw. durchquert wurden. Als die Strecke fertig war, ergab das nach dem Geschäftsbericht (1884) der Saal-Eisenbahn-Gesellschaft folgendes Bild:

Staat	**von km**	**bis km**	**insgesamt**
Sachsen-Weimar	0,000	2,327	2.327 m
Sachsen-Meiningen	2,327	13,168	10.841 m
Sachsen-Weimar	13,168	37,553	24.385 m
Sachsen-Altenburg	37,553	58,426	20.873 m
Schwarzburg-Rudolstadt	58,426	69,596	11.170 m
Sachsen-Meiningen	69,596	74,700	5.104 m
zusammen			**74.700 m**

Die Eisenbahnkomitees standen deshalb vor der fast unlösbaren Aufgabe, die Standpunkte der vier Staaten Sachsen-Weimar-Eisenach, Sachsen-Meiningen, Sachsen-Altenburg und Schwarzburg-Rudolstadt in einem allen Beteiligten gerecht werdenden Staatsvertrag zu vereinen, damit der erste Spatenstich zum Streckenbau getan werden konnte. Die teilweise unvereinbaren Forderungen der Staatsregierungen verzögerten jedoch das Eisenbahnprojekt immer wieder und drohten es sogar zu vereiteln.

In den Jahren 1867/68 häuften sich die Eingaben an die weimarische Regierung. Inzwischen war es nicht nur das Jenaer Komitee, sondern es waren auch die anderen Gemeinden des Saaletales, die mit Nachdruck den Bau einer Eisenbahn forderten. In dieser Zeit führten die Komitees bereits ingenieurtechnische Untersuchungen durch, womit sie wichtige Vorarbeiten für den Streckenbau leisteten.

1870: Bruno Hildebrand – die Aktivitäten werden verstärkt und führen zum Ziel

Hervorzuheben sind die Aktivitäten der Jenaer Eisenbahnkomitees zur Verwirklichung des Saalbahnprojektes. Sie wurden geführt von Dr. Bruno Hildebrand, Professor für Nationalökonomie der Universität Jena. Der Berner Nationalökonom wurde 1861 an die Universität Jena berufen, obwohl seitens der Regierungen Bedenken vorlagen. Diese begründeten sich vor allem in seiner bisherigen politischen Haltung. Er hatte wegen seiner Zugehörigkeit zur Burschenschaft in Haft gesessen und war später Abgeordneter des Parlaments in der Frankfurter Paulskirche, dem er bis zur Auflösung angehörte. Als Direktor der Schweizer Nordostbahn erwarb sich Hildebrand bleibende Verdienste. Nach seiner Berufung an die Universität Jena nahm er weiterhin regen Anteil an der Entwicklung der Eisenbahnen. Am 20. Juni 1862 wurde er Mitglied und kurze Zeit später Vorsitzender des Jenaer Eisenbahnkomitees. Seit 1867 war er Mitglied des Landtages in Weimar. Es ist nicht zuletzt seinem unermüdlichen Wirken verdanken, dass durch die Vollendung des Saalbahn-Projektes auch Jena als letzte deutsche Universitätsstadt mit dem Eisenbahnnetz verbunden wurde. Als gewählter Vorstandsvorsitzender der Saal-Eisenbahn-Gesellschaft leitete Hildebrand das Unternehmen bis kurz vor seinem Tode am 29. Januar 1878.

Die Passivität Sachsen-Weimars hatte zur Folge, dass sich in den Jahren 1867/68 die Eingaben an die weimarische Regierung häuften. Inzwischen forderten nicht nur das Jenaer Komitee, sondern auch die anderen Gemeinden des Saaletals mit Nachdruck den Bau einer Eisenbahn. Der XVI. Ordentliche Landtag im Jahr 1868 musste sich mit diesen Eingaben befassen. Bruno Hildebrand, inzwischen Mitglied des Ausschusses für Eisenbahnangelegenheiten, erstattete am 10. März in der 24. Sitzung den Bericht des Ausschusses, der diese Eingaben zuvor bearbeitet hatte. In diesem Bericht plädierte er recht eindrucksvoll für den Bau der Saalbahn wie für jede volkswirtschaftlich vernünftige Eisenbahn. Er machte noch einmal auf die Vorteile aufmerksam, die der Bau von Eisenbahnen für die Bewohner des Landes, aber auch für den Staat bringe. Nicht allein die Dividende, sondern auch das Allgemeinwohl sei von Bedeutung. Die Zinsgarantie für die Gera-Eichichter Bahn dürfe nicht dazu führen, *„ ... daß der Gewerbefleiß und der Verkehr der 30.000 weimarischen Staatsbürger des Saaletales zugrunde gerichtet werde ..."*.

Im Ergebnis dieser Sitzung wurde die Regierung wiederum gebeten, die entsprechenden Schritte für die Realisierung des Saalbahn-Projektes *„wirklich"* einzuleiten und dem Komitee die Konzession nicht weiter vorzuenthalten. Weiter heißt es: *„Die*

Billigkeit erfordert es gewiß, daß, wenn die Bahn durch den Neustädter Kreis mit so großen staatlichen Opfern ausgeführt wird, auch die Bewohner des Saalethales in ihrem Streben nach Herstellung einer Eisenbahn nicht nur nicht gehindert, sondern unterstützt werden ...".

Damit wurde lediglich erreicht, dass Ober-Bau-Direktor Streichhan im Auftrag der weimarischen Regierung das Projekt noch einmal überprüfte. Nach einer Interpellation von Bruno Hildebrand an den Landtag im Jahre 1869 setzte sich endlich die Großherzogliche Regierung am 3. Juni 1869 mit dem preußischen Außenministerium – Sachsen-Weimar war seit dem 18. August 1868 Mitglied des Norddeutschen Bundes – in Verbindung. Dieses hatte gegen den Bau der Saalbahn nichts einzuwenden und teilte mit, dass der preußische Eisenbahndirektor Simon beauftragt werde, die generellen Vorarbeiten vorzunehmen und das Projekt zu komplettieren. Gleichzeitig wurde die Großherzogliche Regierung beauftragt, die finanziellen Mittel von 2.000 Talern dafür bereitzustellen. Sachsen-Weimar hatte nun endlich nichts mehr gegen den Bau der Saalbahn einzuwenden. Zwischenzeitlich, am 24. Februar 1869, trat noch der Eisenbahn-Bau-Unternehmer Pleßner aus Berlin auf den Plan. Er hatte sich den Bau eines Süd-Thüringischen Eisenbahnnetzes zum Ziel gestellt. In diesem Rahmen wollte er eine Strecke von Heringen über Jena nach Rudolstadt als Nebenbahn verwirklichen. Die Stadt und das Saalbahn-Komitee gingen aber auf dieses Vorhaben nicht ein.

Zwischen den vier thüringischen Regierungen gab es immer wieder unterschiedliche, oftmals kleinliche Meinungen und Differenzen, die den Bau weiter verzögerten. Beispielsweise schlug die weimarische Regierung vor, dass sich die vier Staaten mit gleichen Beträgen von 500 Talern an der genannten Finanzierung beteiligten. Das Fürstentum Schwarzburg-Rudolstadt war damit nicht einverstanden, da die zu bauende Bahn nur etwa 11 km (von ca. 74 km) ihr Gebiet durchschnitt. Erst nach einem umfangreichen Schriftwechsel erklärte sich Rudolstadt schließlich damit einverstanden.

Auch um die Anschlüsse der Saalbahn an die Thüringische Bahn im Norden und Süden gab es noch Differenzen. In Naumburg wollte man, dass sie dort einmünde. Aus Kösen wurde ein ähnlicher Wunsch laut. Im Laufe des Jahres 1869 trat ein Komitee für den Bau der Saale-Unstrut-Bahn (Straußfurt – Großheringen) an Sachsen-Weimar mit dem Wunsch heran, in Sulza einen Gemeinschaftsbahnhof mit der Thüringischen Bahn und der Saalbahn zu errichten. Preußen wurde ersucht, diese Vorstellungen zu prüfen, in deren Ergebnis man Großheringen als günstigste Möglichkeit anerkannte. Vom 14. bis 18. Februar 1870 fand endlich die Bereisung der Strecke und die Abnahme des Projektes statt. Kurze Zeit später, am 28. März, tat sich ein neues Hindernis auf. Die Regierung Sachsen-Meiningens erhob gegenüber Sachsen-Weimar Einspruch gegen die Linienführung von Orlamünde über Rudolstadt nach Saalfeld. Sie machte geltend, dass bei den Verhandlungen zum Bau der Gera-Eichichter Bahn mündlich der Anschluss der Saalbahn in Pößneck oder Orlamünde festgelegt worden war. Die Strecke sollte bei Naschhausen (Orlamünde) aus dem Saaletal nach Osten abzweigen, durch das Orlatal führen und in die Gera-Eichichter Bahn bei Pößneck einmünden. Diese Variante bot eine kürzere Verbindung zwischen der Thüringer Stammbahn und der damals noch im Bau befindlichen Gera-Eichichter Bahn als die Linienführung über Rudolstadt und Saalfeld. Damit wäre auch die Konkurrenz für die Eichichter Bahn entfallen. Für die Stadt Rudolstadt hätte die Ausführung dieser Empfehlung Sachsen-Meiningens alle bisherigen Bemühungen zum Bau der Saalbahn zunichte gemacht. Das Fürstentum Schwarzburg-Rudolstadt war 1870 der einzige thüringische Staat, der noch keine Verbindung zum Eisenbahnnetz besaß. Eine Verbesserung der wirtschaftlichen Situation erhoffte daher der Landtag von Schwarzburg-Rudolstadt vor allem vom Bau der Eisenbahnstrecke Großheringen – Jena – Rudolstadt – Saalfeld. Gemeinsam mit der Stadt Saalfeld, die die Vorteile der Vereinigung der Gera-Eichichter Bahn und Saalbahn schwinden sah, traten Regierung, Landtag und Bürgertum mit Nachdruck für die Ausführung der Strecke über Rudolstadt ein.

Am 5. Juli 1870 kamen in Jena die Regierungskommissare der beteiligten Länder zu einer Konferenz zusammen, in der man sich darauf einigte, dass die Linien Orlamünde – Rudolstadt – Saalfeld und Orlamünde – Pößneck gleichzeitig gebaut werden sollen. Des Weiteren wurde festgelegt, dass die Orte Schwarza und Uhlstädt auf Antrag der jeweiligen Regierungen ebenfalls einen Bahnhof erhalten, der in dem Projekt nicht vorgesehen war.

Nachdem in zeitraubenden Verhandlungen alle Meinungsdifferenzen beseitigt worden waren, erfolgte schließlich am 8. Oktober 1870 der entscheidende Schritt für den Bau der Saalbahn. An diesem Tag kamen in Camburg die Regierungen von Sachsen-Weimar, Sachsen-Altenburg, Sachsen – Meiningen und Schwarzburg-Rudolstadt, „*... von dem Wunsche geleitet, eine durch das Saalthal führende Eisenbahnverbindung zwischen der Thüringer Stammbahn und der Gera-Eichichter Bahn zur Ausführung zu bringen ...*", in einem Staatsvertrag überein, einer unter dem Namen „*Saal-Eisenbahn-Gesellschaft*" zu bildenden Aktiengesellschaft die Konzession für Bau und Betrieb zu erteilen.

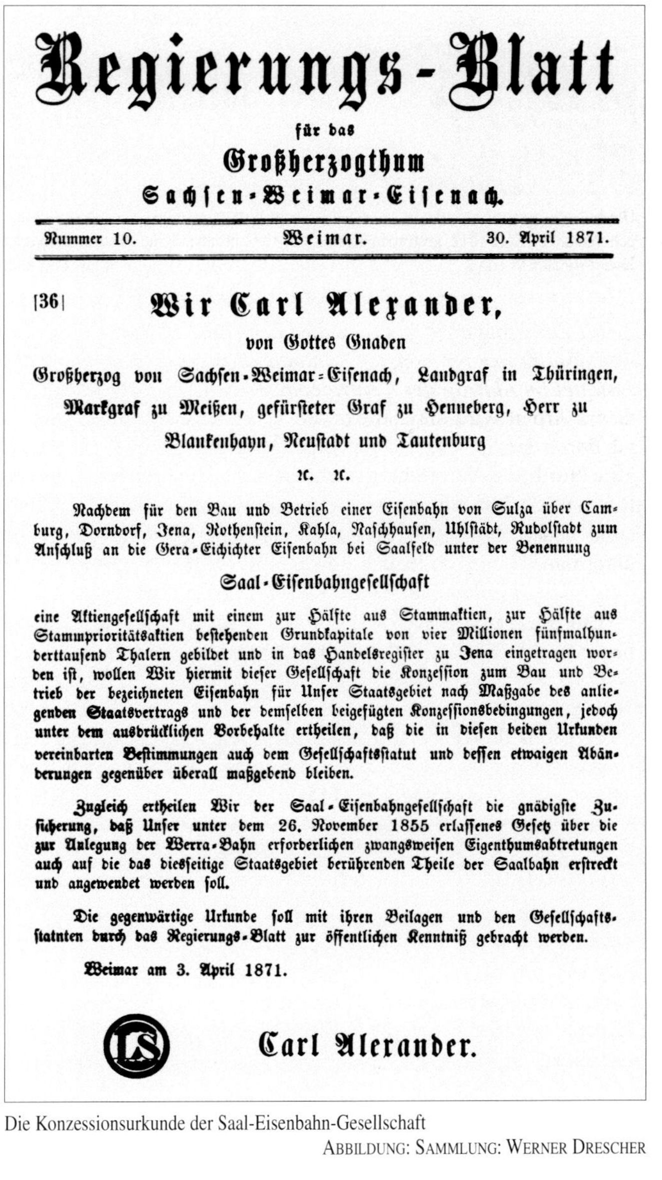

Regierungs-Blatt

für das

Großherzogthum

Sachsen-Weimar-Eisenach.

Nummer 10. | Weimar. | 30. April 1871.

[36] **Wir Carl Alexander,**

von Gottes Gnaden

Großherzog von Sachsen-Weimar-Eisenach, Landgraf in Thüringen, Markgraf zu Meißen, gefürsteter Graf zu Henneberg, Herr zu Blankenhayn, Neustadt und Tautenburg

rc. rc.

Nachdem für den Bau und Betrieb einer Eisenbahn von Sulza über Camburg, Dorndorf, Jena, Rothenstein, Kahla, Naschhausen, Uhlstädt, Rudolstadt zum Anschluß an die Gera-Eichichter Eisenbahn bei Saalfeld unter der Benennung

Saal-Eisenbahngesellschaft

eine Aktiengesellschaft mit einem zur Hälfte aus Stammaktien, zur Hälfte aus Stammprioritätsaktien bestehenden Grundkapitale von vier Millionen fünfmalhunderttausend Thalern gebildet und in das Handelsregister zu Jena eingetragen worden ist, wollen Wir hiermit dieser Gesellschaft die Konzession zum Bau und Betrieb der bezeichneten Eisenbahn für Unser Staatsgebiet nach Maßgabe des anliegenden Staatsvertrags und der demselben beigefügten Konzessionsbedingungen, jedoch unter dem ausdrücklichen Vorbehalte ertheilen, daß die in diesen beiden Urkunden vereinbarten Bestimmungen auch dem Gesellschaftsstatut und dessen etwaigen Abänderungen gegenüber überall maßgebend bleiben.

Zugleich ertheilen Wir der Saal-Eisenbahngesellschaft die gnädigste Zusicherung, daß Unser unter dem 26. November 1855 erlassenes Gesetz über die zur Anlegung der Werra-Bahn erforderlichen zwangsweisen Eigenthumsabtretungen auch auf die das diesseitige Staatsgebiet berührenden Theile der Saalbahn erstreckt und angewendet werden soll.

Die gegenwärtige Urkunde soll mit ihren Beilagen und den Gesellschaftsstatnten durch das Regierungs-Blatt zur öffentlichen Kenntniß gebracht werden.

Weimar am 3. April 1871.

(L.S.) Carl Alexander.

Die Konzessionsurkunde der Saal-Eisenbahn-Gesellschaft

ABBILDUNG: SAMMLUNG: WERNER DRESCHER

Anzeiger

PROSPECT.

Thaler 2,250,000

5 % Stamm - Prioritäts - Actien

eingetheilt in 22,500 Stück á 100 Thlr.

der

SAAL - EISENBAHN.

Die im Bau begriffene - am 3. April 1871 landesherrlich concessionirte - im Laufe des Jahres 1873 in Betrieb zu setzende **Saal-Eisenbahn** von Großheringen bei Sulza über **Jena** und **Rudolstadt** nach **Saalfeld** (Eichicht) schliesst sich zwischen **Sulza** und **Kösen** an die **Hauptstrecke Halle resp. Leipzig-Erfurt-Gerstungen der Thürinigischen und mit ihrem Endpunkte an die Gera-Eichichter Eisenbahn an**. Dem Laufe der Saale folgend, findet die Bahn im ganzen Thalgebiete ein so überaus günstiges nahezu horizontales Bauterrain, dass sie nach dem gewissenhaft und doch ausgiebig bemessenen Kostenanschläge mit einem Nominalkapital von 4,500,000 Thlr. bei einer Baulänge von rund 10 Meilen hergestellt und vollständig ausgerüstet werden wird.

Die vorteilhafte Terrainlage verbürgt in gleicher Weise eine nur mässige Inanspruchnahme von Betriebsspesen, so dass die **Saalbahn** sicherlich zu denjenigen Bahnen gehören wird, deren Betrieb den geringsten Kostenaufwand erfordert. Dieser **wesentlichsten Grundlage** eines wahrhaft **soliden** Unternehmens entsprechen auch die sonst noch vorhandenen Bedingungen einer **zweifellosen Rentabilität**.

Die Saalbahn wird sich nicht blos an ihren Endpunkten, sondern durch die projectirte Herstellung der Bahn von **Gera** nach **Weimar** über **Jena**, auch von diesem Punkte aus in einen der am vollkommensten entwickelten mitteldeutschen Bahncomplexe einfügen.

Sie erschliesst zum ersten Male für den Eisenbahnverkehr einen dichtbevölkerten, hochcultivirten und mit mannigfachen Erzeugnissen, wie **Holz, Eisenstein, Schiefer, Marmor** und **vorzüglichen Bausteinen** von der Natur reich ausgestatteten Landstrich, in welchem schon jetzt viele Zweige einer zu ihrem schwunghaften Betriebe, nur der Eisenbahn bedürfenden Industrie, in Blüthe stehen.

Diesen im hohen Grade entwicklungsfähigen Elementen eines ausgebreiteten **lokalen Guterverkehrs** stehen nicht minder günstige Voraussetzungen für einen lebhaften Personenverkehr zur Seite, da die Saalbahn die von ihr durchschnittenen, an hohen Naturschönheiten und klassischen Erinnerungen so reichen Thüringischen Landschaften sehr bald zum gesuchten Wanderziel für Touristen von nah und fern machen wird.

Weit hervorragender aber und von fraglos **entscheidender Bedeutung** für die Rentabilität der Saalbahn ist ihre Lage im Hinblick auf die theils begonnene, theils projectirte und gesicherte Weiterführung des sie umgebenden Eisenbahnnetzes; die beigefügte Kartenskizze (bei den Subskriptionsstellen einzusehen) zeigt, dass die Saalbahn directe Fortsetzungen und Anschlüsse von ihrem Endpunkte bei Saalfeld-Eichicht nach **allen Richtungen** erhält: östlich nach **Gera** in das **Zwickauer Kohlenrevier**, nördlich mittelst der **Saal-Unstrutbahn** westlich über Meiningen nach Fulda an die **Main-Weserbahn**, und südlich in einer doppelten Trace auf **Cronach** bezüglich **Sonneberg** und auf **Hof** an die bayerischen Bahnen.

Hierdurch gestaltet sich die Saalbahn zu einem integrirenden Mittelgliede mehrer abgekürzten Routen auf denen in nicht ferner Zeit der grosse internationale Verkehrstsstrom vom Westen und Süden nach Berlin und den nordischen Handelsplätzen seinen Lauf nehmen wird.

Das zur Herstellung der Saalbahn erforderliche Baucapital von 4,500,000 Thlr. besteht zur Hälfte in **Stammactien**, zur Hälfte in **Stamm-Prioritätsactien**. Von der ersteren haben in Anerkennung der Gemeinnützigkeit und der Ertragsfähigkeit des Unternehmens **die hohen Regierungen der von der Saalbahn berührten Staaten, nämlich die Großherzoglich Sachsen-Weimarische, die Herzoglich Sachsen - Meiningen'sche, die Herzoglich Sachsen-Altenburgische und die Fürstenthum Schwarzburg-Rudolstädische, in Folge des Staatsvertrages vom 8. October 1870 zusammen einen Antheil von 850,000 Thlr. al pari fest übernommen**. In gleicher Weise sind von einer Anzahl **Communen** und **Adjacenten** 482,000 al pari gezeichnet, während der Restbetrag des Stammactien-Capitals mit noch 918,000 Thlr. anderweit in festen Händen placirt ist.

Das gesamt Stammactien-Capital von 2,250.000 Thlr. ist somit untergebracht und bleibt voraussichtlich eine Reihe von Jahren ausserhalb des Marktes.

Es gelangen sonach nur:

die Stamm-Prioritäts-Actien im Betrage von 2,250,000 Thlr. in Stücken á 100 Thlr.

in Gemässheit der nachstehenden Bedingungen zur Auflage. Diese Stamm-Prioritäts-Actien werden bis zum l. Januar 1874 mit 5 % jährlich aus dem Baufond verzinst. Vom gedachten Termin ab erhalten sie aus dem Reinertrage der Bahn **vorweg** jährlich 5 % des Nominalbetrages und participiren ausserdem an dem Ueberschusse über 6 % des Stamm-Actien-Capitals mit **einem Drittel**, während eine gleiche Quote zu ihrer Amortisation mittels Pari-Einlösung verwendet wird. **Die Zahlstellen** für Coupons, Dividendenscheine und ausgelooste Stamm-Prioritäts-Actien werden an den Hauptplätzen des Deutschen Reiches eingerichtet.

Die Stamm-Prioritäts-Actien der Saalbahn, die nach Ihrem Emissionscours schon jetzt eine Rente von 5 ½ % gewähren, empfehlen sie sonach als eine eben so solide, wie vielversprechende Capitalsanlage.

BRESLAU, im Januar 1872.

I.A.

Gebr. Guttentag.

Bedingungen

der

Subscription auf vorerwähnte 2,250,000 Thaler 5 % Stamm-Prioritäts-Actien

der

Saal-Eisenbahn-Gesellschaft (Anschluss an die Halle-Thüringer Eisenbahn)

Art. 1.

Die Subscription findet gleichzeitig in:

Jena bei Herrn ***Julius Elkan.***

„ bei der ***Hauptkasse der Saal-Eisenbahn.***

Berlin bei der Deutschen Unionbank.
„ „ Herren Gebr. Guttentag.
Breslau bei Herren Marcus Nelken & Sohn.
„ „ „ Gebr. Guttenatg.
Bremen „ „ J. Schultze & Wolde.
Cöln bei der Cöllnischen Wechsler- & Commissions-Bank.
Chemnitz bei dem Chemnitzer Bankverein.
Dresden bei der Agentur der Geraer Bank.
„ „ Herren Gebr. Guttentag.
Erfurt „ Herren Heinrich Moos.
Frankfurt a. Main bei Herrn L. A. Hahn.
Gera bei der Geraer Bank.
Gotha bei Herren Gebr. Goldschmidt.
Halle a. d. Saale bei Herrn H. F. Lehmann.
Hamburg bei Herren M. M. Warburg & Co.
Hannover bei der Hannoverschen Bank.
Leipzig bei der Agentur der Weimarischen Bank.
Magdeburg bei Herren Teetzmann, Roch & Alenfeld.
München bei Herren Merck, Christian & Co.
Mühlhausen i. Th. bei Herrn A. R. Blachstein.
Nürnberg bei Herren Bloch & Co.
Stuttgart bei Herren Dörtenbach & Co.
Weimar bei der Weimarischen Bank.
„ „ bei Herrn Julius Erkan.
Weissenfels bei der Gewerbebank H. Schuster & Co.
Zeitz bei Herrn J. F. A. Zürn.
ausserdem für das Saalthal:
Camburg bei Herrn Bürgermeister Zetsche.
Kahla bei Herrn Adolph Jecke.
Rudolstadt bei der Stadt-Hauptkasse.
„ „ Herrn Fr. Querck.
„ „ „ C. E. Triebner.

am Donnerstag, Freitag und Sonnabend, den 18., 19. und 20. Januar 1872
während der üblichen Geschäftstunden statt.

Art. 2.

Der Subscription-Preis ist auf 91 Procent in Thalerwährung mit dem im Artikel 4 erwähnten Zinsgenuss seit dem 1. Januar d. J. festgesetzt.

Art. 3.

Bei der Subscription ist eine Caution von zehn Procent des Nominalbetrages in Baarem oder in gangbaren Effecten zu deponiren.

Art. 4.

Die Original-Stücke Nebst Coupon seit 1. Januar 1872 sind in den Tagen vom 4. bis 7. Februar d. J. bei den betreffenden Subscriptions-Stellen gegen baare Zahlung der Valuta ohne Zinsberechnung zu erheben. – Nach geschehener Abnahme wird die deponirte Caution verrechnet, respective zurückerstattet.

Art. 5.

Im Falle der Ueberzeichnung tritt eine verhältnissmässige Repartition ein.

Art. 6.

Jeder Subscribent erhält über seine Anmeldung und Cautions-Leistung eine Bescheinigung, welche bei Uebernahme der Stücke zurückzugeben ist.

Dieser Prospekt erschien im Januar 1872 in den meisten Thüringer Zeitungen und forderte zur Aktienzeichnung auf. ABBILDUNGEN (2): SAMMLUNG WERNER DRESCHER

Voraussetzung für die Erteilung der erforderlichen Konzession waren die Gründung einer Aktiengesellschaft mit Sitz in Jena, der Eintrag des Gesellschaftsstatus in das Handelsregister der zuständigen Gerichtsbehörde in Jena sowie die Hinterlegung einer Kaution von 100.000 Taler. Nachdem diese Bedingungen erfüllt waren und die Saal-Eisenbahn-Gesellschaft am 14. Februar 1871 in das Jenaer Handelsregister eingetragen worden war, erteilten die vier beteiligten Regierungen der Thüringischen Staaten die zugesagte Konzession am 3. April 1871. Dem Staatsvertrag waren die Konzessionsbedingungen beigefügt, deren 19 Paragrafen der Saal-Eisenbahn-Gesellschaft die Forderungen der vier Landesregierungen auferlegten.

Bau und Inbetriebnahme

Für den Bau der Strecke selbst und die Betriebsführung wurden die im Königreich Preußen geltenden Normalien für verbindlich erklärt. Die Spurweite wurde mit *„4' 8 ½" englischen Maaßes im Lichten der Schienen"* festgelegt (1435 mm Normalspur). An den Endpunkten der Strecke war die unmittelbare Gleisverbindung zu den angrenzenden Eisenbahnen zu gewährleisten. Die Gesellschaft wurde verpflichtet, die Eisenbahn stets *„in gutem und fahrbaren Zustande zu erhalten, tüchtige und ausreichende Transportmittel für Personen, Waaren und Thiere bereit zu halten, auch die Beförderung selbst regelmäßig und ohne persönliche Begünstigungen nach Maßgabe der Zeit- und Reihenfolge der Anmeldung zu besorgen …"* Die Gesellschaft hatte ferner dafür Sorge zu tragen, dass erkrankte oder verunglückte Arbeiter und deren Familien nicht den Gemeinden, in denen sich die Arbeiter während des Bahnbaues befinden, zur Last fallen. Das Personal sollte vorzugsweise aus entlassenen Militärangehörigen der Bundesarmee gewählt werden. Für alle Veränderungen an Chausseen und Wegen, die der Bahnbau verursachte, hatte die Saal-Eisenbahn-Gesellschaft die Aufwendungen für Bau und Unterhaltung zu übernehmen.

Die Strecke war für eine Eisenbahnlinie mit Lokomotivbetrieb zu bauen. Grund und Boden war bereits für eine zweigleisige Bahn zu erwerben. Die Brücken über die Strecke und größere Bauwerke im Bahnkörper mussten gleich für die Aufnahme von zwei Gleisen gebaut werden. Bei den Orten Camburg, Dorndorf (heute Dornburg), Jena, Rothenstein, Kahla, Naschhausen (heute Orlamünde), Rudolstadt und, sofern es von den Landesregierungen verlangt werden sollte, auch bei Uhlstädt und Schwarza, sind Stationsanlagen zu errichten. Für die Bauzeit der Strecke von Großheringen nach Saalfeld gab man der Gesellschaft zweieinhalb Jahre vor. Die Verbindungsbahn zwischen der Saalbahn und der Gera-Eichichter Bahn von Naschhausen (Orlamünde) nach Pößneck sollte, vom Tag der Konzessionserteilung an gerechnet, spätestens nach fünf Jahren fertig gestellt sein.

Das Dienstsiegel der Saal-Eisenbahn-Gesellschaft

Über den eigentlichen Bahnbau enthalten die Archive wenig Angaben. Bekannt ist, dass der erste Spatenstich in feierlicher Form am 23. Oktober 1871 in der Nähe von Rothenstein in der Schöpser Flur durch den Oberingenieur Scalweit erfolgte. Die Ausführung übernahm ein Konsortium. Dieses übergab wiederum einzelne Baulose an Bauunternehmer, so dass die Baustellen im gesamten Saaletal verteilt waren. Alte Zeitungen berichten davon, dass sich ein regelrechtes Lagerleben abspielte. Wohnbaracken, Bauhütten und Schankbuden waren allerorts entlang der zukünftigen Eisenbahnlinie zu finden.

Für die Erdarbeiten hatte man zahlreiche italienische Arbeiter angeworben, die niedriger entlohnt wurden als die einheimischen Arbeiter. Die Tagewerke wurden mit Hornsignalen begonnen und beendet. Mit den damals üblichen Mitteln wie Hacken, Spaten, Schaufeln, Tragekästen, Schubkarren und Pferdefuhrwerken erfolgte der Streckenbau. Bei Dornburg und Rothenstein mussten umfangreiche Felsmassen weichen, damit sich die Strecke zwischen dem Flusslauf der Saale und dem Fels einfügen konnte. Mit Faschinen, Ausmauerungen, Abpflasterungen und Bepflanzung erreichte man einen Schutz des Bahndammes vor den jährlichen Hochwassern der Saale. Veränderungen im Verlauf der Straßen und der Wege entlang des Bahndammes und die Errichtung zahlreicher Bahnübergänge auf dem gesamten Streckenverlauf bildeten einen erheblichen Anteil der Baumaßnahmen. Das Verlegen des Oberbaues erfolgte in Kiesbettung. Die Empfangsgebäude der Stationen bauten einheimische Bauunternehmer. Die Gebäude der Bahnhöfe Camburg, Kahla, Orlamünde und Rudolstadt lassen heute noch ein einheitliches Grundprojekt erkennen.

Als schwierigstes Hindernis trat die Saale selbst dem Streckenbau entgegen. Die Strecke sollte westlich der Saale

Der erste Spatenstich

zur Saaleisenbahn, schon mehrmals in Aussicht gestellt und von so Vielen seit Jahren sehnlichst gewünscht, ist nun auch — am 10. d. M. — in hiesiger Flur geschehen. Mit Recht ist dieser Akt festlich begangen worden; denn die Eisenbahnfrage ist für **Camburg** und **Umgegend** eine Lebensfrage zu nennen. Durch Kanonenschüsse und Reveille wurde der festliche Tag begrüßt. Der Festzug, an welchem sich außer den Comitémitgliedern, Bahnbeamten und Arbeitern, hiesige Beamte und sämmtliche Vereine, Lehrer und Schüler betheiligten, bewegte sich unter den Klängen der Musik vom Rathhause nach dem festlich geschmückten Platze, wo die erste Arbeit vorgenommen werden sollte. Dies geschah nach einer entsprechenden Ansprache des Herrn Vicebürgermeister **Bock**, worauf dann dem um die Sache eifrig bemüht gewesenen Herrn Bürgermeister **Zetsche**, der Stadt Camburg und dem Bau-Comité ein dreimaliges Hoch! erschallte. Nach dem Rückzug war Festtafel im Rathhause, später Conzert im Fürstenkeller, und ein Ball in den beiden hiesigen Sälen beschloß den festlichen Tag.

Ein Bericht vom ersten Spatenstich, erschienen im Camburger Wochenblatt vom 17. Januar 1872

ABBILDUNGEN (2): SAMMLUNG: WERNER DRESCHER

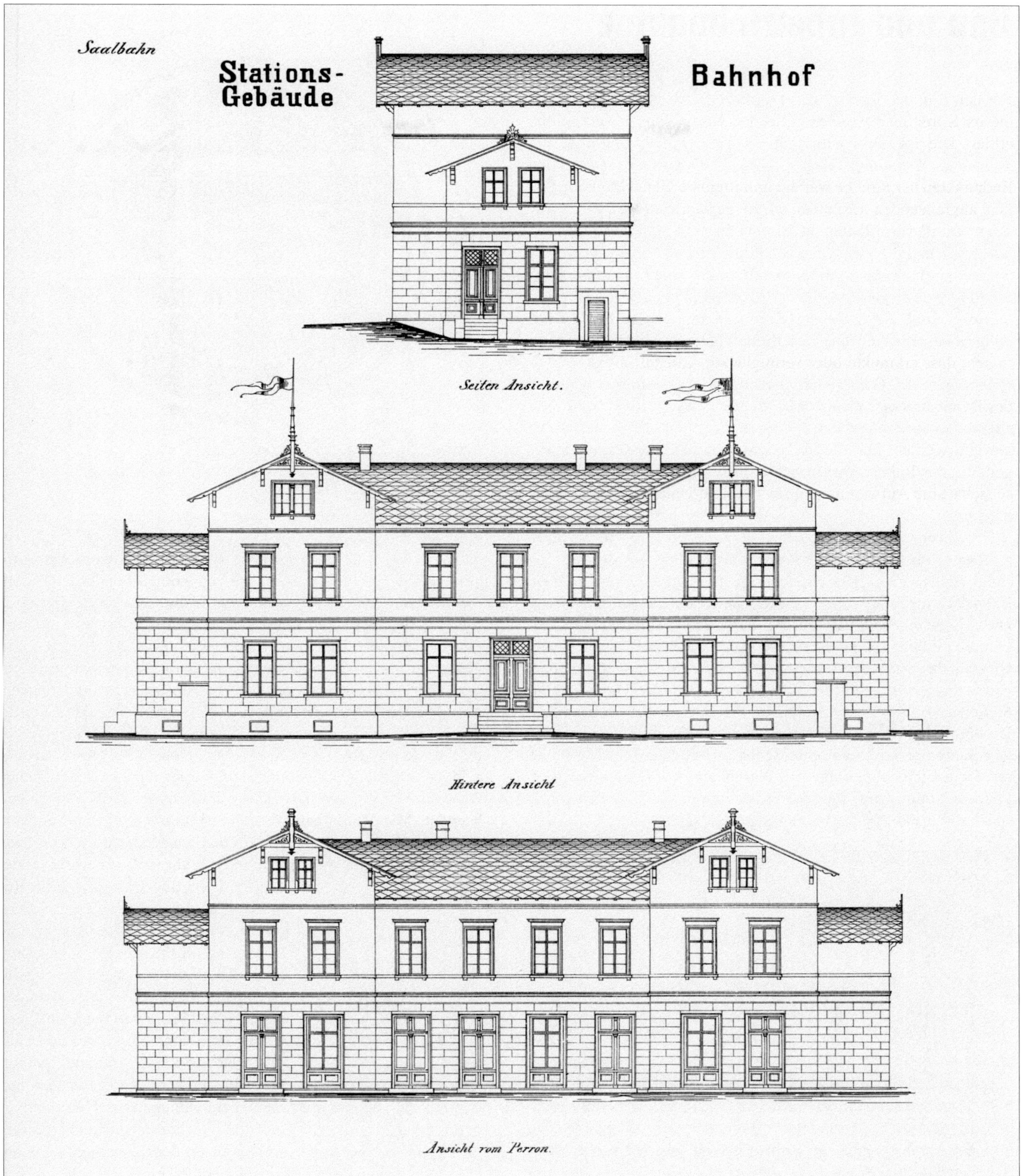

Oben: Alle Empfangsgebäude wurden im Wesentlichen nach einem Muster, in zwei Versionen errichtet. Im Bild die größere Variante, wie sie in Orlamünde steht. In Camburg, Kahla und Rudolstadt entstanden größere seitliche Anbauten.
ABB.: SAMMLUNG: RAINER GUTSCH

Rechts: Anzeige im Camburger Wochenblatt vom 13. Mai 1872.
ABB.: SAMMLUNG: WERNER DRESCHER

Bekanntmachung.

Da die Maurerarbeiten im *II.* Loose der Saaleisenbahn begonnen haben, können **100 Maurer Beschäftigung erhalten.** Tagelohn 26 Groschen bis 1 Thaler, Accordtagelohn bis zu 1 Thlr. 15 Sgr. Unternehmer zur Ausführung von Bauwerken werden gesucht.

Carl Bauer.

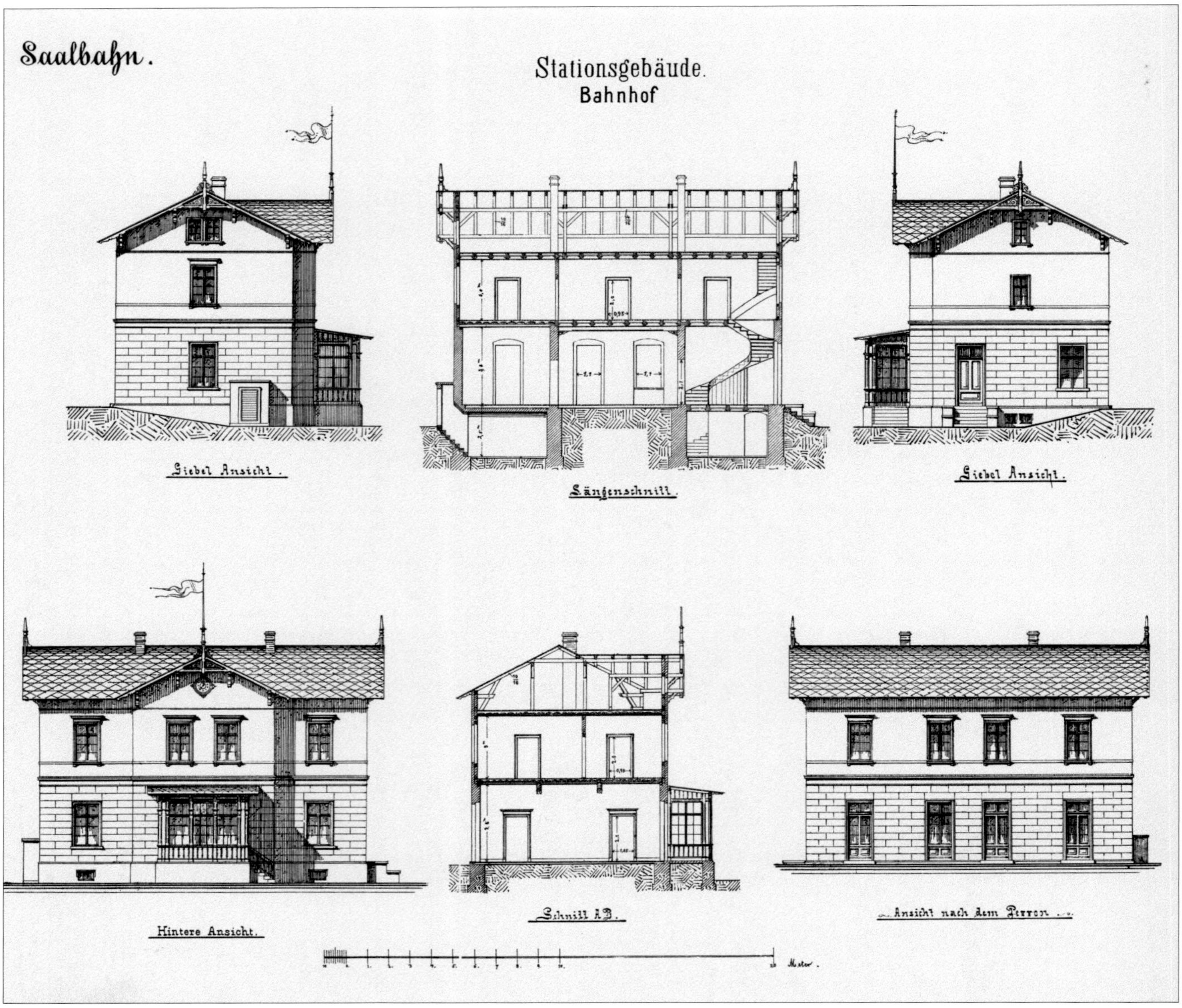

Die kleinere Variante der Emfangsgebäude der Saal-Eisenbahn, wie sie heute in Dornburg, Schwarza oder Uhlstädt zu finden sind — Abbildung: Sammlung Rainer Gutsch

entlang führen, um die Anzahl der Brücken so gering wie möglich zu halten. Das führte zum Teil zu erheblichen Aufwendungen. Die Saale musste an 13 Stellen auf einer Gesamtlänge von etwa 4.400 m verlegt werden. Umfangreiche Stützmauerwerke waren nötig, um die Bahn gegen Stein- und Geröllrutsche zu sichern.

Wenige Kilometer vor dem Endpunkt der Strecke in Saalfeld war eine Überbrückung der Saale unvermeidlich. Zunächst musste eine Begradigung des Flusslaufes auf einer Länge von 550 m vorgenommen werden, damit die Spannweite des Brückenbauwerkes so gering wie möglich gehalten werden konnte. Bei den Gründungsarbeiten für die Brückenpfeiler waren Grundwassermassen von einem derartigen Ausmaß zu bewältigen, dass Tag und Nacht, auch an Sonn- und Feiertagen, gearbeitet werden musste. Nach den Konzessionsbedingungen wurden die Pfeiler für die Aufnahme einer zweigleisigen Brücke dimensioniert, vorerst aber nur für die Aufnahme eines Gleises ausgeführt. Am 14. Februar 1874 erfolgte die Abnahme der Brücke mit einer Belastungsprobe. Das Bauwerk wurde für den Verkehr freigegeben.

Finanziell war der Bau der Saalbahn erheblichen Belastungen unterworfen. Die Finanzkrise von 1869/70 und ihre Folgeerscheinungen blieben nicht ohne Auswirkungen auf die Baumaßnahmen. Aus diesem Grund wurden 1873/74 wesentliche Anteile der französischen Kriegsentschädigungen, von denen die vier beteiligten Regierungen auch ihre Anteile erhielten, dem Bahnbau zugeführt. Am 17. März 1874 bereiste eine Kommission in einem Sonderzug die gesamte Strecke von Großheringen bis nach Saalfeld. Sie bestand aus Vertretern der Saalbahn und der beteiligten Staaten. Die Kommission hatte eine Revision in bautechnischer und bahnpolizeilicher Hinsicht durchzuführen. Dabei ergab die Überprüfung eine Reihe von Arbeiten, die bis zur endgültigen Abnahme der Strecke noch zu erledigen waren. Hauptsächlich handelte es sich um Planierungsarbeiten und um die Nebengleise, die in nur unvollkommenem Maße dem Projekt entsprachen. Als Folge erhielt das Baukonsortium die Auflage, alle Mängel bis zur Inbetriebnahme der Strecke zu beheben.

Diese Forderungen waren bis zur Abnahme der Strecke durch die gleiche Kommission am 28. April 1874 noch nicht vollständig erfüllt. Nachdem jedoch schon am 3. Januar 1874 ein sogenannter „Probierzug“ die betriebsfähigen Streckenabschnitte befahren hatte und in allen Orten durch lautes Pfeifen der Lokomotive auf sich aufmerksam machte und große Begeisterung unter der Bevölkerung auslöste, brachte der 30. April das lange erwartete Ereignis der Betriebseröffnung. In der „Fürstlich Schwarzburg-Rudolstädtisch privilegierten Zeitung Wochenblatt“ vom 1. Mai 1874 kann man über die feierliche Eröffnung der Strecke Großheringen – Saalfeld nachlesen: „*Rudolstadt, 30. April. Nachdem ge-*

Das Bild rechts zeigt den Rohbauzustand des Empfangsgebäudes in Camburg ...
... und kurz nach der Inbetriebnahme der Saalbahn (Bild unten).

AUFNAHME (OBEN): SAMMLUNG WERNER DRESCHER
AUFNAHME (UNTEN): SAMMLUNG HEIMATMUSEUM CAMBURG/JOACHIM GASSNER

stern Mittag die Revision der Saalbahn beendet und deren Betriebsfähigkeit von den competenten Staatsregierungen sowie auch noch im Laufe des Tages von der Groß. S. Regierung telegraphisch erklärt worden ist, traf heute Mittag, kurz nach 12 Uhr, ein Extrazug sog. Festzug hier ein. Von der Locomotive „Schwarzburg" geführt, reich geschmückt und von einem Musikcorps begleitet, wurde er hier von einer jubelnden Menschenmenge mit Musik und Böllerschüssen empfangen. Nach kurzem Aufenthalt setzte der auch vom hiesigen Musikcorps begleitetet Zug die Fahrt nach Saalfeld fort und kehrte gegen 2 1/2 Uhr nach hier zurück, um sich sofort nach Jena weiterzubegeben, wo unter Teilnahme der hiesigen Staats- und Stadtbehörden um 3 1/2 Uhr ein Festessen stattfand. Der Kürze der Zeit halber konnten hier besondere Festlichkeiten nicht veranstaltet werden. Möge der morgen beginnende Bahnbetrieb für unser Land und unsere Stadt ein segensreicher sein!"

Allgemeine technische Beschreibung

Die Saalbahn hat eine Länge von 74,8 km. In Großheringen (122,88 m üb. NN) zweigt sie von der Thüringischen Stammbahn Halle – Erfurt – Eisenach ab. Die topografischen Verhältnisse sind denkbar günstig. Die größte Neigung beträgt 1:200 und kommt auf einer Länge von 3,9 km vor. Bis Saalfeld steigt die Strecke auf eine Höhe von 213,46 m. Die Höhendifferenz aller An- und Abstiege beträgt 99,28 m. Die Verteilung der Neigungsverhältnisse:

Neigung	**1:∞**	**<1:300**	**>1:300**
Länge	26,8 km	37,8 km	10,1 km
in Prozent	35,9 %	50,6 %	13,5 %

Das ergibt eine durchschnittliche Neigung von etwa 1:750. Damit ist die Saalbahn als Flachlandbahn einzuordnen. Ungünstiger sehen die Krümmungsverhältnisse aus. Sie resultieren daraus, dass die Bahn dem Lauf der Saale folgen sollte, um die Anzahl der Kunstbauten so gering wie möglich zu halten. Insgesamt kommen 80 Bogenwechsel vor, wobei der kleinste Radius 450 m beträgt. 31,2 km, das sind 41,8 % der Strecke, liegen im Bogen. Sie verteilen sich nach folgender Übersicht:

Radius m	**> 1.000**	**500...1.000**	**450...500**
Länge m	3.745	18.123	9.334

Vor allem diese Radienverhältnisse waren jahrzehntelang ein Hindernis hinsichtlich der Erzielung akzeptabler Geschwindigkeiten.

Das Signal- und Sicherungswesen

Zur Sicherung des Zugbetriebes ließ die Saal-Eisenbahn-Gesellschaft 88 „Strecken-Telegraphen" und „11 Perron-Telegraphen" aufstellen. Entsprechend der am 4. Januar 1875 in Kraft getretenen Signalordnung für die Eisenbahnen Deutschlands wurde die Signalordnung auf der Saalbahn bis zum 1. Oktober 1875 geändert. Dabei wurden alle Strecken-Telegraphen, bis auf einen, abgebaut. Alle Bahnhöfe erhielten 150 bis 300 m vor der „Haupteingangsweiche" „Bahnhofs-Abschluß-Telegraphen". Ab 1895 bestand zwischen den Bahnhofs-Abschluss-Telegraphen und den Haupteingangsweichen Signalabhängigkeit. Nach der Einführung einer überarbeiteten Signalordnung für die Eisenbahnen Deutschlands vom 5. Juli 1892 erließ die Saal-Eisenbahn-Gesellschaft Ausführungsbestimmungen, nach denen mit dem Aufstellen von Vorsignalen und dreiflügligen Hauptsignalen begonnen wurde. Das Signalsystem der Saalbahn entsprach auch in den nächsten Jahren den jeweiligen Signalordnungen in Deutschland.

Zur Verständigung der einzelnen Betriebsstellen untereinander waren auf der Saalbahn zwei Leitungen installiert. Eine Leitung diente der Übertragung von Informationen mittels Morsegeräten. Auf allen Stationen war dazu der entsprechende Sender bzw. Empfänger vorhanden. Daneben wurden „portative" (tragbare) Apparate in den Zügen mitgeführt. Bei besonderen Vorkommnissen konnten sie in die Läutewerkbuden jeder Wärterstation eingeschaltet werden. Die zweite Leitung stand in Verbindung mit den 64 Strecken- und 15 Stuben- bzw. Perronläutewerken. Sie wurden von Induktionsapparaten, die anfangs auf sieben Stationen, später auf allen Bahnhöfen verteilt waren, ausgelöst. Mit 1 x 6 Glockenschlägen wurde ein Zug aus Richtung Großheringen und 2 x 6 Glockenschlägen ein Zug aus Richtung Saalfeld angekündigt. Nach 1890 verlegte man eine dritte Leitung für den „Telegraphensprechverkehr". Mit Hilfe der erstgenannten Leitung wurden auch Depeschen für Privatpersonen und Institutionen übertragen, das brachte der Gesellschaft zusätzliche Einnahmen. Nach 1893 reichten diese Leitungen, die auch zur Übermittlung der Zugmeldungen zwischen den Betriebsstellen dienten, nicht mehr aus. Um die Zugmeldungen vom Depeschenverkehr zu trennen, wurde eine zusätzliche Leitung verlegt und 14 Morsegeräte angeschafft.

Neben den 183 Bahn-Unter- und -Überführungen gab es auf der Saalbahn 97 Bahnübergänge. Sie waren mit den seinerzeit üblichen „Schiebe-, Dreh-, Drahtzug- oder Handschlagbarrieren" gesichert. Schon während der Privatbahnzeit begann man, diese Bahnübergänge zu reduzieren, um Wärterposten einzusparen.

Das Empfangsgebäude des Bahnhofs Schwarza. Dem Zustand des Gebäudes nach zu urteilen, dürfte es sich um eine Aufnahme kurz nach der Eröffnung der Saalbahn handeln. Die Bediensteten des Bahnhofs haben sich anlässlich dieser Aufnahme nebst Kindern und Handwagen zu einem Gruppenbild postiert.

AUFNAHME:
SAMMLUNG WERNER DRESCHER

Die „erste“ Privatbahnzeit von 1874 bis 1895

Die Saal-Eisenbahn als Bahn mit regionaler Bedeutung

Am 1. Mai 1874 wurde der planmäßige Zugverkehr auf der Saalbahn aufgenommen. Täglich verkehrten drei Zugpaare zwischen Großheringen, Jena und Saalfeld. Mit der Eröffnung betrieb die Gesellschaft die Bahnhöfe Großheringen, Camburg, Dornburg, Jena, Rothenstein, Kahla, Orlamünde, Uhlstädt, Rudolstadt, Schwarza und Saalfeld. Das Verkehrsaufkommen entwickelte sich besser als erwartet. Die Strecke war als Verbindungsbahn zwischen der Thüringer Stammbahn und der Gera-Eichichter Bahn eine ausgesprochene Regionalbahn. Der Personenverkehr brachte die Haupteinnahmen für die Gesellschaft. Auf Antrag einiger Orte und im Interesse der Steigerung der Verkehrseinnahmen richtete die Saal-Eisenbahn-Gesellschaft zusätzliche Stationen ein. Am 14. Dezember 1874 wurde in Porstendorf ein neuer Haltepunkt eingerichtet.

Mit der Einweihung der Weimar-Geraer Eisenbahn am 29. Juni 1876 wurde Göschwitz als Verbindungsstation für beide Strecken eingerichtet. Weitere Haltepunkte wurden am 5. Mai 1877 in Kirchhasel und Zeutsch, am 19. Mai 1877 in Zwätzen bei Jena (Zwätzen Kunitzburg, heute Jena-Zwätzen) und am 15. Oktober 1880 in Jena der Haltepunkt Paradies ihrer Bestimmung übergeben. In den Anfangsjahren der Saalbahn dominierte der Personenverkehr. Darüber war im Camburger Wochenblatt vom 19. Juni 1874 folgendes zu lesen: „*Die Saalbahn entwickelt sich wider alles Erwarten vorzüglich. Nicht nur ein sehr reger Personenverkehr, sondern namentlich auch ein sehr bedeutender Güterverkehr zeichnet dieselbe aus. Es wurden im Monat Mai nach den Ermittlungen der Direktion ca. 30,000 Thlr. vereinnahmt, für den ersten Monat des Lebens der Bahn bei 10 Meilen Länge und 4,500,000 Thlr. Anlage-Kapital jedenfalls eine vorzügliche Einnahme. Einen großen Theil der Güter liefert das Rinne- und Schwarzathal, namentlich aber das Letztere. Deshalb hat sich die Direktion entschlossen, die Saalbahn zunächst bis Schwarzburg zu verlängern und diesen Bau sobald als möglich in Angriff zu nehmen. Man rechnet darauf, daß dann auch diejenigen Güter des Schwarzathales, welche jetzt noch ihren Weg nach Eisfeld und Sonneberg nehmen, ebenfalls der Saalbahn zufließen und es wird die Verbindung der Saalbahn mit der Werrabahn bei Eisfeld immer näher gerückt.*“

Nach dem ersten Betriebsmonat war man noch euphorisch. Bis 1875 verkehrten täglich drei Zugpaare, zum Teil als gemischte Züge zur Personen- und Güterbeförderung. Ab November 1875 verkehrten vier Zugpaare zum Teil als gemischte Züge zwischen Großheringen und Saalfeld und ein Zugpaar zwischen Großheringen und Jena. 1877 waren es vier Personen- und zwei gemischte Züge je Richtung. Die durchschnittliche Reisegeschwindigkeit lag in den ersten Jahren bei 25 km/h.

Der Güterverkehr entwickelte sich vorerst recht zögernd. Doch die Eisenbahn brachte die Entwicklung neuer Industrien im Saaletal mit sich. In Rudolstadt und in Kahla wurden 1882 bzw. 1883 Porzellanfabriken gegründet, in Göschwitz nahm 1885 eine Zementfabrik die Produktion auf. Bei Dornburg entstand 1897 ebenfalls eine Zementfabrik. Die Rohstoffe wurden in unmittelbarer Nähe gewonnen. Die Produkte konnten mit der Saalbahn

Saal-Eisenbahn.

Am 1. Mai d. J. findet die Betriebseröffnung der **Saal-Eisenbahn** Statt und tritt für dieselbe von genanntem Tage ab, bis auf Weiteres, der nachstehende Fahrplan in Kraft:

			Zug № 2.	Zug. № 4.	Zug № 6.
von	**Groß-Heringen**	Abfahrt	8. —. V.	1. 10. N.	4. —. N.
„	**Camburg**	„	8. 17. „	1. 27. „	4. 17. „
„	**Dornburg**	„	8. 33. „	1. 43. „	4. 33. „
„	**Jena**	„	9. 10. „	2. 10. „	5. —. „
„	**Rothenstein**	„	9. 40. „	2. 34. „	5. 24. „
„	**Kahla**	„	9. 54. „	2. 50. „	5. 38. „
„	**Orlamünde**	„	10. 8. „	3. 4. „	5. 52. „
„	**Uhlstädt**	„	10. 24. „	3. 20. „	6. 8. „
„	**Rudolstadt**	„	10. 44. „	3. 40. „	6. 28. „
„	**Schwarza**	„	10. 56. „	3. 52. „	6. 40. „
in	**Saalfeld**	Ankunft	11. 12. „	4. 10. „	7. —. „
			Zug № 3.	**Zug № 5.**	**Zug № 7.**
von	**Saalfeld**	Abfahrt	8. —. V.	12. —. N.	5. 45. N.
„	**Schwarza**	„	8. 18. „	12. 18. „	6. 3. „
„	**Rudolstadt**	„	8. 32. „	12. 32. „	6. 23. „
„	**Uhlstädt**	„	8. 50. „	12. 50. „	6. 41. „
„	**Orlamünde**	„	9. 6. „	1. 6. „	6. 57. „
„	**Kahla**	„	9. 20. „	1. 20. „	7. 13. „
„	**Rothenstein**	„	9. 40. „	1. 40. „	7. 27. „
„	**Jena**	„	10. 10. „	2. 15. „	8. —. „
„	**Dornburg**	„	10. 28. „	2. 35. „	8. 20. „
„	**Camburg**	„	10. 42. „	3. —. „	8. 36. „
in	**Groß-Heringen**	Ankunft	10. 56. „	3. 20. „	8. 50. „

Druckexemplare dieses Fahrplans sind bei den Billetexpeditionen sämmtlicher Stationen zu dem Preise von 1 Sgr. pro Stück zu beziehen.

Jena, den 29. April 1874.

Der Vorstand der Saal-Eisenbahn-Gesellschaft. 18

Saal-Eisenbahn.

Am 1. Mai d. J. wird nach Maßgabe des besonders publicirten Fahrplanes der Betrieb auf der **Saal-Eisenbahn** für den Personen-, Gepäck-, Vieh-, Eil- und Frachtgut- und für den Depeschen-Verkehr eröffnet.

Es treten hierfür das Betriebs-Reglement für die Eisenbahnen Deutschlands und die für die Saalbahn dazu geltenden Specialbestimmungen des Bahnpolizeireglement für die Eisenbahnen Deutschlands und die Reichs-Telegraphen-Ordnung in Kraft.

Exemplare des den Localverkehr umfassenden Personen- 2c. und Gütertarifs sind in den sämmtlichen Güter-Expeditionen zu dem Preise von 5 Sgr. pro Stück käuflich zu haben.

Die Herstellung directer Tarife ist in Vorbereitung; erschienen ist bereits der Tarif für den directen Personen- 2c. und Güterverkehr mit Stationen der Thüringischen Bahn.

Jena, den 29. April 1874. 19

Der Vorstand der Saal-Eisenbahn-Gesellschaft.

In allen Tageszeitungen der Region erschienen im April 1874 Anzeigen zur Eröffnung der Saalbahn. Camburger Wochenblatt vom 29. April 1874.

Personen-Fahrpreise.
der Saal-Eisenbahn.

Von Camburg nach:	Fahrgeld in Sgr. Tourbillets Classe 1.	2.	3.	4.	Retour Billets Classe 2.	3.	Militär-Billets Classe 3.	Gepäckfracht pro 10 Pfund Uebergewicht in Sgr.
Großheringen	7	5	4	2	8	5	1	1/2
Dornburg	6	5	3	2	7	5	1	1/4
Jena	14	11	7	4 1/2	16	11	2	3/4
Rothenstein	22	17	11	7	25	17	4	1
Cahla	27	21	13	8 1/2	31	21	5	1 1/4
Orlamünde	32	25	16	10	37	25	5	1 1/2
Uhlstädt	38	30	19	12	47	30	6	1 3/6
Rudolstadt	45	35	23	14	52	35	8	2
Schwarza	49	38	25	15 1/2	57	38	8	2 1/4
Saalfeld	54	42	28	17	63	42	9	2 1/2

Die Fahrpreise der Saal-Eisenbahn. Camburger Wochenblatt vom 8. Juni 1874

ABBILDUNGEN (2): SAMMLUNG WERNER DRESCHER

abgefahren werden. Nach und nach steigerte sich dadurch das Aufkommen im Güterverkehr.

Für die ersten beiden Jahre enthalten die Geschäftsberichte nur ungenügende Angaben über Verkehrsleistungen. Aus den Einnahmen lässt sich aber entnehmen, dass die Anzahl der beförderten Personen 1875 größer war als im Jahr 1876. Diese Anzahl ging auch in den folgenden Jahren zurück und erreichte 1880 ihren Tiefpunkt. Die Einnahmen aus dem Güterverkehr waren zunächst

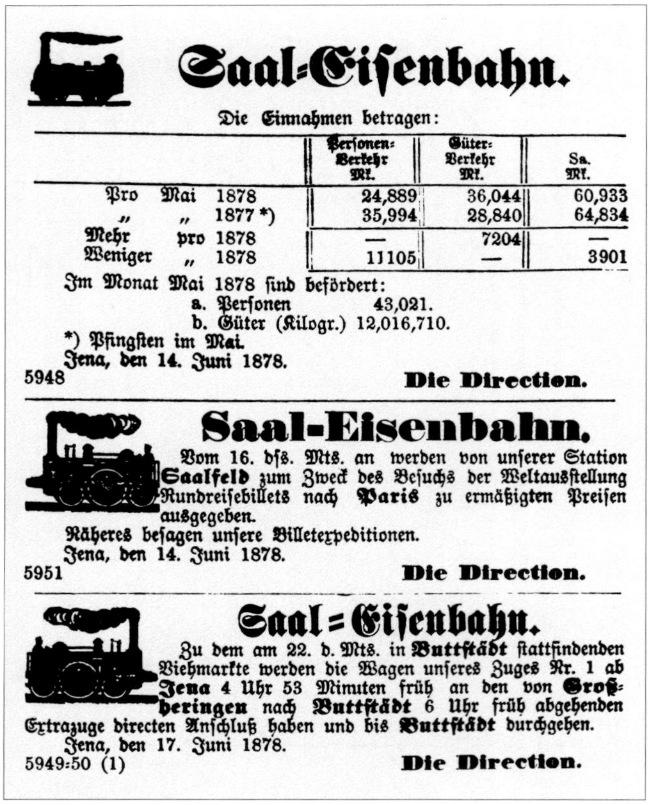

Saal-Eisenbahn.

Die Einnahmen betragen:

	Personen-Verkehr Mk.	Güter-Verkehr Mk.	Sa. Mk.
Pro Mai 1878	24,889	36,044	60,933
„ „ 1877 *)	35,994	28,840	64,834
Mehr pro 1878	—	7204	—
Weniger „ 1878	11105	—	3901

Im Monat Mai 1878 sind befördert:
a. Personen 43,021.
b. Güter (Kilogr.) 12,016,710.
*) Pfingsten im Mai.
Jena, den 14. Juni 1878.
5948 **Die Direction.**

Saal-Eisenbahn.

Vom 16. dſs. Mts. an werden von unserer Station **Saalfeld** zum Zweck des Besuchs der Weltausstellung Rundreisebillets nach **Paris** zu ermäßigten Preisen ausgegeben.
Näheres besagen unsere Billetexpeditionen.
Jena, den 14. Juni 1878.
5951 **Die Direction.**

Saal-Eisenbahn.

Zu dem am 22. d. Mts. in **Buttstädt** stattfindenden Viehmarkte werden die Wagen unseres Zuges Nr. 1 ab **Jena** 4 Uhr 53 Minuten früh an den von **Großheringen** nach **Buttstädt** 6 Uhr früh abgehenden Extrazuge directen Anschluß haben und bis **Buttstädt** durchgehen.
Jena, den 17. Juni 1878.
5949-50 (1) **Die Direction.**

Zusätzliche Einnahmen erwirtschaftete die Gesellschaft auch, indem sie Sonderzüge oder durchgehende Wagen zu allen sich bietenden Anlässen einlegte. Camburger Wochenblatt 18. Juni 1878.

Saal-Bahn.

In der letzten Zeit sind wiederholt von ruchloser Hand Steine auf die Schienen gelegt worden, in der augenscheinlichen Absicht, einen Eisenbahnzug zur Entgleisung zu bringen. Es geschah dies an mehreren Stellen und zwar in den Fluren Zwätzen und Neuengönna resp. Porstendorf.

Wir sichern demjenigen, welcher den Thäter in der Weise zur Anzeige bringt, daß derselbe zur Bestrafung gezogen werden kann

eine Belohnung von

300 Mark

zu.

Jena, den 24. November 1877.

Der Vorstand
der Saal-Eisenbahn-Gesellschaft

„Ruchlose Hände“ gab es offenbar zu allen Zeiten. Das Camburger Wochenblatt 25. November 1877 berichtete über Menschen, die Steine auf die Schienen legten. Für die Ergreifung der Täter wurden 300 Mark ausgelobt.

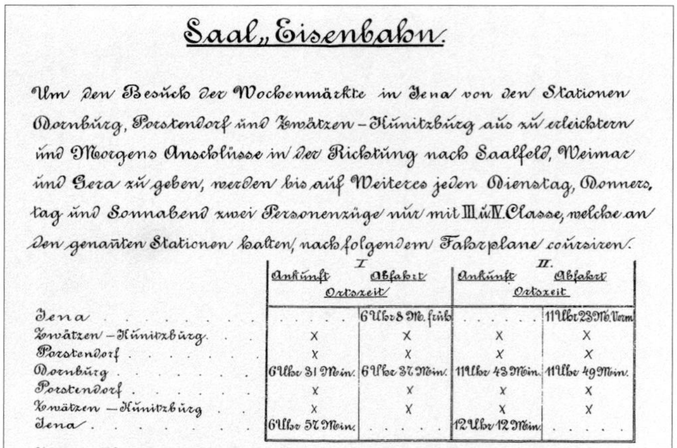

Saal„Eisenbahn.

Um den Besuch der Wochenmärkte in Jena von den Stationen Dornburg, Porstendorf und Zwätzen-Kunitzburg aus zu erleichtern und Morgens Anschlüsse in der Richtung nach Saalfeld, Weimar und Gera zu geben, werden bis auf Weiteres jeden Dienstag, Donnerstag und Sonnabend zwei Personenzüge nur mit III. u. IV. Classe, welche an den genannten Stationen halten, nach folgendem Fahrplane coursiren.

	I Ankunft Ortszeit	I Abfahrt Ortszeit	II. Ankunft Ortszeit	II. Abfahrt Ortszeit
Jena	. . . . .	6 Uhr 8 M. früh	. . . . .	11 Uhr 23 M. Verm.
Zwätzen – Kunitzburg	x	x	x	x
Porstendorf	x	x	x	x
Dornburg	6 Uhr 31 Min.	6 Uhr 37 Min.	11 Uhr 43 Min.	11 Uhr 49 Min.
Porstendorf	x	x	x	x
Zwätzen – Kunitzburg	x	x	x	x
Jena	6 Uhr 57 Min.	. . . . .	12 Uhr 12 Min.	. . . . .

Zug No I hat Anschluß in der Richtung nach Saalfeld, Weimar und Gera.

Jena, den 20. Februar 1879.
Die Direction.

Saal-Eisenbahn

Aus Anlaß der mit dem 1. Januar k. Js. stattfindenden Einführung der Markwährung ist bezüglich der Berechnung der Frachten für alle auf den diesseitigen Stationen zur Aufgabe resp. Abnahme gelangenden Transporte bestimmt worden, daß die in den bestehenden Gütertarifen pro Centner resp. pro 100 oder 200 Centner angegebenen Tarifsätze vom genannten Tage an für je 50 resp. 5000 oder 10,000 Kilogramm gelten und daß statt der in der Thalerwährung ausgedrückten Tarifsätze pro Centner = 50 Kilogramm resp. pro 100 Centner = 5000 Kilogramm u. pro 200 Centner = 10000 Kilogramm, sowie statt der in den Tarifen enthaltenen sonstigen Erhebungsbeträge die denselben entsprechenden Beträge in Mark und Pfennigen der Frachtberechnung zu Grunde gelegt werden.

In den Frachtbriefen ist künftig das Gewicht in Kilogramm auszudrücken.

Jena, den 27. Dezember 1874.

Der Vorstand
der Saal-Eisenbahn-Gesellschaft.

Zum 1. Januar 1875 löste die Mark den Taler ab. Camburger Wochenblatt 1. Januar 1875.

Links: Auch für Wochenmärkte in Jena wurden Sonderzüge, die nur die III. und IV. Klasse führten, eingesetzt (Quelle: Staatsarchiv Altenburg Landratsamt Roda Nr. 2818).

ABBILDUNGEN (4): SAMMLUNG WERNER DRESCHER

geringer, als die aus dem Personenverkehr. Erstmals im Jahre 1877 zeichnete sich eine Änderung dieser Verhältnisse zugunsten der Güterverkehrseinnahmen ab. In den nächsten Jahren erfolgte eine langsame Steigerung des Verkehrs. Die im Geschäftsbericht von 1882 geäußerte Hoffnung, dass eine weitere Steigerung der Verkehrseinnahmen aus der zu bauenden Verbindungsstrecke Eichicht – Stockheim nach Bayern mit Sicherheit erwartet werden könne, sollte sich als trügerisch erweisen. Die Königliche Eisenbahn-Direktion Erfurt hatte mit der Generaldirektion der Bayrischen Verkehrsanstalten München eine Vereinbarung getroffen, nach der die Saalbahn am Durchgangsverkehr nur unbedeutend beteiligt werden sollte. Einsprüche der Saal-Eisenbahn-Gesellschaft bewirkten, dass ihr nachträglich ein wenig mehr Anteile an diesem Verkehr zufielen, die aber nicht messbar waren.

Eine Erhöhung der Verkehrsleistungen brachte die Eröffnung der Zweigbahnen der Gesellschaft, die Strecke Rudolstadt – Bad Blankenburg und die Orlabahn von Orlamünde nach Pößneck.

Die Saal-Eisenbahn-Gesellschaft war eine Aktiengesellschaft, deren Aufbau und Verantwortlichkeiten in ihren Statuten eindeutig fixiert waren. Die Mitgliedschaft in der Aktiengesellschaft konnte durch den Erwerb einer oder mehrerer Stammaktien oder Stammprioritätsaktien erreicht werden. Die Gesellschaft hatte als Leitung einen aus drei Mitgliedern bestehenden Vorstand, dem der Aufsichtsrat beratend und kontrollierend zur Seite stand. Der Aufsichtsrat überwachte die Geschäftsführung in den Zweigen der Verwaltung. In der Generalversammlung erfolgte die Wahl des Aufsichtsrates von den Aktionären. Die vier beteiligten Landesregierungen hatten Vertreter im Aufsichtsrat, die ihre Interessen wahrzunehmen hatten. Für jedes Geschäfts- bzw. Betriebsjahr wählte die Generalversammlung drei Revisoren. Sie hatten die Aufgabe, Rechnungen und Bilanzen zu überprüfen.

Dem Geschäftsbericht der Saal-Eisenbahn-Gesellschaft des Jahres 1878 ist zu entnehmen, dass in jenem Jahr insgesamt 347 Eisenbahner für die Gesellschaft arbeiteten. Sie alle waren auf den jeweiligen Landesherren vereidigt und damit der Verwaltung der Saal-Eisenbahn-Gesellschaft in Jena nur indirekt unterstellt. Unter ihnen gab es 62 Streckenarbeiter. Fest eingestellt waren davon aber nur etwa 15. Alle anderen waren Tagelöhner.

Die Gesellschaft sah sich zu derartigen Maßnahmen gezwungen, da sie sich ständig – von Beginn der Bauarbeiten an – in finanziellen Schwierigkeiten befand. Eine wesentliche Ursache dafür ist darin zu sehen, dass die Baukosten erheblich höher waren, als das ursprüngliche Projekt von Simon vorsah. Beispielsweise waren die Bahnhöfe Uhlstädt und Schwarza nicht vorgesehen. Das Baukonsortium machte insgesamt Mehrforderungen von etwa 700.000 Taler geltend. Deshalb und auch zur Erweiterung der Bahnhofsanlagen in Schwarza und zum Bau einer Zweigbahn, die von Schwarza nach Schwarzburg geführt werden sollte, wurde 1874 erwogen, ein Darlehen aufzunehmen. Mit dieser Zweigbahn wollte man den Einzugsbereich der Saalbahn erweitern und den Versand der Güter sichern, die vom Thüringer Wald zum Versand kamen. Die Schwarzabahn, die erste Zweigbahn der Saal-Eisenbahn-Gesellschaft, kam schließlich nur auf der 4,26 km langen Strecke zwischen Schwarza und Bad Blankenburg zur Ausführung. Sie wurde am 1. August 1884 eröffnet. Dazu war ein 35 m langes Brückenbauwerk über die Schwarza zu errichten. Die Baukosten für die Strecke betrugen 249.252 Mark. Die zweite und letzte Zweigbahn der Saal-Eisenbahn-Gesellschaft war die Orlabahn als Verbindungsstrecke zwischen Saalbahn und Gera-Eichichter Bahn. Der Bau dieser Strecke war der Saal-Eisenbahn-Gesellschaft in einem Separatartikel zum Staatsvertrag vom 8. Oktober 1870 von den vier Regierungen auferlegt worden. Mit der Einweihung der Strecke Orlamünde – Jüdewein (heute Pößneck unterer Bahnhof) am 1. Oktober 1889 und der Schlussstrecke von Jüdewein nach Oppurg – mit Anschluss an die Gera-Eichichter Bahn – am 15. Oktober 1892 wurde diese Verbindung hergestellt. Diese Schlussstrecke war notwendig, weil auf Grund der topografischen Verhältnisse die Orlabahn in Pößneck nicht an die Gera-Eichichter Bahn angeschlossen werden konnte.

Schwere Einbußen für die Saal-Eisenbahn-Gesellschaft brachte das Jahr 1890. Tagelange Regenfälle über dem Thüringer Wald ließen die Saale auf einen Pegelstand anschwellen, den man seit Generationen nicht erlebt hatte. In der Nacht vom 24. zum 25. November erreichte das Hochwasser den maximalen Stand. In dieser Zeit wurde fast der gesamte Bahnkörper 20 bis 25 cm hoch überspült. Besonders stark wurde überall die Kiesbettung in Mitleidenschaft gezogen. An sechs Stellen der Strecke kam es zu Dammbrüchen zwischen 10 m und 120 m. Vier Brücken und Durchlässe hielten der Gewalt des Hochwassers nicht stand. Der empfindlichste Schaden wurde an der Saalebrücke bei Schwarza festgestellt. Hier hatte sich die Saale ihr altes Bett, das ihr beim Eisenbahnbau genommen worden war, gewaltsam zurückgeholt. Der letzte Pfeiler der Brücke in Richtung Saalfeld wurde unterspült, wodurch das Brückenjoch der letzten Flutöffnung herabstürzte. Die zahlreichen Hochwasserschäden an der gesamten Strecke zwangen die Direktion der Saal-Eisenbahn-Gesellschaft zur Einstellung des Betriebes. Erst am 27. November 1890 verkehrten wieder Züge auf Teilabschnitten der Strecke. Die Direktion setzte 600 Arbeitskräfte zur Beseitigung der Schäden ein. Die

Gr.-Heringen - Saalfeld. 100. Saalfeld - Gr.-Heringen.

(Vom 15. Mai 1880.) (Saal-Eisenbahn.)

												Stationen. (25 kg Freigep.)							
—			...	...	...	...	10·3	2·)	6 36		Abg.	Erfurt 104. Ank.	...	10 16	...	5·17	9 17	...	...
—			...	...	...	...	11·27	3·25	7 38		Ank.	Gr.-Heringen.. Abg.	...	9 12	...	3·49	7 52	...	...
* Halten nach Bedarf.			...	...	11 0	8 45	6·0	...	2 30		Abg.	Berlin 104. Ank.	...	7 0	10 30	8 50	12 15	...	...
			...	...	5 45	11 45	10·16	1·55	6 5		Abg.	Halle....... Ank.	...	10·37	...	5·19	8 55	10 51	...
			...	...	5 30	11 30	9·55	1·30	5·50		Abg.	Leipzig.. Ank.	...	10·57	...	5·32	9 10	11 16	...
			...	...	7·36	1 2	12·2	3·45	7 49		Ank.	Gr.-Heringen. Abg.	...	8·48	...	3·29	7 40	9 4	...
Pers.-Geld I.	II.	III.	1.2.3.		1.2.3.		1.2.3.	1.2.3.	1.2.3.	km		Stationen. (25 kg Freigep.)		1.2.3.		1.2.3.	1.2.3.	1.2.3.	
von Groß-Heringen ab			Zg. 2.		Zg. 4.		Zg. 6.	Zg. 8.	Zg. 10.			106.		Zg. 1.		Zg. 3.	Zg. 5.	Zg. 7	
			...	...	7·47	...	1·7	4·18	8 5	0,0	Abg.	Gr. Hering.. Ank.	...	8·39	...	3·1	7 18	8 50	...
70	50	40	...	...	8·1	...	1·25	4·36	8 36	8,2		Camburg	...	8·25	...	2·46	7 2	8 37	...
130	100	70	...	...	8·13	...	1·40	4·52	8 58	15,3		Dornburg.....	...	8·12	...	2·30	6 38	8 25	...
.	.	.	...	...	*	...	*	*	*	.		Porstendorf...	...	*	...	*	*	*	...
.	.	.	...	...	*	...	*	*	*	.		Zwätzen-Kunitzb.	...	*	...	*	*	*	...
210	160	110	6·6	...	8·37	...	2·4	5·17	9 18	25,5		Jena 106....	...	7·49	...	2·9	6 6	8 6	...
270	210	140	6·20	...	8·49	...	2·17	5·31	...	32,3	Ank.	Göschwitz . Abg.	...	7·28	...	1·50	5·3	7 50	. .
.	.	.	7·24	...	11·42	...	5·1	9 30	...	.		Ab Göschwitz . An	...	...	...	11·37	3·19	...	...
.	.	.	8·55	...	12·58	...	6 35	10 53	...	.		An Gera 106. Ab	...	...	...	10·6	2·3	...	...
.	.	.	8 22	...	6·12	...	10·46	3·42	...	.		Ab Weimar 106 An	...	9·44	...	4·18	...	10 22	...
.	.	.	9 26	...	7·18	...	11·40	4·53	...	.		An Göschwitz . Ab	...	8·50	...	3·21	...	9 6	...
.	.	.	...	...	7·38	...	10·6	2·3	...	.		Ab Gera 106 An	...	8·55	. .	...	6 35	10 53	...
.	.	.	...	...	8·48	...	11·37	3·19	...	.		An Göschwitz . Ab	...	7·24	...	...	5·1	9 30	...
.	.	.	6·40	...	8·53	...	2·21	5·36	...	32,3	Abg.	Göschwitz . Ank.	...	7·18	...	1·48	4·44	7 48	...
300	230	150	*	...	»	...	*	*	...	35,7		Rothenstein...	...	*	...	*	*	*	...
340	260	170	7·15	...	9·13	...	2·41	5·57	...	41,8		Kahla	...	7·0	...	1·30	4·26	7 30	...
390	300	200	7·31	...	9·23	...	2·51	6 9	...	47,4		Orlamünde....	...	6·48	...	1·19	4·5	7 20	...
.	.	.	*	...	»	...	*	*	...	.		Zeutzsch......	...	*	...	*	*	*	...
450	350	230	7·53	...	9·38	...	3·7	6 25	...	55,3		Uhlstädt......	...	6·33	...	1·5	3·46	7 6	...
.	.	.	*	...	»	...	*	*	...	.		Kirchhasel....	...	*	...	*	*	*	...
520	400	270	8·25	...	9·56	...	3·26	6 46	...	64,6		Rudolstadt.	...	6·15	...	12·48	3·23	6 49	...
560	430	290	8·48	...	10·8	...	3·36	6 57	...	68,8		Schwarza	...	6·3	...	12·36	2·58	6 38	...
610	470	320	9·0	...	10·18	...	3·48	7 9	...	74,8	Ank.	Saalfeld 99 Abg.	...	5 50	...	12·23	2·30	6 23	...

Sämmtliche Züge befördern nur 1. 2. 3. Cl.

Sommerfahrplan des Jahres 1880; in den ersten zehn Jahren hat sich kaum etwas verändert. ABB.: SLG. WERNER DRESCHER

Das frühere Direktionsgebäude der Saal-Eisenbahn-Gesellschaft in Jena. Später waren hier das Betriebs- und Maschinenamt untergebracht. Heute dient es als Wohnhaus. Die Aufnahme entstand nach 1908 bei einem der zahlreichen Besuche des Großherzogs von Sachsen-Weimar-Eisenach in Jena. AUFNAHME: VICTOR KEIL/SAMMLUNG WERNER DRESCHER

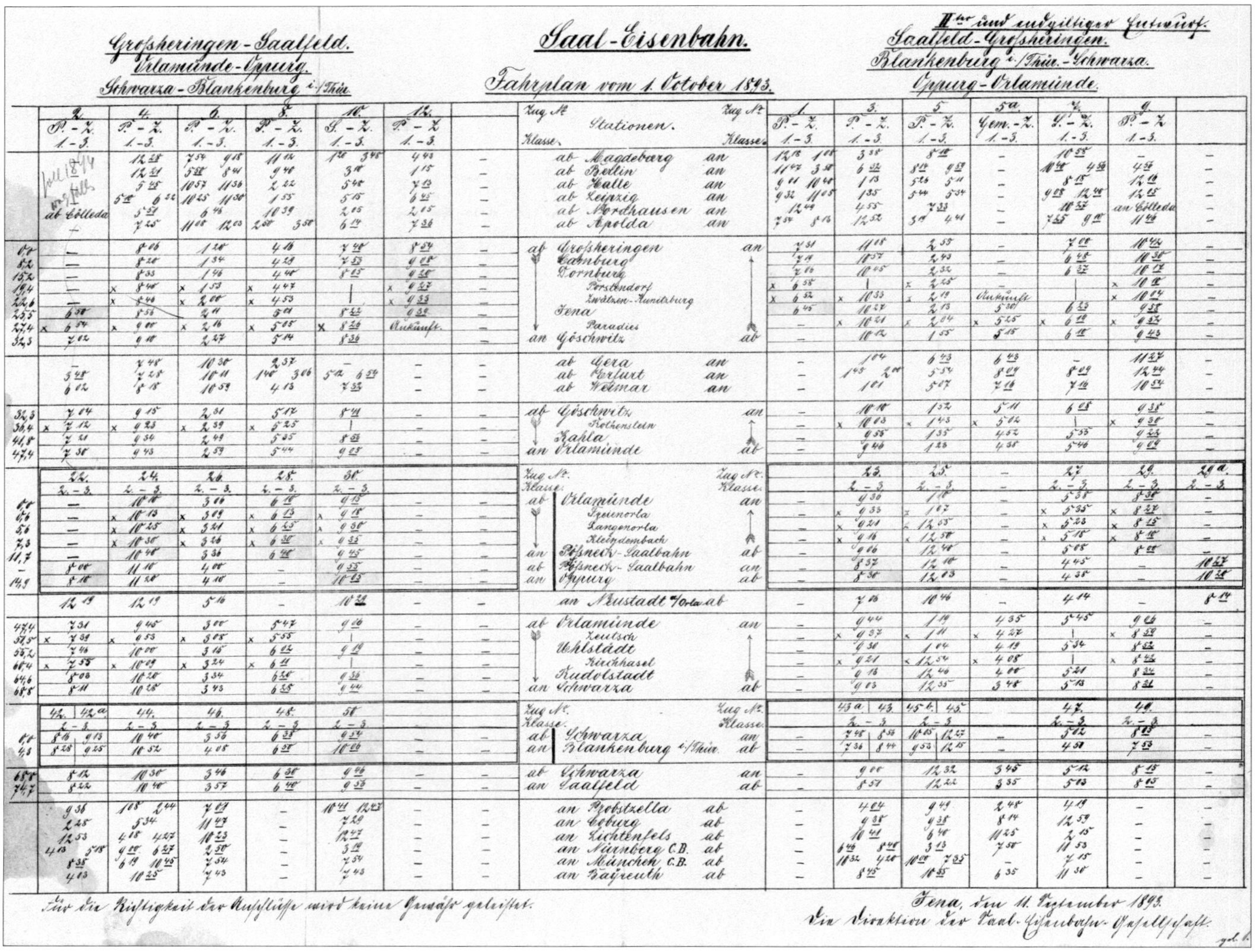

Großheringen-Saalfeld.
Orlamünde-Eppurg.
Schwarza-Blankenburg i/Thür.

Saal-Eisenbahn.

Fahrplan vom 1. October 1893.

IIter und endgiltiger Entwurf.
Saalfeld-Großheringen.
Blankenburg i/Thür.-Schwarza.
Eppurg-Orlamünde.

Für die Richtigkeit der Anschlüsse wird keine Gewähr geleistet.

Jena, den 11. September 1893.
Die Direktion der Saal-Eisenbahn-Gesellschaft.

Oben: Ein Original-Fahrplan mit allen Strecken der Saal-Eisenbahn-Gesellschaft zwei Jahre vor der Verstaatlichung

Unten: Beamten-Urlaubs-Karte eines Saal-Eisenbahn-Beamten; zugleich Freifahrtschein

ABBILDUNGEN (2): SAMMLUNG WERNER DRESCHER

Beamten-Urlaubs-Karte Nr. 130

SAAL-EISENBAHN.

Der bei der Saal-Eisenbahn angestellte Beamte, Weichensteller Herr Henschel aus Jena wird zu einer Reise in Privat-Angelegenheiten vom 14. bis incl. 18. November d. J. von Jena nach Zeitz tour via Gera, retour via Großheringen beurlaubt und den verehrlichen Verwaltungen, deren Bahn derselbe auf dieser Reise berührt, unter Zusicherung der Reciprocität zur Gewährung der unentgeldlichen Fahrt auf ihren Bahnen empfohlen.

JENA, den 13ten November 1882

Die Direction der Saal-Eisenbahn-Gesellschaft.

Saalebrücke bei Schwarza wurde vom eigens dafür aus Berlin angeforderten Eisenbahnpionierregiment Nr. 1 mit 50 Mann vorläufig wieder befahrbar gemacht.

Die Schwarza brach ebenfalls aus ihrem Bett aus. Hinter Schwarza hielt ein Hochwasserdamm den Wassermassen nicht stand. Der Bahnkörper wurde meterhoch mit Baumstämmen, Kies und Schlamm bedeckt und das Gleis an mehreren Stellen zerrissen. Die Orlabahn erlitt jedoch nur unerhebliche Schäden. Am 6. Dezember 1890 konnte der Betrieb zwischen Großheringen und Schwarza und am 20. Dezember auf allen Strecken wieder aufgenommen werden. Die Saal-Eisenbahn-Gesellschaft musste durch die Gesamtaufwendungen zur Beseitigung der Hochwasserschäden einschließlich der eingebüßten Betriebseinnahmen etwa 81.000 Mark als Verlust verbuchen. Dieser Verlust schlug bei der ständig angespannten finanziellen Situation der Saal-Eisenbahn-Gesellschaft umso mehr zu Buche.

Während der ersten Privatbahnzeit erreichte die Saalbahn keine verkehrspolitische Bedeutung. Das ergibt sich aus ihrer Lage, die sie im damaligen Eisenbahnsystem innehatte. Die wichtigste Strecke war ohne Zweifel die Thüringische Eisenbahn von Halle nach Gerstungen bzw. ihre Zweigbahn von Weißenfels über Zeitz, Gera nach Saalfeld, die eine Konkurrenzbahn für die Saalbahn war. Diese Konkurrenz sollte sich nach der Übernahme der Thüringischen Eisenbahn durch Preußen noch verstärken. Durch eine gezielte Tarifpolitik zog die Preußische Staatsbahn den Verkehr von den Privatbahnen und damit auch von der Saalbahn ab. So hatte die Saalbahn während dieser Zeit nur regionale Bedeutung, wie auch aus der folgenden Tabelle hervorgeht:

Jahr	Beförderte Personen	Personen-kilometer	Transportierte Güter (t)	Gütertonnen-kilometer
1877	550.682	10.127.122	117.386	4.912.104
1880	441.678	8.519.226	143.949	5.138.435
1885	550.992	10.418.933	224.489	6.614.702
1890	691.239	12.830.333	330.183	10.386.185
1894	815.211	14.610.040	396.644	11.347.983

Die Zahlen nach 1884 beinhalten auch die von der Saal-Eisenbahn-Gesellschaft gebauten Zweigbahnen Rudolstadt – Bad Blankenburg (1884) und Orlamünde – Pößneck – Oppurg (1889), da für diese keine gesonderte Betriebsrechnung geführt wurde.

Ab 20. Mai 1884 verkehrten die ersten reinen Güterzüge und nach 1886 die ersten Schnellzüge, aber nicht über Großheringen bzw. Saalfeld hinaus. Im Jahre 1887 verkehrten insgesamt 244 Schnellzüge, 2.344 Personenzüge, 89 sogenannte Extra-Personenzüge, 4.230 gemischte Züge, 728 Güterzüge, 181 Extra-Güterzüge und 140 Bauzüge. Das ergibt einen täglichen Durchschnitt von 10,5 Zugpaaren.

Im Sommer wurde 1888 ein erster Schnellzug SZ 10 Großheringen – Saalfeld eingelegt. Ein Jahr später, im Sommer 1889 wurde der SZ 7 für die Gegenrichtung Saalfeld – Großheringen eingeführt. Von den Personenzügen unterschieden sie sich dadurch, dass sie in Rothenstein, Zeutsch und Kirchhasel nicht und in Porstendorf, Zwätzen-Kunitzburg und Jena Paradies nur nach Bedarf hielten. Sie benötigten 2 Stunden und 13 Minuten (Großheringen – Saalfeld) bzw. exakt 2 Stunden in der Gegenrichtung und waren damit jeweils ca. 20 Minuten schneller als die Personenzüge. 1890 wurde noch ein weiteres Güterzugpaar eingelegt. Damit wurde die Zugfrequenz erreicht, die sich bis zum Ende der Privatbahnzeit nur unwesentlich ändern sollte. Im Jahr 1894 verkehrten insgesamt 730 Schnellzüge, 3.438 Personenzüge, 116 Sonder-Personenzüge, 8.582 gemischte Züge, 1.127 Güterzüge, 97 Sonder-Güterzüge und 162 Bauzüge. Die durchschnittliche Reisegeschwindigkeit betrug bei den Personenzügen etwa 30 km/h. Zum Ende der Privatbahnzeit stellen sich die Verkehrsleistungen wie folgt dar:

	1876	1894	Steigerung
Beförderte Personen	561.801	815.211	45 %
Einnahmen aus dem Personenverkehr (M)	356.754	543.948	52 %
Transportierte Gütermenge (t)	113.343	396.644	250 %
Einnahmen aus dem Güterverkehr (M)	338.059	717.128	112 %

Anfang der neunziger Jahre verschärfte sich, nicht zuletzt als Folge der preußischen Eisenbahnpolitik, die finanzielle Situation der Saal-Eisenbahn-Gesellschaft mehr und mehr. Durch entsprechende Tarifgestaltung und Beförderungsbestimmungen zog Preußen den Verkehr gezielt von den Privatbahnen ab, um diese so wirtschaftlich auszubluten.

Mit der bereits im Jahr 1882 verstaatlichen Strecke Weißenfels – Zeitz – Gera – Saalfeld (– Eichicht) hatte man die Möglichkeit, die Saalbahn als Durchgangsstrecke zu umfahren. Die sich ständig verschlechternde wirtschaftliche Situation ließ die Aktionäre den Verkauf der Saalbahn an den preußischen Staat in Erwägung ziehen. Im Februar 1891 stellten dann auch einige Rudolstädter Aktionäre den Antrag, mit dem preußischen Staat Verhandlungen über den Verkauf der Saalbahn aufzunehmen. Dieser Antrag wurde in der Generalversammlung am 9. Juni 1891 mit 985 gegen 177 Stimmen angenommen. Unmittelbar nach der Generalversammlung begannen die Verhandlungen mit dem preußischen Minister für öffentliche Arbeiten. Sie verliefen anfangs recht erfolgreich, gerieten später ins Stocken und ruhten schließlich ganz. Die preußische Regierung ließ sich Zeit mit dem Kauf der Strecke, denn zu dieser Zeit begann man von preußischer Seite mit den Vorbereitungsarbeiten und dem Bau der Staatsbahnstrecken Arnstadt – Saalfeld und Zeitz – Camburg. Es war abzusehen, dass die Eröffnung dieser Strecken den Einzugsbereich der Saalbahn empfindlich einschränken würde. Die Saalbahn wäre damit noch weiter in die Isolation geraten. Einer vor dem endgültigen finanziellen Ruin stehenden Saal-Eisenbahn-Gesellschaft hätte die

241. Sonnabend, den 14. October 1876.

Abonnements-Preis
4 Mark pr. Jahrgang.
vierteljährlich:
1 Mark excl. Bringerlohn und Post-Aufschlag.
Monats-Abonnement 40 ₰

Fürstl. Schwarzb.-Rudolst. privil.

Inserate:
... 20–60 ₰
jede 3. darüber 7½ ₰
mit verhältnißmäßigem Aufschlag
für Auszeichnungen und gemischten Satz.
Belegblätter à 10 ₰
Wöchentl. 6 Nummern.

Zeitung Wochenblatt.

Insertions-Aufträge ohne Nebenkosten übernehmen die Herren: C. Franke in Leutenberg; Jul. Hunger in Königsee; O. Peter in Stadtilm; R. Berk in Remda, sowie alle namhaften Annoncen-Expeditionen.

I. Amtlicher Theil.

1 **Auction.** Die am 16. v. Mts. begonnene Auction von Cigarren und Eisenwaaren wird am 21. und am 28. dies. Monats, Vormittags 9 Uhr im Gasthofe zum Adler hier fortgesetzt. Zur Versteigerung kommen u. A.: Sägen, Hämmer, Zangen, Bohrer, Feilen, Hobel, Schraubenzieher, Schlösser, Plätteisen, Mörser, Töpfe, Ketten, Gewichte, Dachfenster.

Rudolstadt, den 12. October 1876.

Fürstl. Schwarzb. Justizamt.
Haueisen.

II. Nichtamtlicher Theil.

Saal-Eisenbahn.

Am **15. dies. Mts.** tritt für die diesseitige Bahn ein **neuer Fahrplan** in Kraft.
Exemplare desselben sind in den Billetexpeditionen zu haben.

Jena, den 12. October 1876. **Der Vorstand.** 2

Weimar-Geraer-Eisenbahn.

Sonntag, den **15. October d. J.** tritt unser **Winter-Fahrplan** in Kraft.

Derselbe enthält eine Erweiterung des seitherigen Fahrplanes insofern, daß **außer den unverändert gelassenen vier Personenzügen in jeder Richtung** behufs Herstellung einer bequemen Verbindung zwischen Weimar und Jena nach Rudolstadt und Saalfeld der Güterzug zur Personenbeförderung eingerichtet wird. **In Weimar** werden diese Güterzüge jedoch nicht wie die übrigen Züge im Thüringischen Bahnhofe, sondern **auf unserem Güterbahnhofe nächst der Buttstädter Chaussee** expedirt. Der Güterzug verläßt Weimar 8^{55} V., Jena 10^{15} V. und kommt 11^{59} V. nach Rudolstadt, 12^{32} N. nach Saalfeld und fährt zurück 2^{27} N. ab Saalfeld, 3^{23} N. ab Rudolstadt, 5^{40} N. ab Jena, 6^{50} N. in Weimar.

Weimar, den 11. October 1876. **Die Direction.** 3

Fahrplanänderungen oder das Inkrafttreten neuer Fahrpläne wurden im 19. Jahrhundert vor allem durch Zeitungen verbreitet. Das „Fürstl.-Schwarzb.-Rudolst. privil. Zeitung Wochenblatt“ vom 14. Oktober 1876 informierte die Bevölkerung, dass am 15. Oktober ein neuer Fahrplan der Saalbahn in Kraft tritt. Gleiches galt für die Weimar-Geraer-Eisenbahn, die in Göschwitz die Saalbahn kreuzt.

ABBILDUNG: SAMMLUNG WERNER DRESCHER

preußische Regierung leicht einen Kaufpreis nach eigenem Gutdünken diktieren können.

Diese Pläne preußischer Eisenbahnpolitik sollten jedoch plötzlich durch das Königreich Sachsen vereitelt werden, das sich auch für den Kauf thüringischer Strecken interessierte. Seitens Preußen forcierte man die Verhandlungen wieder. Dem Direktor der Saal-Eisenbahn-Gesellschaft wurde am 21. Februar 1895 ein Kaufangebot unterbreitet. Daraufhin trat am 4. März der Aufsichtsrat zusammen. Nach eingehender Beratung beschloss man, sich mit den Kaufbedingungen im Wesentlichen einverstanden zu erklären, versuchte aber, eine Erhöhung der baren Abfindungssumme für die Stammaktien auszuhandeln. Die am 18. März geführten Verhandlungen verliefen jedoch wieder erfolglos. Die Aktionäre der Saal-Eisenbahn-Gesellschaft wurden für den 26. April 1895 zu einer außerordentlichen Generalversammlung nach Jena eingeladen. Einziger Beratungspunkt war der *„Vertrag, betreffend den Übergang des Saal-Eisenbahnunternehmens an den Preußischen Staat“*.

Den Aktionären wurde von Aufsichtsrat und Direktion wärmstens die Annahme des Angebotes empfohlen, da man offenbar im Falle der Ablehnung eine wesentlichere Verschlechterung der von Preußen gewährten Bedingungen befürchtete. Die preußische Regierung schloss mit der Saal-Eisenbahn-Gesellschaft die erforderlichen Verträge am 18./20. Juli 1895 ab. Mit den Regierungen der vier beteiligten Staaten schloss Preußen die entsprechenden Staatsverträge. Mit dem Gesetz vom 16. Juli 1895 ging die Saal-Eisenbahn für einen Kaufpreis von 16.532.028 Mark in den Besitz des preußischen Staates über. Somit zahlte Preußen 2.358.208 Mark weniger, als allein die Baukosten für die Strecke betrugen.

Mit Datum vom 1. Oktober 1895 wurde die Saalbahn von Preußen übernommen und der 1882 gegründeten Königlichen Eisenbahn-Direktion Erfurt zugeordnet.

Die Lokomotive „RUDOLSTADT“ (Krauss 254/1873) der Saal-Eisenbahn-Gesellschaft im Anlieferungszustand

Die Lokomotiven und Wagen der Saal-Eisenbahn-Gesellschaft

Die Lokomotiven

Die ersten sieben Lokomotiven bestellte die Saal-Eisenbahn-Gesellschaft am 20. April 1872 bei der Firma Krauss & Co. in München. Sie wurden zwischen dem 29. November 1873 und dem 4. Februar 1874 mit den Fabriknummern 249 bis 255 geliefert. Sie erhielten die Namen „Camburg“, „Dornburg“, „Jena“, „Kahla“, „Orlamünde“, „Rudolstadt“ und „Schwarzburg“.

Am 24. August 1874 wurden, ebenfalls von Krauss & Co., zwei B-gekuppelte Tenderlokomotiven, die Nr. 1 und 2 geliefert. Im Tender konnten 3,5 m^3 Wasser und 1 t Kohle mitgeführt werden. Ab dem 7. Mai 1875 erhielt die Gesellschaft, wiederum von Krauss & Co. in München, drei weitere zweiachsige Schlepptenderlokomotiven. Sie erhielten die Namen „Ilm“, „Saale“ und „Schwarza“. Alle Lokomotiven hatten Ölbeleuchtung, Handbremse und außen liegende Allansteuerung. Die Tender der Schlepptenderlokomotiven konnten 8,5 m^3 Wasser und 2,5 t Kohle aufnehmen. Diese zwölf Lokomotiven sollten für die ersten zehn Betriebsjahre ausreichend sein.

Im Jahr 1877 leisteten sie 251.342 Nutzkilometer. Das ergibt eine durchschnittliche Laufleistung von etwa 70 km je Lokomotive und Tag. Die Laufleistungen gingen analog den Verkehrsleis-

Die Lokomotive „JENA“ der Saal-Eisenbahn-Gesellschaft ebenfalls im Zustand der Anlieferung.

Aufnahmen (2): Sammlung Werner Drescher

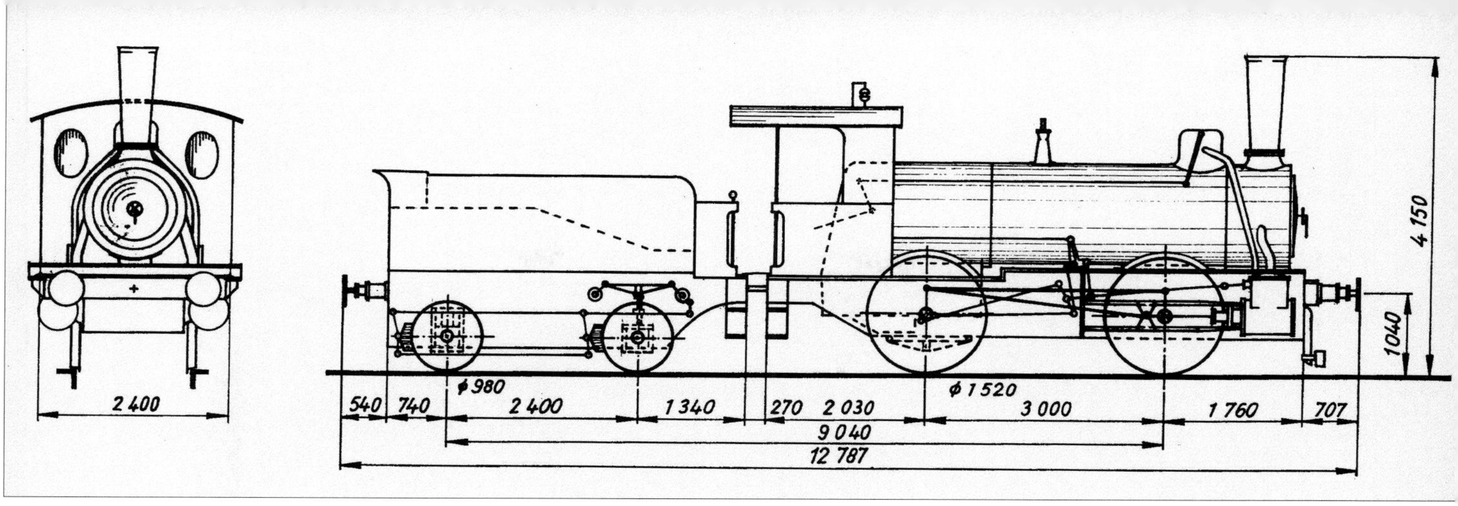

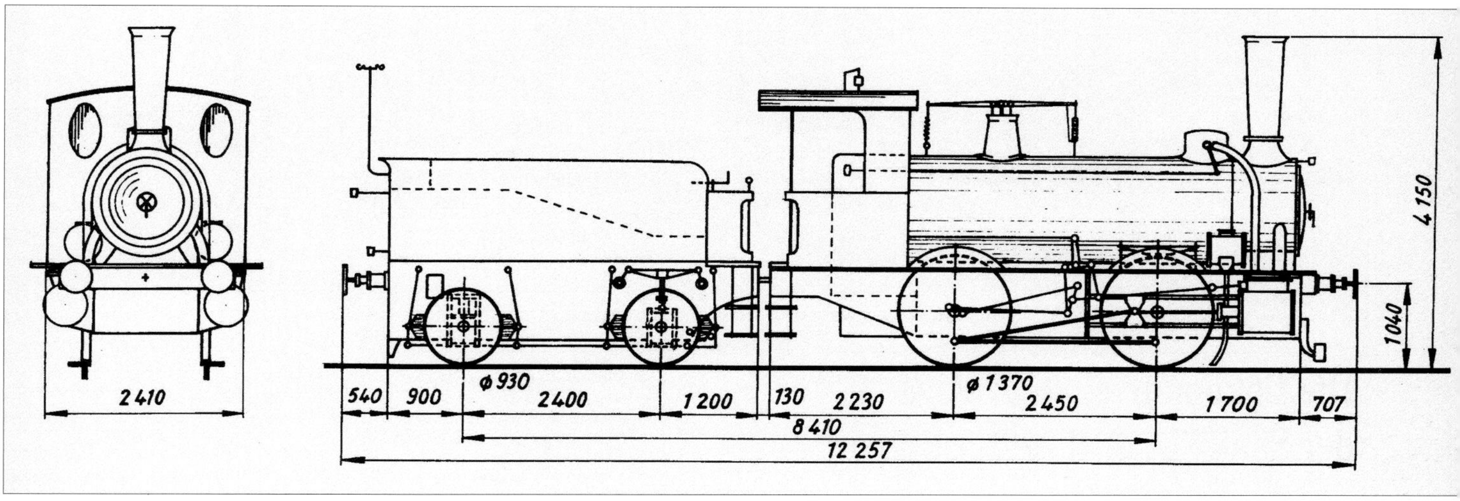

Die Zeichnungen der Lokomotiven „SAALE“ (oben) und der Lokomotive „JENA“ (darunter) der Saal-Eisenbahn-Gesellschaft ABBILDUNGEN (2): GÜNTER FROMM

tungen in den nächsten Jahren zurück und überstiegen erst im Jahr 1884 die des Jahres 1877. Die Lokomotiven Nr. 1 und 2 wurden sogar von 1880 bzw. 1879 bis 1882 abgestellt. Im Jahr 1885 erreichten die Lokomotiven folgende Laufleistungen:

Lokomotive	Laufleistung 1885
Nr. 1	8.487 km
Nr. 2	8.039 km
Camburg	2.190 km
Dornburg	39.364 km
Jena	15.770 km
Kahla	25.745 km
Orlamünde	42.816 km
Rudolstadt	38.737 km
Schwarzburg	17.612 km
Saale	28.692 km
Ilm	39.758 km
Schwarza	35.185 km

Die Eröffnung der Zweigbahn von Schwarza nach Blankenburg machte die Bestellung weiterer Lokomotiven notwendig. Von der Firma Vulcan in Stettin wurden drei B-gekuppelte Lokomotiven geliefert, die mit einer vorderen Laufachse versehen waren. Sie erhielten die Nummern 14, 15 und 16. Sie entsprachen in etwa der preußischen P 2 und waren mit innen liegender Allansteuerung, Ölbeleuchtung, Dampfheizungsanschluss, Hand- und Carpenterbremse ausgerüstet. Zum Mitführen der Vorräte waren sie mit dreiachsigen Tendern gekuppelt, die jeweils 10,5 m^3 Wasser und 4 t Kohle aufnehmen konnten. Diese Lokomotiven übernahmen fortan den größten Teil der Zugförderleistungen. Damit verkehrten auf der Saalbahn vier verschiedene Lokomotivgattungen:

Anzahl	Achsfolge/Gattung
3	Bn2-Personenzuglokomotiven,
7	Bn2-Güterzuglokomotiven,
3	1Bn2-Personenzuglokomotiven und
2	Bn2t-Tenderlokomotiven.

Ihre Anteile an der Beförderung der verschiedenen Zuggattungen im Jahr 1887 gehen aus der folgenden Übersicht hervor.

Zuggattung	Schnellzüge	Personenzüge	Gemischte Züge	Güterzüge
Nutz-km	18.250	168.383	74.276	56.050

Die Lokomotiven **Nr. 1** und **Nr. 2** hatten dabei einen Anteil von 0,10 % (Personenzüge) und 19,20 % (gemischte Züge). Für die Lokomotiven **Camburg**, **Dornburg**, **Jena**, **Kahla**, **Orlamünde**, **Rudolstadt** und **Schwarzburg** lag er bei 47,50 % (P-Züge), 36,20 % (gemischte Züge) und 44,30 % (G-Züge). Die Loks **Saale**, **Ilm** und **Schwarza** brachten es auf 27,50 % (Schnellzüge), 16,60 % (P-Züge), 14,60 % (gemischte Züge) und 17,70 % (G-Züge), während die Loks **Nr. 14**, **Nr. 15** und **Nr. 16** einen Anteil von 72,50 % (Schnellzüge), 35,80 % (P-Züge), 30,00 % (gemischte Züge) und 38,30 % (G-Züge) aufweisen konnten.

Mit der Eröffnung der Orlabahn im Jahr 1889 erfolgten die nächsten Lokomotivanschaffungen. Die Gesellschaft bestellte am 10. April 1889 bei der Firma Krauss & Co. zwei Tenderlokomotiven, die sie bereits am 24. September 1989 mit den Fabriknummern 2157 und 2158 geliefert bekamen. Sie erhielten die Betriebsnummern 3 und 4 und entsprachen in ihrer Ausrüstung im Wesentlichen denen der Nr. 1 und 2. An Vorräten konnten jeweils 3 m^3 Wasser und 1 t Kohle mitgeführt werden. Diese Lokomotiven kamen auch vorwiegend auf der Orlabahn zum Einsatz.

Die Lokomotive „ILM“ der Saal-Eisenbahn-Gesellschaft auf einem Werkfoto des Herstellers Krauss unmittelbar nach der Fertigstellung

Ansicht eines Tenders der Saalbahn-Lokomotiven „Camburg“ und „Ilm“ bei Ablieferung durch den Hersteller

Aufnahmen (2): Sammlung Werner Drescher

Lokomotive Nr. 4 der Saal-Eisenbahn-Gesellschaft

Aufnahme: Werkfoto Krauss-Maffei

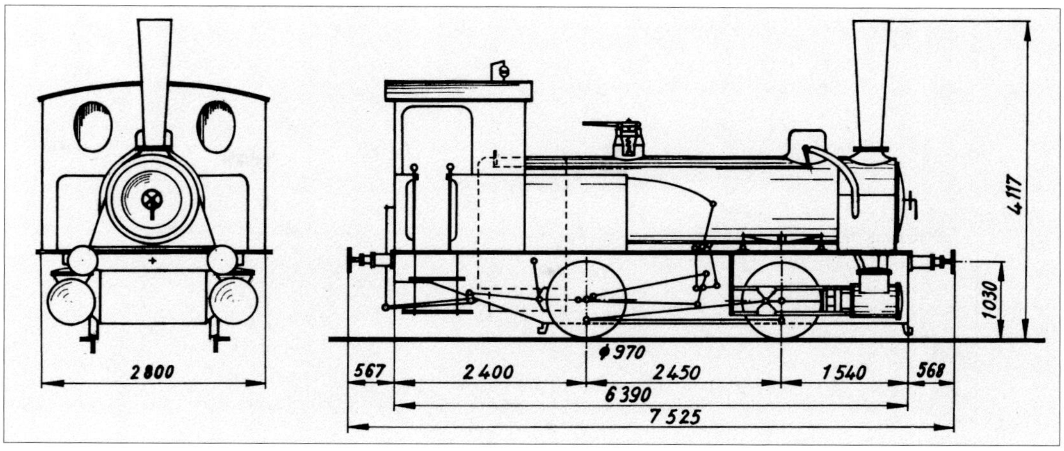

Zeichnung der Lokomotive Nr. 1 und Nr. 2 der Saal-Eisenbahn-Gesellschaft

Rechts:
Zeichnung der Lokomotiven Nr. 3 und Nr. 4 der Saal-Eisenbahn-Gesellschaft

ABBILDUNGEN (2): GÜNTER FROMM

Unten:
Technische Zeichnung der Locomotivfabrik Krauss & Co. der Lokomotive Nr. 4 der Saal-Eisenbahn-Gesellschaft

ABBILDUNG: KRAUSS-MAFFEI

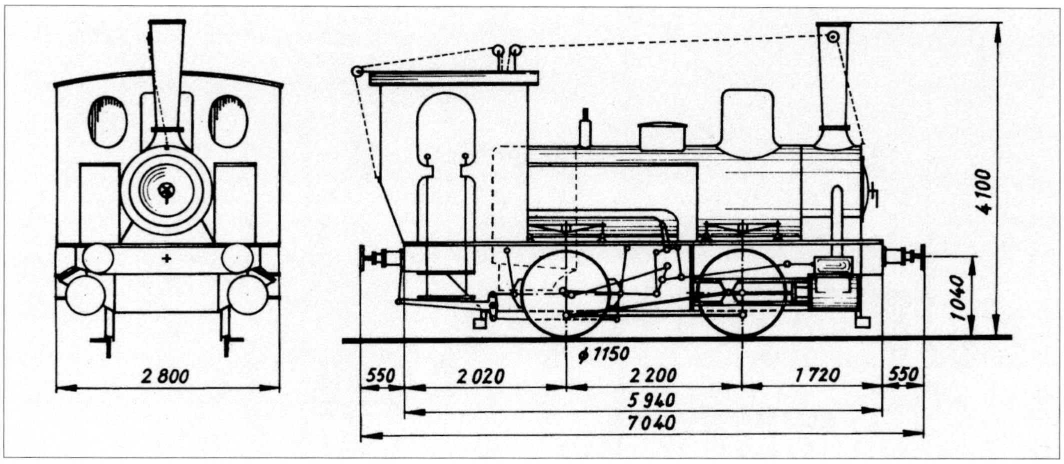

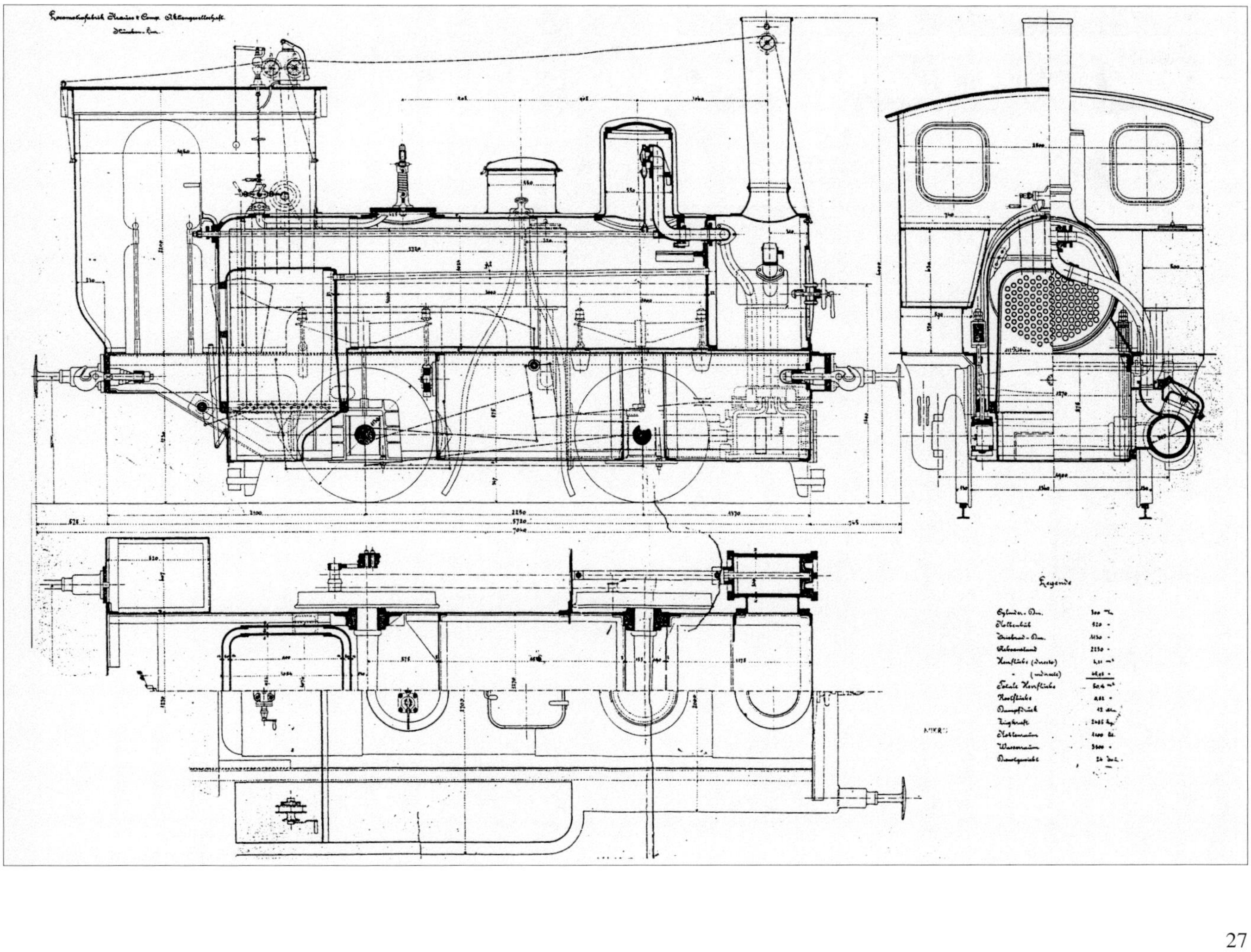

Technische Daten der Lokomotiven der Saal-Eisenbahn-Gesellschaft

Lokomotiven	Nr. 1 Nr 2.	Nr 3 Nr. 4	Camburg, Dornburg, Jena Kahla, Orlamünde Rudolstadt, Schwarzburg	Saale Ilm Schwarza	Nr. 14 Nr 15 Nr 16	Nr. 17 Nr 18 Nr 19
Hersteller	Krauss & Co	Krauss & Co	Krauss & Co	Krauss & Co	Vulcan	Vulcan
Fabriknummer	388, 389	2158, 2157	249 bis 255	492-494	969-971	1163-1165
Baujahr	1874	1889	1873	1875	1886	1890
Bauart	Bn2t	Bn2t	Bn2	Bn2	1Bn2	1Bn2
Kosten (Mark)	36.000	19.000	43.800	46.200	29.377	43.720
Zylinderdurchmesser (mm)	326	300	406	406	400	400
Kolbenhub (mm)	540	520	610	610	610	610
Kesseldurchmesser (mm)	1.124	1.130	1.300	1.300	1.280	1.280
Kessellänge (mm)	3.350	3.000	3.565	3.200	3.800	3.800
Anzahl Heizrohre	127	126	196	196	197	unbekannt
Rostfläche (m^2)	0,92	082	1,25	1,83	1,87	1,87
Heizfläche, davon:						
Feuerbüchse (m^2)	4,48	4,21	6,13	7,25	7,24	7,24
Heizrohre (m^2)	54,86	45,95	103,40	88,00	96,57	96,42
Gesamt (m^2)	59,34	50,16	109,17	95,25	103,81	103,66
Dampfdruck (bar)	10	12	10	10	12	12
Dienstmasse (t)	24,50	24,50	28,00	28,00	35,00	36,45
Radstand (mm)	2.450	2.250	2.450	3.000	4.500	4.500
Treibraddurchmesser (mm)	1.000	1.130	1.292	1.454	1.540	1.540
V_{max} (km/h)	40	40	45	55	65	65

1890 wurden von der Firma Vulcan nochmals drei 1Bn2-Lokomotiven geliefert. Sie erhielten bei der Saalbahn die Nummern 17, 18 und 19 und waren den 1885 gelieferten Lokomotiven im Wesentlichen gleich. Das waren die letzten Lokomotiven, die die Saal-Eisenbahn-Gesellschaft geliefert bekam. Aus der oben abgedruckten Tabelle gehen die wichtigsten Liefer- und technischen Daten aller von der Saal-Eisenbahn-Gesellschaft beschafften Lokomotiven hervor.

Während der Privatbahnzeit waren nur die bisher genannten Lokomotiven auf der Saalbahn im Einsatz. Die Geschäftsberichte der Gesellschaft sagen eindeutig aus, dass Lokomotiven anderer Bahnverwaltungen hier nicht eingesetzt waren, abgesehen von Überführungsfahrten zur und von der Betriebswerkstätte Jena.

Die Wagen

Über die Wagen enthalten die Geschäftsberichte der Saal-Eisenbahn-Gesellschaft nur sehr lückenhafte Angaben. In Verbindung mit diesen Angaben und dem „Illustrierten Verzeichnis der Personen-, Post- und Gepäckwagen" der KED Erfurt aus dem Jahre 1892 wurden Angaben zu den Wagen der Eisenbahn-Gesellschaft rekonstruiert. Die Zeichnungen stützen sich im Wesentlichen auf dieses Verzeichnis. Alle Wagen waren zweiachsig.

Die Personenwagen

Die Saal-Eisenbahn-Gesellschaft eröffnete den Betrieb mit 26 Personenwagen, darunter ein Salonwagen I. Klasse, sieben Perso-

Die Reisezugwagen der Saal-Eisenbahn-Gesellschaft am 31. Dezember 1894

Lfd. Nr.	Klasse	Anzahl	davon Bremswagen	Hersteller	Indienststellung	Plätze A	Plätze B	Plätze C	Dienstmasse (t)
1	I.	1	1	Klett & Co.	1874	20	–	–	10,4
2	I./II.	4	–	Klett & Co.	1874	6	24	–	10,2
3	I./II.	3	3	Klett & Co.	1874	12	16	–	10,2
4	I./II.	2	2	Gebr.Gastell	1891	5	22	–	13,8
5	II.	3	–	Klett & Co.	1875	–	32	–	10
6	II./III.	2	2	Breslau (Linke)	1884	–	8	30	9,6
7	II./III.	1	–	Breslau (Linke)	1886	–	8	30	9,6
8	II./III.	4	2	AG Görlitz	1891	–	8	30	9,6
9	II./III.	1	1	Breslau (Linke)	1886	–	16	20	9,2
10	II./III.	2	2	Gebr.Gastell	1889	–	16	30	14,2
11	II./III.	1	–	Gebr.Gastell	1889	–	8	38	9,8
12	III.	10	–	Klett & Co.	1874/77	–	–	50	10,8
13	III.	4	–	Klett & Co.	1874	–	–	44	9,4
14	III.	4	4	Klett & Co.	1874	–	–	46	9,8
15	III.	3	3	Gebr.Gastell	1891	–	–	50	10,8
16	III.	6	3	Klett & Co.	1874	–	–	30	9

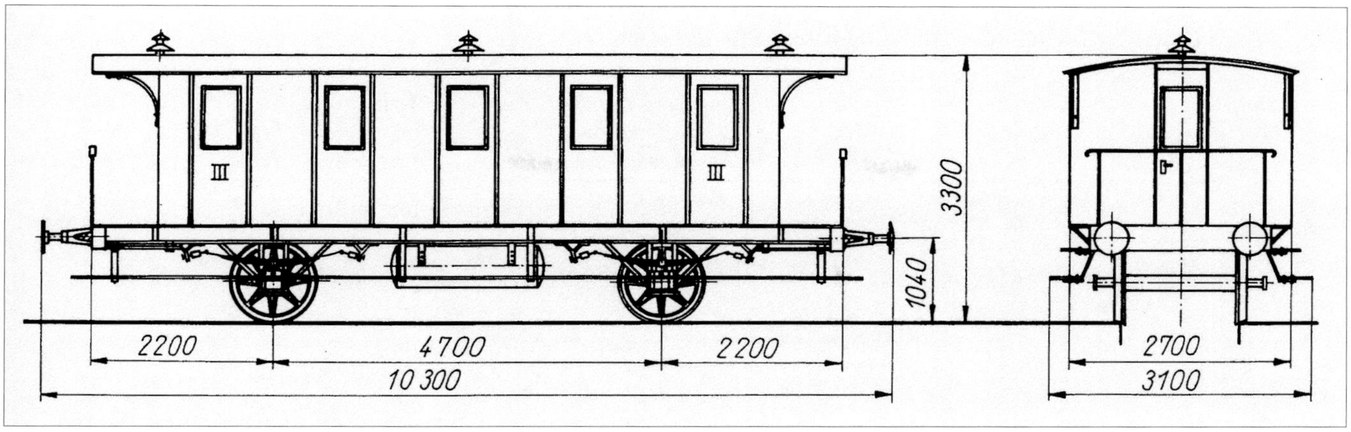

Oben: Reisezugwagen III. Klasse der Saal-Eisenbahn-Gesellschaft, Hersteller Klett & Co., Baujahr 1874
Unten: Reisezugwagen I./II. Klasse der Saal-Eisenbahn-Gesellschaft, Hersteller Klett & Co., Baujahr 1874 ABBILDUNGEN (2): GÜNTER WEIMANN

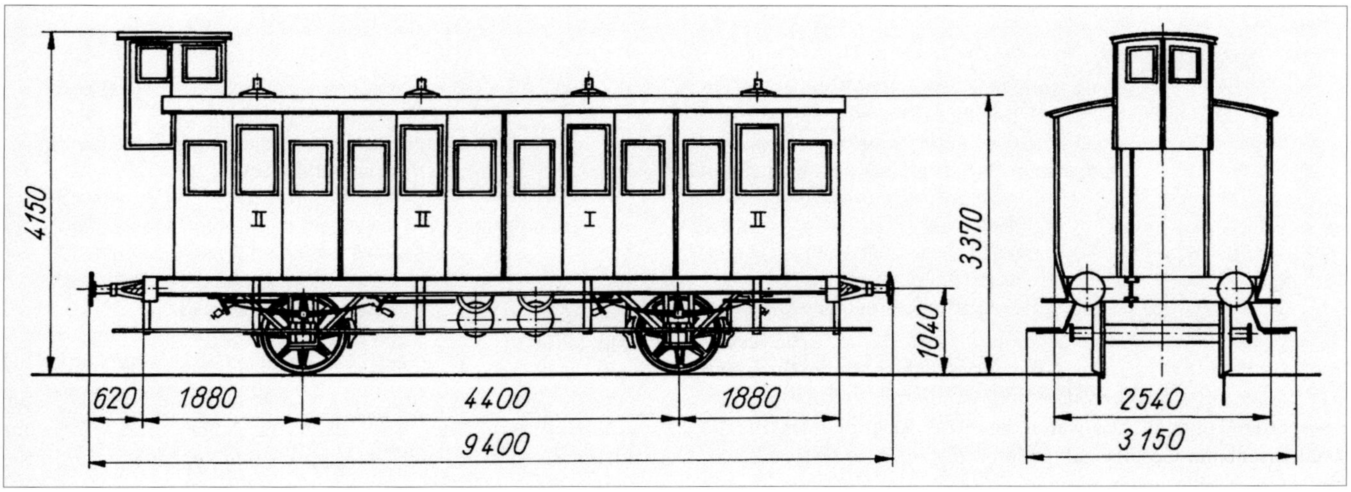

Kaum zu glauben, aber im Juni 2004 noch erhalten: der Wagenkasten eines Reisezugwagens III. Klasse der Saal-Eisenbahn-Gesellschaft (siehe obere Zeichnung), Hersteller Klett & Co., Baujahr 1874 auf einem Privatgrundstück in Kaatschen-Weichau nahe Großheringen AUFNAHME: WERNER DRESCHER

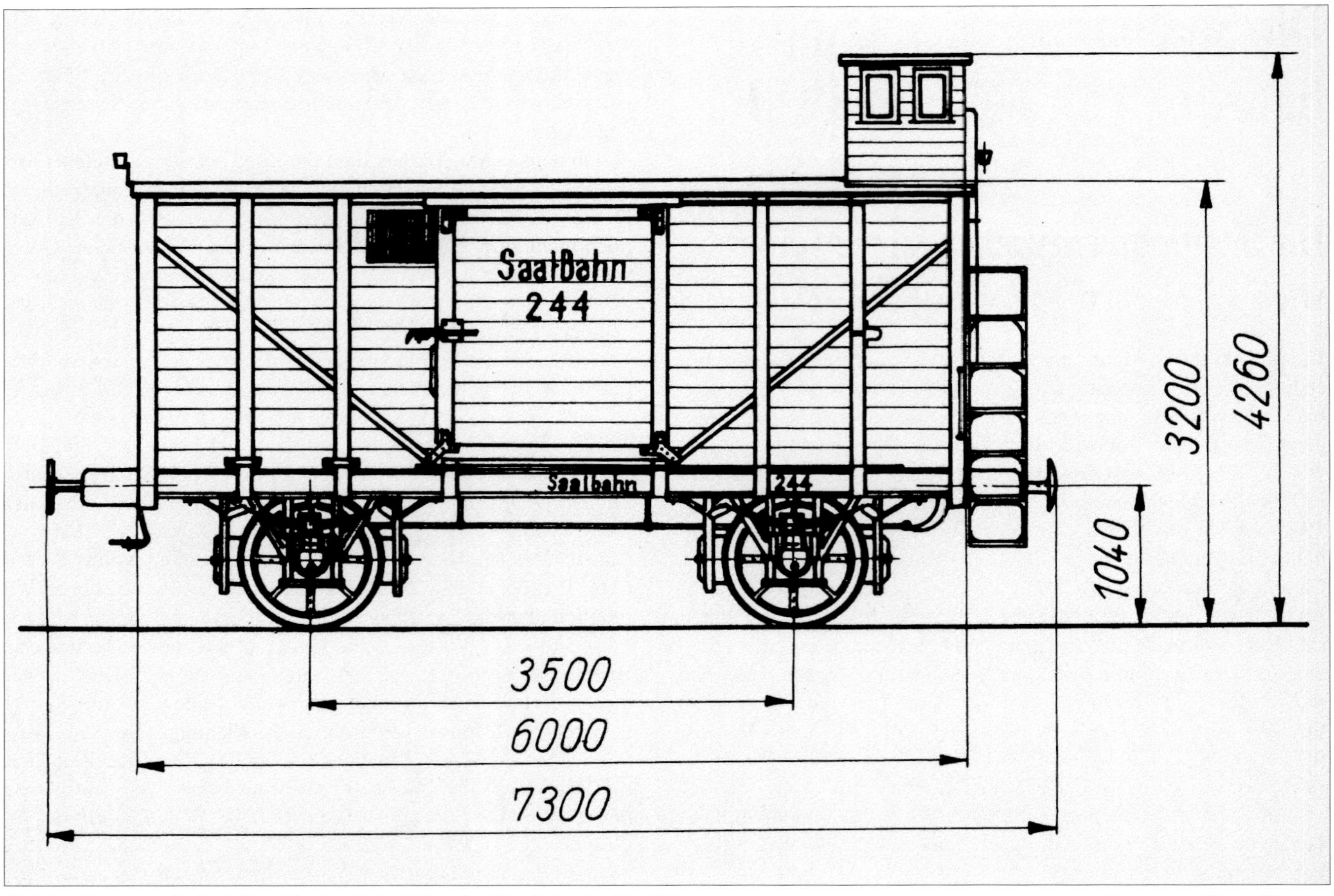

Gedeckter Güterwagen der Saal-Eisenbahn-Gesellschaft, Hersteller Klett & Co., Baujahr 1874 ABBILDUNG: GÜNTER WEIMANN

nenwagen I./II. Klasse, acht Personenwagen III. Klasse, vier Personenwagen III./IV. Klasse und sechs Personenwagen IV. Klasse. Alle hatten eine Wagenkastenlänge von etwa 7,8 m und einen Achsstand von etwa 4,4 m. Die Wagen der I. und II. Klasse wurden von der Gesellschaft mit Wärmflaschen und die der III. und IV. Klasse mit Öfen ausgerüstet, da sie ohne Heizeinrichtung geliefert worden waren. Im Eröffnungsjahr der Saalbahn zeichnete sich bereits ab, dass diese 26 Personenwagen nicht ausreichten. Von der Gesellschaft wurden deshalb neun Wagen nachbestellt, die ab 1874/75 in Dienst gestellt werden konnten. Die weiteren Beschaffungen sind mit den Eröffnungsdaten der Zweigbahnen identisch. Entsprechend den Bedürfnissen wurden im Laufe der Zeit mehrere Personenwagen umgebaut. So die Wagen der lfd. Nr. 16. Aus ihnen entstanden nach Abschaffung der IV. Klasse bei der Saal-Eisenbahn-Gesellschaft im Jahr 1880 Wagen der III. Klasse. Ab 1890 wurden einzelne Wagen mit Carpenterbremse versehen. Die 1889 und 1891 gelieferten Personenwagen besaßen Heberlein- bzw. Carpenterbremsen. Die Wagen Nr. 4, 10, 11 und 15 waren die ersten Wagen der Saalbahn, die mit Dampfheizungsanschluss und mit Gasbeleuchtung geliefert wurden.

Die Güterwagen

Von den Güterwagen, die 1874 alle von der Firma Klett & Co. geliefert wurden, ist bekannt, dass die gedeckten Ausführungen einen Achsstand von 3,5 m und eine Wagenkastenlänge von 6,0 m und die offenen Ausführungen von 4,0 bzw. 7,0 m hatten.

1875, 1884, 1886 und 1889 wurden weitere Güterwagen geliefert. Sie sollten bis zur Verstaatlichung der Saal-Eisenbahn-Gesellschaft ausreichen. Die Gepäck- und Güterwagen der Saal-Eisenbahn-Gesellschaft am 31. Dezember 1894 sind in der Tabelle rechts aufgelistet.

Schon in der Zeit der zwischen 1874 und 1895 kamen Personen- und Güterwagen anderer Bahnverwaltungen zur Saalbahn. Andererseits verkehrten auch die Wagen der Saal-Eisenbahn-Gesellschaft auf anderen Bahnen.

Nach dem Geschäftsbericht des Jahres 1879 – er könnte stellvertretend für diese Epoche stehen – verkehrten Wagen von 67 Eisenbahn-Gesellschaften auf der Saalbahn. Sie kamen aus fast allen deutschen Ländern und von der Belgischen Staatsbahn, der Pilsen-Priesener (Komotauer) Bahn sowie der Ungarischen Staatsbahn und anderen Bahnen. Wagen der Saal-Eisenbahn-Gesellschaft wiederum verkehrten in diesem Jahr bei 53 Eisenbahn-Gesellschaften, bis zur Jura-Bern-Luzerner Bahn, Warschau-Bromberger und Warschau-Wiener Bahn.

Die Gepäck- und Güterwagen der Saal-Eisenbahn-Gesellschaft am 31. Dezember 1894

	Anzahl 1874	Anzahl 1894	davon Bremswagen	Tragfähigkeit (t)	Dienstmasse (t)
Post/Gepäck	–	1	1	4	9
Gepäck	4	9	9	4	8,2
Gedeckt	30	75	19	10	7
Offen	50	66	15	10	6
Vieh	12	12	7	10	7
Langholz	12	12	–	–	10
Kranwagen	–	1	–	5	12,2
Hilfswagen	–	1	1	6	9
Gesamt	**108**	**177**			

Die Saalbahn in der Länderbahnzeit von 1895 bis 1920

Die Saalbahn entwickelt sich zu einer wichtigen Nord-Süd-Verbindung

Die Saalbahn war nun der Königlichen Eisenbahn-Direktion (KED) in Erfurt unterstellt. Die Verwaltung der Saalbahn hatte bisher ihren Sitz in Jena. Diesen Verlust wollte der damalige Bürgermeister der Stadt Jena, Singer, nicht hinnehmen und verlangte von der KED in Erfurt diesen auszugleichen. Daraufhin entstand in Jena eine Maschineninspektion. Mit Stand vom 1. September 1898 war sie für die maschinentechnische Verwaltung der Saalbahn von Großheringen bis Saalfeld sowie der Strecken Zeitz – Camburg, Weimar – Gera, Orlamünde – Oppurg und Schwarza – Bad Blankenburg zuständig. Später kam noch die Strecke Porstendorf – Bürgel – Eisenberg hinzu. Darüber hinaus wurde auch eine Betriebsinspektion in Jena eingerichtet. Sie war mit Ausnahme des Streckenabschnittes Gera – Göschwitz für dieselben Strecken zuständig. Die Verkehrsinspektion für die Saalbahn befand sich bis zum 30. April 1899 in Weimar, danach in Weißenfels. 1910 wurden diese Inspektionen in Ämter umbenannt.

Nach der Verstaatlichung im Jahr 1895 dauerte es nicht einmal vier Jahre, bis sich die Bedeutung der Saalbahn im Nord-Süd-Verkehr grundsätzlich änderte.

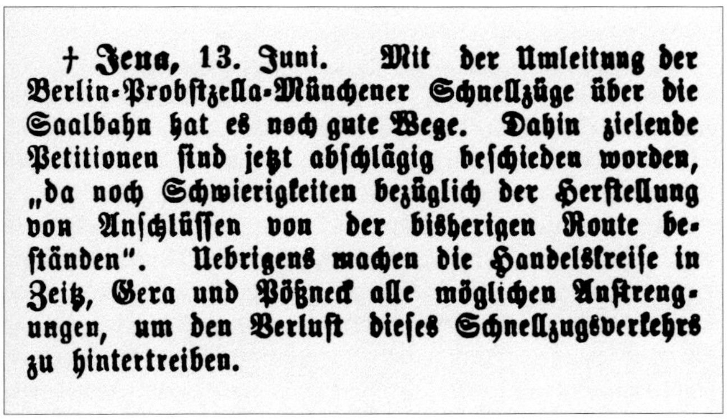

† Jena, 13. Juni. Mit der Umleitung der Berlin-Probstzella-Münchener Schnellzüge über die Saalbahn hat es noch gute Wege. Dahin zielende Petitionen sind jetzt abschlägig beschieden worden, „da noch Schwierigkeiten bezüglich der Herstellung von Anschlüssen von der bisherigen Route beständen". Uebrigens machen die Handelskreise in Zeitz, Gera und Pößneck alle möglichen Anstrengungen, um den Verlust dieses Schnellzugsverkehrs zu hintertreiben.

Erst nach dem Bau der Verbindungsbahn Ost bei Großheringen konnten ab dem 1. Mai 1900 die Schnellzüge zwischen Berlin und München über die Saalbahn verkehren. Camburger Wochenblatt vom 19. Juni 1897. ABB.: SAMMLUNG WERNER DRESCHER

Gegenüber der Strecke Weißenfels – Zeitz – Gera – Saalfeld, über die bisher die Züge von Preußen nach Bayern verkehrten, bot sie den Vorteil, 25 km kürzer zu sein. Ihre Steigungsverhältnisse sind wesentlich günstiger. Nachteilig wirkte sich aus, dass die Züge in Großheringen hätten „Kopf machen" müssen. Schon während der Verhandlungen zur Verstaatlichung wurden vom Ministerium für öffentliche Arbeiten Preußens und der KED Erfurt Überlegungen angestellt, die Berlin-Münchener Züge über die Saalbahn verkehren zu lassen. Zunächst dachte man daran, innerhalb des Bahnhofs Großheringen eine direkte Weichenverbindung zwischen der Thüringer- und der Saalbahn herzustellen. Folgende Fahrplantechnologie war vorgesehen: *„Die Berlin-Frankfurter und Berlin-Münchener Züge verkehren vereint von Berlin über Leipzig/Halle bis nach Großheringen zum Gleis II ein. Nach Ausladen des Münchener Gepäcks und nach Lösung des Bayrischen Zugteiles fährt der vordere Frankfurter Zug nach Eisenach weiter. Inzwischen hat sich eine Maschine der Saalbahn mit Packwagen an den Schluss des zurückgebliebenen Münchener Zuges gesetzt und fährt nach Einladen des Münchener Gepäcks durch die neu hergestellte Weichenstraße direkt nach der Saalbahn ab."* Für die Rückfahrt wäre dieser Vorgang in etwa umgekehrter Reihenfolge abgelaufen.

Ab dem 1. Mai 1896 sollten die Züge bereits nach dieser Methode verkehren. Aber schon 1895 legte das Ministerium in einem Dekret fest, dass die Durchführung der Züge über die Saalbahn noch nicht zum 1. Mai 1896 erfolgen solle. Wesentlicher Grund war der derzeit wohl schlechte Oberbau der Saalbahn und fehlende Gleiskapazitäten im Bahnhof Saalfeld. Im Schreiben vom 3. Dezember 1895 wurde die KED Erfurt gedrängt, die Aufstellung der Entwürfe für die Verbindungsbahn und die Gleiserweiterung für den Bahnhof Saalfeld *„thunlichst zu beschleunigen und innerhalb von 14 Tagen über den Stand der Arbeiten zu berichten."*

Von der Gleiserweiterung und Weichenverbindung im Bahnhof Großheringen wurde nicht mehr gesprochen, vielmehr wurde mit Hochdruck die Planung einer Verbindungsbahn vorbereitet, die den direkten Übergang zwischen Thüringer- und Saalbahn gestattete. Das Ministerium für öffentliche Arbeiten wollte als Vertreter Preußens, dass die Berlin-Münchener Züge so schnell wie möglich über die Saalbahn geführt werden.

Die Planung oblag der „Fa. Knoch & Kallmeyer, Technisches Bureau für Hoch- und Tiefbau Halle/Saale". Die KED Erfurt gab diesen Termindruck an die Firma weiter, indem sie mit Strafen drohte. Am 11. Januar 1896 schrieb das Planungsbüro, dass es auf Grund der Größe des Projektes und in der Kürze der Zeit nicht möglich sei, dieses so schnell zu bearbeiten und: *„erwidern ergebenst, dass der Entwurf für den Bau der Verbindungsbahn bei Großheringen nächste Woche zur Versendung kommt ... dass eine größere Beschleunigung der Arbeit nicht möglich war ... Wir hoffen daher, dass Sie von der Erhebung der Konventionalstrafe absehen werden."* Die Planungen dauerten noch etwa ein Jahr, ehe am 30. Juni 1897 die landespolizeiliche Abnahme stattfand. Danach konnte mit dem Bau begonnen werden.

Am 1. Mai 1899, genau 25 Jahre nach der Eröffnung der Saalbahn, wurde die 1,45 km lange Verbindungsstrecke bei Großheringen in Betrieb genommen. Aufwendige Brücken- und Rampenkonstruktionen ermöglichten ein kreuzungsfreies Übergehen von der Saalbahn auf die Thüringer Stammbahn in Richtung Halle/Leipzig und umgekehrt. Diese zweigleisige Verbindungsstrecke wurde und wird heute noch als „Verbindungsbahn Ost", der Teil der ursprünglichen Saalbahn von dieser Abzweigung nach Großheringen als „Verbindungsbahn West", bezeichnet. Diese Strecke ist auch heute noch eingleisig.

Mit der Verbindungsbahn Ost wurde die Voraussetzung dafür geschaffen, dass sich der Verkehr auf der Saalbahn weiter entwickeln konnte. Damit wurde der endgültige Durchbruch erreicht.

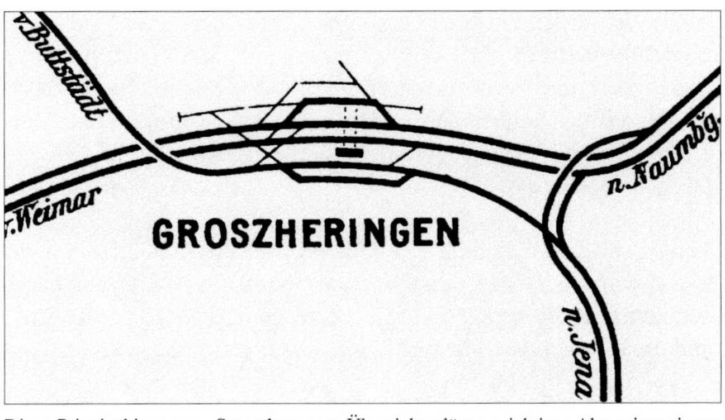

Diese Prinzipskizze aus „Sammlung von Übersichtsplänen wichtiger Abzweigstationen der Eisenbahnen Deutschland", im Jahr 1914 herausgegeben vom Reichs-Eisenbahn-Amt, zeigt die Lage der beiden Verbindungskurven in Großheringen, das damals noch mit „sz" geschrieben wurde. ABBILDUNG: EK-ARCHIV

(Vom 1 Mai 1900) **195 a Grossheringen - Saalfeld** Durchl. Wagen 1. 2 Kl.: Berlin-München D 40, D 39

Z 422	Z 424		Z 426	D 40	Z 428	Z 432	Z 172	km	(Preuss. Staatsbahn Dir. Erfurt)	Z 421	Z 423	Z 425	D 39	Z 427	Z 171	Z 429	
11 30	12 20	.	8 39	11 0	9·20	1 44	5 8		Ab Berlin Anh. Bf 198 ..... An	11 •	5 1	8 17	8 50		10 48	4 59	...
3 24	7 50	..	11 27	1 11	2·22	5·39	7 45		Ab Halle .... An	9 2	1· 4	5·11	6 37		8 20	11 55	...
11 28	7·16	..	11 22	1 0	1·50	5· 7	7 5		Ab Leipzig Thür. Bf .... An	9·40	1·32	5·25	6 50		9 40	11 50	...
5 59	9 20	...	1·11	»	4 6	7 14	9 10	0,0	Ab Grossheringen 202 ⊙ An	7·22	11 12	2 39	»	6 14	7 0	10 34	...
6·11	9·32	...	1·23	»	4·16	7 28	9 23	8,1	Camburg 200 d ...... ⊙	7·11	11· 3	2·30	»	6 0	6 48	10 24	...
6·21	9·43	...	1·34	Speise	4·25	7 39	9 35	15,2	Dornburg	7· 1	10·53	2·19	Berlin	5·47	6 37	10 14	...
6·28	9·51	...	1·41		4·31	7 46	⊗	19,4	Porstendorf	6·54	10·46	2· 7		5·39	⊗	10 7	...
6·34	9·58	Z 430	1·47		4·36	7 52	»	22,6	Zwätzen - Kunitzburg ..	6·49	10·41	2· 2	»	5·32	»	10 1	Z 431
6·45	10· 8	12·30	1·55	2 30	4·41	8 0	9 58	25,5	Jena Saalbf 203	6·44	10·36	1·57	5 19	5·26	6 23	9 56	11 10
6·50	10·14	12·35	1·59	Wagen	4·45	8 5	10 2	27,4	Paradies	6·39	10·29	1·51	»	4·59	6 15	9 51	11 6
6·57	10·21	12·43	2· 7		4·52	8 12	10 9	32,3	An Göschwitz .... Ab	6·31	10·22	1·44	»	4·52	6 7	9 43	10 58
8·28	12·38	2·46	...	...	5·57	9 27	11 40	72,8	An Gera 203 .... Ab	5 0	9·17	10·37	...	3·30		8 23	...
5 30	...	10·11	12 25	...	3 6	6 59	8 42		Ab Erfurt 198 ... An	8 28	11 40	4· 4	...	...	8 27	11 38	...
5 51	...	10·48	12·59	...	3·55	7 32	9 26		Ab Weimar Thür. Bf 203 An	7·29	11·11	3·10		...	7 8	10 50	...
7· 6	10·25	12·44	2· 8	Berlin –	5·12	8 23	10 12	32,3	Ab Göschwitz .... An	6·28	10·12	1·39	–	4·51	6 5	9 40	10 57
7·13	10·31	12·52	2·14		5·20	8 30	»	36,4	Rothenstein	6·21	10· 5	1·32	München	4·45	»	9 34	10 51
7·21	10·39	1· 1	2·23		5·29	8 38	10 23	41,8	Kahla	6·12	9·56	1·24		4·38	5 52	9 27	10 43
7·29	10·46	1·10	2·30		5·37	8 46	10 30	47,3	An Orlamünde .... Ab	6· 2	9·46	1·15		4·29	5 43	9 18	10 35
Z 882	Z 884	F 884a	Z 886		Z 888	F 978	Z 890			879/881	Z 883	Z 885		F 885a	Z 887	Z 889	F 877
7·34	10·48	1·13	2·47	...	6 10	9 20	10 35	47,3	Ab Orlamünde .... An	5 54	9·36	1· 0	...	2·25	5·31	9 10	10 25
7·37	10·51	1·18	2·51	...	6 13	9 23	10 41	47,8	Freienorla	5 52	9·34	12·58	...	2·23	5·29	9 8	10 23
7·49	11· 3	1·30	3· 3	...	6 25	9 35	10 53	52,9	Langenorla	5 39	9·22	12·46	...	2·11	5·17	8 58	10 13
7·54	11· 9	1·36	3· 9	...	6 31	9 11	10 59	54,6	Kleindembach	5 33	9·16	12·40	...	2· 5	5·11	8 53	10 8
8· 4	11·19	1·46	3·19	...	6 41	9 51	11 9	59,0	An Pössneck Saalbf Ab	5 22	9· 5	12·29	...	1·54	5· 0	8 44	9 59
8·12	11·29	...	4· 0	...	7 20	...	11 19	59,0	Ab Pössneck Saalbf (200) An	11 53	8·52	12· 8	...	...	4·46	8 36	...
8·20	11·39	...	4·10	...	7 30	...	11 29	62,2	An Oppurg ...... (200) Ab	11 45	8·44	12· 0	...	...	4·38	8 30	...
7·30	10·47	1·13	2·31	München	5·41	8 48	10 34	47,3	Ab Orlamünde .... An	6· 0	9·43	1·13	Speisewagen	4·27	5 41	9 16	10 34
7·37	10·53	1·21	2·37		5·47	8 56	»	51,4	Zeutsch	5 54	9·37	1· 6		4·21	»	9 10	»
7·44	10·59	1·31	2·43		5·53	9 3	10 44	55,2	Uhlstädt	5 47	9·30	12·59		4·15	5 31	9 4	10 23
7·53	11· 6	1·39	2·50		6 0	9 10	»	60,4	Kirchhasel	5 38	9·21	12·50		4· 8	»	8 56	»
8· 3	11·13	1·47	2·57	3 10	6 9	9 17	10 55	64,5	Rudolstadt ..... ⊙ ..	5 30	9·13	12·42	4 37	4· 2	5 19	8 50	10 11
8·10	11·19	1·54	3· 3	»	6 15	9 23	11 1	68,7	An Schwarza ....◆... ⊙ Ab	5 22	9· 3	12·33	»	3·54	5 12	8 41	10 2
8·13	11·21	1·55	3· 4	»	6 18	9 24	11 2	68,7	Ab Schwarza An	5 21	9· 0	12·31	»	3·52	5 11	8 38	10 1
8 22	11 30	2· 4	3·13	3 23	6 26	9 33	11 11	74,7	An Saalfeld 200.204 a ⊙ .. Ab	5 12	8 51	12 23	4 24	3·45	5 3	8 30	9 52
2·31	5 1		...	5 52	12 8	...	2 13	195,4	An Bamberg 295 ...... Ab	9 47	...	5 20	1 39	10·0	1 9	3·50	...
4 17	6 38		.	6 56	2 50	...	3 26	257,8	An Nürnberg Centr. Bf .. (200) Ab	8 37	...	3 16	12 42	7·55	11 54	1·40	...
8 45	11 9		...	10 20	...	...	7 24	456,5	An München Centr. Bf Ab	4 38	...	10 40	9 35	...	8 20	...	...

⊙ Ausserdem ab Grossheringen 5·46, an Camburg 5·30; zurück 3·48, an Grossheringen 4· 2, ab Rudolstadt 2· 8, an Schwarza 2·16

Nur F ab Blankenburg 7 30, an Grossheringen 10 0

Der Fahrplan gültig ab dem 1. Mai 1900. Erstmalig enthält er für die Saalbahn ein Schnellzugpaar Berlin – München.

ABBILDUNG: SAMMLUNG EK-VERLAG

Seit diesem 1. Mai 1899 verkehrten die ersten Ferngüterzüge zwischen Berlin und München über die Saalbahn. Ein Jahr später, am 1. Mai 1900, verkehrte das erste Schnellzugpaar D 39/40 Berlin – München und zurück. Das Camburger Wochenblatt informierte darüber in seiner Ausgabe vom 2. Mai 1900 wie folgt: *„Jena. Heute, den 1. Mai, verkehren auf der Saalbahn zum ersten mal die neuen D-Züge; der 11 Uhr Vormittags von Berlin abfahrende Schnellzug verläßt Jena 2 30 Nachmittags und trifft in München 10 20 Abends ein, der von München 9 35 Vormittags abgehende Zug fährt von Jena 5 19 ab und trifft in Berlin 8 50 Abends ein. Die vorgenannten Züge werden auch einen Speisewagen mit sich führen, der außer der Küche zwei Speiseräume mit zusammen 40 Plätzen enthält“.*

Es war ein langer Weg bis dahin, denn neben den technischen Schwierigkeiten, die bis zum Bau der Verbindungsbahn Ost bestanden, kam noch hinzu, dass die Anlieger der Strecke Weißenfels – (Leipzig –) Zeitz – Gera – Saalfeld, über die die Schnellzüge nach München bisher fuhren, sich gegen die Umleitung der Züge über die Saalbahn aussprachen. In einer Petition vom 26. November 1898 forderten die Kreise Ziegenrück, Pößneck, Neustadt und Triptis, dass die Schnellzüge über Gera beibehalten und, wenn das nicht möglich ist, Kurswagen von Weißenfels nach Saalfeld verkehren, die dort in die Berlin-Münchener Schnellzüge eingestellt werden. Dennoch entschied sich aber die Preußische Staatsbahn für die Führung der Schnellzüge über die Saalbahn.

Am 1. Mai 1902 fuhr auch das erste Personenzugpaar Z 422/429 Naumburg – Saalfeld über die Verbindungsbahn. Im Kursbuch steht als Anmerkung *„Die Entfernung Kösen – Camburg ohne Berührung von Großheringen beträgt 1,8 km weniger“*. 1903 gab es einen weiteren merklichen Fortschritt. Zusätzlich zu D 39/D 40 wurde ein neues Schnellzugpaar SZ 49/50 München – Berlin eingerichtet. SZ 171/172, bisher zwischen Saalfeld und Großheringen verkehrend, wurde bis nach Naumburg verlängert. Drei Personzugpaare verkehrten jetzt zwischen Naumburg und Saalfeld. Ab 1904 änderte sich auch die Fahrplantabellenbezeichnung im Kursbuch. Sie lautete nicht mehr „195 a Großheringen – Saalfeld“ sondern „195 a Naumburg – Saalfeld“.

Großheringen wurde in den Folgejahren nur noch von wenigen Personenzügen berührt; die meisten fuhren bis Naumburg bzw. Halle und Leipzig. 1905 verkehrten neben zwei ständigen D-Zug-Paaren zwei Saison-D-Züge, zum Teil bis nach Florenz. Daneben wurden noch sieben Personenzugpaare eingesetzt.

† Die baldige Einführung der **Bahnsteigsperre** auf der Saalbahn macht sich wegen der zwischen der Hauptlinie Berlin-Großheringen und der Saalbahn ohne Aufenthalt und Wagenwechsel durchlaufenden neuen Münchener D-Züge erforderlich. Jetzt ist auf der Saalbahnstrecke eine Fahrkartenkontrolle durch die Schaffner in den Wagen dieser Züge nötig, was zu vielen Belästigungen führt. Die Einführung der Bahnsteigsperre auch für die Weimar-Geraer Bahn wird dann gleichzeitig erfolgen müssen und zwar schon im Hinblick auf die mit der Saalbahn gemeinsame Station Göschwitz. Bemerkt sei, daß die oben erwähnten, seit dem 1. Mai d. J. eingelegten Berlin-Münchener D-Züge sich einer solchen Frequenz erfreuen, daß auf der letzten Fahrplan Konferenz beschlossen wurde, solche auch für die Zukunft beizubehalten. Dagegen wird dem vielfach ausgesprochenen Wunsche, auch die 3. Klasse mitzuführen und in Göschwitz einen dritten Anschluß von Erfurt-Weimar herzustellen, nicht stattgegeben.

Heute kaum noch bekannt, damals jedoch neu: die Bahnsteigsperre. Über deren Einführung auf der Saalbahn wegen der neuen D-Züge Berlin – München informierte das Camburger Wochenblatt vom 13. Juli 1900. ABB.: SAMMLUNG WERNER DRESCHER

Oben: Die Saalbahn bei km 44. Im Hintergrund die „Leuchte" des Saaletales, die Leuchtenburg bei Kahla. Die Ansichtskarte trägt den Poststempel vom 31. Mai 1907. **Unten:** An gleicher Stelle etwa zehn Jahre später.
AUFNAHMEN (2): SAMMLUNG WERNER DRESCHER

Die eingleisige Saalbahn genügte nicht mehr den gestiegenen Anforderungen. Ab 1903 begann auf dem Abschnitt Rudolstadt – Saalfeld der zweigleisige Ausbau und gleichzeitig der Austausch der Kies- gegen eine Schotterbettung. Grund und Boden war zum großen Teil entsprechend den Konzessionsbedingungen während des Baues der Saalbahn bereits erworben worden. Allerdings bereitete der jetzt noch notwendige Erwerb Schwierigkeiten, der zu einem Zeitverzug führte. In den Jahren von 1906 bis 1908 wurde der Abschnitt nördlich von Camburg zweigleisig ausgebaut. Der Ausbau lag in den Händen der Bauabteilung Kösen bzw. der Betriebsinspektion Weimar. Am 25. April 1908 befuhr ein Sonderzug zwecks Abnahme diesen Streckenabschnitt.

Die Bauabteilung Jena war für den Ausbau der weiteren Strecke verantwortlich. Die Ausschreibung geschah in drei Losen, am 11. März 1907 für das Los Göschwitz – Kahla sowie am 2. April 1907 für die Teilstrecken Kahla – Uhlstädt und Uhlstädt – Rudolstadt. Am 2. April 1907 war auch der erste Spatenstich. 18 Hochbauten wurden erstellt, darunter vor allem neue Stellwerke und Empfangsgebäude in Rothenstein und Zeutsch sowie der Haltepunkt Kirchhasel ausgebaut. Die Gleisanlagen der Bahnhöfe Göschwitz, Kahla, Orlamünde, Uhlstädt und Rudolstadt erfuhren umfangreiche Erweiterungen. Es wurden 15 m lange Schienen der preußischen Form 8 b und eiserne Schwellen verlegt. 80 weitere Kunstbauten wurden errichtet, 150.000 m^3 Erde, insbesondere für die Neuanlage von Dämmen, mussten bewegt werden. Es gab Lieferschwierigkeiten bei der Stahlindustrie und bei der Schotterlieferung. Trotzdem konnte nach acht Monaten der Ausbau dieser Abschnitte beendet werden. Am 2. Dezember 1907 wurde der Abschnitt Göschwitz – Kahla und am 21. Dezember 1907 Kahla – Rudolstadt zweigleisig dem Verkehr übergeben.

Schwierigkeiten beim zügigen zweigleisigen Ausbau gab es in Jena. Dort wurde am 1. April 1901 die Straßenbahn in Betrieb genommen. Die Eisenbahn behinderte ihre Ausdehnung nach Osten, zur Gemeinde Wenigenjena, dem heutigen Jena-Ost. Nachdem der preußische Staat die niveaugleiche Kreuzung der Saalbahn mit der Straßenbahn nicht gestattete, verlangte die Stadt Jena die niveaufreie Kreuzung dieser Straße, dem Steinweg, durch die Eisenbahn. 1907 entschied sich die Preußische Staatsbahn für die Anlegung eines etwa 5 m hohen Dammes von 2,2 km Länge zwischen dem Saalbahnhof und dem Haltepunkt Jena Paradies. Die Verhandlungen dauerten bis 1909, ehe sich die Stadt und die Königliche Eisenbahn-Direktion Erfurt über die entsprechenden Unterführungen einig waren und einen Vertrag parafieren konnten. Die Kosten wurden auf etwa 500.000 Mark veranschlagt. Die Stadt Jena war daran mit 156.000 Mark beteiligt. Dieser Betrag wurde später auf 167.000 Mark erhöht, da eine Unterführung größer als im Vertrag vorgesehen ausgeführt werden sollte. In dem Vertrag war weiterhin vereinbart, den Bau des Dammes dann zu beginnen, wenn die Saalebrücke im Zuge des Steinweges, die ebenfalls für die Straßenbahn erneuert werden musste, abgetragen ist. Im Dezember 1910 – die Bauarbeiten an der Saalebrücke hatten trotz mehrmaliger Versprechungen seitens der Stadt Jena immer noch nicht begonnen – wurde die Königliche Eisenbahn-Direktion Erfurt ungeduldig.

Nachdem ab Jahreswechsel 1908/09 die Abschnitte Göschwitz – Block Ammerbach und inzwischen auch Camburg – Jena Saalbahnhof zweigleisig betrieben wurden, war der Teil bis Jena Saalbahnhof – etwa 2,8 km – der letzte eingleisige Abschnitt der Saalbahn und damit auch der gesamten Verbindung zwischen Berlin und München! Zwischen km 27,0 und 27,9 begannen nun der zweigleisige Ausbau und der Dammbau. Um den Betrieb so wenig wie möglich zu unterbrechen, ging man folgendermaßen vor:

1. Verlegen eines zweiten Gleises in gleicher Höhe des Ersten.
2. Entfernen des ersten Gleises und Schütten bzw. Mauern der einen Dammhälfte.
3. Verlegen des ersten Gleises auf diesem Damm.
4. Entfernen des zweiten Gleises und Anschütten des Dammes.
5. Verlegen des zweiten Gleises auf dem Damm.

Im Juli 1912 erfolgte die Inbetriebnahme dieses Teilstückes, wobei das zweite Gleis auf dem Niveau des ursprünglich ersten Gleises bis Jena Saalbahnhof geführt wurde. In den Jahren 1913/14 wurde der andere Teil des Dammes gebaut. In der Ausführung war er aufwendiger, da er zum großen Teil gemauert und dabei

(Vom 1 Mai 1914) **195a** (München–) **Saalfeld** (Saale) (–Großheringen) — **Naumburg** (Saale) (–Berlin) (s. a. 533. 716 VII b)

○ üb. Saalfeld–Zeitz s. 200 ● üb. Jena ■ üb. Halle s. 111 * bis 30/8 auch 10 23

km	(Preuß. Staatsb. Dir. Erfurt)		D 49			D 69					Z 359		D 45	D 79	D 39			Z 73			Z 169			Z 375	
	München Hbf 295	Ab	10 20	...	...	11 32	...	...	...	...	10 20	...	5 0	8 15	8 25	...	...	8 25	...	...	12 45	...	Von Lobenstein s. 200 k	8 25	...
	Stuttgart Hbf 282. 283	Ab	8 39	...	...	...	...	...	...	...	...	...	6 0	...	...	...	...	8 15	...	...	8·40	...		...	...
0,0	Nürnberg Hbf	Ab	12 55	...	...	2 46	...	...	...	...	1 56	...	9 14	10 35	11 0	...	...	12 3	...	...	4 15	...		12 37	Z 355
62,4	Bamberg s. a. 295	Ab	1 53	...	...	Nur Schlafwagen	...	...	...	...	4 41	...	10 9	»	11 56	...	Z 363	1 8	...	...	5 28	...		3·47	6 50
94,3	Lichtenfels	Ab	»	...	...		...	...	...	...	6· 4	...	10 37	»	»	...	10·43	2 2	...	...	6 1	...		5· 8	8 2
157,2	Probstzella 198e s. a. 200	An	»	...	...		Z 367	Z 941	...	...	8·41	Z 987	»	»	»	Nur 2. u. 3. Kl.	1·21	4 5	Z 391	...	7 46	...		8 2	10 40
		Ab	»	...	...		4 55	6· 2	...	...	8·53	10·16	»	»	»		1·26	4 9	5·21	...	7 47	...	Z 1095	8 10	10 55
182,2	**Saalfeld** (Saale)	An	4 18	...	...	5 41	5 32	6·49	...	...	9·29	11· 6	12 34	»	2 23		2· 7	4 38	5·57	...	8 13	Nur 2.	8 3	8 47	11 34
					Z 421		Z 435a		Z 435	Z 423	Z 423a	Z 425				F 425a	Z 427	Z 437	Z 439	Z 429	Z 127	u. 3. Kl.		Z 431	Z 947
182,2	**Saalfeld** (Saale) 200. 204a	Ab	4 27	...	5 0	5 47	5 55	6·54	7·30	9 4	9·43	11 52	12 40	»	2 32	12·53	3·36	4·58	6 40	7 15	8 21		8 52	9 56	11 37
188,3	Schwarza (Schw.-Rud.) s. a. 204 c	An	»	...	5 8	»	6· 5	7· 4	7·37	9·11	9·51	11·59	»	»	»	1· 0	3·43	5· 5	6 50	7 22	»	F 433	9 2	10 3	11 44
		Ab	»	...	5 10	»	...	7· 5	7·38	9·12	9·52	12· 1	»	»	»	1· 1	3·44	5· 6	6 51	7 23	»	8 54	9 3	10 5	
192,5	**Rudolstadt** (Thür.) ◈2)	An	4 37	...	5 15	»	...	7·13	7·43	9·17	9·58	12· 6	12 50	Speisewagen München–Berlin	2 43	1· 6	3·49	5·11	7 0	7 29	8 31	9 0	9 11	10 10	nur 3. u. 4. Kl
		Ab	4 38	...	5 17	Lindau–Berlin bis	...	...	7·45	9·20	...	12·10	12 51		2 43	1· 7	3·52	5·13	...	7 32	8 32	9 2	...	10 16	
196,6	Kirchhasel		Schlafwagen München–Berlin s. 752	...	5 24		...	▬	7·52	9·25	...	12·16	Speisewagen Nürnberg–Berlin		Speisewagen München–Berlin	1·14	3·58	5·20	...	7 37	»	»	...	10 22	...
201,8	Uhlstädt			...	5 32		...	...	7·59	9·32	...	12·23				1·21	4· 4	5·27	...	7 44	»	9 14	...	10 28	...
205,6	Zeutsch			...	5 38		...	...	8· 4	9·38	...	12·28				1·27	4·10	5·33	...	7 50	»	9 20	...	10 34	...
209,6	Orlamünde ◈1) s. S. 238	An		...	5 44		...	...	8·10	9·43	...	12·34				1·33	4·15	5·38	...	7 55	8 47	9 25	...	10 39	...
		Ab		...	5 47		...	...	8·11	9·45	...	12·36				1·46	4·16	5·40	...	7 56	8 48	9 28	...	10 41	...
215,2	Kahla (S.-Altenb.)			...	5 55	»	...	...	8·18	9·53	...	12·44				1·55	4·23	5·48	...	8 3	8 55	9 38	...	10 51	...
220,8	Rothenstein (S.-Weim.)			...	6· 3	»	...	...	8·26	10· 0	...	12·51		»		2· 4	4·30	5·55	...	8 10	»	9 45	...	10 58	...
224,7	Göschwitz	An		...	6· 9	»	...	...	8·32	10· 6	...	12·57		»		2·10	4·35	6 1	...	8 16	9 5	9 50	...	11 4	...
	Weimar Thür. Bf 203	An	•7·20	...	7·20	•8 24	...	...	9·36	10·59	...	2 4	•3·17	...	•5·24	3·17	5·24	6 52	...	9 13	10 56		...	7·20	...
	Erfurt 193	An	7·50	...	7·50	9 0	...	...	10 11	11 25	...	2 24	3·59	...	5 56	3·59	5 56	7 16	...	9 41	11 27		...	7·50	...
	Gera 203	Ab	•9 59	...	5 8	...	...	Z 703	7·46	9·15	...	10·49	...	...	•1·20	12 41	3·39	4·54	...	7 10	7 10		...	•9 59	...
224,7	Göschwitz	Ab	Berlin	...	6·13	»	...	6 53	8·40	10·15	...	1· 0	»	»	»	2·13	4·42	6 3	...	8 22	9 6	9 51	...	11 8	Nur am 28/9
229,6	Jena Paradies			...	6·21	»	...	7· 1	8·47	10·24	...	1· 7	»	»	»	2·20	4·48	6 10	...	8 30	»	9 59	...	11 15	
231,5	**Jena** Saalbf 203. 209 J s. a. 200 b	An	5 11	...	6·25	6 32	...	7· 5	8·50	10·28	...	1·11	1 23	»	3 16	2·24	4·52	6 13	...	8 34	9 14	10 3	...	11 19	
		Ab	5 12	...	6·40	6 33	...	7· 6	8·51	10·32	...	1·38	1 25	»	3 17	2·27	4·54	6 16	...	8 41	9 15	...	...	11 26	Z 818a
234,4	Zwätzen-Kunitzburg		s. 752	...	6·45	s. 752 1/9	...	7·11	8·56	10·37	...	1·42	Berlin	Berlin	Berlin	2·31	4·58	6 20	...	8 46	»		...	11 32	5 30
237,4	Porstendorf			...	6·50		...	7 17	9· 0	10·42	...	1·47				2·36	5· 3	6 25	...	8 52	»		...	11 38	5 40
241,8	Dornburg (Saale)			...	6·56		...		9· 6	10·48	...	1·54		»		2·41	5· 8	6 31	...	8 59	»		...	11 45	5 52
248,8	Camburg (Saale) 200 d	An	»	...	7· 4	»	...	s. üb.	9·14	10·56	...	2· 2	»	»	»	2·49	5·16	6 39	...	9 7	»		...	11 53	6 · 4
				W 329	Z 1182							Z 1816						Z 1822							
0,0	*Camburg* (Saale) 200 d	Ab	↓	5 47	7·10	...	...	200 b. Crossen	9·15	↓	...	3·14	↓	↓	↓	...	↓	7 2	...	↓	↓		...	↓	6· 7
8,0	*Großheringen* 202. 193	An	↓	6· 1	7·20	...	...		9·24	↓	...	3·27	↓	↓	↓	...	↓	7 15	...	↓	↓		...	↓	6·18
248,8	Camburg (Saale)	Ab	»	...	7·16	»	...	200	↓	10·57	...	2·14	»	»	»	2·50	5·17	6 40	...	9 9	»	...	...	11 54	
261,0	Bad Kösen s. a. 193		»	...	7·30	»	...			11·11	...	2·27	»	»	»	3· 5	5·32	6 53	...	9 23	9 44	...	...	12 9	nach Straußfurt s. 202
268,1	**Naumburg** (Saale) Hbf 203c. 204	An	»	...	7·38	»	...	↓	↓	11 20	...	2 35	»	»	3 48	3·14	5·40	7 0	...	9 31	9 51	...	...	12 18	
	Leipzig Hbf 193	An	○7 1	...	9 18	■9 6	...	9 38	11·29	12 50	...	4 28	3 7	■4·27	5 1	4 28	7 40	8 9	○7 56	11 34	○11 5	...	...	5 37	
	Halle Hbf 193	An	6 21	...	8 54	7 50	...	...	10·52	12 28	...	4·15	2 37	3 2	4 37		8 4	8 17	...	12 1	10 39	...	...	5 13	
	Magdeburg 111	An	7 50	...	*12· 8		...	...	12 20	3·34	...	5 59		5·54	5 59			10 54	...	2 25	12 8	...	...	7 50	
	Berlin Anh. Bf 193	An	8 25	...	11 30	10 4	...	...	...	2 39	...	6 42	4 49	4 56	6 42		...	10 40	...	5 0		...	...	7 37	

(Vom 1 Mai 1914) **195a** (Berlin–) **Naumburg** (Saale) — (Großheringen–) **Saalfeld** (Saale) (–München) (s. a. 533. 716 VII b)

○ üb. Zeitz–Saalfeld s. 200 ● üb. Jena ■ üb. Halle s. 111 * üb. Zeitz–Saalfeld 11 10

km	(Preuß. Staatsb. Dir. Erfurt)		D 168	D 50	D 70				Z 422		Z 128		Z 424	Z 430	Z 426		D 40	Z 428	D 80	D 46		Z 432		Z 438	
	Berlin Anh. Bf 193	Ab	8 13	8 48	9 58	...	...	...	11 25		12 30	...	...	8 8	9 3	...	10 36	10 48	1 8	1 43	2 13	3 33	...	4 48	...
	Magdeburg 111	Ab	7 18	9 6	....	...	...	...	12 40	...	4 30	...	6 10	7·52	9 14	...	11 7		1 10	1·17	...	4 25	...	6 10	...
	Halle Hbf 193	Ab	10 19	10 54	12 4	...	...	...	3 14	5 48	7 0	...	7 54	10 14	11 15	...	12 42	2·14	3 4	3 51	4·15	6 5	...	8 10	...
	Leipzig Hbf 193	Ab	■8 40	○10 13	...	...	...	...	12 0	6 15	○7 5	...	7·17	*9·35	■10 25	...	12 9	1·35	■1 0	3 10	↓	5·15	...	7 25	...
0,0	**Naumburg** (Saale) Hbf 203c. [204 s. a. 193	Ab	»	Schlafw.	»	...	...	...	5 28	↓	7 46	...	9 1	11·13	12·45	...	1 28	3 27	»	4 36	↓	7 14	...	9 23	...
7,1	Bad Kösen		»		»	...	...	...	5 37		7 54	...	9· 9	11·23	12·54	...	»	3·36	»	»		7 22	...	9 31	...
19,3	Camburg (Saale) 200 d	An	»		»	Von Eisenberg s. 200 b	...	...	5 51	↓	8 7	...	9·23	11·37	1· 8	...	»	3·48	»	»	↓	7 35	...	9 44	...
									Z 1183	Z 1180								Z 1813			Z 440	Z 1815			
0,0	*Großheringen* 193. 202	Ab	↓	↓	↓		...	...	5 28	7·43	↓	...	↓	↓	↓	...	↓	2·50	↓	↓	5·39	6 32	...	↓	...
8,0	*Camburg* (Saale) 200 d	An	↓	↓	↓		...	...	5 41	7·52	↓	...	↓	↓	↓	...	↓	3· 3	↓	↓	5·48	6 45	...	↓	...
19,3	Camburg (Saale)	Ab	»		»		...	...	5 55	7·54	8 8	...	9·25	11·38	1· 9	...	»	3·49	»	»	5·48	7 39	...	9 45	...
26,3	Dornburg (Saale)		»	Berlin–	»	Z 702	...	...	6· 4	8· 2	»	...	9·34	11·47	1·19	...	Speise	3·57	»	Speise	5·56	7 48	...	9 53	...
30,7	Porstendorf		Schlafwagen bis		Nur Schlafwagen	5 45	...	...	6·11	8· 8	»	...	9·41	11·53	1·26	...		4·13	Speisewagen		6 3	7 56	...	10 0	...
33,7	Zwätzen-Kunitzburg s. a. 200 b					5 51	...	...	6·16	8·12	»	...	9·46	11·58	1·33	...	»	4·18		»	6 7	8 2	...	10 4	...
36,6	**Jena** Saalbf 203. 209 I	An		12 5		5 56	...	...	6·21	8·16	8 24	...	9·51	12· 2	1·38	...	1 58	4·22		5 14	6 11	8 7	...	10 8	...
		Ab		12 6		5 58	...	...	6·34	...	8 25	...	9·57	12· 8	2· 7 ←	...	2 0	4·21		5 15	6 15	8 12	...	10 13	...
38,5	Jena Paradies	Ab		»	»	6· 3	...	...	6·39	...	»	...	10· 2	12·13	2·13	...	wagen	4·31		wagen	6 21	8 17	...	10 17	...
43,4	Göschwitz	An		»	»	6 11	...	...	6·45	...	8 34	...	10· 9	12·19	2·19	...		4·38	»		6 27	8 24	...	10 23	...
83,9	*Gera* 203	An	...	...	...	7·17	...	...	7 39	...	9·32	...	12·26	2·37	•4 55	...	•4 55	5·41	...	...	7 27	9 38	...	11 24	...
	Erfurt 193	Ab	...	8 45	...	...	...	...	5 50	...	7· 6	...	...	10 58	12 25	...	...	3·30	...	3·30	5 28	7 17	...	8 45	...
	Weimar Thür. Bf 203	Ab	...	•9 32	...	...	...	...	6 12	...	7·41	...	...	11 26	12·58	...	...	3·59	...	•3·59	5·51	7 45	...	9 32	...
43,4	Göschwitz	Ab	Zug Berlin–München 15/7 (ab Berlin) u.	»	»	...	...	...	6·52	...	8 39	...	10·15	12·22	2·22	...	»	4·43	»	»	6 33	8 30	...	10 32	...
47,3	Rothenstein (S.-Weim.)			München s. 752	»	...	...	...	6·58	...	»	...	10·21	12·29	2·27	...	Berlin–München	4·50	»	Berlin–Nürnberg	6 40	8 37	...	10 38	...
52,9	Kahla (S.-Altenb.)				»	...	...	...	7· 6	...	8 51	...	10·29	12·38	2·35	...		4·58	»		6 51	8 44	...	10 46	...
58,5	Orlamünde ◈1) s. S. 238	An			bis 30/8 Berlin–Lindau	▬	W 422a	...	7·13	▬	»	...	10·36	12·45	2·41	...		5· 5	Berlin–München		6 58	8 51	...	10 53	...
		Ab				...	5 55	...	7·16	...	»	...	10·37	12·47	2·42	...		5· 7			6 59	8 55	...	10 54	...
62,5	Zeutsch					...	6· 0	...	7·21	...	»	...	10·43	12·53	2·48	...		5·12			7 5	9 1	...	10 59	...
66,3	Uhlstädt					...	6· 6	...	7·27	...	»	...	10·49	1· 0	2·54	...		5·19			7 12	9 8	...	11 6	...
71,5	Kirchhasel			»		...	6·13	...	7·35	...	»	...	10·56	1· 8	3· 2	...	»	5 26		»	7 19	9 15	...	11 13	...
75,6	**Rudolstadt** (Thür.) ◈2) s. a. 204c	An		12 41		Z 436	6·18	...	7·40	Z 942	9 14	Z 424a	11· 2	1·14	3· 8	...	2 32	5·32		5 51	7 26	9 21	Z 1096	11 19	...
		Ab		12 42	»	5 0	6·20	...	7·45	8·22	9 15	10·15	11· 4	1·16	3·10	...	2 33	5·36	»	5 52	7 31	9 23	9 50	11 22	...
79,8	Schwarza (Schw.-Rud.)	An		»	»	5 6	6·26	Z 434	7·50	8·29	»	10·22	11·10	1·23	3·16	...	»	5·42	»	»	7 37	9 30	9 56	11 28	Z 948
		Ab	»	»	»	5 8	6·27	6·41	7·51	8·30	»	10·23	11·12	1·23	3·17	...	»	5·43	»	»	7 40	9 31	9 57	11 29	11 51
85,9	**Saalfeld** (Saale) 200. 204 a	An	12 23	12 54	1 53	5 18	6·35	6·51	8 0	8·39	9 26	10·33	11 20	1·31	3·24	...	2 44	5 50		6 3	7 47	9 38	10 5	11 36	12 0
								Z 362			Z 170		Z 356	Z 72	Z 386	Z 938		Z 358				Z 370		Z 948	
85,9	**Saalfeld** (Saale)	Ab	12 29	1 0	1 59	...	...	6 57	...	8 54	9 39	...	12 10	2 1	4· 5	2·10	2 49	6 26	↵	6 9	...	9 48	10 15	12 15	↵
10,9	Probstzella 198 e s. a. 200	An	Lindau s. 752	1 31	(ab Berlin) s. 752	...	...	7·35	...	9·42	10 10	...	12·59	2 33	4·56	3· 0	3 20	7 21	»	6 40	...	10 30	nach Lobenstein s. 200k	12 52	...
		Ab		1 32		...	...	7·50	...	...	10 12	...	1·17	2 35	...	...	3 22	7 36	»	6 42	...	...		2 40	...
73,8	Lichtenfels	An		»		...	...	10 18	...	...	11 30	...	3 55	4 4	...	...	»	10 38	»	8 0	...	...		5 17	...
205,7	Bamberg s. a. 295	An	2 38	3 9		...	...	...	...	...	12 4	...	...	4 40	...	...	4 55	12 3	»	8 27	...	...		6 27	...
268,1	Nürnberg Hbf	An	3 34	4 5	4 46	...	...	...	...	...	1 15	...	...	6 15	...	...	5 50	2 47	7 34	9 26	...	...		7 45	...
	Stuttgart Hbf 282. 283	An	...	10 16	...	...	...	...	...	...	7 40	...	...	12 56	...	...	12 56	10 16	...	12 56	...	...	...	11 45	...
	München Hbf 295	An	7 12	7 14	8 40	...	...	...	...	...	5 12	...	...	10 51	...	...	8 40	7 14	10 5	12 40	...	...	...	11 15	...

◈2) **Rudolstadt** (Thür.) — **Schwarza** — **Bad Blankenburg** (Thüringerw.)

km						Z 892	Z 898a	Z 900		Z 906		Z 904		Z 908		Z 910
0,0	**Rudolstadt** (Thür.) s. a. 204 c	Ab	...	...	...	6·27	12·25	2·40	...	5·58	...	6 49	...	7 39	...	12 51
4,2	Schwarza (Schw. Bug.)	An	...	Z 892a	...	6·35	12·33	2·48	...	6 6	...	6 56	...	7 47	...	12 59
		Ab	...	5 13	...	6·36	12·36	2·48	...	6 7	...	6 57	...	7 48	...	1 0
8,5	**Bad Blankenb.** (Thüringerw.) 204a	An	...	5 21	...	6·44	12·44	2·56	...	6 15	...	7 5	...	7 58	...	1 8

Durchl. Wagen 1–3 Kl.: Berlin–Luzern D 46, D 70; Berlin–Mailand D 46; Berlin–München D 40, D 46, D 50; Berlin–Triest D 40; Halle–München Z 128/170; Leipzig–Luzern D 46; Leipzig–München D 40. **1 u. 2 Kl.:** Berlin–Rom D 80; Berlin–Chur D 70; Berlin–München D 80 **2 u. 3 Kl.:** Berlin–Saalfeld D 40 **3 Kl.:** Berlin–Nürnberg D 46

Der Fahrplan ab 1. Mai 1914

ABBILDUNGEN (2): SAMMLUNG WERNER DRESCHER

vier Brücken mit berücksichtigt werden mussten. Prinzipiell wurde jedoch genau so verfahren wie im ersten Teil. Insgesamt waren etwa 45.000 m^3 Erde zu bewegen. Trotz dieser Bauarbeiten erhöhten sich die Verkehrsleistungen. Im Jahr 1909 verkehrten:

D 40/39	Berlin – Halle – Jena – Rudolstadt – Saalfeld – München und zurück
D 40 NZ/39 VZ	Berlin – Halle – Jena – Rudolstadt – Saalfeld – München und zurück
D 46/45	Berlin – Halle – Jena – Rudolstadt – Saalfeld – München und zurück
D 50/49	Berlin – Halle – Jena – Rudolstadt – Saalfeld – München und zurück
D 70/69	Berlin – Halle – Saalfeld – München und zurück

D 40 NZ und 39 VZ, D 70/69 verkehrten nur im Sommerabschnitt.

Sieben Personenzugpaare befuhren täglich die Gesamtstrecke, hinzu kamen Personenzüge auf Teilstrecken. Zum Sommerfahrplan 1912 wurde das Schnellzugpaar D 79/80, später FD 79/80, eingelegt. Dieses Zugpaar war für etwa 30 Jahre die attraktivste Verbindung zwischen Berlin und München. Abgesehen von zwei Betriebshalten zum Ansetzen der Schiebelokomotiven in Pressig-Rothenkirchen bzw. in Probstzella gab es nur in Halle und Nürnberg Verkehrshalte. Für den Lauf dieses Zugpaares wurde durch die KED Halle eine Sondervorschrift für das Lokomotivpersonal erlassen. Sie regelte minutiös den Betrieb zwischen Halle und Nürnberg. Für die Blockstelle Ammerbach ist dort nachzulesen: *„Zwischen Jena S. B. und Ammerbach wird bis auf weiteres noch eingleisiger Betrieb aufrechterhalten. Auf die spitz und im krummen Strang zu befahrende Weiche werden die Züge der Richtung Halle – Probstzella besonders aufmerksam gemacht."*

Mit diesem Zugpaar begannen in den zwanziger Jahren des 20. Jahrhunderts Versuche zur Einführung der drahtlosen Zugtelefonie. Nach der Verstaatlichung erhöhte sich die Anzahl der beförderten Personen beträchtlich. Die rechts oben abgedruckte Tabelle der verkauften Fahrkarten vermittelt davon einen Eindruck. Nicht hervor geht daraus, wie viel Personen im Transit über die Saalbahn befördert wurden. Selbst nach vorsichtigen Schätzungen mit 200 Personen je Zug, die über die Endpunkte der Saalbahn hinausfuhren, dürften das im Jahr 1913 eine Million Reisende gewesen sein.

Verkaufte Fahrkarten der Saalbahn

Betriebsstelle/Jahr	1875	1894	1913
Großheringen	59.017	38.965	69.587 [1)]
Camburg	27.622	31.609	110.480 [1)]
Dornburg	30.954	40.383	101.256
Porstendorf	4.222	4.234	39.435 [1)]
Jena-Zwätzen	–	10.913	43.649
Jena Saalbahnhof	84.162	103.504	298.871
Jena Paradies	–	27.020	202.250
Göschwitz	–	20.866	83.909 [1)]
Rothenstein	14.920	14.236	49.787
Kahla	37.907	54.934	164.557
Orlamünde	17.804	24.775 [1)]	64.273 [1)]
Zeutsch	–	5.798	32.390
Uhlstädt	18.099	20.828	58.157
Kirchhasel	–	2.904	15.424
Rudolstadt	66.521	18.117	394.878
Schwarza	27.026	27.719 [1)]	107.869 [1)]
Saalfeld	40.220	55.575	424.438 [1)]
Transit	218 [2)]	19.299 [2)]	

[1)] auch für andere Bahnen
[2)] beförderte Personen

Am 1. Mai 1914, 40 Jahre nach ihrer Inbetriebnahme, war der zweigleisige Ausbau der Saalbahn auch in Jena beendet. Damit konnte der gesamte Verkehr München – Berlin zweigleisig abgewickelt werden. Die Fahrzeiten konnten schon in den Jahren zuvor, während des zweigleisigen Ausbaus, verkürzt werden. So erreichte D 40 bereits im Jahr 1909 zwischen Halle und Saalfeld eine Durchschnittsgeschwindigkeit von 64 km/h!

Mit dem Streckenausbau konnten die Verkehrsleistungen weiter erhöht werden. 1914 verkehrten etwa 30 durchgehende Güterzüge. Hinzu kommen noch Züge, die von Nachbarbahnen auf die Saalbahn übergingen bzw. auf Teilstrecken eingesetzt waren. Das betrifft Züge der Strecke Zeitz – Camburg, die am 1. Mai 1897 eröffnet wurde und der Strecke Krossen – Eisenberg – Porstendorf, die am 30. September 1905 in Betrieb ging. Das erklärt u. a. die teilweise enorme Zunahme des Güterverkehrs. Die Steigerungsraten in Camburg, Dornburg, Göschwitz, Kahla und

Schnellzug D. 40 Berlin-München im Saaletal bei Dornburg

D 40 Berlin – München gezogen von S 10 „Erfurt 1047" (später 17 126) unterhalb der Dornburger Schlösser auf einer in den zwanziger Jahren verbreiteten Postkarte. Mit dem 10-Wagen-Zug dürfte die Maschine auch auf der Saalbahn voll gefordert gewesen sein. Das Bild entstand am 25. September 1921.

AUFNAHME: SAMMLUNG WERNER DRESCHER

D 39. Schnellzug (Kufstein—) Probstzella—Weißenfels (—Berlin)
1.—3. Kl.
Grundgeschw.: Bis Saalfeld (Saale) 75 km, ab Saalfeld (Saale) 80 km.

km	Station	Fahrzeit	Ankunft	Aufenth.	Abfahrt	Kreuzung	Überholung des Zuges	durch Zug	Kürzeste Fahrzeit		Wagenachsen	Tonnen	Tonnen
	Probstzella		Durchfahrt		1 54	—	—	—				S 3/6 (Bay) Helfd.	S 3/6 (Bay)
4,0	Marktgölitz		— —	—	58	—	—	—	3,5		$49_{(70)}$	486	486
5,2	Unterloquitz		— —	—	2 02½	—	—	—	4,5		$63_{(80)}$		
3,7	**Hockeroda**	29½	— —	—	07	—	—	—	3,1	22,8	$61_{(80)}$		
2,2	Eichicht (Schw.-Rud.)		— —	—	10½	—	—	—	2,0		»		
4,1	Breternitz		— —	—	16	—	—	—	3,6		$58_{(80)}$		
5,8	**Saalfeld** (Saale) *)	—	2 23½	9	32½	—	—	—	6,1		»	S10 486	P8 486
6,1	**Schwarza** (Schw.-Rud.)	10½	— —	—	38½	—	—	—	6,0	—	$65_{(90)}$		
4,2	Rudolstadt (Th.)	—	2 43	½	43	—	—	—	3,3	9,3	$69_{(90)}$		
4,1	Kirchhasel		— —	—	47½	—	—	—	4,0	—	$65_{(90)}$		
5,2	Uhlstädt		— —	—	51¼	—	—	—	3,6		»		
3,8	Zeutsch		— —	—	54¼	—	—	—	2,8		$66_{(90)}$		
4,0	**Orlamünde**		— —	—	57½	—	—	—	3,1		»		
5,6	Kahla (S.-A.)	33	— —	—	3 01¾	—	—	—	4,1		$65_{(90)}$		
5,6	Rothenst. (S.-W.)		— —	—	06	—	—	—	4,2	30,8	$66_{(90)}$		
3,9	**Göschwitz**		— —	—	09¼	—	—	—	3,2		»		
4,0	Ammerbach, Bk		— —	—	12¼	—	—	—	2,9		$69_{(90)}$		
0,9	Jena Paradies		— —	—	13¼	—	—	—	0,8		$46_{(75)}$		
1,9	» Saalbf.	—	3 16	1	3 17	—	7813	—	2,1	—	»		

(Fortsetzung folgende Seite.)
*) In Saalfeld (Saale) ist der Zug durch Schiebelokomotive anzuschieben.

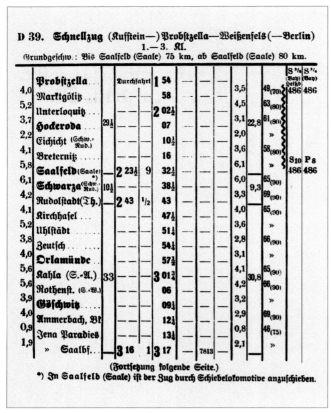

Der D 39 im Buchfahrplan der KED Erfurt vom Sommer 1914

Noch D 39.

1 Entfernung km	2 Station und Blockstelle	3 Fahrzeit M.	4 Ankunft U. M.	5 Aufenth. M.	6 Abfahrt U. M.	7 Kreuzung mit Zug	8 Überholung des Zuges	9 Überholung durch Zug	10 Kürzeste Fahrzeit M.	10 Kürzeste Fahrzeit M.	11 Es sind v. 100 Wagenachsen zu bremsen	12 Tonnen hat zu befördern	13 Tonnen hat zu befördern
	Jena Saalbf.		3 16	1	3 17	—	7813	—				S10 486	P8 486
2,9	Zwätz.-Kunitzb.		— —	—	20¾	—	—	—	3,5		$67_{(90)}$		
3,0	**Porstendorf**		— —	—	22¾	—	—	—	2,0		»		
4,4	Dornburg (Saale)		— —	—	26	—	—	—	3,2		»		
2,7	Würchhaus., Bk		— —	—	28¼	—	—	—	2,0		$70_{(90)}$		
4,3	**Cambrg.** (Saale)		— —	—	31¾	—	—	—	3,5		»		
3,2	Stöben, Bk	31	— —	—	34½	—	—	—	2,5	29,1	»		
3,5	Verbdb. West, Bk		— —	—	37½	—	—	—	2,6		»		
1,2	» Ost, Bk		— —	—	39	—	—	—	1,3		$35_{(65)}$		
1,1	Saaleck, Bk		— —	—	40	—	—	—	0,9		$70_{(90)}$		
3,2	Bad Kösen		— —	—	42½	—	—	—	2,4		»		
3,8	Schulpforta, Bk		— —	—	45	—	—	—	2,4		$85_{(100)}$		
3,8	**Naumburg** H. (Saale)	—	3 48	4	52	—	7133	—	2,8	—	»	440	440
2,7	Henne, Bk		— —	—	57	—	—	—	3,2		$88_{(100)}$		
3,0	Schönb.-Gos., Bk		— —	—	59	—	—	—	1,8		»		
2,5	Leißling	16	— —	—	4 01	—	7107†)	—	1,5	10,6	»		
2,4	Uichteritz, Bk		— —	—	03	—	—	—	1,5		»		
3,0	**Weißenfels**	—	Durchfahrt		08	—	6883	—	2,6	—	»		
(32,2) 124,5	**Halle** (Saale)	29	4 37	(5	4 42)	—	—	—	25,0				

†) Nur wenn Vorzug D 39 verkehrt.

Abbildungen (4): Sammlung Werner Drescher

Schwarza resultieren aus deren industrieller Entwicklung. Die Entwicklung des Güterverkehrs (in t), Versand und Empfang:

Betriebsstelle/Jahr	1875	1894	1913
Großheringen	1.042	1.758	28.645 [1]
Camburg	12.116	71.351	117.920 [1]
Dornburg	3.537	11.194	143.084
Porstendorf	–	–	33.902 [1]
Jena-Zwätzen	–	–	–
Jena Saalbahnhof	32.635	40.077	48.673
Jena Paradies	–	–	–
Göschwitz	–	8.359	235.765 [1]
Rothenstein	4.727	–	–
Kahla	7.980	40.356	132.180
Orlamünde	2.200	6,577 [1]	18.785 [1]
Zeutsch	–	–	–
Uhlstädt	1.986	6.198	39.994
Kirchhasel	–	–	–
Rudolstadt	12.600	49.994	83.832
Schwarza	12.495	27.063 [1]	103.252 [1]
Saalfeld	7.774	14.271	139.050 [1]
Transit	15.102	68.579	

[1] mit Nachbarbahnen

Durch den Ersten Weltkrieg wurde der Verkehr auf der Saalbahn erheblich beeinflusst. 1915 enthielt der Fahrplan nur noch D 39/40 und D 49/50. Schnell fahrende Züge verkehrten später überhaupt nicht mehr, Personenzüge nur zeitweise und vorwiegend für den Berufsverkehr. In Jena gab es im Jahr 1917 von 6.30 Uhr bis nachmittags 14.30 Uhr überhaupt keinen Zugverkehr. Erst ab 1. Juni 1919 wurde wieder D 39/40 eingelegt. D 49/50 stand ebenfalls wieder im Fahrplan, verkehrte aber nur auf besondere Anordnung. Im Sommer 1921 verkehrten dann wieder drei Schnell-

D 40	D 70	D 50				D 71	D 49	D 39
10.03	19.18	20.19	ab	Berlin Anhalter Bf	an	7.27	9.27	20.09
12.51	22.02	23.04	ab	Halle (Saale)	an	4.34	6.40	17.25
14.21	**23.33**	**0.33**	**ab**	**Jena Saalbf**	**ab**	I	**5.10**	**15.52**
14.33	I	I	**ab**	**Göschwitz**	**ab**	I	I	I
15.06	I	**1.14**	**ab**	**Rudolstadt**	**ab**	I	**4.30**	**15.15**
15.25	**0.32**	**1.33**	**ab**	**Saalfeld (S.)**	**ab**	**2.05**	**4.16**	**15.01**
22.45	7.45	8.50	an	München Hbf	ab	19.15	21.05	7.05

zugpaare (siehe Tabelle oben). Fünf Personenzugpaare fuhren je Richtung über die gesamte Strecke. Weitere Personenzüge benutzten Teilstrecken der Saalbahn.

328 (W). Leerzug vom Zuge 329 (W). Nur Werktags.
Fällt aus, wenn Zug 329 (W) nicht gefahren wird.
Grundgeschw.: 40 km.

km	Station	Fahrzeit	Ankunft	Aufenth.	Abfahrt							
	Großhering.		6 01	47	6 48	—	—	—				T15 420
1,3	Verbdb. West, Bk	13	— —	—	50½	—	—		2,5		$12_{(40)}$	
3,5	Stöben, Bk		— —	—	55¾	—	—	—	5,2	13,0	»	
3,2 / 8,0	**Cambrg.** (Saale)	—	7 01	-	— —	—	—	—	5,3	—	»	

329 (W). Personenzug 2.—4. Kl. Nur Werktags.
Fällt aus, wenn in Camburg (Saale) Reisende nicht vorhanden sind.
Grundgeschw.: 40 km.

km	Station	Fahrzeit	Ankunft	Aufenth.	Abfahrt							
	Cambrg. (Saale)		— —	—	5 47	—	—	—				T15 420
3,2	Stöben, Bk	14	— —	—	52½	—	—	—	5,3		$12_{(40)}$	
3,5	Verbdb. West, Bk		— —	—	57½	—	—		5,2	13,0	»	
1,3 / 8,0	**Großhering.**	—	6 01	—	— —	—	—	—	2,5	—	»	

Leerpersonenzug und P 329 von Camburg nach Großheringen im Buchfahrplan der KED Erfurt vom 1. Mai 1914. Befördert wurden diese Züge von den Tenderlokomotiven der Gattung T 15, die auch auf der Strecke Camburg – Zeitz eingesetzt waren.

Der Lokomotiveinsatz während der Länderbahnzeit

Durch die Verstaatlichung der Saal-, Werra- und Weimar-Geraer Eisenbahn machte sich bei der Königlichen Eisenbahn Direktion Erfurt die Gründung bzw. Neuorganisation von Inspektionsbezirken und Dienststellen erforderlich. Dies geschah am 1. April 1896. Dabei entstand auch die bereits genannte Maschineninspektion, das spätere Maschinenamt Jena. Ihr unterstanden u.a. die Betriebswerkstätte in Saalfeld, Probstzella, Gera und Jena Saalbahnhof (im Jahr 1907 aufgelöst). Ferner wurden in Weimar (ab 1907 Betriebswerkstätte), Zeitz (ab 1914 Betriebswerkstätte), Großheringen, Camburg, Jena Weimar-Geraer Bahnhof und Pößneck unterer Bahnhof Maschinenstationen bzw. Stationsschlossereien geschaffen. Durch diese Neuorganisation änderte sich der Lokomotiveinsatz auf der Saalbahn grundlegend. Von nun an waren hier Lokomotiven verschiedener Heimatstellen eingesetzt. Im Wesentlichen hatte dies folgendes Aussehen:

- Durchgehende Züge wurden mit Lokomotiven aus Halle und Nürnberg,
- Regionale Züge von Saalfeld und
- Lokale Züge von Göschwitz und Großheringen bespannt.

Der detaillierte Einsatz der damals vorhandenen Lokomotiven ist heute jedoch nur noch schwer nachvollziehbar, denn durch die verschiedenartigsten Lokomotiven der ehemaligen Privatbahnen und die ersten nach preußischen Normalien beschafften Lokomotiven ergab sich in den einzelnen Dienststellen ein illustrer Lokomotivbestand. Auch die Lokomotiven der Saalbahn wurden in diesen Bestand übernommen und in das Schema der Preußischen Staatsbahn eingereiht.

Dieses Nummernschema, mit der Gründung der Preußischen Staatsbahn eingeführt, wurde bereits im Jahr 1906 geändert, da es nur eine fortlaufende Nummerierung unabhängig von der Gattung darstellte. Dadurch kam es vor, dass manche Nummern mehrmals vergeben wurden. Das geschah beispielsweise dann, wenn man Lokomotiven ausgemustert hatte. Diese wiederholte Besetzung war in römischen Ziffern angegeben. Ab dem Jahr 1903 führte die Preußische Staatsbahn bei den Lokomotiven Gattungsbezeichnungen und ab 1906 ein neues Nummernschema ein. Für jede Gattung gab es jetzt eine festgelegte Nummerngruppe mit der jeweiligen Direktionsbezeichnung. Die Umzeichnung, Beheimatung und Ausmusterung der Lokomotiven der Saal-Eisenbahn-

76 **V 6177. Bedarfsviehzug** (Bamberg—)Probstzella—Weißenfels(—Halle). Grundgeschw.: 32—45 km.

1 Entfernung km	2 Station und Blockstelle.	3 Fahrzeit M.	4 Ankunft U. M.	5 Aufenth. M.	6 Abfahrt U. M.	7 Kreuzung mit Zug	8 Überholung des Zuges	9 Überholung durch Zug	10 Kürzeste Fahrzeit M.	10 Kürzeste Fahrzeit M.	11 Es sind v. 100 Wagenachsen zu bremsen	12 Tonnen hat zu befördern	13 Tonnen hat zu befördern
	Probstzella		(9 58	37)	10 35	—	—	—				T 16 1260	G 7v 900
4,0	Marktgölitz		— —	—	43½	—	—	—	8,5		16 (32)		
5,2	Unterloquitz		— —	—	53½	—	—	—	10,0		»		
3,7	Hockeroda	46	— —	—	11 00	—	—	—	6,5	46,0	16 (35)		
2,2	Eichicht (Schw.-Rud.)		— —	—	04	—	—	—	4,0		»		
4,1	Breternitz		— —	—	10½	—	—	—	6,5		16 (38)		
5,8	Saalfeld (Saale)		11 21	66	12 27	—	—	947	10,5		»	G 7v 800	
6,1	Schwarza (Schw.-Rud.)		— —	—	37	—	—	—	9,5		15 (45)		
4,2	Rudolstadt (Th.)		— —	—	43	—	—	—	6,0		16 (43)		
4,1	Kirchhasel		— —	—	48½	—	—	—	5,5		15 (45)		
5,2	Uhlstädt		— —	—	55½	—	—	—	7,0		»		
3,8	Zeutsch		— —	—	1 00½	—	—	—	5,0		16 (45)		
4,0	Orlamünde	71	— —	—	06	—	—	—	5,5		»		
5,6	Kahla (S.-A.)		— —	—	13½	—	—	—	7,5	70,5	15 (45)		
5,6	Rothenst. (S.-W.)		— —	—	21	—	—	—	7,5		16 (45)		
3,9	Göschwitz		— —	—	26½	—	—	—	5,5		»		
4,0	Ammerbach, Bk		— —	—	32½	—	—	—	6,0		16 (43)		
0,9	Jena Paradies		— —	—	34	—	—	—	1,5		»		
1,9	» Saalbf.		1 38	5	43	—	—	—	4,0		»		
2,9	Zwätz.-Kunitzb.		— —	—	48	—	—	—	5,0		16 (45)		
3,0	Porstendorf		— —	—	52	—	—	—	4,0		»		
4,4	Dornburg (Saale)		— —	—	58	—	—	—	6,0		»		
2,7	Würchhaus., Bk		— —	—	2 02	—	—	—	4,0		16 (42)		
4,8	Cambrg. (Saale)		— —	—	08½	—	—	—	6,2		»		
3,2	Stöben, Bk		— —	—	13	—	—	—	4,8		»		
3,5	Verbdb. West, Bk		— —	—	18	—	—	—	5,0		»		
1,2	» Ost, Bk		— —	—	20	—	—	—	2,0		»		
1,1	Saaleck, Bk		— —	—	22	—	—	—	1,7		»		
3,2	Bad Kösen		— —	—	27	—	—	—	4,8		»		
3,8	Schulpforta, Bk		— —	—	32	—	—	—	4,5		16 (45)		
3,8	Naumburg H. (Saale)		— —	—	2 37½	—	7127	—	5,5		»		

Wozu die Eisenbahn einmal in der Lage war! Der Bedarfsviehzug von Bamberg nach Halle sah die Bespannung ab Probstzella mit einer T 16 vor, die in Saalfeld von einer G 7 abgewechselt wurde. V 6177 im Buchfahrplan Sommer 1914.

ABBILDUNG: SAMMLUNG WERNER DRESCHER

Bekannte Lokomotivbestände der Saalbahn-Betriebswerkstätten um 1900

Bauart/Gattung	Betriebsnummer
Betriebswerkstätte Saalfeld	
P 2	Erfurt-321^{II}, -322^{II}, -323^{II} [1]
Bn2 Gt	Erfurt-1422 [1]
Cn2 G	Erfurt-818 [2]
S 3	Erfurt-404, -405, -406, -407, -408, Erfurt-418
P 2	Erfurt-262, -345, -346, -347, -349, Erfurt-354, -355 [3]
P 3^1	Erfurt-368, -369, -370
P 4^1	Erfurt-434, -436, -443, -444, -445 [4]
G 3	Erfurt-982, -1086, -1092, Erfurt-1093, -1094
G 4^2	Erfurt-1311, -1312
G 5^2	Erfurt-1388, -1390
G 7^2	Erfurt-1357, -1358, -1359 [5]
T 3	Erfurt-1791, -1758II, -1759^{II}
T 9^1	Erfurt-1848, -1849 [6]
Betriebswerkstätte Jena	
Bn2 G	Erfurt-544^{II} [1]
Cn2 Gt	Erfurt-860 [2]
T 3	Erfurt-1790
G 4^2	Erfurt-1125
Maschinenstation Camburg	
P 2	Erfurt-320^{II} [1]
Bn2 G	Erfurt-541^{II} [1]
Bn2 Gt	Erfurt-1423 [1]
Cn2 Gt	Erfurt-1722^{II} [7]
Bn2 Gt	Erfurt-1437 [8]
Maschinenstation Großheringen	
Bn2 P	Erfurt-102^{II} [1]
Bn2 G	Erfurt-543^{II} [1]
Bln2 G	Erfurt-553^{II}, -554^{II} [9]
T 9^2	Erfurt-1780, -1781 [10]

Anmerkungen:

1) ex Saalbahn,
2) ex Thür. Eisenbahn
3) Ruhr-Sieg-Typ mit Bisselachse
4) Bauart Hannover
5) für Strecke Saalfeld – Probstzella
6) für Strecke Arnstadt – Saalfeld
7) ex Werrabahn,
8) ex Eisenberg – Crossen
9) ex Halle – Sorau – Guben
10) für Strecke Straußfurt – Großheringen

In der Betriebswerkstätte Saalfeld um 1900. Im Schuppen steht P 3^1 „ERFURT 377" (Henschel 1895/Fab.-Nr. 4101, 1Bn2). Nach 1906 erhielt sie die Bezeichnung „ERFURT 1629". Auf der Drehscheibe P 4^1 „ERFURT 471" (Henschel 1897/4628, 2'Bn2). Sie hieß nach 1906 „ERFURT 1829". Beide Lokomotiven erschienen nicht mehr im endgültigen Umzeichnungsverzeichnis von 1925.
AUFNAHME: SAMMLUNG WERNER DRESCHER

Gesellschaft nach ihrer Übernahme durch die Preußische Staatsbahn sind in der unten abgedruckten Tabelle aufgezählt.

Die Lokomotiven der Saal-Eisenbahn-Gesellschaft kamen nach der Verstaatlichung nicht mehr nur auf der Saalbahn zum Einsatz. Mehrere von ihnen erhielten zusätzliche Ausrüstungen. So beispielsweise Erfurt-1420 und -1421 Heberleinbremsen, Erfurt-100, -101 und -102 Dampfheizungsanschlüsse, Erfurt-320 und -322 Treibradbremsen. Die Lokomotive Erfurt-321 erhielt 1903 einen Ersatzkessel. In den Jahren um und nach der Jahrhundertwende wurden nach und nach die Lokomotiven der ehemaligen Privatbahnen ausgemustert. Parallel dazu erhielt die Betriebswerkstätte Saalfeld preußische Lokomotiven, die auch auf der Saalbahn zum

Umzeichnung, Beheimatung und Ausmusterung der Lokomotiven der Saal-Eisenbahn

Bezeichnung bis 1895	Bezeichnung ab 1895	Beheimatung nach 1895	Gattungsbezeichnung ab etwa 1903	Bezeichnung ab 1906	letzte Beheimatung	Ausmusterung
Nr. 1	Erfurt-1420^{II}	Jena	–	–	Triptis	1902
Nr. 2	Erfurt-1421	Jena	–	–	Pößneck	1903
Nr. 3	Erfurt-1422	Camburg	–	–	Saalfeld	1903
Nr. 4	Erfurt-1423	Saalfeld	–	–	Camburg	1903
Camburg	Erfurt-541^{II}	Camburg	–	–	unbekannt 1)	1903
Dornburg	Erfurt-542^{II}	Camburg	–	–	unbekannt 1)	1898
Jena	Erfurt-543^{II}	Großheringen	–	–	unbekannt 1)	1902
Kahla	Erfurt-544^{II}	Saalfeld	–	–	Jena	1904
Orlamünde	Erfurt-545^{II}	Saalfeld	–	–	unbekannt 1)	1902
Rudolstadt	Erfurt-546^{II}	Großheringen	–	–	Pößneck	1900
Schwarzburg	Erfurt-547^{II}	Saalfeld	–	–	unbekannt	1899
Saale	Erfurt-101^{II}	Großheringen	–	–	Naumburg	1899
Ilm	Erfurt-100^{II}	Großheringen	–	–	Naumburg	1899
Schwarza	Erfurt-102^{II}	Großheringen	–	–	Großheringen	1900
Nr. 14	Erfurt-318^{II}	Saalfeld	P2	Erfurt-1561	Naumburg	1908
Nr. 15	Erfurt-319^{II}	Saalfeld	P2	Erfurt-1562	unbekannt	1910
Nr. 16	Erfurt-320^{II}	Großheringen	P2	Erfurt-1563	Göschwitz	1915
Nr. 17	Erfurt-321^{II}	Saalfeld	P2	Erfurt-1564	Naumburg	1910/12
Nr. 18	Erfurt-322^{II}	Saalfeld	P2	Erfurt-1565	Naumburg	1909
Nr. 19	Erfurt-323^{II}	Saalfeld	P2	Erfurt-1566	Jena	1909

1) mit Sicherheit nicht im Bereich des Maschinenamtes Jena

Dieses Bild vom ausfahrenden D 40 am Saalfelder Bohlen dokumentiert die typische Bespannung der Schnellzüge auf der Saalbahn in den Jahren vor und nach dem Ersten Weltkrieg, auch wenn der Zug die eigentliche Saalbahn gerade verlassen hat: Der Nürnberger S 3/6 ist eine P 8 der Bwst Saalfeld vorgespannt, die den beliebten Tagesschnellzug von Berlin nach München über den Frankenwald bringen wird.

AUFNAHME: SAMMLUNG ANDREAS KNIPPING

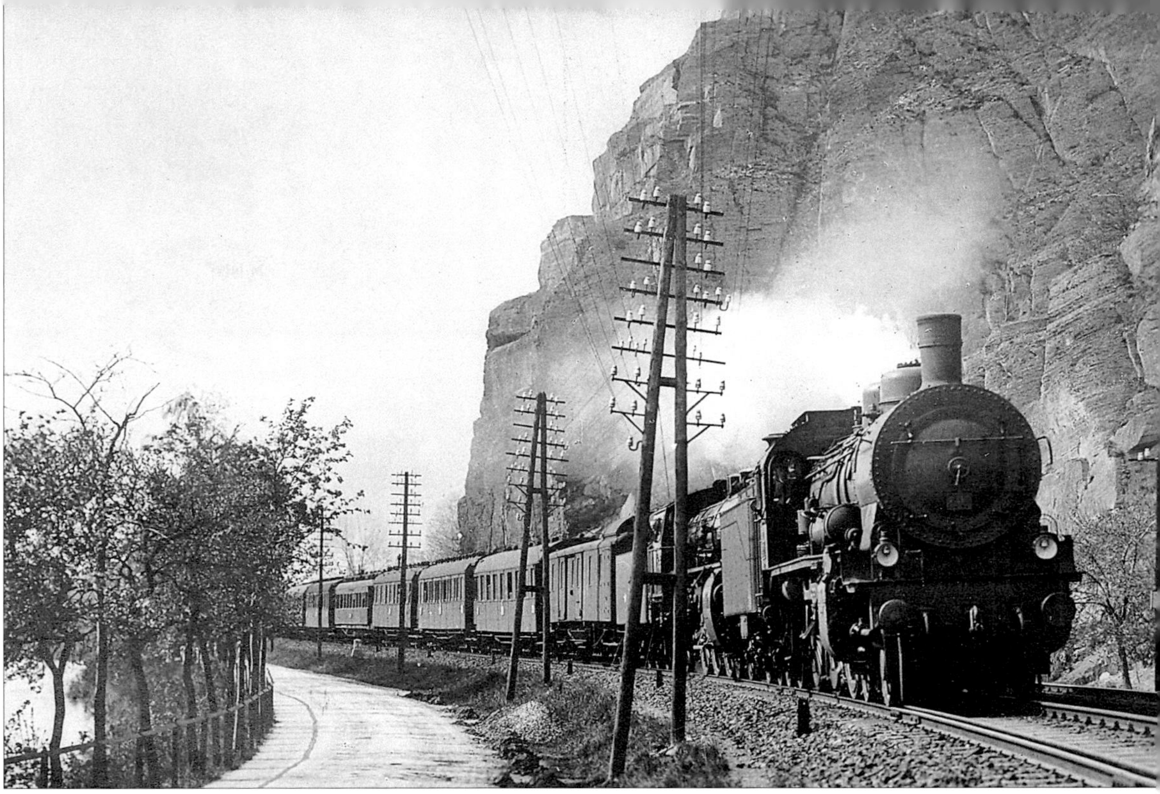

Die Tenderlokomotiven der Gattung T 15 mit ihrem geteilten Triebwerk der Bauart Hagans verkehrten fast 20 Jahre auf der Saalbahn. Besonders zwischen Camburg und Großheringen waren die in Zeitz stationierten Tenderloks vor Personenzügen zu sehen, die ansonsten auf der Zweiglinie Camburg – Zeitz und von Schwarza nach Bad Blankenburg verkehrten. Das Bild zeigt die ehemalige T 15 „Erfurt 8022“ mit der Anschrift „Bw Zeitz“. Da die Lok nicht mehr umgezeichnet worden ist, dürfte das Bild um 1923/24 entstanden sein.

AUFNAHME: SAMMLUNG TFG

Eines der wenigen erhaltenen Bilder von der Bwst Saalfeld aus der Zeit vor dem Ersten Weltkrieg zeigt die S 5[1] „Erfurt 503“, die 1902 von Grafenstadten unter der Fabriknummer 5278 gebaut wurde.

AUFNAHME: SAMMLUNG WERNER DRESCHER

Selten sind auch Bilder der ab 1919 in der Bwst Saalfeld beheimateten G 12 noch mit alter preußischer Nummer. Um 1923 entstand dieses Bild dieser G 12, die später in 58 1544 und 58 1643 umgezeichnet wurden. AUFNAHME: CARL BELLINGRODT/EK-VERLAG

Einsatz kamen. Ergänzend hinzugefügt sei, dass durch die verstärkte Zuführung von Lokomotiven der Gattungen S 10, P 8, G 10, G 12, T 14 und T 16 für die Betriebswerkstätte Saalfeld in den nächsten Jahren Lokomotiven der Gattungen S 6, P 4, P 6, G 4, G 5, G 7 und T 9 abgegeben wurden. Die folgende Tabelle listet die bekannten Erstzuteilungen preußischer Lokomotiven an die Betriebswerkstätte Saalfeld von 1898 bis 1924 auf:

Gattung/Jahr		Betriebsnummer
S 3	1899	Erfurt-207, -208
	1900	Erfurt-211
	1901	Erfurt-223, 224
S 6	1909	Erfurt-608, -609, -610
S 7	1905	Erfurt-712, -713
S 10	1912	Erfurt-1007, -1008, -1009
	1913	Erfurt-1025, -1026, -1027, -1028
	1914	Erfurt-1029, -1043, -1044
$S\ 10^2$	1915	Erfurt-1208, -1209
P 4	1895	Erfurt-1824, -1826
	1899	Erfurt-1833, -1834, -1835
	1903	Erfurt-1934, -1935
	1909	Erfurt-1963-1964
P 6	1908	Erfurt-2111, 2112
	1910	Erfurt-2119
P 8	1911	Erfurt-2440, -2441, -2442, -2443,
	1914	Erfurt-2444, -2445
	1915	Erfurt-2479, -2490
	1916	Erfurt-2500, -2501, -2502, -2505, -2506, -2507, -2508, -2509, -2510, -2511
	1918	Erfurt-2541, -2542
	1919	Erfurt-2566, -2573, -2574, -2575, -2576, -2577, -2578
	1921	Erfurt-2636
$G\ 5^2$	1900	Erfurt-4154, -4156
$G\ 5^4$	1903	Erfurt-4172, 4174
$G\ 7^1$	1904	Erfurt-4408, -4409, -4410
$G\ 7^2$	1898	Erfurt-4604, -4605, -4606
	1902	Erfurt-4647
	1908	Erfurt-4697
	1912	Erfurt-4725, -4726, -4733
$G\ 8^1$	1916	Erfurt-5208, -5209, -5210
	1917	Erfurt-5282, -5284, -5285, -5286
G 10	1915	Erfurt-5464, -5465, -5466, -5467, -5468
G 10	1920	Essen-6267, -6269, -6270
	1923	Halle-6054, -6055, -6059
	1924	57 3460, 57 3461, 57 3462, 57 3480, 57 3481, 57 3482, 57 3483, 57 3484, 57 3485, 57 3486, 57 3487, 57 3488
G 12	1919	Erfurt-5568, -5569, -5570, Coeln-5574, -5575, -5576, Trier-5630, -5631
	1920	Erfurt-5595, -5596, -5672, -5673, -5674, -5778, -5779, -5780
		Breslau-5612, -5613, -5614, Cassel-5705, -5708, -5709
T 14	1919	Erfurt-8563, -8564
	1923	93 1132
	1924	93 1257, 93 1258, 93 1259, 93 1260, 93 1261
T 16	1907	Erfurt-8113, -8114
	1910	Erfurt-8124, -8125, -8126
	1920	Erfurt-8168, -8169

Anmerkung: Es wurden nur die Betriebsnummern nach dem Schema von 1906 angegeben.

Nach dem Bau der Verbindungsbahn Ost verkehrten auf der Saalbahn auch Lokomotiven anderer Heimatstellen. Als ab dem Sommer 1912 D 79/80, später FD 79/80, München – Berlin eingelegt wurde, verkehrten auch bayerische Lokomotiven über die Saalbahn. Diese Züge wurden in der Regel mit Loks aus Nürnberg bzw. Halle (Saale) bespannt. Für das Jahr 1914 ergibt sich auf der Saalbahn der Lokomotiveinsatz nach der folgenden Tabelle:

Lokgattung	Zuggattung
S 10, P 8	alle D-Züge, außer 79/80
S 3/6 (Nürnberg) und S 10 (Halle)	D 79/80 (meist mit Vorspann)
P 8, S 6	die meisten durchgehenden Personenzüge, z.B. 422, 423, 425, 426 ...
	P 6: Züge des lokalen Verkehrs, z.B. 440, 435 ...
G 10	Durchgangsgüterzüge
$G\ 5^4$ und $P\ 4^2$	Eilgüterzüge (meist mit Vorspann)
$G\ 7^2$ und $P\ 4^2$	Eilgüterzüge (meist mit Vorspann)
G 4	Nahgüterzüge, gemischte Züge
T 15 (Zeitz)	Gemischte und Güterzüge (Großheringen – Göschwitz)
T 15 (Rottenbach)	Personenzüge (Rudolstadt – Schwarza)
T 16	Personen- und Güterzüge des lokalen Verkehrs
T 12	gemischte Züge
T 11 (Eisenberg)	gemischte Züge (Porstendorf – Göschwitz)
T 3	Übergabe- und Rangierfahrten

D 40 Berlin – München, gezogen von 01 146, wird am 17. Juni 1936 gleich beim Abzweig Saaleck auf die Verbindungsbahn Ost – dem Beginn der Saalbahn – auffahren. Es muss ein warmer Tag gewesen sein, denn viele Fenster sind herabgelassen. Beachtlich ist auch die Länge des D 40, der mit den zehn hier sichtbaren Wagen eine Last von etwa 500 Tonnen gehabt haben dürfte. Die 01 wird bis Nürnberg am Zug bleiben. AUFNAHME: CARL BELLINGRODT/EK-VERLAG

Die Saalbahn während der Zeit der DRG bis 1945

Die „Hochzeit" der Saalbahn bis zum Zweiten Weltkrieg

Nach der Gründung der Deutschen Reichsbahn-Gesellschaft (DRG) im Jahre 1924 wurden trotz allgemeinen Verkehrsrückgangs weitere Züge eingelegt. Im Sommer 1927 verkehrten bereits wieder zahlreiche Schnellzüge (siehe Fahrplantabelle unten). Hinzu kamen fünf Personenzüge, die in der Regel von Naumburg bis Saalfeld (– Lichtenfels) liefen, und eine große Anzahl von Personenzügen, die nur auf Teilstrecken verkehrten. Infolge der Weltwirtschaftskrise gingen die Beförderungszahlen erheblich zurück und erreichten zwischen 1933 und 1935 ihren Tiefpunkt. 1934 begannen umfangreiche Bauarbeiten. In Vorbereitung der Einführung des Schnellverkehrs wurden ungünstige Gleisbögen zum Teil beseitigt. Zur selben Zeit begannen die Vorbereitungsarbeiten für die Elektrifizierung der Saalbahn als Teil eines Projektes, das die Elektrifizierung der Bahn von München bis Berlin vorsah. In Jena war dazu vom 16. August 1935 bis 1. November 1940 ein *„Neubauamt für Elektrisierung"* eingerichtet. Es war verantwortlich für die Elektrifizierung der Strecke Camburg – Saalfeld – Probstzella. Die Straßenbrücken in Camburg wurden angehoben und nach 1936 wurden die Freileitungen entlang der Strecke verkabelt.

Am 15. Mai 1936 wurde der Schnelltriebwagenverkehr zwischen Berlin – Leipzig – Nürnberg/München bzw. Nürnberg/Stuttgart über die Saalbahn aufgenommen. Dabei erreichte der FDt 551/552 auf der Saalbahn eine Durchschnittsgeschwindigkeit von etwa 95 km/h. In diesen Jahren nahm der Verkehr wieder erheblich zu, auch neue Züge wurden eingelegt. Die wichtigsten Züge blieben D 39/49, D 49/50 sowie FD 79/80, FDt 551/552, die aber auf der Saalbahn nicht zum Halten kamen. Für den saisonalen Verkehr gab es Züge wie D 140/139, D 150/ 149, D 92/91 nach und von Lindau und D 592/591 von und nach Oberstdorf. Eine völlig neue Verbindung stellte das Zugpaar E 84/83 Weimar – Jena West – Göschwitz – Kahla – Orlamünde – Rudolstadt – Saalfeld – Probstzella – Coburg und zurück her.

Aus dieser Zeit ist auch der Zugbildungsplan überliefert: Danach wurde D 39 aus folgenden Wagen gebildet: 1 Post4ü + 1 Pw4ü + 2 C4ü + 1 AB4ü + 1 WR + 1 AB4ü + 2 C4ü. Bei D 40

BP 894	FD 80	D 40	D 50	D 70	D 92				D 91	D 71	D 49	D 39	BP 895	FD 79
	9.27	10.47	20.17	21.03	20.00	ab	Berlin Anhalter Bf	an	6.45	7.56	9.31	19.52		20.38
6.17	11.30	13.09	22.49	23.24	22.25	ab	Halle (Saale) Hbf	an	4.03	5.25	6.55	17.22	22.40	18.36
8.12	I	**14.34**	**0.13**	I	I	**ab**	**Jena Saalbf**	**ab**	**2.47**	I	**5.25**	**15.55**	**20.55**	I
8.29	I	I	I	I	**23.54**	**ab**	**Göschwitz**	**ab**	I	I	I	I	**20.46**	I
8.42	I	I	I	I	I	**ab**	**Kahla**	**ab**	I	I	I	I	**20.31**	I
9.05	I	**15.13**	**0.51**	I	I	**ab**	**Rudolstadt**	**ab**	I	I	**4.46**	**15.18**	**20.05**	I
*** 9.17**	I	**15.34**	**1.12**	**1.36**	**0.43**	**ab**	**Saalfeld (S.)**	**ab**	**2.02**	**3.27**	**4.33**	**15.01**	**19.53**	I
	16.10	19.16	4.56	5.04	4.20	an	Nürnberg Hbf	ab	23.01	0.15	0.48	11.15		14.03
	19.00	22.55	8.20	8.10	7.40	an	München Hbf	ab	17.10	21.18	21.30	7.45		11.10

Die schnellfahrenden Züge auf der Saalbahn im Sommer 1927

03 121 führt im Juni 1935 FD 80 Berlin – München und passiert gerade die Saalebrücke kurz vor dem Abzweig Saaleck. Anschließend wird der Zug gleich auf die Verbindungsbahn Ost auffahren. Im Gegensatz zu den anderen Schnellzügen dieser Verbindung war der hochwertigste lokbespannte Zug dieser Verbindung mit nur sechs Wagen recht kurz, um die knappen Fahrzeiten zu halten. Hinter der 03 des Bw Halle P der Kurswagen nach Rom. AUFNAHME: CARL BELLINGRODT/EK-VERLAG

wurde in Halle in Saisonzeiten noch ein BC4ü zugestellt. Damit hatte dieser Zug ein Gewicht von 446 t, eine beachtliche Last für die Fahrt über den Frankenwald. FD 79/80 bestand aus 1 Pw4ü + 3 AB4ü + 1 WR + 1 AB4ü mit einer Masse von 268 t. Dieses geringere Gewicht war auch notwendig, um die hohe Durchschnittsgeschwindigkeit zu erzielen.

Im Sommerfahrplan 1939 wurden die größten Leistungen vor dem Krieg auf der Saalbahn erbracht. Trotzdem veränderten sich die Beförderungszahlen im Vergleich zum Jahr 1913 nur unwesentlich. Eine Zunahme ist bei den größeren Städten zu verzeichnen. Hingegen verkauften die kleineren Bahnhöfe weniger Fahrkarten (Tabelle unten links).

Diese Aussagen beziehen sich nur auf die Stationen der Saalbahn. Wie viel Reisende die Saalbahn im Durchgangsverkehr benutzten, ist nicht bekannt. Es kann davon ausgegangen werden, dass auch hier eine erhebliche Zunahme zu verzeichnen war. Im Güterverkehr war eine analoge Entwicklung zu verzeichnen. Der Fahrplan sah für den Sommer 1939:

8 Durchgangsgüterzüge je Richtung,
3 Nahgüterzüge je Richtung und
1 Leichtgüterzugpaar (Leig) für den Stückgut-Verkehr vor.

Hinzu kam noch der Bedarfs- und Sonderverkehr. Die Entwicklung des örtlichen Güterverkehrs geht aus der nachfolgenden Tabelle hervor.

Betriebsstelle/Jahr	**1875**	**1894**	**1913**	**1939**
Großheringen	59.017	38.965	69.587 [1]	43.429 [1]
Camburg	27.622	31.609	110.480 [1]	93.102 [1]
Dornburg	30.954	40.383	101.256	86.851
Porstendorf	4.222	4.234	39.435 [1]	23.253 [1]
Jena-Zwätzen	–	10.913	43.649	27.842
Jena Saalbahnhof	84.162	103.504	298.871	362.532
Jena Paradies	–	27.020	202.250	145.960
Göschwitz	–	20.866	83.909 [1]	68.832 [1]
Rothenstein	14.920	14.236	49.787	43.308
Kahla	37.907	54.934	164.557	158.563
Orlamünde	17.804	24.775 [1]	64.273 [1]	43.817 [1]
Zeutsch	–	5.798	32.390	23.184
Uhlstädt	18.099	20.828	58.157	42.668
Kirchhasel	–	2.904	15.424	4.808
Rudolstadt	66.521	18.117	394.878	456.150
Schwarza	27.026	27.719 [1]	107.869 [1]	94.194 [1]
Saalfeld	40.220	55.575	424.438 [1]	564.843 [1]
Transit	218 [2]	19.299 [2]		

[1] auch für andere Bahnen [2] beförderte Personen

Betriebsstelle/Jahr	**1875**	**1894**	**1913**	**1939**
Großheringen	1.042	1.758	28.645 [1]	23.127 [1]
Camburg	12.116	71.351	117.920 [1]	51.527 [1]
Dornburg	3.537	11.194	143.084 [1]	200.074
Porstendorf	–	–	33.902 [1]	36.710 [1]
Jena-Zwätzen	–	–	–	–
Jena Saalbahnhof	32.635	40.077	48.673	170.307
Jena Paradies	–	–	–	–
Göschwitz	–	8.359	235.765 [1]	259.554 [1]
Rothenstein	4.727	–	–	–
Kahla	7.980	40.356	132.180	90.253
Orlamünde	2.200	6,577 [1]	18.785 [1]	13.694 [1]
Zeutsch	–	–	–	–
Uhlstädt	1.986	6.198	39.994	11.810
Kirchhasel	–	–	–	–
Rudolstadt	12.600	49.994	83.832	97.090
Schwarza	12.495	27.063 [1]	103.252 [1]	359.634 [1]
Saalfeld	7.774	14.271	139.050 [1]	208.061 [1]
Transit	15.102	68.579		

[1] mit Nachbarbahnen

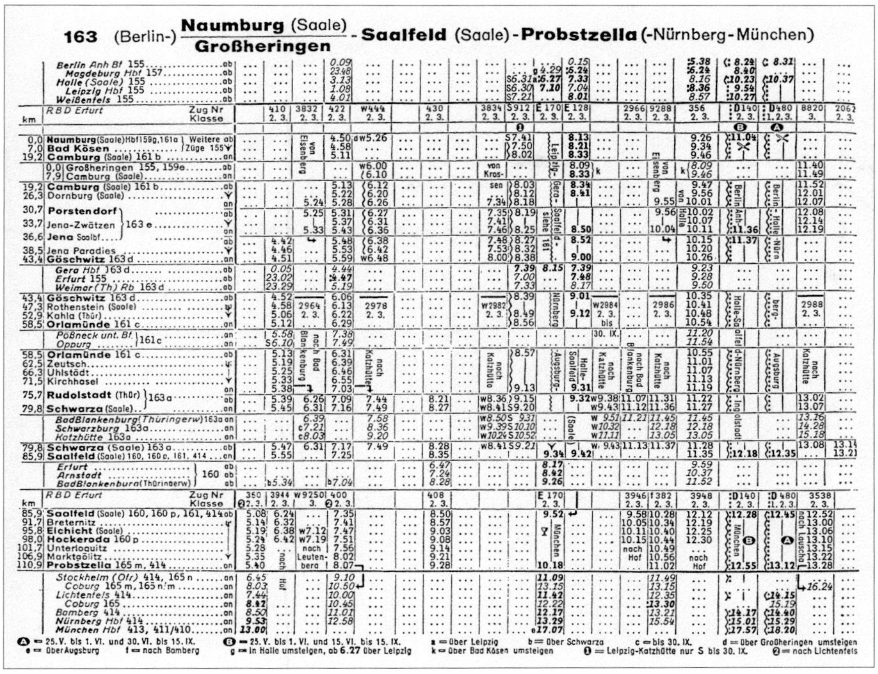

163 (Berlin-) Naumburg (Saale) / Großheringen - Saalfeld (Saale) - Probstzella (-Nürnberg-München)

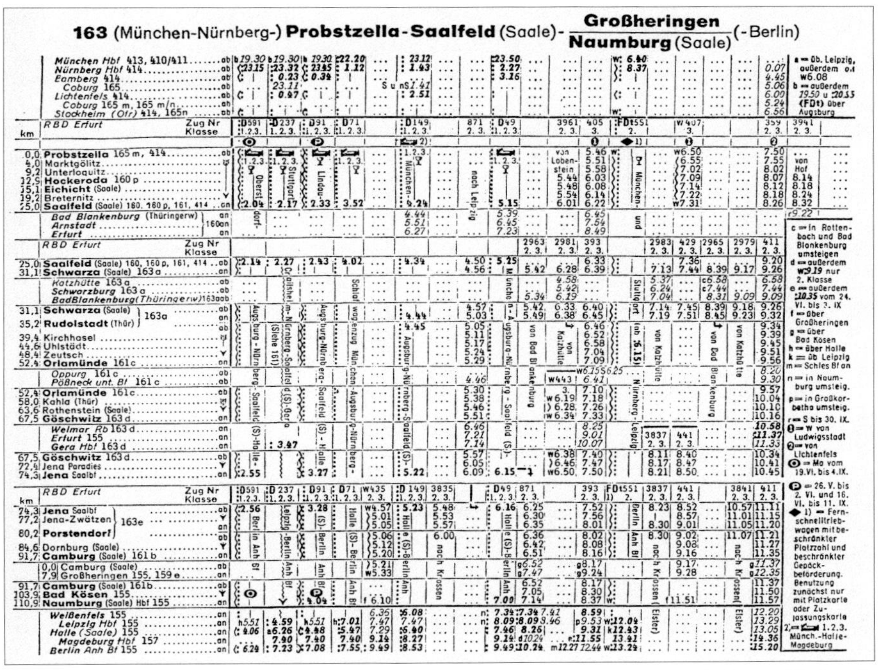

163 (München-Nürnberg-) Probstzella - Saalfeld (Saale) - Großheringen / Naumburg (Saale) (-Berlin)

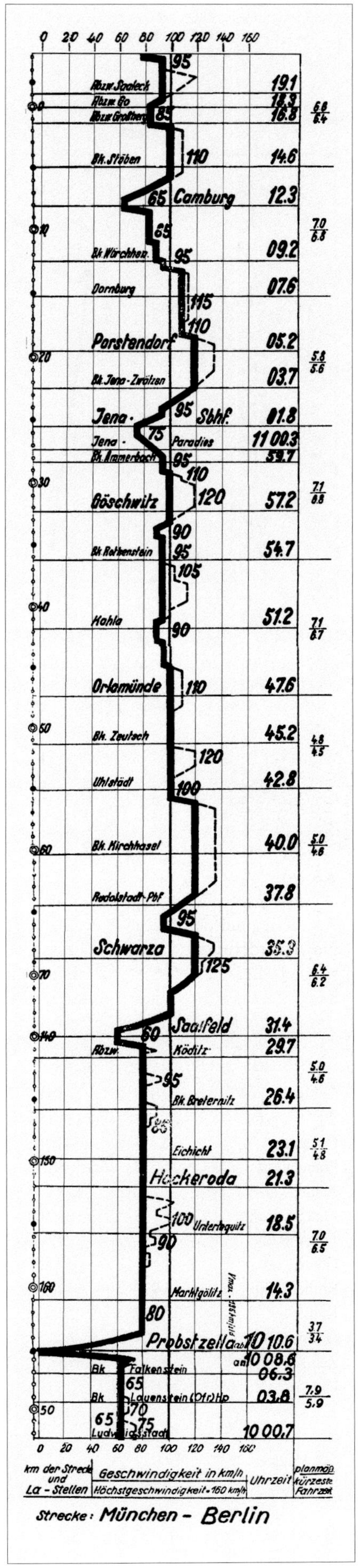

Auszug aus dem Fahrplan Sommer 1939 (oben) und das Fahrschaubild von FDt 551 zwischen Saaleck und Probstzella

Der VT 877 „Fliegender Hamburger“, offensichtlich auf einer Präsentationsfahrt auf der Saalbahn im Juni 1933 vor dem Empfangsgebäude des Bahnhofs Orlamünde AUFNAHME: SAMMLUNG WERNER DRESCHER

Das nördliche Ende der Verbindungsbahn Ost am Abzweig Saaleck, der eigentliche Beginn der Saalbahn für die aus Richtung Weißenfels kommenden Züge. Das Gleis der Verbindungsbahn in Richtung Stellwerk Gs ist elektrifiziert, das geradeausführende Gleis ist Teil der Strecke nach Erfurt. Die Aufnahme entstand um 1940 unmittelbar nach der Elektrifizierung.

AUFNAHME: RBD ERFURT/SAMMLUNG DHE

Als am 27. August 1939 die Mobilmachung für den Zweiten Weltkrieg begann, wurde der Schnelltriebwagenverkehr ebenso auf der Verbindung Berlin – München wie auf allen anderen Strecken der Deutschen Reichsbahn eingestellt.

Ein Mast der 110-kV-Bahnstromleitung Steinbach am Wald – Unterwerk (Uw) Rothenstein – Großkorbetha mit Teilen des Unterwerkes in Rothenstein/Saale.

AUFNAHME: RBD HALLE/SAMMLUNG DR. BRIAN RAMPP

Die Elektrifizierung der Saalbahn und der Zweite Weltkrieg

Nach dem Jahr 1912 entstanden in Deutschland drei einander nicht berührende elektrifizierte Streckennetze:

- In Bayern ab 1912 mit ca. 685 km,
- in Mitteldeutschland ab 1914 mit ca. 184 km und
- in Schlesien ab 1914 mit ca. 340-km-Streckennetz.

Die Elektrifizierung der Strecke Halle – Köthen – Magdeburg in den Jahren 1934/1935 kam dem Bestreben, das süddeutsche und das mitteldeutsche Netz miteinander zu verbinden und bis Berlin zu erweitern, näher. Das erste Teilstück der Strecke München – Nürnberg wurde ebenfalls 1935 in Betrieb genommen.

Erst am 15. Mai 1939 konnte der elektrische Betrieb zwischen Nürnberg und Saalfeld eröffnet werden. Das Ereignis wurde damals noch euphorisch in den verschiedensten Zeitungen gefeiert. Sonderzüge zur Eröffnung kamen aus Berlin, Nürnberg und Erfurt nach Saalfeld. Von hier aus verkehrte ein Sonderzug nach Nürnberg und zurück. Der Beginn des Zweiten Weltkrieges verzögerte jedoch die weitere Elektrifizierung der Strecke in Richtung Berlin, so dass die Saalbahn von Saalfeld nach Göschwitz erst am 15. Februar 1940 und von Göschwitz nach Camburg erst ab 5. Mai 1940 elektrisch befahrbar war.

Der Ausbruch des Zweiten Weltkrieges bewirkte wohl, dass zur Eröffnung des elektrischen Betriebes auf der Saalbahn kein Wort dazu in den Zeitungen stand. Zu dieser Zeit waren nur Erfolgsmeldungen von den Fronten interessant. Hinzu kam auch, dass sich die Elektrifizierung im Betrieb noch nicht bemerkbar machte. Der Abschnitt zwischen Saalfeld und Camburg diente etwa ein Jahr lang nur zu Versuchsfahrten. So waren zu diesem Zweck zwischen Orlamünde und Uhlstädt verschiedene neue Fahrleitungsbauarten eingebaut und getestet worden.

Obwohl Großheringen nicht direkt an der durchgehenden Strecke von Naumburg nach Saalfeld lag, wurde die Verbindungsbahn West bis Großheringen mit einer Oberleitung überspannt. Erst im Mai 1941 wurde der Streckenabschnitt Camburg – Weißenfels – Großkorbetha zugeschaltet. Nun war Weißenfels Umspannstation der Züge. Der durchgehende elektrische Betrieb bis Leipzig wurde schließlich am dem 2. November 1942 aufgenommen.

Die Bahnstromversorgung erfolgte über die Unterwerke Steinbach am Wald, Rothenstein bei Jena und Großkorbetha. Zwischen Steinbach am Wald und Großkorbetha über Saalfeld, Rothenstein und Oßmannstedt bei Weimar wurde eine 110-kV-Bahnstromleitung errichtet. Mit der elektrifizierten Strecke von Probstzella – Saalfeld – Jena – Weißenfels sind für die RBD Erfurt folgende Anlagen entstanden:

Streckenlänge	129,2 km
überspannte Gleise	364,2 km
Fahrleitungsmasten	4.324 Stück
Fernleitung 110 kV	122,9 km
Masten Fernleitung	490 Stück

Weiterhin wurden das Unterwerk Rothenstein mit zwei Hauptumspannern je 6,5 MVA, zwei Kuppelstellen in Großheringen und Köditz und drei Schuppen-Spannungsprüfanlagen in den Bw Weißenfels, Saalfeld und Probstzella errichtet. Zum Betrieb und zur Wartung der Anlagen entstanden im Bereich der RBD Erfurt neue Dienststellen. In Großheringen und Saalfeld wurden Fahrleitungsmeistereien (Flm), in Weißenfels und Göschwitz Fahrleitungsunterhaltungsstützpunkte (Flu) eingerichtet.

Die Zeit bis 1945

Mit dem Fahrplanwechsel am 2. November 1942 verkehrte mit D 77/78 erstmalig auch ein Schnellzugpaar zwischen München und Berlin über die Saalbahn und Leipzig (siehe auch Fahrplantabelle auf der nächsten Seite). Das FD-Zugpaar 79/80 verkehrte nur noch als D-Zug aber weiter über Halle. Einige Zeit sollte der starke Verkehr auf der Saalbahn, der nun im Wesentlichen mit elektrischen Lokomotiven abgewickelt wurde, anhalten. In gewisser Weise verstärkte er sich sogar noch durch die umfangreichen Militärtransporte. Für den zivilen Verkehr gab es bald Einschränkungen.

Die einsetzenden Luftangriffe auf deutsche Städte ließen die Reichsbahn befürchten, die Alliierten könnten die Staumauern der Bleiloch- bzw. Hohenwarte-Stauseen angreifen und zerstören. Die RBD Erfurt erließ deshalb am 15. Juli 1943 entsprechende Richtlinien, wie bei einer Vernichtung einer oder beider Sperrmauern zu verfahren war. Man rechnete damit, dass die Flutwelle eine Höhe von fünf

Eine stromlinienverkleidete 01^{10} mit D 140 Berlin – München während eines Haltes in Jena Saalbahnhof, um 1940. Der Bahnhof ist bereits elektrifiziert.

Eine E 19 ist mit einem Schnellzug Berlin – München im Jahr 1942 bei Dornburg auf dem Weg nach Süden, eines der wenigen Bilddokumente vom elektrischen Betrieb während des Krieges.

Wenige Tage nach der Zuschaltung der elektrischen Fahrleitung bis nach Weißenfels und der Aufnahme des durchgehenden elektrischen Zugebtriebes auf der Saalbahn entstand diese Aufnahme. Eine Lok der Baureihe E 19 fährt am 9. Mai 1941 vermutlich mit DmW 40 aus Jena Saalbahnhof aus. Der Wasserturm wurde wenige Tage vor dem Einzug der US-Armee durch die Wehrmacht gesprengt, „weil er – so die Überlieferung – die Sicht behinderte“! AUFNAHMEN (3): SLG. WERNER DRESCHER

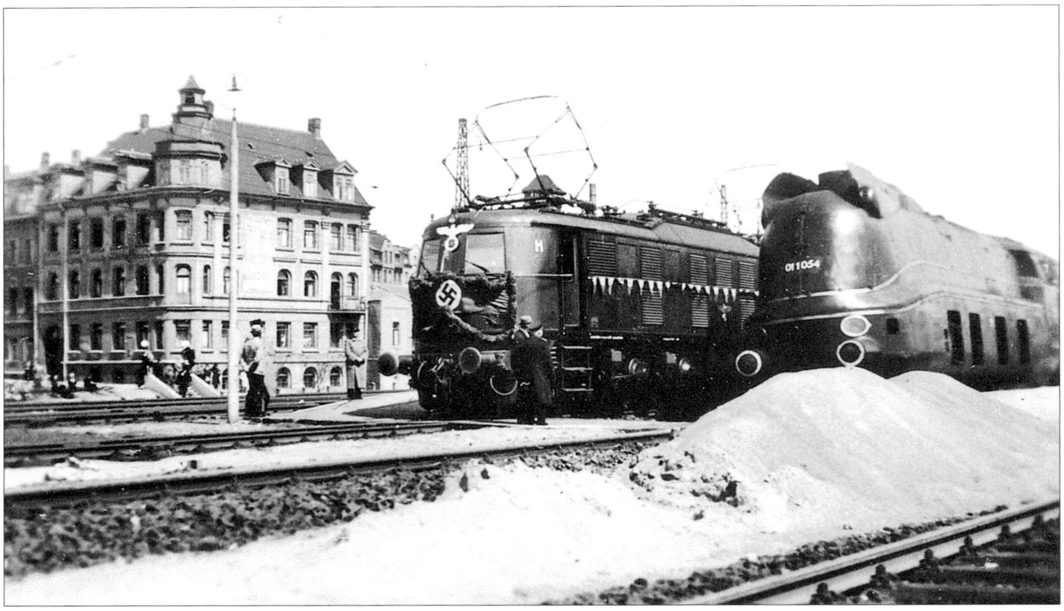

Eröffnung des elektrischen Zugbetriebes Saalfeld – Weißenfels im Mai 1941. Eine E 18 brachte einen Schnellzug hierher, der offensichtlich von 01 1054 weiterbefördert wird.

AUFNAHME: SAMMLUNG KLAUS GIBBONS

bis sechs Metern über dem Mittelwasser der Saale haben könnte und sich mit etwa 15 km/h fortbewegen würde. Danach wäre dieses Hochwasser nach einer Stunde in Saalfeld, nach drei Stunden in Orlamünde, nach 4,5 Stunden in Jena, nach 6,5 Stunden in Großheringen und nach sieben Stunden in Naumburg angekommen. Nach diesen Berechnungen hätte die Flutwelle zwischen Saalfeld und Kahla die Schienenoberkante erreicht. Zwischen Kahla und Jena Saalbahnhof würde die Flutwelle ½ bis 1 m unter der Schienenoberkante bleiben. Zwischen Jena Saalbahnhof und Bad Kösen wäre das Hochwasser stets, in Camburg bis zu acht Metern, unter der Schienenoberkante geblieben. Nach Bad Kösen hätte die Welle wieder die Schienenoberkante erreichen können. In diesen Richtlinien war genau festgelegt, wie die Züge aus den gefährdeten Gebieten abzufahren sind. Für den Bahnhof Saalfeld liest sich das so: *„Ist nach den beim Eisenbahn-Luftschutzleiter in Saalfeld (S) eingehenden Luftlagemeldungen mit einer Bedrohung der Saaletalsperre aus der Luft und somit mit einer Gefährdung des Bfs Saalfeld (S) durch Hochwasser zu rechnen, so sind auf Bf Saalfeld (S) die in den Gruppen- und Richtungsgleisen, Ladestraßen, an der Umladehalle, am Eilgut usw. stehenden Güterwagen sowie die Personenwagen zusammenzudrücken und zu kuppeln. Die Lokomotiven sind vornehmlich in den Gleisen 120, 7, 8, 16, 17 Ellok für sich, aufzustellen. …"*

Abwechselnd in Richtung Gera, Arnstadt und Schwarza sollten diese Räumungszüge den Bahnhof, auf Sicht fahrend, verlassen. Diese Vorschriften mussten nie umgesetzt werden.

Als sich die Niederlage Deutschlands im Zweiten Weltkrieges bereits abzeichnete, sollte die Saalbahn noch aktiver Bestandteil der Kriegsmaschine werden. Die Produktion von strahlgetriebenen Flugzeugen des Typs Me 262, der damals modernsten Flugzeuge, sollte nach Thüringen verlagert werden. Die Bildung der Reichsmarschall-Hermann-Göring-Werke (REIMAHG) 1944 war ein letzter Versuch, die drohende Kriegsniederlage abzuwehren. Man wählte sich den Walpersberg in Großeutersdorf in der Nähe von Kahla als Produktionsstandort aus.

Ein Grund für die Anlage an dieser Stelle waren bereits vorhandene unterirdische Räume, die zur Kahlaer Porzellansandgrube gehörten. Diese sollten zu einem riesigen Stollensystem für die Produktionsanlagen ausgebaut werden. Am 11. April 1944 begann der Ausbau. Da die Kriegsführung unter einem erheblichen Druck stand, wurden diese Arbeiten mit allen Mitteln vorangetrieben. Zeitweise waren bis zu 13.000 Arbeitskräfte, zu einem sehr großen Teil Zwangsarbeiter, eingesetzt. Es war geplant, bereits im April 1945 1.250 Flugzeuge zu produzieren.

Ein zweiter Grund für die Anlage des Werkes an dieser Stelle war die unmittelbare Nähe zur Saalbahn. Mit der Bahn sollten Flugzeugteile und Rohstoffe angeliefert werden. Nachteilig war aber der Höhenunterschied von 65 m zwischen den Produktionsanlagen und der Bahn. Um diesen Mangel auszugleichen, dachte man anfangs daran einen Eisenbahntunnel anzulegen. Auch dachte man daran, eine neue Stollenanlage auf Bahnniveau anzulegen. Beides wurde auf Grund fehlender Zeit und Arbeitskräfte verwor-

E 128	D 80	DmW 240	DmW 40	D 78	DmW 150	D 50	D 70				D 71	DmW 149	D 49	DmW 239	DmW 39	D 79	D 77	E 127
	8.15	10.32	11.13	12.40	19.20	20.02	22.00	ab	Berlin Anhalter Bf	an	8.20	9.57	11.14	19.03	19.17	19.25	21.52	
				15.06				ab	Leipzig Hbf	an							19.31	
7.37	10.33	13.13	13.40		21.46	22.22	0.18	ab	Halle (Saale) Hbf	an	5.53	7.27	8.49	16.38	16.52	17.10		22.48
9.20	I	**14.50**	**15.10**	**16.20**	**22.23**	**23.59**	I	**ab**	**Jena Saalbf**	**ab**	I	I	**7.15**	**15.09**	**15.24**	I	**18.16**	**21.01**
9.30	I	I	I	I	I	I	I	**ab**	**Göschwitz**	**ab**	I	I	I	I	I	I	I	**20.50**
9.40	I	I	I	I	I	I	I	**ab**	**Kahla**	**ab**	I	I	I	I	I	I	I	**20.36**
10.02	I	**15.26**	**15.46**	I	**23.59**	**0.35**	I	**ab**	**Rudolstadt**	**ab**	I	**5.25**	**6.39**	**14.33**	**14.48**	I	I	**20.11**
***10.12**	I	**15.43**	**16.03**	I	**0.16**	**0.52**	I	**ab**	**Saalfeld (S.)**	**ab**	I	**5.12**	**6.26**	**14.20**	**14.35**	I	I	**19.58**
	15.12	18.53	19.11	19.45	3.19	3.55	4.59	an	Nürnberg Hbf	ab	1.08	1.59	3.11	10.59	11.14	12.24	14.49	
	18.10	21.50	22.17	22.42	6.15	7.05	8.15	an	München Hbf	ab	22.00	23.00	0.15	8.00	8.20	9.30	11.55	

*** an Saalfeld**
DmW 240, 40, 150, 149, 239 und 39 D-Züge mit Wehrmachtsabteil
E 128, DmW 240, DmW 239 und E 127 verkehrten „nur auf besondere Anordnung" D 77 und 78 „nur mit Platzkarte benutzbar"

Die schnellfahrenden Züge nach dem Fahrplan Winter 1942

Rechte Seite: Die REIMAHG-Werke und der Anschluss zur Saalbahn, aufgenommen von US-amerikanischem Flugzeug am 8. April 1945 QUELLE: THÜRINGER LANDESVERMESSUNGSAMT

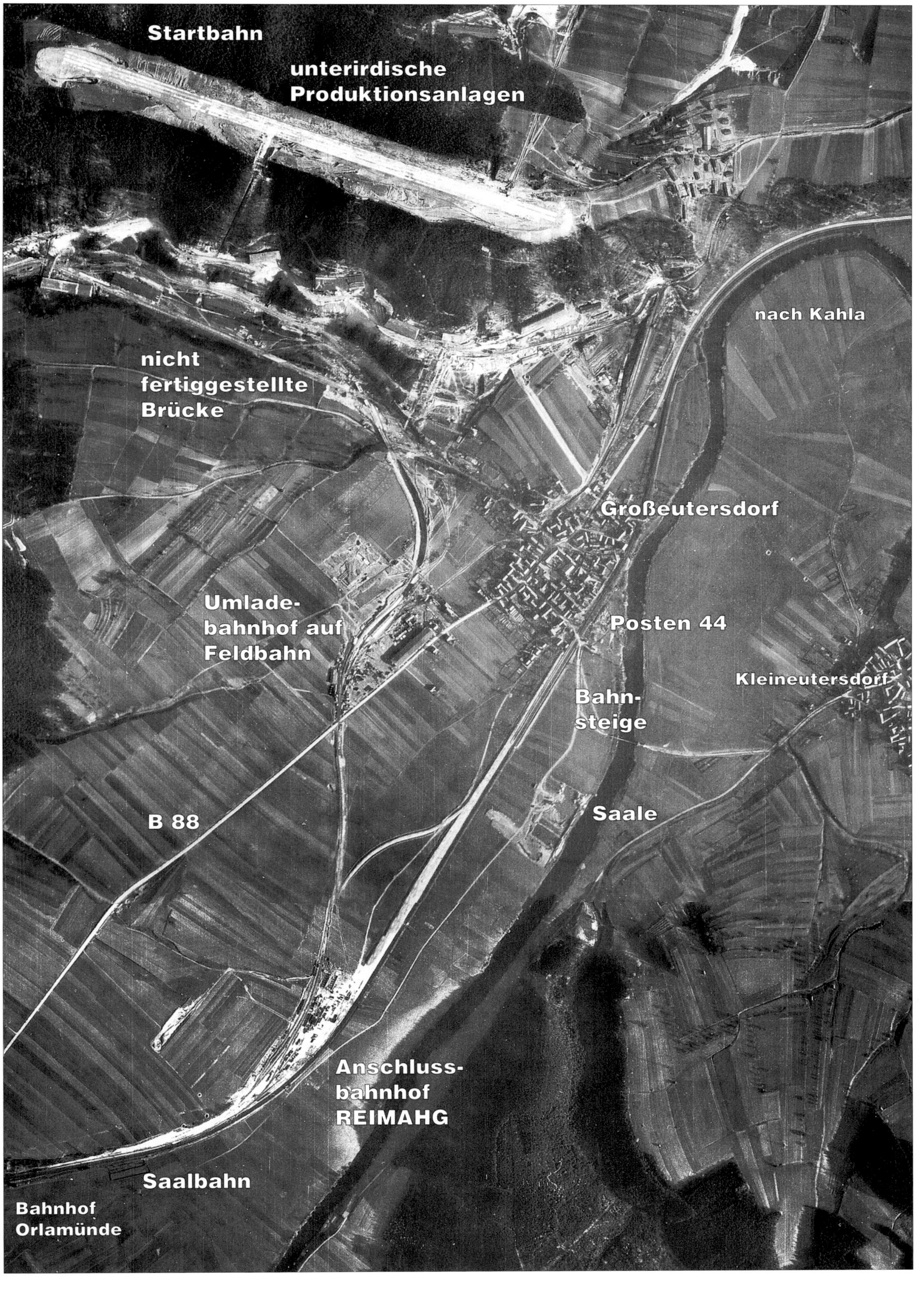
Startbahn
unterirdische
Produktionsanlagen
nach Kahla
nicht
fertiggestellte
Brücke
Großeutersdorf
Umlade-
bahnhof auf
Feldbahn
Posten 44
Kleineutersdorf
Bahn-
steige
Saale
B 88
Anschluss-
bahnhof
REIMAHG
Saalbahn
Bahnhof
Orlamünde

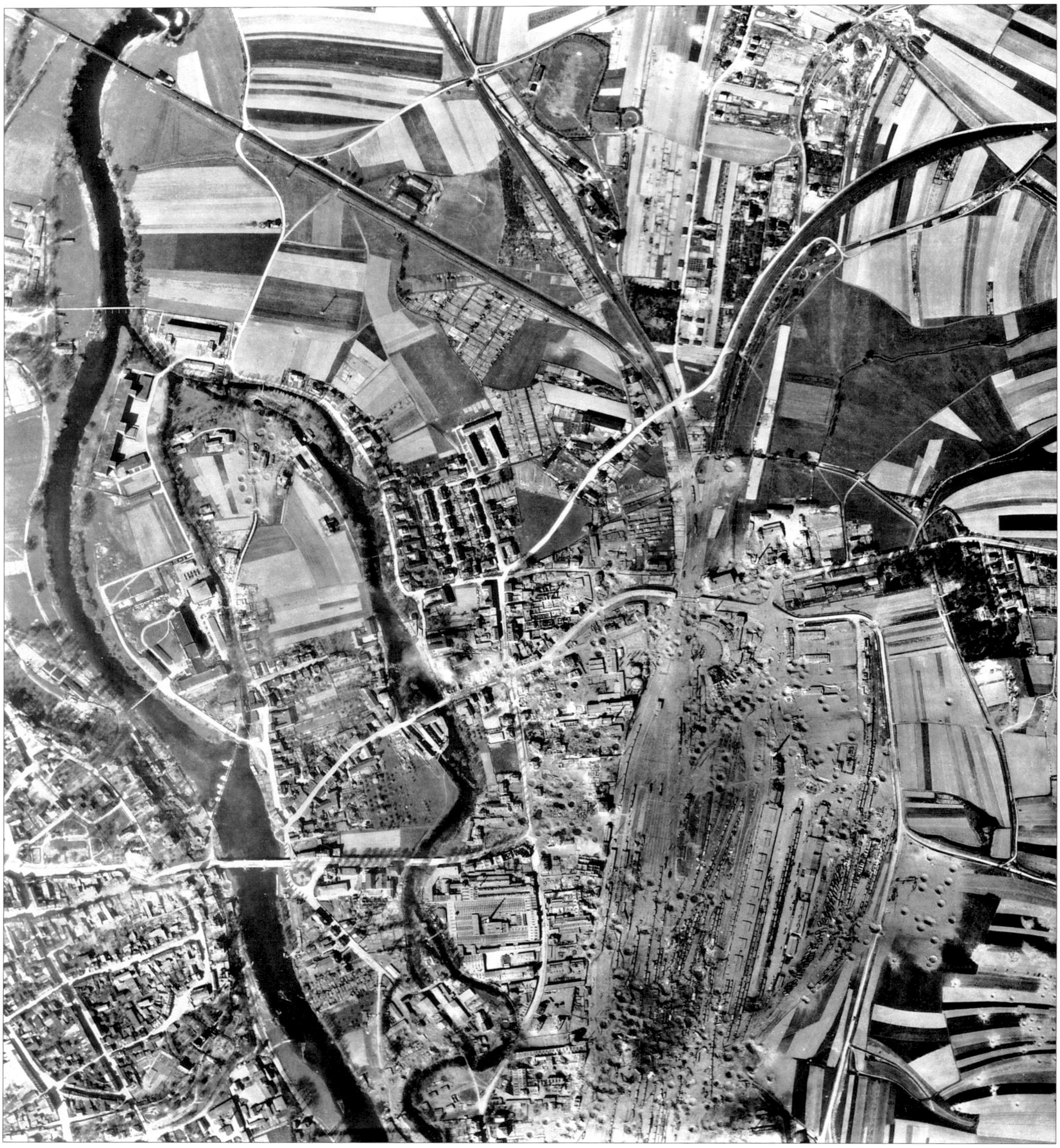

Am 10. April 1945 ist der Bahnhof nicht mehr wieder zu erkennen: die Zerstörung war vollständig. AUFNAHME: THÜRINGER LANDESVERMESSUNGSAMT

fen. Es wurde entschieden, die Anlage, so wie sie stand, zur kriegswirtschaftlichen Nutzung auszubauen. Für den Berufsverkehr wurden in Großeutersdorf zwischen Kahla und Orlamünde unmittelbar am Posten 44, beim Strecken-Kilometer 45,2 gelegen, zwei Außenbahnsteige errichtet. Eine Wartehalle aus Holz entstand ebenfalls am Posten 44. Im Jahr 1987 wurden bei Sanierungsarbeiten die zu dieser Zeit noch vorhandenen Überreste der Bahnsteige abgetragen. Die Aufschüttungen für die Bahnsteige sind aber auch heute noch erkennbar.

In nur wenigen Monaten wurde etwa am km 46,5 nördlich von Orlamünde ein Übergabebahnhof eingerichtet. Heute noch sind an dieser Stelle Arbeitsgruben zur Lokomotivbehandlung erkennbar. Brückenbauwerke, mit deren Hilfe das Dehnatal überquert werden sollte, wurden aber nicht mehr fertig. Deshalb wurde kurz davor ein Umladebahnhof eingerichtet. Die Lieferungen wurden dort auf eine Feldbahn umgeladen und in die unterirdischen Produktionsanlagen transportiert. In der gesamten Anlage konnten bis Kriegsende nur noch wenige Flugzeuge produziert werden.

Die Niederlage war nicht mehr aufzuhalten. Der Krieg schlug zurück. Evakuierte und flüchtende Menschen, Militärtransporte und anderes mehr verstopften ab Jahresbeginn 1945 mehr und mehr die Bahnhöfe. Der Bahnhof Saalfeld war nicht mehr aufnahmefähig. Angriffe alliierter Bomber wurden auch auf die Anlagen der Saalbahn geflogen. Am 7. April 1945 wurde der Bahn-

Blick auf den Bahnhof Saalfeld, kurz nach dem Einmarsch der Alliierten am 16. April 1945. Kaum vorstellbar, dass hier jemals wieder Züge fahren könnten.

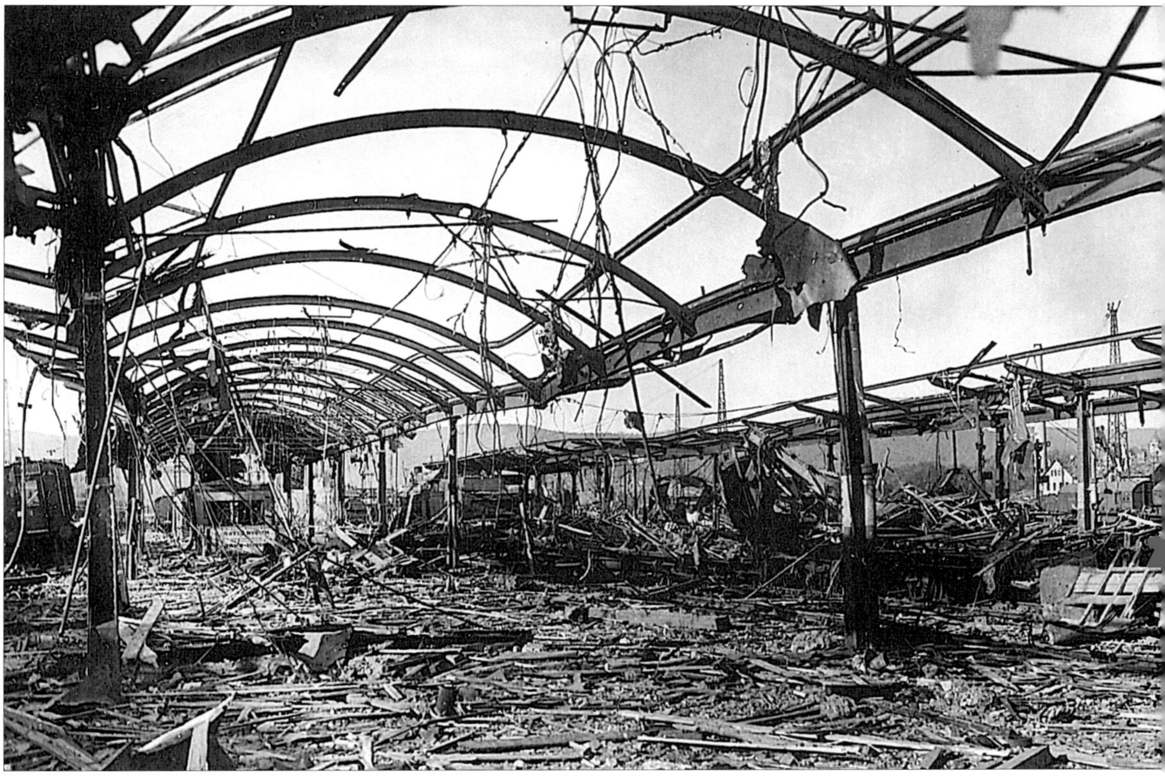

Auch der Personenbahnhof in Saalfeld war völlig zerstört und die Bahnsteigüberdachung vollständig unbrauchbar.

Rauchende Trümmer auf dem Saalfelder Bahnhof am 16. April 1945. Die amerikanischen Streitkräfte dokumentierten die Folgen ihrer zuvor geflogenen Angriffe. In einem Bombentrichter liegt noch qualmend eine Saalfelder Lok der Baureihe 55.

AUFNAHMEN (3): SAMMLUNG DR. BRIAN RAMPP

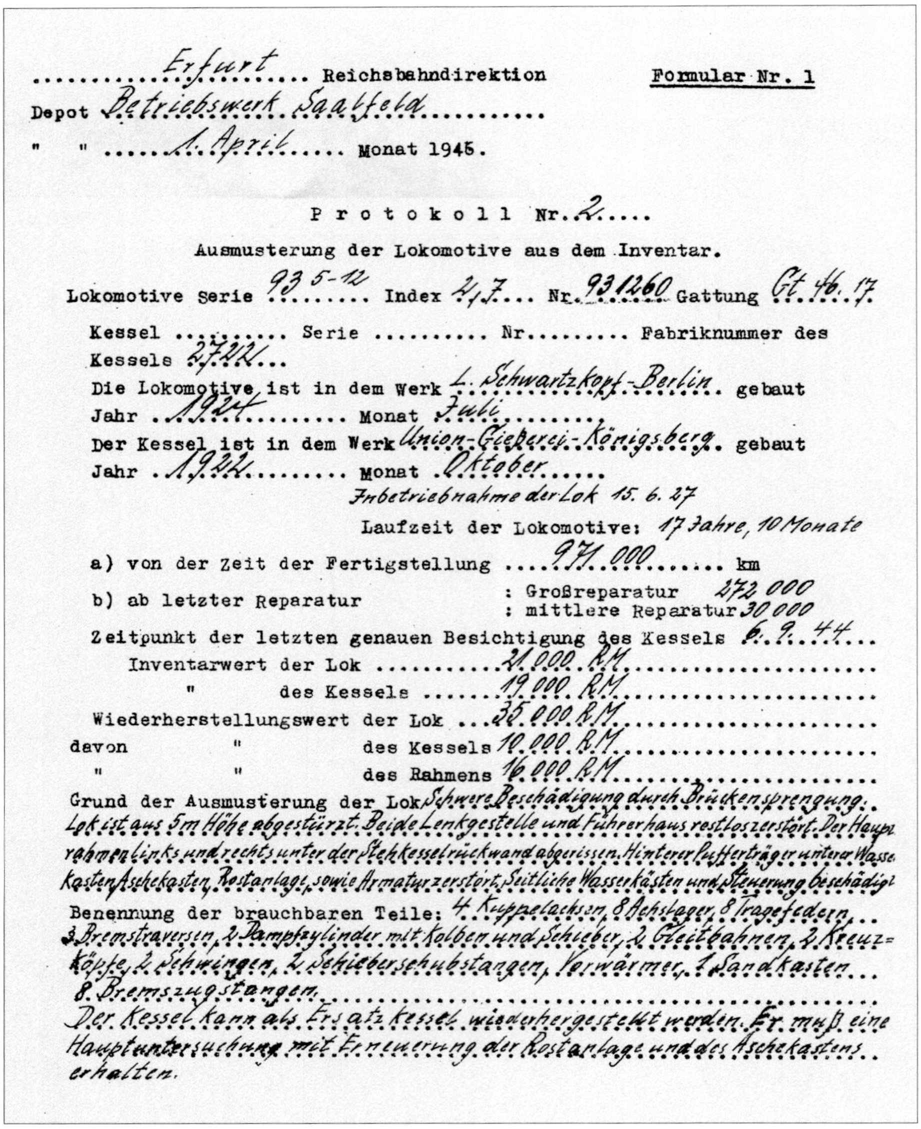

Erfurt Reichsbahndirektion

Formular Nr. 1

Depot Betriebswerk Saalfeld

" " 1. April Monat 1945.

Protokoll Nr. 2

Ausmusterung der Lokomotive aus dem Inventar.

Lokomotive Serie 93 5-12 Index 2,7 Nr. 931260 Gattung Gt 46.17

Kessel .... Serie .... Nr. .... Fabriknummer des Kessels 27221

Die Lokomotive ist in dem Werk L. Schwartzkopf-Berlin gebaut

Jahr 1924 Monat Juli

Der Kessel ist in dem Werk Union-Gießerei-Königsberg gebaut

Jahr 1922 Monat Oktober

Inbetriebnahme der Lok 15. 6. 27

Laufzeit der Lokomotive: 17 Jahre, 10 Monate

a) von der Zeit der Fertigstellung 971.000 km

b) ab letzter Reparatur : Großreparatur 272 000 : mittlere Reparatur 30 000

Zeitpunkt der letzten genauen Besichtigung des Kessels 6. 9. 44

Inventarwert der Lok 21.000 RM

" des Kessels 19.000 RM

Wiederherstellungswert der Lok 35.000 RM

davon " des Kessels 10.000 RM

" " des Rahmens 16.000 RM

Grund der Ausmusterung der Lok Schwere Beschädigung durch Brückensprengung. Lok ist aus 5 m Höhe abgestürzt. Beide Lenkgestelle und Führerhaus restlos zerstört. Der Hauptrahmen links und rechts unter der Stehkesselrückwand abgerissen. Hinterer Pufferträger unterer Wasserkasten Aschekasten, Rostanlage, sowie Armatur zerstört. Seitliche Wasserkästen und Steuerung beschädigt

Benennung der brauchbaren Teile: 4 Kuppelachsen, 8 Achslager, 8 Tragefedern, 3 Bremstraversen, 2 Dampfzylinder mit Kolben und Schieber, 2 Gleitbahnen, 2 Kreuzköpfe, 2 Schwingen, 2 Schieberschubstangen, Vorwärmer, 1 Sandkasten 8 Bremszugstangen.

Der Kessel kann als Ersatzkessel wiederhergestellt werden. Er muß eine Hauptuntersuchung mit Erneuerung der Rostanlage und des Aschekastens erhalten.

Das Ausmusterungsprotokoll der RBD Erfurt vom 1. April 1946 für die bei einer Brückensprengung schwer beschädigte 93 1260 des Bw Saalfeld.
ABBILDUNG: SAMMLUNG EK-VERLAG

hof Saalfeld bombardiert. Die schwersten Angriffe geschahen am 8. und 9. April. Allein am 9. April erfolgten 52 Anflüge, wobei von den 1.300 abgeworfenen Bomben 1.000 den Bahnhof trafen. Die Zerstörung war vollständig. Viele Menschen kamen um, die Gleisanlagen waren von Bombentrichtern übersät, Lokomotiven und Wagen umgestürzt, Ladegut brannte, und Gebäude waren eingestürzt. Die gesamten Fahrleitungen des Bahnhofs und acht Querfeldmasten wurden zerstört. Die Fahrleitungsmeisterei, der Ellokschuppen, die Drehscheibe einschließlich Lager und Werkstätten wurden vernichtet.

Ebenfalls am 9. April 1945 erfolgte nachmittags ein Angriff auf den Bahnhof Jena Saalbahnhof. Die Gleisanlagen wurden über die gesamte Breite des Bahnhofs auf einer Länge von etwa 1.000 m völlig zerstört.

Die Strecke Rudolstadt – Schwarza war zwischen km 66,4 und 66,7 durch einen Spreng- und Brandbombenangriff am 10. April 1945 vernichtet. Als ob diese Zerstörungen nicht ausreichten, wurden noch die Brücken in Schwarza, südlich und nördlich des Bahnhofs Saalfeld sowie zwischen Göschwitz und Jena Saalbahnhof gesprengt. Damit kam der Zugbetrieb am 9. April 1945 völlig zum Erliegen.

So zeigte sich der Ausmusterungskommission die bei einer Brückensprengung rund fünf Meter abgestürzte Lok 93 1260 im Frühjahr 1946. Der hintere Teil der Lok mit dem kompletten Führerhaus ist abgerissen oder musste bei der Bergung abgetrennt werden, um die Lok zum Abstellplatz in Saalfeld transportieren zu können. An der Lok sind auch die Zählzeichen der Besatzungsmacht zu erkennen.

AUFNAHME: RBD ERFURT

Eine klassische preußische Garnitur: 38 3527 führt P 441 Göschwitz – Camburg. Die Lok kam 1922 als „Elberfeld-2974" fabrikneu nach Weimar, wurde offensichtlich vom Lokbahnhof Göschwitz, der zu dieser Zeit zu Weimar gehörte, eingesetzt. Sie blieb bis zu ihrer Ausmusterung um 1968 in Weimar. Carl Bellingrodt konnte sich offensichtlich mit diesem Fotostandpunkt unterhalb der Dornburger Schlösser gut anfreunden. Die Aufnahme entstand im Juni 1935. AUFNAHME: CARL BELLINGRODT/SAMMLUNG TFG

Der Lokomotiveinsatz bis 1945

Nach der Gründung der Deutschen Reichsbahn-Gesellschaft wurden aus den Betriebswerkstätten Bahnbetriebswerke und aus den Stationsschlossereien bzw. Maschinenstationen Lokbahnhöfe. Für die Bespannung der Züge waren nach wie vor die genannten Dienststellen zuständig. Am Bild der auf der Saalbahn eingesetzten Lokomotiven änderte sich zunächst kaum etwas. Auch an der Verwendung der Lokomotiven für die durchgehenden Züge änderte sich nichts. Es waren noch immer Lokomotiven der Länderbauarten, die diese Züge beförderten.

Eine neue Etappe wurde eingeleitet, als 1922 die „Elberfeld 2810", Gattung P 10, die spätere 39 001, nach Saalfeld kam. Mit ihr wurden zunächst unter dem Lokomotiv-Versuchsamt Grunewald ausgedehnte Versuche, vor allem auf der 25-‰-Strecke Lichtenfels – Saalfeld, vorgenommen. Ab 1931/32 kamen weitere 39er nach Saalfeld und damit zum planmäßigen Einsatz dieser Baureihe. Im Jahr 1935 befanden sich 39 001, 021, 074, 168, 180 und 183 in Saalfeld.

In den folgenden Jahren und Jahrzehnten sollte das Bahnbetriebswerk Saalfeld mit seinen umliegenden Strecken Ausgangspunkt von vielfältigen Versuchsfahrten sein. 1926 wurden beispielsweise zehn 1'Eh3-Versuchslokomotiven für den schweren Güterzugdienst der BR 44 gebaut, um mit zehn 1'Eh2-Lokomotiven der Baureihe 43 entsprechende Vergleiche anzustellen. Von diesen Maschinen erhielt das Bw Saalfeld 44 008, 44 009 und 44 010 zur Erprobung. Bis etwa 1928 waren sie in Saalfeld beheimatet. Es waren somit die ersten Einheitslokomotiven, die in Saalfeld zum Einsatz kamen.

1932/33 wurde auf der Strecke Saalfeld – Probstzella die optische Zugsicherung (Opsi) erprobt. Dazu wurden einige Lokomotiven der Baureihe 38 entsprechend umgerüstet. Nachdem ab 1933 Lokomotiven der Baureihe 74 nach Saalfeld umgesetzt wurden, stellt sich der Bestand am 1. Januar 1937 wie folgt dar:

BR	Stammnummer
38	1472, 1635, 1639, 1650, 1730, 1820, 1822, 1872, 1876, 1976, 2133, 2216, 2564, 2567, 2569, 2932, 2934, 3136, 3211, 3507
39	001, 021, 074, 168, 180, 183
57	1245, 2387, 3462, 3483, 3486, 3487
58	1014, 1090, 1105, 1229, 1326, 1328, 1388, 1502, 1543, 1546, 1633, 1682, 1921, 1949, 1957, 2008, 2011, 2142
74	410, 880, 890, 954
93	504, 710, 711, 822, 823, 824, 881, 986, 1033, 1034, 1035, 1036, 1127, 1132, 1142, 1218, 1227, 1241, 1242, 1243, 1244, 1257, 1258, 1259, 1260, 1261

1938 wurden alle Lokomotiven der Baureihe 57 abgegeben. Zusätzlich zu den oben genannten Lokomotiven kamen auf der Saalbahn noch Lokomotiven der Baureihen 17^2, 18^{4-5} und 03^{10} der Bw Halle P und Nürnberg zum Einsatz. Auf Teilstrecken beförderten auch Lokomotiven der Bw Gera, Weimar und Zeitz einzelne Züge. Es waren aber im Wesentlichen dieselben Baureihen, wie sie oben genannt wurden. Nachgewiesen ist, dass auch Zeitz seine 57 um 1938 abgeben musste. Dafür übernahmen neu beschaffte Lokomotiven der Baureihe 50 den Zugdienst nach Camburg und erledigten dort auch örtliche Rangieraufgaben. Später, während des Zweiten Weltkrieges, wurden sie durch die Baureihen 50 ÜK und 52 ersetzt.

Änderungen im Lokomotivbestand des Bw Saalfeld ergaben sich, als ab 15. Mai 1939 die Züge aus Richtung München bis Saalfeld elektrisch befördert wurden. Zur Weiterbeförderung dieser Züge erhielt Saalfeld im Mai 1939 die Lokomotiven 01 025 und 01 027. Sie verblieben bis 1942 in Saalfeld. 01 028 war vom

Eine Lokomotive der Baureihe 58 rollt mit ihrem Güterzug durch das Saaletal nach Norden und hat wenige Augenblicke vor dem Auslösen der Kamera den Abzweig Saaleck passiert. Das Motiv wird von der Burgruine Saaleck bestimmt, die über der Saale auf dem Felsen thront. Die Loks der Baureihe 58 gehörten ab 1919 zum Saalfelder Lokbestand und fanden hier bis zu Beginn der siebziger Jahre eine Heimat. AUFNAHME: CARL BELLINGRODT/EK-VERLAG

28. April 1941 bis 5. November 1943 ebenfalls in Saalfeld stationiert. Im Juni 1939 erhielt Saalfeld aus einer Neulieferung 41 068 bis 41 070 zugeteilt. Sie blieben bis 1942 dort stationiert. Am 5. Mai 1939 wurden die ersten Elektrolokomotiven in Saalfeld beheimatet. Es waren die E 18 041 und E 18 044. Damit ergab sich am 1. Januar 1940 der folgende Lokomotivbestand:

BR	Stammnummer
38	1472, 1635, 1639, 1650, 1730, 1821, 1820, 1822, 1872, 1876, 1976 (leihweise RBD Ost), 2133, 2216, 2564, 2567, 2569, 2932, 2934 (leihweise RBD Oppeln), 3136 (leihweise RBD Ost), 3507
39	001, 021, 074, 168, 180, 183
41	067, 068, 069, 070
55	3614, 3965, 3976, 4623,
58	1014, 1090 (leihweise RBD München), 1105, 1229, 1328, 1388, 1502, 1543, 1546, 1633, 1682, 1921, 1949, 1957, 2008 (leihweise RBD Halle), 2142
74	410, 880, 890, 954
93	504, 648, 709, 710, 711, 822, 823, 824, 881, 886, 986, 1034, 1035, 1036, 1127, 1132, 1142, 1215, 1218, 1227, 1242, 1243, 1244, 1257, 1258, 1259, 1260, 1261
E 18	041, 044, 045, 146

Kurzzeitig kamen noch E 18 021, 023 und 040 hinzu. Mit Beginn des durchgehenden elektrischen Betriebes bis Leipzig wurden alle E 18 abgegeben. Im Schnellzugdienst waren außerdem Lokomotiven der Baureihe E 19 des Bw Nürnberg im Einsatz. Sie waren auch für die Beförderung der schweren Schnellzüge zwischen Leipzig und München über die Frankenwaldbahn entwickelt wor-

Lokomotive 57 2582 ist um 1933 im Lokbahnhof Großheringen auf die dortige Drehscheibe gerollt. Die zeittypische Propagandabeschriftung war dem Amateurfotograf offensichtlich dieses beiden Bilder wert, die das Drehen der Naumburger Lok hier dokumentieren. Sie gehörte von 1927 bis 1939 zum Bw Naumburg, danach ging es in Richtung Osten.
AUFNAHMEN (2): SAMMLUNG JÖRGEN SCHMIDT

93 504 mit einem Unkrautvertilgungszug wartet um 1936 vor dem ehemaligen Stellwerk Sg in Saalfeld auf den Einsatz. 93 504 wurde als ERFURT-8554 geliefert und lässt sich zwischen 1928 und 1966, dem Jahr ihrer Ausmusterung in Saalfeld, als ihrem Heimat-Bw nachweisen. Auch das Stellwerk Sg ist Geschichte, es wurde um 1977 aufgelassen.
AUFNAHME: CARL BELLINGRODT/SAMMLUNG TFG

1922 kam 39 001 nach Saalfeld. Ihr folgten bald noch weitere P 10, die vor allem auf der Frankenwaldbahn zum Einsatz kamen. AUFNAHME CARL BELLINGRODT/EK-VERLAG

den. Gleichfalls in Saalfeld beheimatet waren auch Lokomotiven der Baureihe E 44. Am 5. Dezember 1941 kamen mit E 44 042, 072 und 073 die ersten Lokomotiven dieser Baureihe. Der Bestand der Elektroloks des Bw Saalfeld 1943/45:

Stichtag	BR	Stammnummer
1. Januar 1943	E 44	041, 042, 052, 072, 073, 123, 124, 134, 135, 136, 137, 145, 149
April 1945	E 44	030, 033[1)], 041[1)], 042, 052, 063, 072, 073, 0741), 123, 134, 151
Zeitweilige Bestände	E 94	024, 025, 026 (1941), 114 (1945/46), 115 (1945/46)

[1)] Durch Bombenangriff zerstört

Die Situation Mitte April 1945 nach dem Einmarsch der Alliierten war auch im Bw Saalfeld erschreckend. Durch die schweren Bombenangriffe waren fünf Elektro- und drei Dampflokomotiven, die sich während des Bombenangriffs im Lokschuppen des Bahnbetriebswerkes befanden, völlig zerstört worden. Weitere 13 Dampflokomotiven, die sich im Bahnhofsgelände befanden, wurden durch die Bomenbenangriffe ebenfalls erheblich beschädigt, teilweise völlig zerstört. Zehn weitere Lokomotiven trugen ebenfalls schwere Schäden davon. Auch der in Saalfeld seit der Elektrifizierung stationierte Oberleitungsrevisionstriebwagen, ein ehemaliger und für diese Zwecke umgebauter VT 133, brannte völlig aus. Der Betrieb kam in Saalfeld zunächst zum Erliegen, erst zögerlich setzten die Aufräumarbeiten ein.

Dieses Schrägluftbild eines amerikanischen Aufklärungsflugzeuges zeigt den Bahnhof Saalfeld mit Blick aus Richtung Süden am 11. April 1945. Die Alliierten kontrollierten mit solchen Bildern die Wirkung ihrer zuvor geflogenen Angriffe. Der Saalfelder Bahnhof bietet fünf Tage vor dem Einmarsch der amerikanischen Truppen ein trostloses Bild der Verwüstung. Unten rechts der Bohlen und das Gebäude der heutigen Schokoladenfabrik.

AUFNAHME: LUFTBILDAGENTUR CARLS/WÜRZBURG

Die Saalbahn von 1945 bis 1990

Die schwere Nachkriegszeit und der Wiederaufbau

Unter großen Anstrengungen gelang es den Eisenbahnern, die Strecke wieder befahrbar zu machen. Neben den zerbombten Gleisanlagen war auch die Oberleitung nahezu völlig zerstört. Bereits am 16. Mai 1945 war die Befahrbarkeit eines Gleises zwischen Rudolstadt und Schwarza wieder möglich.

Jena war zu dieser Zeit noch praktisch vom Zugverkehr abgeschnitten. Ab dem 21. Juni 1945 konnte der Personen- und Güterverkehr im begrenzten Maße wieder aufgenommen werden. Die Züge aus Richtung Naumburg fuhren in dieser Zeit nur bis zur Einfahrt Jena Saalbahnhof in Höhe des damaligen Reichsbahnausbesserungswerkes. Erst als einige Gleise provisorisch wieder hergestellt waren, verkehrten sie ab 5. August 1945 wieder bis zum Bahnsteig. Von Bad Blankenburg über Schwarza nach Orlamünde konnte der Betrieb bereits am 22. Mai 1945 wieder aufgenommen werden. Da wegen der zerstörten Saalebrücke bei Schwarza Lokomotiven aus Saalfeld nicht herangeführt werden konnten, geschah dies mit einer Dampfspeicherlokomotive.

Erst nach drei Wochen wurde sie von einer Dampflokomotive abgelöst, die von Saalfeld über Gera und Göschwitz nach Rudolstadt herangeführt worden war. Ab dem 8. Oktober 1945, nach dem Wiederaufbau der Saalebrücke bei Schwarza, war auch dieser Teil der Saalbahn wieder befahrbar. Bis zum 22. Oktober 1945 war die Strecke zwischen Jena Saalbahnhof und Göschwitz wieder soweit hergestellt, dass auch hier der Zugverkehr aufgenommen werden konnte. Somit war die Strecke wieder durchgängig in Betrieb.

Auch die Reparatur der Oberleitung begann sofort nach Kriegsende. Da nicht genügend Dampflokomotiven zur Verfügung standen bzw. deren Zustand schlecht war und Kohle fehlte, wurde alles daran gesetzt, die Fahr- und Fernleitung schnellstens wieder aufzubauen. Mangel an Fachkräften, Material, Werkzeugen, Kraftfahrzeugen und Treibstoff verzögerten diese Reparaturarbeiten. Trotzdem gelang die Aufnahme des elektrischen Zugbetriebes zwischen Naumburg und Jena am 8. August 1945. Am 20. September 1945 wurde auch der Abschnitt Weißenfels – Naumburg wieder zugeschaltet.

Die Stromversorgung erfolgte vom Unterwerk Großkorbetha. Das Unterwerk Rothenstein war nicht beschädigt. Es wurde am 19. Oktober 1945 mit der wieder hergestellten 110-kV-Fernleitung Großkorbetha – Rothenstein in Betrieb genommen. Zuvor wurden hier 4,5 km Seile ausgewechselt und 10 beschädigte Masten wieder hergestellt. Am 9. November 1945 ging auch die Fernleitung von Rothenstein bis zur Landesgrenze wieder in Betrieb. Ab 26. November 1945 konnte der elektrische Betrieb bis zum Einfahrsignal des Bahnhofs Saalfeld weitergeführt werden. Vom Einfahrsignal mussten die Züge mittels Dampflokomotiven in den Bahnhof gezogen werden. Ab 1. Februar 1946 wurde von Probstzella bis zum Einfahrsignal Saalfeld der elektrische Zugbetrieb wiedereröffnet. Ab dem 9. März 1946 waren in Saalfeld einige Hauptgleise mit einer Oberleitung überspannt und damit der durchgehende elektrische Betrieb zwischen Weißenfels und Probstzella ermöglicht.

Bei Kriegsende waren 16,5 km Oberleitung der freien Strecke und 75,2 km in Bahnhöfen zerstört. Bis zum 31. Dezember 1945 konnten davon 42,4 km wieder hergestellt werden. Von der nicht wieder hergestellten Fahrleitung betraf ein großer Teil nicht mehr benutzbare Gleisabschnitte, vor allem durch Sprengung von Brücken. Zwischen dem 1. Januar und dem 25. März 1946 wurden sogar noch neue Gleise mit Oberleitung überspannt. Auf der Saalbahn betraf das den Bahnhof Camburg, dessen Güterbodengleis bisher noch nicht überspannt war. In Naumburg und Weißenfels wurden ebenfalls noch 1,4 km Nebengleise überspannt! Sogar die Strecke von Großkorbetha nach Halle wurde in dieser Zeit noch elektrifiziert. Zur Aufnahme des elektrischen Zugbetriebes kam es aber nicht mehr.

Nicht einmal einen Monat konnte der elektrische Fahrbetrieb aufrecht erhalten werden, denn gemäß den Festlegungen des Potsdamer Abkommens wurde auch die Eisenbahn zur Leistung von Reparationen herangezogen. Mit dem Befehl Nr. 95 der Sowjetischen Militäradministration Deutschland (SMAD) wurde der Abbau von Eisenbahnanlagen bis zum 15. April 1946 befohlen. Der

Mit dieser Dampfspeicherlokomotive der Firma Thüringische Zellwolle AG Schwarza wurde am 22. Mai 1945 der Betrieb um Schwarza wieder aufgenommen. AUFNAHME: SAMMLUNG KLAUS GIBBONS

Bekanntmachung!

Vom Dienstag, dem 22. Mai 1945, wird der Güter- und Personenzugverkehr auf der Strecke Bad Blankenburg – Orlamünde an den Werktagen wieder aufgenommen. Es verkehren täglich 2 Zugpaare in nebenstehenden Plänen:

6^{15}	16^{15}	ab	Bad Blankenburg	an	9^{08}	19^{08}
$6^{23/24}$	$16^{23/24}$	↓	Schwarza West	↑	8^{59} 9^{00}	18^{59} 19^{00}
$6^{27/38}$	$16^{27/38}$		Schwarza (Saale)		$8^{42\ 53}$	$18^{42\ 53}$
$6^{48/50}$	$16^{48/50}$		**Rudolstadt (Thür.)**		$8^{30\ 32}$	$18^{30\ 32}$
$7^{00\ 01}$	$17^{00\ 01}$		Kirchhasel		$8^{19\ 20}$	$18^{19\ 20}$
$7^{13\ 14}$	$17^{13/14}$		Uhlstädt		$8^{06\ 07}$	$18^{06\ 07}$
$7^{24\ 25}$	$17^{24\ 25}$		Zeutsch		$7^{55\ 56}$	$17^{55\ 56}$
7^{35}	17^{35}	an	Orlamünde	ab	7^{45}	17^{45}

Fahrausweise werden nur nach diesen Bahnhöfen ausgegeben.

Die ersten Züge verkehren wieder. Nachrichtenblatt des Landkreiseses Rudolstadt am 23. Mai 1945. ABB.: SLG. KLAUS GIBBONS

B E F E H L

des Chefs der Sowjet-Militär-Administration des Bundeslandes Thüringen

30. März 1946 Nr. 170 W e i m a r

Betrifft: Die Demontage und das Vorladen des Betriebes der elektrischen Bahn, der Kraftstrom- Leitungen der Erfurter Eisenbahn.

Auf Grund des durch den Marschall der Sowjet-Union des Genossen Chukoff bestätigten Verzeichnisses

b e f e h le ich:

1. Den Obersten S p a s o w mit Einzuziehung der Direktion der Erfurter Eisenbahn zu beauftragen durch Unternehmer die Demontage und das Verladen des Betriebes der elektrischen Bahn durchzuführen und zwar:
   a) das Unterkraftwerk: Rothenstein mit den Transformatoren und den Verteilungsanalagen ein komplett und Großheringen ein komplett;
   b) das Kontaktnetz in der allgemeinen Länge von 400 km;
   c) die Kraftstromleitung von 122 km Länge;
   d) die Stützen des Kontaktnetzes und die Leistungsmasten 4527 Stück.
2. Die Allgemeine technische Leitung ist auf den Obersten Borowik und den Beauftragten des Ministeriums für Verkehr der SSSR den Oberstleutnant Pomp zu übertragen. Die Verantwortung für eine ordnungsgemäße Demontage, für die Erhaltung der demontierten Einrichtung und für die Versorgung mit rollendem Material ist dem Präsidenten der Erfurter Eisenbahn – Herrn Dittforth – übertragen. Mit der technischen Leitung der Demontage wird der Vizepräsident der Erfurter Eisenbahn, Herr Tetzlaff, beauftragt.
3. Zur Durchführung der Demontage der elektronischen Bahn hat der Präsident des Bundeslandes Thüringen Dr. Paul in dreitägiger Frist 6500 Arbeiter zu stellen und dieselben an Ort und Stelle mit Wohnraum und Nahrung laut entsprechender Norm zu versorgen.
4. Dem Chef der Verwaltung der SMA des Bundeslandes Thüringen Garde-General-Major Kolesnitschenko für die Anfuhr des Materials und der Einrichtung zu den Verladestationen die Transportmittel der Ortsbevölkerung in der Anzahl von 40 Dreitouren-Automaschinen und 10 Motorschlepper zu mobilisieren.
5. Dem Obersten Spasow zum Schutze und zur Aufsicht der Arbeit Militärabteilungen zu stellen.
6. Der vorliegende Plan wird bestätigt. Der Endtermin für die Demontage wird nicht später als am 20. April 1946 festgesetzt.
7. Der Oberst Spasow hat mir alle 5 Tage über den Gang der Demontage zu berichten.

Chef der Sowjet-Militär-Administration
des Bundeslandes Thüringen
GARDE-GENERAL TSCHUIKOW

Richtig: Kanzleichef des Stabes der Verwaltung
der SMA des Bundeslandes Thüringen
GARDE-KAPITÄN des administrativen Dienstes
F E D U N

2. April 1946

Chef der SMA in Thüringen erließ am 30. März 1946 den Befehl 170 (Wortlaut siehe Kasten oben) zum Abbau der Oberleitung bis zum 20. April 1946 für den Bereich der RBD Erfurt. Verantwortlich für den Abbau wurde der Präsident der RBD, Dittforth, gemacht. Der Regierungspräsident von Thüringen, Dr. Paul, hatte binnen drei Tagen die im Befehl genannten 6.500 Arbeitskräfte bereitzustellen.

Desweiteren wurden auch der Abbau von Gleisen und die Abgabe von Lokomotiven befohlen. In der Nacht vom 28. zum 29. März 1946 wurde die Oberleitung der Saalbahn abgeschaltet. Der Abbau hatte bereits am 25. März in kleinerem Maße begonnen, wurde nun verstärkt fortgesetzt und war erst am 10. Juli 1946 beendet. Der Abtransport der Ausrüstungen erfolgte bis zum 14. September 1946. Von der RBD Erfurt wurden 365 km Fahrleitung, 4.324 Masten und 123 km 110-KV-Fernleitung abgebaut. Zehn Masten in Gebäuden blieben stehen. Vom Unterwerk Rothenstein und den Kuppelstellen Großheringen und Köditz blieben nur die leeren Gebäude übrig. Nach einem Bericht der RBD

Oben: Der Wortlaut des Befehls Nr. 170 des Chefs der Sowjetischen Militär-Administration in Thüringen.

QUELLE: STAATSHAUPTARCHIV WEIMAR

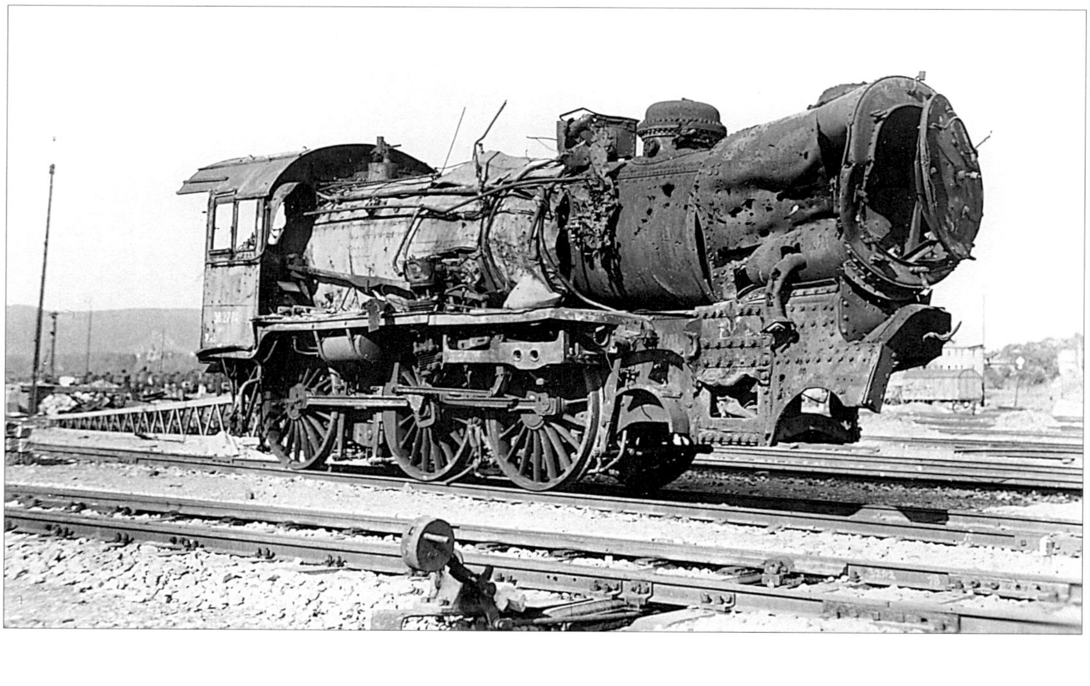

Dieses Bild vom 27. April 1946 dokumentiert die Nachkriegsverhältnisse auf der Saalbahn im doppelten Sinne: Die kriegsbeschädigte Lokomotive 38 2774 steht ein Jahr nach dem verheerenden Bombenangriffen noch immer im Bahnhof Saalfeld herum und im Hingergrund liegt ein Quermast der bereits abgebauten elektrischen Fahrleitung zum Abtransport in die Sowjetunion bereit.

AUFNAHME: RBD ERFURT/SLG. TFG

Erfurt vom 28. Mai 1947 war der als Reparationsleistung an die SMA zu meldende Betrag gleich 29.972.746,36 RM.

Die Reichsbahndirektion Erfurt war weiterhin verpflichtet worden, 600 km Gleis abzubauen. Davon war auch die Saalbahn betroffen. 1946 wurde ihr zweites Gleis völlig abgebaut. Damit war die Durchführung des Eisenbahnbetriebes erheblich behindert. In der ersten Zeit war besonders belastend, dass eine ordnungsgemäße Signalisierung nicht möglich war. Durch den Abbau der Gleise bzw. Ausbau der Weichen waren die festgelegten Fahrstraßen mit ihren Signalabhängigkeiten nicht mehr nutzbar.

Die damalige Hauptverwaltung der DR erließ ab dem 18. Dezember 1945 Anweisungen, dass in diesen Fällen ein zusätzlicher Fahrtbefehl auszustellen ist. Danach war auf allen früher zwei- und jetzt eingleisigen Hauptbahnen, die bisher mit Streckenblockung ausgerüstet waren, ein Fahrtbefehl auszufertigen. Diese Vorschriften sind nachhaltig von der SMA gefordert worden, offensichtlich in Unkenntnis deutscher Vorschriften und aus Angst vor Sabotage. Die Fahrdienstleiter hatten jedem ankommenden Zug eine fortlaufende Genehmigungsnummer zuzuordnen – in der einen Richtung mit geraden Nummern, in der anderen Richtung mit ungeraden. Diese Nummer wurde der Zugmeldung am Schluss zugesetzt und vom anbietenden Fahrdienstleiter in seinem Zugmeldebuch und auf seinem anzufertigenden Fahrtbefehl vermerkt. Dieser Fahrtbefehl wurde vom Fahrdienstleiter bei haltenden Zügen dem Zugführer ausgehändigt. Dieser musste prüfen, ob der zu befahrende Streckenabschnitt und eine Genehmigungsnummer eingetragen wurden und übergab ihn dem Lokführer, der gleiches tat. Der Fahrtbefehl ersetzte nicht den Abfahrauftrag, auch nicht den schriftlichen Befehl bei Zugfahrten ohne Signal. Er war eine zusätzliche Sicherheitsmaßnahme! Für durchfahrende Züge wurde dieses Verfahren als „Ringverfahren“ angewendet. In diesem Fall wurde der Fahrtbefehl mit einem an einer Stange befindlichen Ring von etwa 50 cm Durchmesser hochgehalten. Lokführer oder Heizer streckten den Unterarm waagerecht vor, fuhren in den Ring, entnahmen den Fahrbefehl und warfen den Ring sofort wieder ab, damit dieser für weitere Zugfahrten benutzt werden konnte. In dieser Situation waren nur max. 25 km/h zugelassen. Dass dieses Verfahren sehr aufwendig war und nicht ohne Störungen ablief, ist nachzuvollziehen. Deshalb wurde es am 28. Mai 1948 auch wieder eingestellt.

Im Jahr 1947 wurde die Verwaltung neu strukturiert, indem alle Betriebs-, Verkehrs- und Maschinenämter aufgelöst und Reichsbahnämter (RBA) eingerichtet wurden. Das für die Saalbahn zuständige RBA war nun in Saalfeld. Nach und nach „normalisierten“ sich die Verhältnisse, der Verkehr nahm, wenn auch bescheiden, wieder zu. Als Hindernis erwies sich die eingleisige Streckenführung, insbesondere in den Ballungsräumen um Jena

Die Folgen des Krieges waren noch 1953 allgegenwärtig: Acht Jahre nach Kriegsende stand in Saalfeld noch immer der ausgebrannte Fahrleitungsuntersuchungswagen 738 004, der 1941 aus dem VT 133 007 umgebaut wurde. AUFN.: RBD ERFURT

Wo noch wenige Jahre zuvor Schnellzüge mit den damals modernsten elektrischen Loks der Baureihen E 18 und E 19 durch den Bahnhof rauschten, warten jetzt Reisende auf einen der unregelmäßig verkehrenden Züge. Das Gleis am Bahnsteig 1 in Dornburg ist bereits abgebaut und die nutzlose Bahnsteigkante dient jetzt als Wartebank.

AUFNAHME: F. W. RICHTER/ SAMMLUNG WERNER DRESCHER

Ein Sonderzug von den III. Weltfestspielen der Jugend und Studenten im August 1951 kehrt aus Berlin nach Saalfeld zurück. Hier nimmt er einen Aufenthalt in Jena Saalbahnhof. Die Zuglok der BR 44 und der Bahnsteig 2 sind mit zeitgemäßer Propaganda dekoriert. Am Bahnsteig 3 steht vermutlich ein Zug von bzw. nach Eisenberg. Der rauchende Schlot im Hintergrund des Bildes gehört zum RAW. AUFNAHME: F. W. RICHTER, SAMMLUNG WERNER DRESCHER

und Jena-Göschwitz sowie Rudolstadt und Rudolstadt-Schwarza. Der nun ständig steigende Güter- und Personenverkehr machte den zweigleisigen Wiederausbau der Saalbahn ganz einfach notwendig. Es dauerte aber fast 40 Jahre, ehe die ganze Saalbahn wieder durchgehend zweigleisig war!

1954 wurde als erstes der Abschnitt Rudolstadt Personenbahnhof – Schwarza wieder zweigleisig ausgebaut. Die wirtschaftlichen Verhältnisse dieser Zeit ließen es einfach nicht zu, die Strecke umfassend wieder aufzubauen. Es konnte immer nur das Nötigste getan werden. So ist es nicht verwunderlich, dass die Strecke weit

38 2833 wird im Sommer 1969 gleich mit einem Personenzug aus Saalfeld kommend in Jena Paradies einfahren. Die letzten fünf Jahre ihres Daseins von 1967 bis 1972, dem Jahr ihrer Verschrottung, wurde sie vom Lokbahnhof Göschwitz eingesetzt. An dieser Stelle steht der provisorische Haltepunkt Jena Paradies. Seit 1968/69 ist dieser Abschnitt wieder zweigleisig befahrbar.

AUFNAHME: DIETER BÄZOLD/ SAMMLUNG: WERNER DRESCHER

Im Juni 1969 führt 22 038 D 128 „Saßnitz-Express" von Berlin nach München, den die Saalfelder Maschine im Abschnitt Camburg – Probstzella bespannt. Im Hintergrund rechts ist der Wasserturm an der Weimar-Gera-Bahn in Göschwitz zu erkennen.

AUFNAHME: THOMAS FRISTER

Ab Mai 1967 kamen nach einer Pause von 21 Jahren auch wieder Elektrolokomotiven bis nach Camburg auf die Saalbahn. 204 014 führt P 4005 Leipzig – Saalfeld bis nach Camburg, wo er gleich von einer Dampflok der Baureihe 41 übernommen werden wird. Soeben fährt der aus Bag-Wagen gebildete Zug in den Bahnhof Camburg ein. Hinter der Brücke ist auf der rechten Seite das Stellwerk Cn erkennbar. Die Aufnahme entstand im April 1972.

AUFNAHME: GÜNTER SCHEIBE

heruntergewirtschaftet war. Eine umfassende Sanierung war dringend erforderlich. Als Heiligabend 1964 der „Saßnitz-Express" Stockholm – Saßnitz – Berlin – München mit der 01 507 auf Grund von Oberbaumängeln in Uhlstädt entgleiste, war das der letzte Anlass, nun endlich mit der Sanierung der Strecke zu beginnen. Der Wiederaufbau verlief folgendermaßen:

1965 Rudolstadt Personenbahnhof – Rudolstadt Güterbahnhof,
1968/69 Jena Saalbahnhof – Göschwitz,
1969 Porstendorf – Jena Saalbahnhof,
1971 Göschwitz – Kahla,
1972 Kahla – Orlamünde,
1972 Rudolstadt-Schwarza – Saalfeld.

Zwischenzeitlich wurde am 26. Mai 1967 der elektrische Zugbetrieb zwischen Bad Kösen bzw. Großheringen und Camburg eröffnet. Auf der gesamten Strecke Weißenfels – Neudietendorf wurde am 23. September 1967 der elektrische Zugbetrieb aufgenommen. Als Endpunkt der Elektrifizierung der Saalbahn von Norden her wurde Camburg gewählt, um das doch zeitaufwendige Umspannen von der stark belasteten Thüringer Bahn zu verlagern. Für die Saalbahn selbst wurde der Betrieb durch die Elektrifizierung mehr erschwert, als sie nützte.

Mit dem Bau des Zentralstellwerkes in Großheringen 1966/67 begann auf der Saalbahn die Umstellung der Signal- und Sicherungstechnik. Sie lief mit der vereinzelten Umstellung der Signaltechnik von Formvorsignalen auf Lichtvorsignale an. Die nächste größere Umstellung erfolgte mit der Inbetriebnahme des Zentralstellwerkes in Göschwitz im Jahr 1977. Orlamünde wurde 1979/1980 mit Lichtsignalen ausgestattet. Es wurden auch vermehrt ortsbediente Schranken zur Sicherung der Straßen- und Wegübergänge durch automatische Halbschrankenanlagen ersetzt. Der erste Posten, der durch eine automatische Halbschrankenanlage ersetzt wurde, war der Posten 39 in der Nähe von Kahla im Jahr 1967. Ende der achtziger Jahre gab es immer noch elf ortsbediente Schrankenanlagen auf der Saalbahn.

1974: Die Saal-Eisenbahn wird 100 Jahre

Trotz der stets angespannten betrieblichen Situation, die bei der Deutschen Reichsbahn herrschte, sollte dieses Ereignis würdig begangen werden. Da im selben Jahr auch die DDR ihren 25. Jahrestag beging, bekam das Jubiläum einen politischen Beigeschmack, aber auch den Anspruch, dass es gelingen musste. Das geschah dann auch. Eine Arbeitsgruppe mit engagierten Eisenbahnern und Eisenbahnfreunden wurde beim Reichsbahnamt Saalfeld eingerichtet. Die Vorbereitungen begannen am 19. Juni 1973 mit einer ersten Beratung. Eine der ersten Festlegungen war, die Sonderfahrt am 8. Juni 1974, am „Tag des Eisenbahners", stattfinden zu lassen. Alle Dienstorte entlang der Saalbahn wurden einbezogen und engagierten sich sehr. Eine Festschrift, Sonderpostkarten- und -umschläge und ein Sonderstempel wurden vorbereitet. Die Mitropa wurde zur Bewirtschaftung des Sonderzuges mit einbezogen.

Fahrkarte für den Sonderzug SAMMLUNG WERNER DRESCHER

Während der Vorbereitung wurden mehrere Varianten für die Bespannung diskutiert. Im Dezember 1973 stand schließlich fest, dass die Zuglokomotive die Schlepptender-T 3 89 6009 sein würde. Nachdem diese 1902 gebaute Lokomotive seit 1971 dem Verkehrsmuseum Dresden gehörte und bis Anfang 1974 im Raw Görlitz aufgearbeitet wurde, war dies der erste größere Einsatz unter musealen Vorzeichen. Der Wagenzug bestand aus vier Bi-Wagen des Verkehrsmuseums Dresden, die gerade im Bw Görlitz aufgearbeitet wurden und weiteren fünf Wagen aus dem Bestand der Wagenmeisterei Saalfeld. Die Zugbildung wurde mit 300 Tonnen Höchstlast festgelegt.

Am 8. Juni 1974 begann die Sonderfahrt um 6.36 Uhr in Großheringen. Sieben Stunden sollte die Fahrt dauern, ehe der Zug nach 13.00 Uhr in Saalfeld ankam. In der Fahrplananordnung Nummer 2057 waren die Fahrzeiten und umfangreichen Änderungen des Verkehrs auf der Saalbahn für diesen Tag festgelegt. Der Sonderzug erhielt die Nummer P 24695.

Die Bahnbeamten versahen ihren Dienst in historischen Uniformen, die ebenfalls vom Verkehrsmuseum Dresden zur Verfügung gestellt wurden. Das Wetter war hervorragend, Bahnhöfe waren herausgeputzt. Viele Reisende nahmen in historischen Kostümen teil. Alles in allem war eine bisher nicht erlebte Begeisterung zu konstatieren. Die Fahrt gestaltete sich zu einem Triumphzug. Straßen waren überfüllt, der Zug wurde von vielen Motorrädern und Autos begleitet. Nie zuvor und danach erlebte die Eisenbahn im Thüringer Raum eine solche Anteilnahme. Auf allen Bahnhöfen wurde der Zug mit Musik und vielen Zuschauern empfangen. Der Höhepunkt, was die Anteilnahme betrifft, wurde zweifellos in Jena erreicht. Allein hier waren es Tausende, die zum Bahnhof kamen, um den Zug zu begrüßen. Die Eisenbahnerzeitung „Fahrt Frei" sprach von insgesamt über 30.000 Zuschauern!

Eine Fahrzeugausstellung durfte natürlich nicht fehlen. Folgende Lokomotiven kamen in Saalfeld zur Präsentation: 98 001, S 10 Berlin 1135 (17 1055), 18 314, 19 017 , P 8 2553 ERFURT (38 2267). Lok 55 669 war für die Ausstellung vorgesehen. Es kam aber nicht dazu, weil sie nicht fertig gestellt werden konnte. Sie wurde zwar nach Saalfeld überführt, war dann aber im Bw-Gelände abgestellt. Im Rahmen des Jubiläums bespannte 02 0201 vom 5. bis 8. Juni vormittags den Zug D 501 von Halle nach Saalfeld und abends den Zug P 3008 von Saalfeld nach Halle. Diese Veranstaltung fand ein riesiges öffentliches Interesse, von der die Bahn heute nur noch träumen kann.

Kurz vor dem Start des historischen Sonderzuges „100 Jahre Saalbahn" frühmorgens am 8. Juni 1974 um 5.53 Uhr in Großheringen: Das Zugpersonal präsentiert sich neben 89 6009 in der Frühsonne stilecht in historischen Uniformen. Die Schlepptender-T 3 war erst wenige Wochen zuvor am 16. April 1974 im Raw Görlitz wieder betriebsfähig aufgearbeitet worden.

AUFNAHME: WERNER DRESCHER

41 1036 (Bw Saalfeld) befördert am 17. April 1978 P 5018 von Saalfeld nach Jena Saalbahnhof, hier in der Nähe von Uhlstädt. Dieser zum Aufnahmezeitpunkt noch eingleisige Streckenabschnitt wurde erst 1979 wieder zweigleisig ausgebaut.

AUFNAHME: DETLEF HOMMEL

Deutsche Reichsbahn
Reichsbahndirektion Erfurt
Stab für die operative
Betriebsleitung
Fachabt. Transporttechnologie
Bereich Fahrplantechnologie

Erfurt, den 21.5.74
SBI-II-1-11
323

<u>Fahrplananordnung Nr. 2057</u>

Rba Dl Saalfeld und Erfurt, Bfe Bm Bw Wm von Saalfeld bis Naumburg(S) Hbf
Rbd Erfurt M-TU, BW Dresden, TE-Naumburg, Bw Weißenfels, Rbd Dresden M-Td-1

Betreff
<u>Jubiläumssonderzug aus Anlaß des 100-jährigen Bestehens der Saalebahn</u>

<u>Es verkehren:</u>
Freitag 7. Juni Lrz 24695 (30.9) Saalfeld – Großheringen (Hg 30 km/h, Last 150 t, Mbr 20, Tfz BR 89), wie folgt:

Samstag 8. Juni verk Lzz 24695 (96.3) Naumburg (S) Hbf – Großheringen (Hg 40 km/h Mbr 25, Tfz 89) Naumburg ab 4.56 (vereinigt mit Lzz 61480) Nw 58 Spf 5.02 Bkö 07 Sk 12 Großheringen an 5.16
Ferner verk Sa 8.Juni P 24695 (30.4) Großheringen – Saalfeld (Hg 30 km/h, Mbr 20, Last 150 t, Tfz 89) wie folgt:
Großheringen ab 6.36 Ghs 41 Stö 48 Cb 6.55/7.20 Wür 30 Dg 35/52 Pf 8.02/18 Jz 24 Js 8.30/9.46 Am 53 G 10.01/31 Rot 40 Ka 10.52/11.12 0 24/46 Ze 54 Us 12.02 Kh 13 Rlg 18 Rl 22/45 Rsw 54/57 Saalfeld an 13.10

<u>Folgeänderungen:</u>
N 66463 Camburg 7.07+/32 Wür 37.5 Dg 7.41/8.24 uwu
P 3003 Pf 9.12/26 Jz 30/30.5 Jz 34.5/38 uwu
Dg 50300 Orlamünde 11.34+/56 Ze 12.04 Us 10+/24 Kh 32 Rlg 35 Rl 37 Rsw 43 Saalfeld an 12.52 (Weiterfahrt regelt DL in eigener Zuständigkeit)
Dg 52640 Orlamünde 12.04+/13.12 Ze 19 Us 25+/39 Kh 48 RLg 52 Rl 54 Rsw 14.00 saalfeld an 14.09
Dg 55448 Uhlstädt 13.10+/26 Ze 32 0 36 KA 41 Rot 47 G 52 uwu
Üb 74446 Orlamünde ab 13.54 Kahla an 14.02
P 5014 Jena Saalbf an 8.35

Es dürfen nicht verkehren: Sr 20703/20701 B, Lzm/Dstlz 73412

Bfe Porstendorf und Jena fertigen Aushänge wegen geänderten P 3003 und vermerken, dass in Jena Saalbf kein Anschluß an D 501 besteht.

<u>Zub</u> für 24695 stellt Verw Brigade Rba Saalfeld
Lrz 24695 am 7.6. ohne Zub
<u>Lokgestellung</u>
Bw Dresden: -Gesamtleistung-
TE Naumburg: Lotse Fg Sa Lrz 24695 Gh/Lsv 24695 Nm/Fg Sa

Der zweigleisige Ausbau ging 1978 mit dem Abschnitt Camburg – Dornburg, Uhlstädt – Rudolstadt Güterbahnhof, 1979 Orlamünde – Uhlstädt und Dornburg – Porstendorf weiter.

Der Wiederaufbau des zweiten Gleises fand 1981 mit dem Abschnitt Verbindungsbahn Gs – Camburg seinen Abschluss. Dieser Streckenabschnitt war auch am aufwendigsten zu sanieren, da bedeutende Erneuerungsarbeiten an Stützmauern und Böschungen erforderlich waren. Im selben Zeitraum fanden umfangreiche Oberbauerneuerungen statt. Die Anlagen zur Elektrifizierung des zweiten Gleises entstanden ebenfalls zu dieser Zeit.

Eine neue Qualität wurde aber mit diesem Ausbau nicht erzielt. Die Höchstgeschwindigkeit blieb bei 90 km/h. Auch das Problem der Langsamfahrstellen durch ständige Ober- und Unterbaumängel konnte ebenfalls nicht beseitigt werden. Ein Auszug des „La-Stellenverzeichnisses“ der 11. Kalenderwoche vom 8. bis 14. März 1982 (Abbildung unten) ist ein Beleg dafür.

8 a Abzw Saaleck–Saalfeld–Probstzella
(Eingleisig: Saalfeld –Probstzella)

1 Camburg	Ausfvorsig Gl 4 u Gl 7 Vp(m) 8,186			20. 1. 81		zeigt nur Vf 0 od Vf 2
	Vorsigwdh Vwp Gl 4 8,610					zeigt nur Hl 10 od Hl 7
✦ 2 Dornburg–Porstendorf		Behelf	10.20–15.25	nur 9. 3.		Oberbauarb
	Dornburg Einfsig N 14,030	40				Zs 1 für Z n Gl 2
	Dornburg Ausfsig H Gl 1 15,394					Durchf zugel Überltg i zeitw eingl Behelfsbetr Zs 1 dch So 2 f Gl 2 gültig
	Dornburg Ausfsig D 15,249 Gl 3	Halt				Durchf nicht zugel Überltg i zeitw eingl Behelfsbetr Zs 1
	Dornburg Ausfsig E Gl 5 15,219					
	Porstendorf Einfvorsig Vo 17,790	gültig				zeigt nur Hl 10 So 3 nicht aufgestellt
	Porstendorf Einfsig A 18,798	40				Zs 1 So 2 aufgestellt
3 Porstendorf	Ausfvorsig Vf 18,795			27.10. 80		in Warnst festgel ●
4 Porstendorf –Jena Sbf	20,15–24,32	50	alle Z	16. 6. 81		Neubaugl ●

Der Wiederaufbau des zweiten Gleises der Saalbahn dauerte bis zum Jahr 1981. Am 30. Januar 1977 fährt 118 024 (Bw Gera) mit dem Gex 2909 (Bad Salzungen – Görlitz), der über Apolda, Großheringen und Göschwitz weiter nach Gera verkehrte, über den damals noch eingleisigen Abschnitt Dornburg – Porstendorf. AUFNAHME: DETLEF HOMMEL

„Magistrale der vorbildlichen Qualität"

Camburg – Jena – Göschwitz – Orlamünde – Rudolstadt – Rud.-Schwarza – Saalfeld – Hockeroda – Probstzella

Im Kampf um die Erfüllung der uns gestellten Transportaufgaben, bei hoher Qualität, sind wir stets nach neuen Methoden aus, welche eine wirksame Verbesserung von Ordnung, Disziplin und Sicherheit zum Ziel haben.
Die Rbd Halle(Saale) hat in enger Zusammenarbeit mit den Schutz- und Sicherheitsorganen dieses Bezirkes zu Beginn des Jahres 1983 um die Durchsetzung einer vorbildlichen Ordnung, Disziplin, Sicherheit und Sauberkeit auf den Magistralen im Rbd-Bezirk Halle(Saale) den Kampf um den Titel

"MAGISTRALE VORBILDLICHER QUALITÄT"

aufgenommen. Als Magistralen sind die bedeutendsten Streckenabschnitte dieses Rbd-Bezirkes einbezogen.
Das Ministerium für Verkehrswesen beauftragte nunmehr die übrigen Reichsbahndirektionen, die leistungsbestimmenden Streckenabschnitte in ihrem Bereich ebenfalls in den Kampf um die "Magistralen der hohen bzw. vorbildlichen Qualität" einzubeziehen.
Auch im Rbd-Bezirk Erfurt ist nunmehr in den vier Rba-Bezirken auf den wichtigsten Streckenabschnitten der Kampf um "Magistrale der vorbildlichen Qualität" in die Wege geleitet worden.
Für unseren Rba-Bezirk ist der Streckenabschnitt "Camburg(Saale)-Saalfeld(Saale) - Probstzella" zur Durchsetzung einer vorbildlichen Ordnung, Disziplin, Sicherheit und Sauberkeit als "Magistrale der vorbildlichen Qualität" auf Beschluß des Sicherheitsaktivs des Rba in seiner Beratung am 21.09.1983 festgelegt.
Worum geht es bei dem Kampf um die "Magistrale der vorbildlichen Qualität" auf dem Streckenabschnitt Camburg - Saalfeld - Probstzella ?
Dieser Streckenabschnitt ist der Lebensnerv des Rba-Bezirkes Saalfeld. Es gilt, folgende Aufgaben noch intensiver als auf den übrigen Streckenabschnitten zu lösen:

1. Alle Störungen und Vorkommnisse, die dem Klassengegner Vorschub leisten und unserer DDR Schaden zufügen, auszuschalten;
2. Zurückdrängung von ideologischem und fachlichem Fehlverhalten;
3. Vermeiden von Straftaten und anderen Rechtsverletzungen im Eisenbahnbereich;
4. Ausschalten von Zug- und Rangierunfällen sowie Arbeitsunfällen und Wagen- und Ladegutbeschädigungen und anderen Vorkommnissen, die uns Schaden zufügen;

Das Grundanliegen besteht darin:

- Das Beste zum Allgemeinen zu machen durch eine spürbare Ausprägung der Kampfatmosphäre;
- eine noch tiefere Prägung der ideologischen Grundhaltungen der Leitungskader und aller Eisenbahner durch komplexes Zusammenwirken der staatlichen Leiter und Wirtschaftskader, der Leitungs- und Arbeitskollektive, Parteiorganisationen, Massenorganisationen sowie der Schutz- und Sicherheitsorgane.

Dazu ist erforderlich, das Denken und Handeln auf folgende Grundsätze auszurichten:
- Echte Leistung gedeiht nur dort, wo Ordnung, Disziplin und Qualitätsarbeit anzutreffen sind
- Die Qualität der Arbeit ist Maßstab des persönlichen Engagements der Leiter und jedes Eisenbahners
- Das Ringen um persönliche und kollektive Bestleistungen sowie der ehrliche, kritische Meinungsstreit im Kampf um hohe Qualität der Arbeit müssen die Arbeitsatmosphäre an jedem Arbeitsplatz und in jedem Kollektiv bestimmen.

Die Entwicklung der "Magistralen der vorbildlichen Qualität" ist in erster Linie eine politisch-ideologische Aufgabenstellung.

Wir erwarten, daß die Wahlberichtsversammlungen der GO'en, der BPO, FDJ-GO und die Mitgliederversammlungen der Partei- und Massenorganisationen gezielt genutzt werden, um die Bedeutung der "Magistrale der vorbildlichen Qualität" allseitig zu erläutern.
Wie ist der Kampf um die "Magistrale der vorbildlichen Qualität" in unserem Rba-Bezirk für den Streckenabschnitt Camburg(S) - Probstzella zu führen ?

1. Beim Rba Saalfeld(S) besteht eine Kommission, die vom Leiter des Rba geleitet wird.
   Dieser Kommission gehören an:

   Leiter des Trapo-Amtes Gera, Sitz Saalfeld
   Leiter der Politischen Abteilung des Rba Saalfeld
   Vorsitzender der Gewerkschaftsleitung des Rba-Bezirkes
   Vertreter des Leiters des Rba
   Chef des Stabes
   Inspektion des Leiters
   Fachabteilungsleiter Betriebstechnik
   Gruppenleiter Kader und Bildung
   Re (zugleich Sekretär der Kommission)

   Diese Kommission tritt einmal im Quartal zusammen.

2. Die z.Z. bestehenden Streckensicherheitsaktive der Saalebahn setzen in veränderter Zusammensetzung ihre Tätigkeit in monatlichen Beratungen fort und zwar
   - Streckensicherheitsaktiv "Nord" für den Abschnitt Camburg bis Uhlstädt unter Leitung des Fachabteilungsleiters Bt des Rba
   - Streckensicherheitsaktiv "Süd" für den Abschnitt Rudolstadt bis Probstzella unter Leitung des Vertreters des Leiters des Rba.

Die ersten Beratungen beider Sicherheitsaktive finden in der zweiten Hälfte des Monats November 1983 statt.
Die Leiter der Bahnhöfe erhalten im Leiterseminar am 27.10.1983 und die Leiter der zuständigen technischen Dienststellen weitere Hinweise für die Führung des Kampfes um die "Magistrale der vorbildlichen Qualität" für den Streckenabschnitt Camburg - Probstzella.
Wir erwarten von allen Bahnhöfen und technischen Dienststellen, daß sie die nächsten Wochen dazu nutzen, um die Eisenbahnerinnen und Eisenbahner der Saalebahn über die Bedeutung des Kampfes um die "Magistrale der vorbildlichen Qualität" aufklären. Hierfür sollten die Wandzeitungen mit genutzt werden.

Vorwärts im Kampf um eine störungs- und unfallfreie

"Magistrale der vorbildlichen Qualität"

von Camburg bis Probstzella.

Typische DDR-Propaganda, heute belächelt, damals meist nicht sonderlich ernst genommen, befasste sich auch 1983 mit der Saalbahn. Der „Scheinwerfer", so hieß diese Publikation, rief zum Kampf für eine „Magistrale der vorbildlichen Qualität" auf. ABBILDUNGEN (2): ORLABAHNMUSEUM KLEINDEMBACH

Betrieb und Verkehr von 1945 bis 1990

Der Reiseverkehr

Trotz aller Schwierigkeiten in den ersten Nachkriegsmonaten waren im Sommerfahrplan des Jahres 1946 bereits wieder zehn Personenzüge zu finden, die meist nur werktags und auf Teilstrecken verkehrten. Aufgrund des Mangels an Lokomotiven und Wagen fuhren sie nur unregelmäßig und waren überbesetzt. An einen Schnellzugverkehr war nicht zu denken.

Durch die neuen politischen Verhältnisse nach dem Zweiten Weltkrieg veränderten sich die Verkehrsströme. Die Saalbahn als typische Nord-Süd-Verbindung war davon besonders betroffen. Ein durchgehender Verkehr war zunächst überhaupt nicht möglich. Am 15. Mai 1949 wurde das erste D-Zug-Paar 1041/1042 zwischen Berlin und Saalfeld eingelegt:

D 1042				D 1041
17.44	ab	Berlin Anhalter Bf	an	9.06
20.50	ab	Halle (Saale)	ab	5.50
22.48	**ab**	**Jena Saalbf**	**ab**	**3.45**
22.33	**ab**	**Rudolstadt**	**ab**	**3.02**
23.52	**an**	**Saalfeld (Saale)**	**ab**	**2.45**

Dieses Zugpaar führte aber nur die 3. Wagenklasse. Am 2. Oktober 1949 erhielt es die Bezeichnung D 49/50. 1950 verkehrte zwischen München und Berlin D 149/150, ohne – außer in Saalfeld – auf der Saalbahn zu halten. Dieser Zug war entsprechend der Fußnote im Fahrplan nur mit *„Interzonenpass und Interzonenkarte benutzbar, im Gebiet der DDR nur zum Aussteigen"*.

Im regionalen Verkehr der Saalbahn waren es wieder vier Personenzugpaare, die über die Gesamtstrecke fuhren und etwa 20 weitere Züge, die auf Teilstrecken bzw. zu bestimmten Zeiten verkehrten. Für Wochenendausflügler wurde später das beliebte Zugpaar P 912/911 von Leipzig mit dem Zuglauf über die Saalbahn und Rudolstadt-Schwarza nach Katzhütte eingerichtet. Dieser Zug sollte unter verschiedenen Nummern viele Jahre – zuletzt als P 4003/4008 – bis zum 1. Juni 1991 verkehren. 1951 kam das Zugpaar Et 278/279 Halle – Camburg – Jena Saalbahnhof – Göschwitz – Kahla – Rudolstadt – Schwarza – Saalfeld u. z. hinzu. 1953 verkehrten die folgenden schnellfahrenden Züge:

E 278/279 Halle – Camburg – Jena Saalbahnhof – Göschwitz – Kahla – Rudolstadt – Rudolstadt-Schwarza – Saalfeld u.z.

D 148/147 Berlin – Halle – Jena Saalbahnhof – Rudolstadt – Saalfeld u.z.

Die Züge D 150/149 Berlin – München verkehrten jetzt nicht mehr über die Saalbahn, sondern über Saalfeld – Gera – Leipzig. Vier Personenzugpaare verkehrten zwischen Leipzig/Halle – Naumburg – Saalfeld und weitere 20 Personzugpaare auf Teilstrecken bzw. zu bestimmten Verkehrstagen.

LM Sonderzüge M

aus der sowjetischen Zone zur Leipziger Messe im Herbst 1948

18

LM 133 29. Aug. M					LM 633 31. Aug. M
	8.17 ab	**Saalfeld (Saale)**	an	18.53	
	8.31	Schwarza (Saale)		18.41	
	8.41	Rudolstadt (Thür.)		18.29	
	9.09	Orlamünde		17.55	
	9.20	Kahla (Thür.)		17.42	
	9.37	Göschwitz		17.21	
	9.52	Jena Saalbf.		17.00	
	10.23	Camburg (Saale)		16.24	
	10.54	Naumburg (Saale) Hbf.	an	15.52	
	12.35 an	Leipzig Hbf.	ab	14.15	

Leitstelle: Deutsches Reisebüro Vertretung Naumburg Inh. Richard Franz Naumburg (Saale) Markt 6, Tel. 2976 Telegr.-Adr.: Reisebüro Naumburg

3 Tage Messe-Verpflegung

1948 verkehrten Sonderzüge zur Leipziger Messe. Über vier Stunden dauerte eine Fahrt.

188. 188 a–c

188 Probstzella–Saalfeld (Saale)–Großheringen u Naumburg (Saale) *Gegenrichtung*

km	RBD Erfurt																				
	Sonneberg (Thür) 190k	ab	...	...	...	...	...	...	*5.00*	...	...	...	...	...	...	...	...	*13.18*	...	...	...
	Lauscha (Thür) 190k	ab	...	...	...	...	...	...	*6.05*	...	...	...	...	...	...	...	...	*14.25*	...	...	...
	Probstzella	an	...	...	...	...	...	...	*7.32*	...	...	...	...	...	...	...	...	*15.52*	...	...	...
	Zug Nr				405		407		3481				425					317			409
	Klasse				2. 3.		2. 3.		2. 3.				2. 3.					❶ 2. 3.			2. 3.
0,0	**Probstzella** (Weitere Züge siehe 189 g)	ab	...	...	4.21	...	5.54	...	7.43	...	...	...	11.00	...	...	...	...	16.02	...	...	21.00
4,0	Marktgölitz		...	...	4.29	...	6.02	...	7.51	...	...	...	11.08	...	...	...	...	16.10	...	...	21.08
5,2	Unterloquitz		...	...	4.38	...	6.15	...	8.00	...	...	...	11.18	...	...	...	...	16.18	...	...	21.17
12,9	Hockeroda 189g		...	...	4.46	...	6.22	...	8.09	...	...	...	11.26	...	...	...	...	16.26	...	...	21.25
15,1	Eichicht (Saale)		...	...	4.52	...	6.28	...	8.15	...	...	...	11.32	...	...	...	...	16.32	...	...	21.31
19,2	Breternitz		...	...	5.00	...	6.36	...	8.23	...	...	...	11.38	...	...	...	...	16.39	...	...	21.39
25,0	**Saalfeld** (Saale)	an	...	...	5.14	...	6.50	...	8.37	...	...	...	11.52	...	...	...	...	16.54	...	...	21.53
	Zug Nr		W433	871		W1871	W415	W443	411	Sa 1425	439	Sa 439		Sa 429	Sa 435	435	Sa 1427	437	W 431	441	
	Klasse		2. 3.	2. 3.		2. 3.	2. 3.	2. 3.	2. 3.	3.	3.	3.		2. 3.	2. 3.	2. 3.	2. 3.	2. 3.	2. 3.	2. 3.	
25,0	**Saalfeld** (Saale) 187. 189. 189g	ab	...	4.14	5.18	...	w6.14	w7.24	9.04	...	...	...	12.14	Sa12.27	Sa15.24	16.01	Sa16.01	17.01	w19.25	...	...
31,1	Schwarza (Saale) (Weitere Züge siehe 188 d)	an	...	4.24	5.30	...	6.25	7.35	9.15	...	...	...	12.25	Sa12.39	15.35	16.12	16.12	17.11	19.36	...	...
		ab	...	4.26	5.32	...	6.26	7.38	9.16	...	...	...	12.27	...	15.37	16.13	16.13	17.13	19.38	...	...
35,2	**Rudolstadt** (Thür)	an	...	4.32	5.40	...	w6.41	7.44	9.22	...	...	...	12.33	...	Sa15.54	16.19	16.19	17.19	19.44	...	...
		ab	...	4.34	...	...	...	7.47	9.25	...	...	...	12.38	...	...	W außer Sa	16.22	17.24	19.50	...	...
39,4	Kirchhasel		...	4.42	...	...	...	7.54	9.32	...	...	...	12.45	...	...		16.29	17.32	19.58	...	...
44,6	Uhlstädt		...	4.52	...	...	...	8.02	9.41	...	...	...	12.55	—	...		16.38	17.41	20.07	...	...
48,4	Zeutsch		...	5.01	...	...	...	8.10	9.48	...	...	...	13.03	447	...	...	16.45	17.49	20.15	...	...
52,4	Orlamünde 188a	an	...	5.09	...	...	...	8.16	9.55	...	...	...	13.10	2. 3.	...	...	16.51	17.55	20.22	...	...
		ab	...	5.12	...	w6.02	...	8.18	9.57	...	...	...	13.12	...	...	...	16.54	18.01	20.25	...	...
58,0	Kahla (Thür)		...	5.24	...	6.12	...	8.28	10.07	...	W außer Sa	...	13.22	W außer Sa	...	...	17.04	18.12	20.35	...	...
63,6	Rothenstein (Saale)		...	5.34	...	6.21	...	8.37	10.16	...		...	13.30		...	...	17.14	18.22	20.45	...	...
67,5	**Göschwitz** 188f	an	...	5.42	...	6.28	...	8.43	10.22	...		...	13.36		...	...	17.22	18.28	20.51	...	...
		ab	...	5.56	...	6.33	...	8.47	10.27	Sa12.35	12.55	Sa13.13	13.48	16.53	...	...	17.29	18.40	20.56	...	...
72,4	Jena Paradies		...	6.05	...	6.43	...	8.57	10.37	12.47	13.05	13.23	13.57	17.03	...	...	17.40	18.50	21.06	...	...
74,3	**Jena** Saalbf (Weitere Züge siehe 187 d)	an	...	6.13	...	w6.50	...	w9.03	10.41	Sa12.52	13.10	13.28	14.02	17.08	...	...	17.45	18.56	w21.12	...	...
		ab	w4.39	6.17	...	...	...	...	10.46	...	13.19	13.50	14.30	17.12	...	...	18.11	19.00	...	22.00	...
77,2	Jena-Zwätzen		4.46	6.23	...	...	...	...	10.52	...	13.25	13.56	14.36	17.19	...	...	18.17	19.06	...	22.06	...
80,2	Porstendorf	an	4.51	6.30	...	...	...	...	10.57	...	13.30	14.01	14.41	17.24	...	...	18.22	19.11	...	22.11	...
		ab	4.53	6.33	...	...	...	...	11.01	...	13.32	14.03	14.43	17.26	...	...	18.24	19.13	...	22.13	...
84,6	Dornburg (Saale)		5.01	6.42	...	...	...	...	11.09	...	13.40	14.11	14.52	17.34	...	...	18.33	19.21	...	22.21	...
91,7	Camburg (Saale) 187a	an	5.10	6.52	...	...	...	...	11.18	...	13.49	14.20	15.02	17.53	...	...	18.43	19.30	...	22.30	...
0,0	Camburg (Saale) 187a	ab	5.14	↓	...	...		...	↓	...	13.51	14.22	↓	17.54	...	...	18.44	↓	...	22.32	...
7,9	Großheringen 180. 185f	an	w5.28		...	...		...		...	14.03	Sa14.34		18.07	...	...	Sa18.56		...	22.46	...
91,7	Camburg (Saale) 187a	ab	...	6.54	...	...	...	...	11.20	...	...	nach Apolda	15.04	...	...	...	...	19.33	...	...	...
103,9	Bad Kösen 180		...	7.10	...	...	...	...	11.36	...	...		15.20	...	...	...	...	19.49	...	...	...
110,9	**Naumburg** (Saale) Hbf 180.185g.187b	an	...	7.19	...	...	...	...	11.45	...	...	...	15.29	...	...	...	...	19.58	...	...	...
	Naumburg 180	ab	...	*7.31*	**8.40**	...	...	...	...	...	...	...	*16.30*	...	...	...	...	w*21.33*	...	...	...
	Weißenfels 180	an	...	*7.57*	**9.02**	...	...	...	...	...	...	...	*16.57*	...	...	...	...	w*21.59*	...	...	...
	Leipzig Hbf 180	an	...	*9.33*	**9.51**	...	...	...	...	...	...	...	*18.53*	...	...	...	...	w*23.58*	...	...	...
	Halle (Saale) 180	an	...	*10.17*	*10.17*	...	...	...	...	...	...	...	*18.10*	...	...	...	...	w*23.06*	...	...	...
	Berlin Anh Bf 180	an	...	...	**13.46**	...	...	...	...	...	...	...	...	...	...	...	...	...	...	...	...

❶ von Sonneberg nach Erfurt

Der Fahrplan in der Richtung (Probstzella –) Saalfeld – Naumburg im Jahr 1946

ABBILDUNGEN (2): SAMMLUNG WERNER DRESCHER

Gegenzug des E 278 (Halle – Saalfeld) war der E 279 (später E 231/P 879) von Saalfeld nach Halle (Saale). Die Züge 231/879 waren viele Jahre wegen ihrer Lokbespannung wohl das interessanteste Zugpaar auf der Saalbahn: Die Starloks der VES M Halle wurden planmäßig zur Bespannung dieses Zugpaares herangezogen und sorgten für Abwechselung. Im Juni 1968 hat 19022 diese Aufgabe übernommen und wurde beim Verlassen des Haltepunktes Zeutsch aufgenommen.

AUFNAHME: MAG. PHARM. ALFRED LUFT

1957 verkehrten folgende Schnellzüge über die Saalbahn, wobei die Züge D 150/1050/152 nur mit einer Fahrkarte DDR-BRD und auf DDR-Gebiet nur zum Zusteigen, D 149/151/1049 nur zum Aussteigen zugelassen waren. D 1049/150 waren darüber hinaus ab/bis Saalfeld für den *„Binnenverkehr“* freigegeben:

D 147 **Saalfeld (2.15) – Rudolstadt (2.28) – Jena Saalbf (3.11)** – Halle (4.35) – Berlin Ostbf (7.48)

D 148 Berlin Ostbf (17.30) – Halle (20.57) – **Jena Saalbf (22.41) – Rudolstadt (23.21) – Saalfeld (23.34)**

D 149 München (19.37) – Nürnberg (22.20) – **Saalfeld (2.06)** – Halle (4.00) – Berlin Ostbf (7.46)

D 150 Berlin Ostbf (21.53) – Halle (1.04) – **Jena Saalbf (2.49) – Saalfeld (3.48)** – Nürnberg (8.12) – München (10.50)

D 151 Stuttgart (21.15) – Nürnberg (0.53) – Leipzig (6.37) – Berlin Ostbf (10.32), D 151/152 mit Kurswagen Berlin – Genua u.z.

D 152 Berlin Ostbahnhof (17.19) – Halle (21.27) – **Jena Saalbf (22.57) – Saalfeld (23.53)** – Nürnberg (3.37) – Stuttgart (7.24)

D 1049 München (7.58) – Nürnberg (10.45) – **Saalfeld (15.10) – Jena Saalbf (15.52)** – Leipzig (17.45)

D 1050 Leipzig (9.51) – **Jena Saalbf (11.17) – Saalfeld (12.15)** – Nürnberg (16.16) – München (18.37)

E 278 Halle (6.50) – **Jena Saalbf (8.36) – Göschwitz (8.46) – Rudolstadt (9.26) – Saalfeld (9.41)**

E 279 **Saalfeld (17.05) – Rudolstadt (17.22) – Göschwitz (18.00) – Jena Saalbf (18.11)**– Halle (19.51)

Im Personenzugverkehr gab es im Vergleich zu den Vorjahren kaum eine Änderung. Ab dem Sommer 1959 wurde D 129/130 „Saßnitz-Express“ (Stockholm –) Saßnitz – Berlin – München, der bisher über Hof – Leipzig verkehrte, auf die Saalbahn verlegt.

Nach dem 13. August 1961, dem Bau der Berliner Mauer, machte sich dies auch in den Kursbuchtabellen bemerkbar. Ab dem 27. Mai 1962 lautete die Streckenbezeichnung nicht mehr *„188 Naumburg (Saale) – Großheringen – Saalfeld (Saale) – Probstzella“*, sondern *„188 Naumburg (Saale)/Großheringen – Saalfeld“*. Die Anschlussverbindungen Nürnberg, Stuttgart, Augsburg und München wurden „ausgeblendet“. Die „Interzonenzüge“, später „Transitzüge“, zwischen Berlin und München/Stuttgart tauchten damit in den Fahrplänen der Saalbahn nicht mehr auf. Da sie hier nicht mehr zum Halten kamen, bestand auch keine Notwendigkeit dazu. Es wurde ein gesondertes Kursbuch „für den internationalen Verkehr“ geschaffen. In den internen Unterlagen der DR hieß es aber weiterhin „Abzweig Saaleck – Saalfeld – Probstzella“. Der letzte Fahrplan vom Sommer 1961 für die Richtung Probstzella – Naumburg ist auf der rechten Seite abgedruckt.

Trotz vieler Bemühungen der Eisenbahner in der Mangelwirtschaft jener Zeit war die Strecke total verschlissen. Die Eingleisigkeit tat ein Übriges. Die Reisegeschwindigkeiten zu dieser Zeit sind ein Beleg dafür, wie notwendig der Streckenausbau war. 1953 verkehrten die Schnellzüge mit einer durchschnittlichen Geschwindigkeit von etwa 50 km/h. Sie konnte bis um 1960 auf etwa 57 km/h gesteigert werden. Danach gingen die Geschwindigkeiten wieder erheblich zurück. „Spitzenreiter“ war 1964 der D 150, der für die 133 km lange Strecke von Halle bis nach Saalfeld 3 Stunden und 43 Minuten benötigte. Das entsprach einer Durchschnittsgeschwindigkeit von 35,8 km/h!

In den Jahren danach benutzten die Züge zwischen München und Berlin die Saalbahn nur noch zur Durchfahrt. Bei den Eisenbahnern wurden diese Züge auch als „Zitteraale“ bezeichnet, weil sie nicht zum Halten kommen durften. Wenn es trotzdem passierte, war das ein ernstes Vorkommnis und wurde geahndet. Im Sommerfahrplan 1966 verkehrten:

- 2 D-Zugpaare Berlin – Halle – Jena Saalbahnhof – Rudolstadt – Saalfeld,
- 2 D-Zugpaare Berlin – München ohne Halt auf der Saalbahn,
- 1 Eilzug Halle – Camburg – Jena Saalbahnhof – Göschwitz – Kahla – Rudolstadt – Saalfeld und zurück als Personenzug nach Halle,
- 5 Personenzugpaare über die Gesamtstrecke bis nach Halle bzw. Leipzig und mehrere Personenzüge auf Teilstrecken.

Am 26. Mai 1968 ordnete die Deutsche Reichsbahn ihre Strecken neu. Sie trennte sich damit von dem Vorkriegsnummernsystem. Die Saalbahn verlor ihre Nummer 188 und lautete jetzt 560 Leipzig/Halle (Saale) – Großheringen/Naumburg (Saale) – Saalfeld. Neu war ab dem 29. September 1968 bis zum 30. Mai 1970 das D-Zug-Paar des „Städteschnellverkehrs“ 1165/1166 Gera – Berlin, das über Göschwitz – Jena Saalbahnhof – Halle geleitet und mit V 180 des Bw Berlin Karlshorst bespannt wurde.

188 Naumburg (Saale) u Großheringen–Saalfeld (Saale)–Probstzella 188

km	Rbd Erfurt — Zug Nr / Klasse	D 130 1.2.		442 2.	D 46 1.2.	410 2.		414 2.	422 2.	832 2.	✕446 2.	†912 2.	✕450 2.	E 278 1.2.	E 220 1.2.	▣3836 2.	878 2.		D 152 1.2.	786 2.		Sa 424 2.	4326 oG 2.
	Berlin Ostbf (180) ab	19.35	...	...	0.12	...	...	...	...	...	...	...	...	...	...	...	...	...	5.47	...	...	...	...
	Halle (Saale) Hbf (180) ab	...	...	...	...	...	...	...	...	2.45	...	...	...	6.50	...	...	7.40	...		...	10.37	...	...
	Leipzig Hbf (180) ab	23.10	...	...	3.12	...	...	...	...	...	...	†5.15	...	...	6.46	...	7.06	...	9.43	...	...	...	...
	Weißenfels (180) ab		...	...	3.52	...	...	...	3.58	5.00	...	†6.14	...	7.22		...	8.38	...		Sa11.28	▣11.32	...	...
	Naumburg (Saale) Hbf (180) an		...	...	...	...	...	...	4.14	5.18	...	†6.27	...	7.35		...	8.55	...		Sa11.45	▣11.48	...	...
0,0	**Naumburg** (S) Hbf ✕ 185 g. 187c ab		...	...		...	...	...	4.36	5.22	...	† 6.28	...	7.36		...	8.57	...		Sa11.47	▣11.50	...	...
7,0	Bad Kösen ✕ 180	◆1)	...	...		...	...	...	4.45	5.31	...	6.39	...			...	9.06	...	◆1)	Sa11.57	▣11.59	...	...
19,2	**Camburg** (Saale) an		...	...	🍷	...	...	...	5.01		...		...	8.00		von	9.23	...				...	...
0,0	**Großheringen** ✕ 180. 185e ab	↓	...	...		...	...	...	...	5.42	✕6.12	↓	...	↓	über	Kros-	↓	...	↓	Sa12.07	▣12.10	...	12.22
7,9	**Camburg** (Saale) an		...	...	↓	...	...	...	...	an	6.21		...			sen		...		..	an	...	12.32
19,2	**Camburg** (Saale) ab		...	...		...	...	...	5.07	...	6.23	Leipzig-Saalfeld-Katzhütte	✕7.23	8.01	Zeitz-Gera	...	9.25	...	✕	...	...	...	12.35
26,3	Dornburg (Saale)	Saßnitz Hafen-Berlin-Leipzig-München	...	...	Berlin-Leipzig-Saalfeld	...	...	...	5.16	...	6.33	7.13	7.33	Halle-Saalfeld		...	9.35	...		—	...	...	12.44
30,7	Porstendorf 187d		...	...		...	...	...	5.24	...	6.46		7.41			▣9.11	9.44	...		4322 2.	...	...	12.52
33,7	Jena-Zwätzen		...	...		...	...	...	5.28	...	6.52		7.46				9.49	...			...	...	
36,6	**Jena** Saalbf ✕ an		...	...	4.45	...	...	...	5.32	...	6.57	7.26	✕7.50	8.19		9.19	9.53	...	11.10	...	...	↵	12.59
	Jena Saalbf ✕ ab		...	...	4.51	5.04	...	...	6.25	...	7.01	7.35	...	8.24	siehe	9.23	9.55	...	11.12	11.36	...	Sa13.03	■13.03
38,5	Jena Paradies (Saale) ✕		...	...		5.09	...	...	6.30	...	7.07		...			9.27	10.01	...	Berlin-Leipzig-München	11.41	...	13.09	13.08
43,4	**Göschwitz** (Saale) ✕ 188f an		...	...		5.15	...	...	6.36	...	✕7.14	7.44	...	8.32		▣9.35	10.08	...		11.48	...	13.16	■13.15
	Göschwitz (Saale) ✕ 188f ab		...	4.17		5.20	—	...	6.39	...	...	7.45	...	8.39	187	...	10.19	...		11.59	...	13.22	...
47,3	Rothenstein (Saale)	Saßnitz-Expreß	...	4.24		5.25	...	...	6.45	...	...		...			...	10.24	...		12.05	...	13.28	...
52,9	Kahla (Thür)		...	4.37		5.33	2982	...	6.53	...	...	8.01	...	8.49		...	10.31	...		12.13	...	13.37	...
58,5	**Orlamünde** 188c an		...	4.46		5.41	2.	...	7.03	...	...	8.12	...			...	10.40	...		12.24	...	13.48	...
	Orlamünde 188c ab		...	4.51		5.42	...	...	7.04	...	...	8.13	...			...	10.41	...		12.27	...	13.49	...
62,2	Zeutsch		...	4.56		5.48	...	...	7.09	...	...		...			...	10.52	...		12.33	...	13.56	...
66,3	Uhlstädt		...	5.02		5.54	...	...	7.15	...	...	8.28	...			—	11.04	...		12.38	...	14.02	—
71,5	Kirchhasel		...	5.09		6.01	...	...	7.21	...	...		...			2978	11.10	...		12.45	...	14.10	Sa 4C2
75,7	**Rudolstadt** (Thür) ✕ (Gesamtverkehr siehe 189a) an		...	5.14	5.28	6.07	...	...	7.26	...	...	8.38	...	9.13		2.	11.16	...		12.50	...	14.16	2.
	Rudolstadt (Thür) ✕ ab		...	5.18	5.29	6.10	6.28	...	7.29	...	...	8.40	...	9.14		▣9.57	11.17	...		12.57	...	14.18	...
79,8	Rudolstadt-Schwarza		...	5.25		6.16	6.35	6.51	7.35	...	...		...		↓	10.03	11.23	...		13.06	...	Sa14.26	Sa14.32
85,9	**Saalfeld** (Saale) ✕ an	1.26	...	5.35	5.46	6.26	nach	7.01	7.44	...	...	† 8.56	...	9.30	10.02	10.13	11.32	...	12.04	13 15	...	nach	Sa14.42
	Erfurt Hbf 189 ab	*23.37*	...	...	...	...	Katz-	✕428	...	...	...	...	...	*7.10*	🚌	...	...	...	...	*11.17*	...	Bad	...
	Zug Nr / Klasse		408 2.			3842 2.	hütte							3488 2.	D 1052 1.2.	▣3944 2.	Sa440 1.2.	Sa 3940 2.		416 2.		Blankenburg	3946 2.
85,9	**Saalfeld** (Saale) ✕ ab	1.36	1.48	...	...	6.53	...	7.03	...	...	...	...	...	9.35	10.24	▣10.37	Sa 11.37	Sa11.46	12.14	13.46	...	...	15.00
91,7	Breternitz	🍷	1.59	...	...	7.02	...		...	...	...	...	...	9.43	◆1)	10.46	11.45			13.54	...	...	15.08
95,8	Kaulsdorf (Saale)		2.07	...	...	7.08	...	7.14	...	...	...	...	...	9.49	Saalfeld-Stuttgart	10.52	11.51			14.00	...	...	15.14
98,0	Hockeroda 189h		2.12	...	...	7.12	...	7.19	...	...	...	...	...	9.53		▣10.56	11.56	Sa12.00		14.04	...	...	15.18
101,7	Unterloquitz	🛏	2.25	...	...	an	...	7.25	...	...	...	...	...	10.00		an	12.03	an		14.18	...	...	an
106,9	Marktgölitz		2.35	...	...	❶	...	7.33	...	...	...	...	...	10.08		nach	12.12	❶		14.25	...	...	nach
110,9	**Probstzella** ⊞ ✕ 190k an	2.11	2.43	...	...	...	...	7.39	...	...	...	...	...	10.14	11.18	Blan-	Sa 12.19	...	12.49	14.31	...	...	Blan-
	Sonneberg (Thür) Hbf 190k an	...	6.28	...	...	...	...	10.34	...	...	...	...	...	13.35	...	ken-	...	...	...	17.11	...	...	ken-
	Probstzella ab	2.35	...	...	...	...	...	...	...	...	...	...	...	...	12.05	stein	...	...	13.12	...	...	...	stein
	Nürnberg Hbf 414 an	5.12	...	...	...	...	...	...	...	...	...	...	...	...	14.58	...	...	...	15.58	...	...	...	...
	Stuttgart Hbf 420 an	9.19	...	...	...	...	...	...	...	...	...	...	...	...	18.23	...	...	...	19.46	...	...	...	...
	Augsburg Hbf 411 an	6.50	...	...	...	...	...	...	...	...	...	...	...	...	17.37	...	...	...	17.37	...	...	...	...
	München Hbf 413 an	7.40	...	...	...	...	...	...	...	...	...	...	...	...	18.20	...	...	...	18.20	...	...	...	...

(Fortsetzung) **188 Naumburg (Saale) u Großheringen–Saalfeld (Saale)–Probstzella**

Rbd Erfurt — Zug Nr / Klasse		426 2.	✕448 2.	862 2.	Sa 434 2.		842 2.	418 2.		872 2.	D 150 1.2.	436 2.	E 264 2.	438 2.	822 2.	432 2.		4332 2.	444 2.	D 1030 2.	412 2.
Berlin (Ostbf) (180) ab	...	*7.00*	...	...	...	...	*10.07*	...	...	*10.07*	14.30	...	...	...	...	...	...	□	*16.34*	...	...
Halle (Saale) Hbf (180) ab	...	...		Sa12.55	▣13.03	...	...	...	...	...	17.23	...	...	...	✕*16.36*	...	...	...	*19.38*	...	...
Leipzig Hbf (180) ab	...	10.52	...	...	...	...	13.14	...	...	14.36	...	...	17.08	...	...	...	...	...	*20.14*	21.33	...
Weißenfels (180) ab	...	12.30	...	14.00	...	...	14.55	...	...	16.26		...		...	✕*17.28*	...	...	...	*20.56*	22.19	...
Naumburg (Saale) Hbf (180) an	...	12.47	...	14.17	...	...	15.12	...	...	16.43	18.00	...		...	✕*17.51*	...	...	...	*21.09*		...
Naumburg (S) Hbf ✕ 185 g. 187c ab	...	12.59	...	14.19	...	...	15.14	...	...	17.04	18.01	...		...	■18.09	...	...	...	21.18	🍷	...
Bad Kösen ✕ 180	...	13.08	...	14.28	...	...	15.25	...	...	17.12		...		...	18.18	...	...	...	21.27		...
Camburg (Saale) an	...	13.26	...		...	...		...	...	17.29		...		↵		...	...	...	21.42	◆1)	...
Großheringen ✕ 180. 185e ab	...		...	14.39	Sa14.45	...	15.36	✕15.50	...	↓	↓	...	über	18.41	■18.28	...	...	...	↓	↓	...
Camburg (Saale) an	...	↓	...	an	14.55	...	an	16.00	...			...		18.51	an	...	...	...			...
Camburg (Saale) ab	...	13.33	...	...	15 00	...	...	16.05	...	17.31		...	Zeitz-Gera	18.52	...	...	...	...	21.43	vom 7./8. VII.–11./12. IX.	...
Dornburg (Saale)	...	13.41	...	...	15.13	...	...	16.15	...	17.40		...		19.02	...	...	...	...	21.53		...
Porstendorf 187d	...	13.49	...	...	15.21	...	...	16.23	...	17.48		...		19.21	—	...	...	...	22.00		...
Jena-Zwätzen	...	13.53	...	...		...	...	16.28	...			...		19.26	4324	...	...	...	22.05		...
Jena Saalbf ✕ an	...	13.57	...	...	Sa15.28	...	...	✕16.32	...	17.54	18.42	...		19.31	2.	...	...	...	22.09	23.10	...
Jena Saalbf ✕ ab	...	14.01	✕14.57	...	...	...	...	16.36	...	17.58	18.49	...	siehe	...	20.19	...	...	21.49	22.15	23.12	23.40
Jena Paradies (Saale) ✕	...	14.06	15.04	...	...	...	...	16.43	...	18.04	Berlin-Halle-Saalfeld	...		...	20.24	...	...	21.54	22.20	Leipzig–Augsburg	23.45
Göschwitz (Saale) ✕ 188f an	...	14.12	15.10	...	...	...	...	16.50	...	18.10		...		...	20.30	...	...	22.00	22.26		23.51
Göschwitz (Saale) ✕ 188f ab	...	14.17	15.12	...	...	...	...	16.52	...	18.12		19.09	187	...	20.39	...	...	22.05	...		23.52
Rothenstein (Saale)	...	14.22	15.18	—	...	...	...	16.59	...	18.17		19.14		...	20.44	...	...	22.10	...		23.58
Kahla (Thür)	...	14.30	15.28	✕2074	...	...	...	17.08	...	18.27	🍷	19.29		...	20.51	...	...	22.16	...		0.05
Orlamünde 188c an	...	14.39	✕15.37	1.2.	...	...	...	17.18	...	18.36		19.38		...	21.00	...	...	22.25	...		0.14
Orlamünde 188c ab	...	14.40	...	✕15.45	...	...	...	17.23	...	18.37		19.39		...	21.01	...	...	22.31	...		0.15
Zeutsch	...	14.45	...	15.51	...	...	...	17.30	...	18.43		19.45		...	21.07	...	...	22.36	...		0.20
Uhlstädt	...	14.51	...	15.57	...	...	...	17.36	...	18.52		19.50		...	21.13	...	...	22.45	...		0.26
Kirchhasel	...	14.57	...	16.04	...	...	...	17.44	...			19.57		...	21.20	...	...		...		0.32
Rudolstadt (Thür) ✕ (Gesamtverkehr siehe 189a) an	...	15.03	...	16.09	...	...	...	17.50	...	19.01	19.25	20.02		...	21.25	...	...	22.55	...		0.38
Rudolstadt (Thür) ✕ ab	...	15.07	...	16.11	...	...	...	17.51	...	19.04	19.27	20.03		...	21.28	22.22	...	23.13	...		0.39
Rudolstadt-Schwarza	...	15.14	...	16.17	...	...	...	17.59	...	19.10		20.10	↓	...	21.35	22.29	...	23.21	...		0.45
Saalfeld (Saale) ✕ an	...	15.23	...	✕16.27	...	...	...	18.08	...	19.19	19.43	20.20	20.21	...	21.44	22.40	...	23.31	...	0.03	0.55
Erfurt Hbf 189 ab	...	...	...	*13.31*	...	*13.31*	...	...	...	...	...	...	...	18.06	...	...	...	*20.26*	...	...	...
Zug Nr / Klasse				■420 oG 2.	3496 2.	3948 2.								3498 🚌 2.			3952 2.				
Saalfeld (Saale) ✕ ab	...	...	...	■16.33	16.49	17.01							...	20.30	...	22.42	22.53	...	...	0.13	...
Breternitz	...	...	...	16.41			17.09							...	20.38	...	22.51	23.01	...	...		...
Kaulsdorf (Saale)	...	...	...	16.48	17.02	17.15							...	20.44	...	22.58	23.07	...	...		...
Hockeroda 189h	...	...	...	■16.52	17.06	17.20							...	20.49	...	23.02	23.10	...	...		...
Unterloquitz	...	...	...	an	17.12	an							...	20.55	...	23.09	an	...	...		...
Marktgölitz	...	...	...	nach	17.19	❶							...	21.02	...	23.17	❶	...	...		...
Probstzella ⊞ ✕ 190k an	...	...	...	Leuten-	17.26	...							...	21.09	...	23 25	...	...	...	0.51	...
Sonneberg (Thür) Hbf 190k an	...	...	...	berg	20 08	...							...	23.56	...	...	...	...	...	...	...
Probstzella ab	...	...	...	...	...	...							...	...	...	...	...	..	...	1.12	..
Nürnberg Hbf 414 an	...	...	...	...	...	...							...	...	...	...	...	...	...	4.11	...
Stuttgart Hbf 420 an	...	...	...	...	...	...							...	...	...	...	...	...	...	...	...
Augsburg Hbf 411 an	...	...	...	...	...	...							...	...	...	...	...	...	...	6.26	...
München Hbf 413 an	...	...	...	...	...	...							...	...	...	...	...	...	...	7.23	...

◆1) Für den Binnenverkehr gesperrt
🚌 D 130 Berlin-Stuttgart / Malmö-München
D 1052 Leipzig-Stuttgart
D 152 Berlin-Stuttgart
D 46 Berlin-Katzhütte
3498 Nordhausen-Sonneberg
❶ nach Lobenstein
⊖ Berlin-Schöneweide □ Berlin-Lichtenbg
D 1030 ab Saalfeld für den Binnenverkehr gesperrt

„Besucht die Feengrotten in Saalfeld"

Der Fahrplan vom Sommer 1961 — ABBILDUNG: SAMMLUNG WERNER DRESCHER

Nach 1970 gab es infolge der Investitionen ins Streckennetz spürbare Verbesserungen im Reiseverkehr. Die Durchschnittsgeschwindigkeiten erreichten jetzt Werte über 70 km/h.

Im Jahr 1973 änderte die Deutsche Reichsbahn auch das Nummernsystem der Züge. Die Schnellzüge zwischen München und Berlin erhielten 300er Nummern, die zwischen Saalfeld und Berlin 500er Nummern.

Das im Jahr 1972 eingeführte Zugpaar D 94/93 von Dresden über Jena-West und über die Saalbahn nach Katzhütte im Schwarzatal erhielt nun die Bezeichnung D 900/903.

Zwischen Berlin und München gab es nach wie vor nur die beiden Zugpaare D 300/301 bzw. 302/303. An einigen Verkehrstagen kam noch das Autoreisezugpaar D 1100/1101 bzw. 1300/1301 bzw. D 1307/1308 hinzu.

118 207 (Bw Halle P) ist mit dem D 303 Berlin – München in der Nähe von Großeutersdorf auf dem Weg nach Süden. Im Hintergrund Großeutersdorf und der Walpersberg. Die hellen Stellen weisen noch auf die Überreste der Reimahg-Anlagen hin, in denen ab 1944 Flugzeuge gebaut wurden. Die Aufnahme entstand am 30. Dezember 1973.

AUFNAHME: HANS-JOACHIM LANGE

Ausnahmsweise führen am 7. September 1974 die beiden Glauchauer 110 393 und 110 583 den D 900 von Dresden über Jena-West und über die Saalbahn nach Katzhütte, weil die Planlok der BR 118 wieder einmal ausgefallen war. Die Aufnahme entstand bei Rothenstein.

AUFNAHME: DETLEF HOMMEL

Der letzte Tag des planmäßigen Einsatzes der BR 03 des Bw Leipzig Hbf West auf der Saalbahn. 03 2176 führt am 26. Mai 1978 D 506 Saalfeld –Berlin, hier kurz nach der Durchfahrt von Rothenstein/Saale.

AUFNAHME: THOMAS FRISTER

Die spurtstarken Tenderloks der BR 65^{10} fanden vor allem im Personenzugdienst Verwendung. 65 1044 (Lokbf Göschwitz) verlässt im August 1976 mit dem P 5035 (Großheringen – Saalfeld) den Bahnhof Göschwitz und wird in wenigen Minuten Rothenstein/Saale erreichen. AUFNAHME: DETLEF HOMMEL

Am 23. Mai 1982 wurde freitags D 1507 Berlin – Saalfeld und montags D 1502 Saalfeld – Berlin als Entlastungszug eingerichtet. Das Besondere war dabei, dass D 1502 mit einer Lokomotive der Baureihe 41 von Saalfeld bis Großheringen geführt wurde. Dort machte der Zug „Kopf" und wurde mit einer Ellok weiterbefördert. Da dies ein Betriebshalt war, stand der Halt auch nicht im Kursbuch. Im Jahr darauf wurde ein längst fälliges viertes Schnellzugpaar D 502/503 eingerichtet und damit das genannte Paar D 1502/1507 wieder ausgelegt. Ansonsten gab es im Schnellverkehr in der Zeit bis 1989 nur unwesentliche Änderungen.

Ähnliches ist für den regionalen Personenverkehr festzustellen. Der Fahrplan von 1989 sah nicht sehr viel anders aus, als der von 1973. Allerdings waren diese Züge immer gut besetzt. Besonders im Berufsverkehr reichte oftmals das Angebot nicht aus.

Die Entwicklung des Reiseverkehrs wird in der folgenden Tabelle (siehe nächste Seite) anhand der verkauften Fahrkarten vermittelt. Zu beachten ist dabei, dass die Anzahl der beförderten Personen, vor allem 1980, wesentlich höher lag. Während in den Anfangsjahren die Anzahl der verkauften Fahrkarten mit der Anzahl der beförderten Personen fast identisch war, verschoben sich

C-2 Berlin/Leipzig – Probstzella – Nürnberg – Stuttgart/München

										km												
...	...	...	...	...	...	22.45	...	...	...		ab Kobenhavn H ...... D	an	...	...	...	...	...	...	8.26	...	.	...
...	...	...	...	...	...	7.23	...	...	...		an Berlin Ostbf .... D	ab	...	...	...	...	...	...	23.49	...	...	...
	D 403 1. 2.			D 303 1. 2.		D 309 1. 2.	5001 2.	D 301 1. 2		km	Zug Nr Klasse	Zug Nr Klasse			D 302 1. 2.	D 402 1. 2.			D 308 1. 2.		D 300 1. 2.	5002 2.
...	0	...	...	...	...	8.13	...		...	0	ab Berlin Ostbf .... ◆	an	...	...	...	2	...	...	23.28	...		...
...	...	...	...	6.16	...	8.41	...	21.06	...	4	Berlin Friedrichstr ...... ◆	an	...	...	17.17	...	...	...	23.00	...	8.09	...
...	...	...	...	6.32	...	9.53	...	21.57	...	9	Berlin Zool Garten	an	...	...	16.49	...	...	...	21.51	...	6.56	...
...	...	...	...	11.22	...		...	3.02	...	347	an Probstzella	ab	...	...	12.14	...	...	...	↑	...	2.26	...
...	7.31	...	...		...	Ostsee-Expr über Gutenfürst siehe Strecke C-1	...		...	0	ab Leipzig Hbf	an	...	...	↑	16.24	...	...	Ostsee-Expr über Gutenfürst siehe Strecke C-1	...	↑	...
...	8.20	...	...		...		...		...	45	Zeitz	an	...	...		15.41	...	...		...		...
...	8.48	...	...		...		...		...	73	Gera Hbf	an	...	...		15.16	...	...		...		...
...	9.10	...	...		...		...		...	85	Weida	an	...	...		14.53	...	...		...		...
...	9.36	...	...		...		...		...	101	Triptis	an	...	...		14.30	...	...		...		...
...	9.44	...	...		...		...		...	109	Neustadt (Orla)	an	...	...		14.18	...	...		...		...
...	9.59	...	...		...		...		...	123	Pößneck ob Bf	an	...	...		13.59	...	...		...		...
...	10.21	...	...		...		...		...	140	an Saalfeld (Saale)	ab	...	...		13.35	...	...		...		...
...	10.23	...			...		1.24		...	140	ab Saalfeld (Saale)	an	...	...		13.25	...	...		...		4.27
...	10.50	...		↓	...		1.48	↓	...	165	an Probstzella	ab	...	...		13.03	...	...		...		4.05
...	11.13	...	...	11.35	...		...	3.15	...	347	ab Probstzella	an	...	...	12.01	12.26	...	...		...	2.12	...
...	11.21	...	...	11.43	...		...	3.23	...	355	an Ludwigsstadt	ab	...	...	11.54	12.19	...	...		...	2.04	...
...	11.28	...	...	11.48	...		...	3.28	...	355	ab Ludwigsstadt	an	...	...	11.49	12.04	...	...		...	1.57	...
...	13.15	...	...	13.35	...		...	5.18	...	499	an Nürnberg Hbf	ab	...	...	9.59	10.10	...	...		...	0.10	...
	D 1466 1. 2.	E 1937 1. 2. ◆			D 754 1. 2.				E 1652 1. 2.		Zug Nr Klasse	Zug Nr Klasse	E 1638 1. 2.	D 961 1. 2.		D 1467 1. 2.				E 1653 1. 2.		
...	14.05	...	...		13.48		...		6.00	499	ab Nürnberg Hbf	an	...	9.18	↑	9.51	...	...		23.56	↑	...
...	15.09	...	...		14.45		...		7.16	589	an Crailsheim	ab	...	8.17		8.49	...	...		22.52		...
...	16.46	...	...	↓	16.01		...	↓	8.55	702	an Stuttgart Hbf	ab	...	7.02		7.15	...	...		21.16		...
...	...	15.12	...	13.57	...		...	5.28		499	ab Nürnberg Hbf	an	9.16	...	9.41	...	...	...			23.52	...
...	...	↓	...	15.15	...	↓	...	6.48	...	637	an Augsburg Hbf	ab	7.28	...	8.21	...	...	...		...	22.32	...
...	...	17.28	...	15.55	...	19.40	...	7.30	...	699	an München Hbf	ab	6.33	...	7.39	...	...	...	12.30	...	21.50	...

◆ Benutzung zwischen Berlin Ostbf und Berlin Friedrichstr nur für Transitreisende durch die DDR
1 verkehrt bis Saalfeld (S) als E
2 verkehrt ab Saalfeld (S) als E

Ausführlicher Fahrplan:
D 301 — 300 Seite 218/219
D 303 — 302 Seite 220/221
D 309 — 308 Seite 228/229
D 403 — 402 Seite 286/287

Seite 89

Fahrpläne des „internationalen Verkehrs" Sommer 1973, Tabelle C2 Berlin – München. Die Züge, die mit einer Wellenlinie dargestellt sind, verkehrten über die Saalbahn.

Einen letzten Hauch der alten Reichsbahnzeit erlebte die Saalbahn zwischen März 1980 und Februar 1981. In dieser Zeit kamen drei Altbau-01 zum Einsatz, um abgestellte ölgefeuerte Reko-01 zu ersetzen. 01 2204 hat im April 1980 mit dem P 3003 Orlamünde auf dem Weg nach Saalfeld bereits hinter sich gelassen. AUFNAHME: DETLEF HOMMEL

die Anteile durch Ausgabe von Wochenkarten und anderen Ermäßigungen. In den siebziger bis Ende der achtziger Jahre wurden für einen großen Teil der Berufsreisenden andere Abrechnungsverfahren zwischen den jeweiligen Betrieben und der Deutschen Reichsbahn angewendet. Das macht sich vor allem in der Statistik der kleineren Bahnhöfe und Haltepunkte bemerkbar, die meist nur im Berufsverkehr frequentiert wurden.

Betriebsstelle/Jahr	**1875**	**1894**	**1913**	**1939**	**1980**
Großheringen	59.017	38.965	69.587 [1]	43.429 [1]	30.851 [1]
Camburg	27.622	31.609	110.480 [1]	93.102 [1]	68.428
Dornburg	30.954	40.383	101.256	86.851	68.587
Porstendorf	4.222	4.234	39.435 [1]	23.253 [1]	18.448
Jena-Zwätzen	–	10.913	43.649	27.842	17.129
Jena Saalbahnhof	84.162	103.504	298.871	362.532	522.245
Jena Paradies	–	27.020	202.250	145.960	219.741
Göschwitz	–	20.866	83.909 [1]	68.832 [1]	170.575 [1]
Rothenstein	14.920	14.236	49.787	43.308	28.205
Kahla	37.907	54.934	164.557	158.563	203.845
Orlamünde	17.804	24.775 [1]	64.273 [1]	43.817 [1]	50.534 [1]
Zeutsch	–	5.798	32.390	23.184	22.870
Uhlstädt	18.099	20.828	58.157	42.668	52.902
Kirchhasel	–	2.904	15.424	4.808	7.420
Rudolstadt	66.521	18.117	394.878	456.150	432.612
Rudolstadt-Schwarza	27.026	27.719 [1]	107.869 [1]	94.194 [1]	155.150 [1]
Saalfeld	40.220	55.575	424.438 [1]	564.843 [1]	871.334 [1]
Transit	218 [2]	19.299 [2]			

[1] auch für andere Bahnen
[2] beförderte Personen

Die letzte Fahrplantabelle C 3 des „internationalen Verkehrs“ Berlin – München vor der Wende im Herbst 1989 sah für die Saalbahn vier Zugpaare – natürlich ohne Halt – vor: D 300/301, 302/303, 1307/1308 mit dem Zuglauf Berlin Friedrichstraße – München und zurück sowie D 306/307 Berlin Friedrichstraße – Nürnberg. D 307/300 führten Schlaf- und Liegewagen, die bei dem Zugpaar D 1307/1308 bis Innsbruck und Villach liefen. D 1307/1308 verkehrte übrigens nur im Sommerabschnitt an den Verkehrstagen do/fr und sa/so und führte zusätzlich noch Autotransportwagen mit.

Bei den Schnellzügen des Binnenverkehrs bot sich 1989 folgendes Bild: Neben dem Zugpaar D 900/903 Dresden – Katzhütte – Dresden liefen die vier Schnellzugpaare D 500/501, 502/503, 504/505 und 506/507 zwischen Saalfeld und Berlin über Halle (Saale), die durch den D 703 Leipzig – Saalfeld ergänzt wurden.

Die entscheidende „Wende“ für die Bedeutung der Saalbahn auch im Reiseverkehr brachte die Öffnung der deutsch-deutschen Grenze am 9. November 1989. In dieser Zeit erlebte die Saalbahn einen riesigen Ansturm. In den folgenden Tagen und Wochen mussten die beiden Bahnverwaltungen – Reichs- und Bundesbahn – erheblich improvisieren, um die sprunghaft angestiegene Anzahl der Reisenden zu befördern. Teilweise kam deshalb der Güterverkehr im hoch beanspruchten DR-Netz fast zum Erliegen, um die Reisewünsche der DDR-Bürger zu befriedigen. Überfüllte Züge mit Besetzungen bis zu 300 % mit der Folge der Herabsetzung der zulässigen Höchstgeschwindigkeit gehörten ebenso zur Tagesordnung, wie der bislang für unmöglich gehaltene Durchlauf von Doppelstockwagen über die Frankenwaldbahn bis nach Nürnberg.

Abgesehen von zahlreichen Sonderzügen, die vor allem an den Wochenenden nach dem 9. November eingelegt werden mussten, verkehrten bereits ab dem 17. November zwei Schnellzugpaare zusätzlich zum Fahrplan. Ab 2. Januar 1990 wurden weitere Züge eingerichtet: D 1400 Nürnberg – Saalfeld – Jena Saalbahnhof, E 2004 Kronach – Saalfeld – Jena Saalbahnhof, E 2005 Jena Saalbahnhof – Saalfeld – Kronach und E 2007 Jena Saalbahnhof – Saalfeld – Nürnberg.

b von rba saalfeld(s) nr. 4 vom 30.11.89 16.00 uhr

bfe saalfeld/saale bis grossheringen
bw saalfeld/s, naumburg/saale
bww saalfeld/saale
nachr.: rba saalfeld/s dl, t, l-v,
------- rbd erfurt 3112-00, 3211-00,
3213-00, 3214-00,
3215-00, 3300-00

betreff
verstaerkung p 5007
----

auf grund des verstaerkten reiseverkehrs zwischen der ddr und der brd macht sich ab sofort baw. die verstaerkung des p 5007 (grossheringen bis saalfeld/saale) erforderlich. (verstaerkung 1 dbv aus p 5006, uml 4310). p 5006/p 5009 verkehren nur mit 1 dbv ruecklauf der verstaerkung saalfeld/saale – jena sbf mit p 5014.
folgende fahrplanregelungen werden erforderlich:

es verkehrt
lrz 16200 w jena sbf – grossheringen
tfz 110, hg 90, last 200 t, mbr 72

jena sbf ab 0.40 uhr, pf 0,48+/3,23, dg 29., cb 3,37+/47, ghs 54, grossheringen an 4.02 uhr.
bespannungsregelung: bw naumburg aus 5051 js/lrz 16200 w grossheringen

fahrplan haendigt aus:
bf jena sbf an lrz 16200 w
beteiligte umgehend verstaendigen.
reichsbahnamt saalfeld/s
i. v. hoffmann, rr
chef des stabes

nach wegw. erl.
22135bf dr
58325-303 dd

16.40 uhr

Oben: Die Öffnung der deutsch-deutschen Grenze im Herbst 1989 erforderte die Mobilisierung aller Reserven. Dieses Telegramm des Rba Saalfeld vom 30. November 1898 regelte die Verstärkung der P 5007.

ABBILDUNGEN (OBEN UND UNTEN RECHTS): SAMMLUNG WERNER DRESCHER

Oben rechts: Viele Jahre gehörten die von 132 des Bw Halle P bespannten „Transitzüge" zwischen München und Berlin zum Alltag der Saalbahn. Sie waren im Binnenfahrplan nicht enthalten und fuhren zwischen Probstzella und der Grenzübergangstelle Griebnitzsee (bei Potsdam) ohne Verkehrshalt durch die DDR. 132 382 hat am 14. Mai 1985 die schöne Stelle unterhalb der Dornburger Schlösser erreicht, die fast fünf Jahrzehnte zuvor Carl Bellingrodt als Motiv für den FDt 552 München/Stuttgart – Berlin gewählt hatte (siehe auch das Titelbild des Buches).

Mitte: Ausfahrt des D 504 (Saalfeld – Berlin) aus Saalfeld mit 119 021 am 13. Mai 1988.

AUFNAHMEN: (2): DETLEF HOMMEL

Achtung Reisende!

Ab 17. November 1989 verkehren b.a.w. folgende Entlastungszüge in die BRD :

D 1100 München - Berlin-Lichtenberg
ab 17./18.XI., nicht am 25./26.XI.,
24./25.,25./26.XII. und 31.XII./1.I.1990

D 1101 Berlin-Lichtenberg - München
ab 17.XI., nicht am 26.XI.,
25.,26.XII.1989 und 1.I.1990

ab	18.19	München	11.16	an
19.06	19.08	Ingolstadt	10.31	10.33
19.40	19.42	Treuchtlingen	9.53	9.55
20.19	20.30	Nürnberg	9.13	9.19
20.36	20.37	Fürth	9.02	9.05
20.46	20.48	Erlangen	8.47	8.50
21.09	21.10	Bamberg	8.19	8.21
21.26	21.28	Lichtenfels	7.59	8.00
21.43	21.45	Kronach	7.33	7.34
21.54	21.55	Pressig-Rothenkirchen	7.23	7.24
22.13	22.16	Ludwigstadt	7.04	7.07
22.23	23.00	Probstzella	6.28	6.56
23.28	23.38	Saalfeld(S)	5.39	5.59
23.49	23.52	Rudolstadt(Thür)	5.24	5.27
0.25	0.28	Jena Saalbf	4.42	4.44
0.47	1.05	Camburg	4.15	4.25
—	—	Naumburg (S)Hbf	3.58	4.00
1.34	1.36	Weißenfels	—	—
2.13	2.18	Halle(S)Hbf	3.19	3.23
3.01	3.03	Lutherstadt-Wittenberg	—	—
4.14	4.17	Flugh.Berlin-Schönef.	1.24	1.27
4.39	an	Berlin-Lichtenberg	ab	0.59

Lokomotiven der BR 95 waren seit 1923 in Probstzella zu Hause, kamen aber auch auf der Saalbahn bis nach Rudolstadt, Orlamünde und Göschwitz. Im Bild hat 95 0037 im Mai 1972 mit einem Nahgüterzug Göschwitz verlassen und ist auf dem Weg nach Saalfeld. AUFNAHME: GÜNTER SCHEIBE

Betrieb und Verkehr von 1945 bis 1990

Der Güterverkehr

Auch im Güterverkehr gab es nach dem Zweiten Weltkrieg erhebliche Veränderungen. Einerseits entfiel der Durchgangsverkehr nach Bayern, andererseits gab es große Transportbedürfnisse beim Wiederaufbau nach dem Krieg. Diese konzentrierten sich überwiegend auf die Bahnhöfe Jena Saalbahnhof, Göschwitz, Rudolstadt, Rudolstadt-Schwarza und Saalfeld. 1959 waren täglich ca. 30 Nahgüterzüge bzw. Übergabefahrten zwischen diesen Bahnhöfen notwendig. Im Durchgangsverkehr waren es etwa 12 Zugpaare je Tag.

Ihre „Hochzeit" im Güterverkehr hatte die Saalbahn zweifellos ab den sechziger Jahren. 1965 verkehrten täglich etwa 22 durchgehende Güter- und zwölf Nahgüterzüge je Richtung. Allerdings waren es täglich nur bis zu drei Güterzugpaare mit einem Bestimmungsort über Probstzella hinaus. Überwiegend wurden Baustoffe, Erz und Kohle befördert. Dabei wurden Zuglasten bis zu 2.000 t erreicht. Empfänger und Versender waren die reichlich vorhandenen Industrieunternehmen, vor allem in Camburg, Dornburg, Jena einschließlich Göschwitz, Kahla, Rudolstadt einschließlich Schwarza und Saalfeld. Daneben wurde die Saalbahn als Zu- bzw. Abfuhrstrecke u. a. für die Maxhütte Unterwellenborn genutzt. 1965/66 war vorgesehen, Eisenerz aus Murmansk (Russland) per Schiff nach Rostock und weiter mit der Eisenbahn, auch über die Saalbahn nach Unterwellenborn (Strecke Saalfeld – Gera) in die dortige Maxhütte zu transportieren. Hier war schon einmal die Elektrifizierung der Saalbahn bis Unterwellenborn im Gespräch. Bis um 1965 verkehrten auch noch die „Leig-Einheiten", Leicht-Güterzüge für den Stückgutverkehr.

1972 waren es etwa 20 Güterzüge je Richtung, die über die Strecke bewegt wurden, bzw. als Ganzgüterzüge Dornburg, Jena, Göschwitz, Rudolstadt, Rudolstadt-Schwarza oder Saalfeld an-

58 **Leig 5883 - III.3 Mo Mi Fr** (59,1) **Saalfeld (Saale)—Weißenfels**
Auch am 7. X., 18. XI. 59 sowie 15. IV. 60

Hg 65 km/h
Lok 78 0—10
Last 100 t Mbr 38

			5883						
1	2	3	4	5	6	4	5	6	7
74,8		**Saalfeld (Saale)** ▼ ..	—	—	1249				—
72,1		Bk Remschütz......	—	—	53				2,4
68,7		**Rudolstadt-Schwarza**	—	—	57				3,2
64,6		Rudolstadt (Thür) ..	—	—	1301$_5$				3,9
63,0		Rudolstadt(Thür)Gbf	1304	37	41				1,4
60,4		Bk Kirchhasel Hp...	—	—	45				2,4
55,2		Uhlstädt	51	23	1414				4,8
51,4		Bk Zeutsch Hp	—	—	18				3,6
47,4		**Orlamünde**.........	1421	34	55				3,7
41,8		Kahla (Thür).......	1502	27	1529				5,2
36,2		Bk Rothenstein(S)Hp	—	—	34$_5$				5,2
32,3		**Göschwitz (Saale)**...	39	76	1655				3,6
28,3		Bk Ammerbach.....	—	—	1700				3,7
25,5		Jena ▼ Saalbf	1704	83	1827				2,9
22,6		Bk Jena-Zwätzen Hp	—	—	30$_5$				2,7
19,6		**Porstendorf**	1834	56	1930				2,8
15,2		Dornburg (Saale) ...	1936	38	2014				4,1
12,5		Bk Würchhausen ...	—	—	18				2,5
8,1		Camburg (Saale) ...	2023	47	2110				4,1
5,0		Bk Stöben	—	—	15				3,0
1,5 / 58,2		Abzw Großher Gs...	—	—	19				3,3
57,2		Bk Großheringen Go	—	—	21				1,5
55,9		Bk Saaleck	—	—	23				1,5
52,7		Bad Kösen.........	2128	46	2214				3,6

Leig-Einheiten hielten an „jeder Milchkanne". Sie fuhren direkt an die Güterschuppenrampe zum Be- und Entladen des Stückgutes. Auf der Saalbahn verkehrten diese bis etwa 1965. Hier im Buchfahrplan aus dem Jahr 1959. ABB.: SAMMLUNG RAINER NETTE

führen. Allerdings gab es nur einen direkten Zug nach Probstzella, den TDe 44402 Naumburg – Probstzella. In der Gegenrichtung war es TDe 44401 Probstzella – Weißenfels – Seddin Süd.

Völlig anders war der Güterverkehr im Nahbereich strukturiert. Über 30 Nahgüterzüge und Übergabefahrten waren täglich notwendig, um die einzelnen Güterverkehrsstellen zu bedienen. So gab es Züge zwischen den folgenden Betriebsstellen:

36 **Dg 52634 B (60,3) Falkenberg (Elster)—Saalfeld (Saale)**
Gag 56811 (63,1) Rostock Überseehafen— Camburg (Saale)
Gag 56811 B (63,3) Camburg (Saale)—Unterwellenborn
Gag 56843 (63,1) Rostock Überseehafen—Camburg (Saale)
Gag 56843 (63,[illegible]) Camburg (Saale)—Unterwellenborn

Tfz 242, ab Camburg 44
56811=250,
ab Camburg 44
56843=250, ab Camburg 44

Höchstlast 1800 t
52634 Höchstlast 1500 t
56843 Höchstlast 2000 t,
ab Camburg Höchstlast 1500 t

Mbr 36
56811, 56843=41

			● 52634		● 56811		● 56843	
1	2	3	4	5	4	5	4	5
30,3	60	**Weißenfels Stw Wo**			—	1614	—	706
32,0		**Weißenfels**	1630+	1632	—	16	—	08
		32,1						
	40	**32,2 VA ▽**						
		32,5						
33,2		Weißenfels Stw Wv	—	—	—	—	—	—
35,0		Bk Uichteritz	—	—	—	—	—	—
37,4		Leißling	—	41	—	24	—	15
40,0		Bk Goseck	—	—	—	—	—	—
42,9	60	Bk Henne	—	—	—	—	—	—
45,6		**Naumburg (Saale) Hbf**	—	50	1633+	41	724+	30
46,9		**Naumburg (Saale) Nw**	—	—	—	—	—	—
49,4		Bk Schulpforte	—	—	—	—	—	—
52,7		Bad Kösen	—	57	—	51	—	41
55,9 / 0,0		**Abzw Saaleck**	—	1701	—	55	—	44
		1,1						
	50	**1,9**						
	30	**2,2**						
2,3 / 1,5	60	Abzw Großher Gs	—	1706	—	1659	—	749
		1,7						
	50	**2,9**						
5,0	60	Bk Stöben	—	—	—	—	—	—
		5,6						
	50	**6,7**						
8,1		Camburg (Saale)	1716+	1816	1709+	1738	759+	822
15,2		Dornburg (Saale)	—	28	—	50	—	34
19,6		**Porstendorf**	—	37	—	56	—	39
22,6		Bk Jena-Zwätzen Hp	—	—	—	—	—	—
	60	**25,1 VA ▽ 55 km/h**						
25,5		**Jena Saalbf**	—	47	—	1804	—	47
28,3		Bk Ammerbach	—	—	—	—	—	—
32,3		**Göschwitz (Saale)**	—	57	—	14	—	56
36,2		Bk Rothenstein (S) Hp	—	—	—	—	—	—
		36,9						
	50	**37,1**						
41,8	60	Kahla (Thür)	—	1911	—	27	—	908
47,4		**Orlamünde**	—	21	—	36	—	18
		51,1						
	50	**51,7**						
	60	**55,1 Gl 1**						
55,2	40	Uhlstädt	—	1933	—	1848	—	929
		55,9						
63,0		**Rudolstadt (Thür) Gbf**	—	44	—	1900	940+	59
64,6	60	**Rudolstadt (Thür)**	—	47	—	03	—	1005
68,7		**Rudolstadt-Schwarza**	—	53	—	09	—	11
		74,4						
74,8	50	**Saalfeld (Saale)**	2003	—	1920+	1942	10[illegible]+ 32	1048 55

Aus und in die unterschiedlichsten Richtungen kamen bzw. gingen die Güterzüge. Auszüge aus dem Buchfahrplan Heft 8 b aus dem Jahr 1979. Die Güterzüge wurden ab Camburg hauptsächlich mit der BR 44 bespannt. ABB.: SAMMLUNG: WERNER DRESCHER

- Großheringen – Göschwitz u. z.
- Camburg – Naumburg u. z.
- Porstendorf – Jena Saalbahnhof u. z.
- Göschwitz – Weißenfels u. z.
- Göschwitz – Naumburg u. z.
- Göschwitz – Orlamünde u. z.
- Göschwitz – Saalfeld u. z.
- Kahla – Orlamünde u. z.
- Rudolstadt – Ankerwerk u. z.
- Rudolstadt-Schwarza – Saalfeld u. z.
- Rudolstadt-Schwarza – Saalfeld u. z.

Die Anzahl der Züge erfuhr noch eine Steigerung, unter anderem bedingt dadurch, dass im Lauf der Jahre weitere Anschlussbahnen (AB) geschaffen wurden, wie

- 1972 AB Schöps für die Nationale Volksarmee (NVA),
- 1968 AB für das Betonplattenwerk und Heizkraftwerk Jena Süd in Göschwitz,
- 1968 AB Zeiss in Göschwitz.

Hinzu kamen bereits bestehende Anschlussbahnen in Camburg, Dornburg, Porstendorf, Jena Saalbahnhof, Kahla, Rudolstadt, Rudolstadt-Schwarza und Saalfeld. In den achtziger Jahren gab es noch einmal einen Schub, als durch die DDR-Regierung wegen der krisenhaften Energiesituation festgelegt wurde, Güter ab bestimmten Transportentfernungen mit der Bahn statt mit dem LKW zu transportieren. Fahrzeuge und Anlagen wurden jetzt bis an die Grenzen belastet. 1983 wurden allein mit den Durchgangsgüterzügen täglich rund 65.000 Bruttotonnen über die Strecke bewegt. Sie kamen und gingen vor allem nach:

- Rostock Überseehafen – Unterwellenborn (Erze),
- Rostock Überseehafen – Dornburg,
- Karsdorf – St. Egidien bzw. Adorf bzw. Karl-Marx-Stadt (Chemnitz) (Zement),
- Espenhain – Göschwitz,
- Könitz (Thür.) – Ziltendorf (Eisenhüttenstadt: Walzwerkerzeugnisse, Halbzeuge)
- Knotenbahnhöfe Seddin, Falkenberg (Elster), Weißenfels und Halle.

Die Entwicklung des Güterverkehrs bis 1983 (in t, Versand und Empfang) geht auch aus der folgenden Übersicht hervor:

Betriebsstelle/Jahr	**1875**	**1894**	**1913**	**1939**	**1983**
Großheringen	1.042	1.758	28.645 [1]	23.127 [1]	13.750 [1]
Camburg	12.116	71.351	117.920 [1]	51.527 [1]	107.534
Dornburg	3.537	11.194	143.084 [1]	200.074	676.161
Porstendorf	–	–	33.902 [1]	36.710 [1]	52.869
Jena-Zwätzen	–	–	–	–	–
Jena Saalbahnhof	32.635	40.077	48.673	170.307	392.650
Jena Paradies	–	–	–	–	–
Göschwitz	–	8.359	235.765 [1]	259.554 [1]	1.037.79 [1]
Rothenstein	4.727	–	–	–	–
Kahla	7.980	40.356	132.180	90.253	232.191
Orlamünde	2.200	6.577 [1]	18.785 [1]	13.694 [1]	–
Zeutsch	–	–	–	–	–
Uhlstädt	1.986	6.198	39.994	11.810	–
Kirchhasel	–	–	–	–	–
Rudolstadt	12.600	49.994	83.832	97.090	671.200
Rudolstadt-Schwarza	12.495	27.063 [1]	103.252 [1]	359.634 [1]	526.373 [1]
Saalfeld	7.774	14.271	139.050 [1]	208.061 [1]	607.530 [1]
Transit	15.102	68.579			30 Mio. [2]

[1] mit Nachbarbahnen
[2] geschätzt

Oben: Ganzgüterzüge von bzw.nach Karsdorf und dem dortigen Zementwerk waren immer ein beliebtes Fotomotiv. Viele Jahre verkehrten derartige Züge von Karsdorf nach Naumburg und von dort über die Saalbahn nach Göschwitz und auf der Weimar-Gera-Bahn nach Sachsen und zurück. 41 1180 befördert einen solchen Zug im Juni 1985 in Richtung Karsdorf, hier in der Nähe von Stöben.

Lange und vor allem schwere Güterzüge waren auf der Saalbahn tagtäglich zu sehen. Koks, Kohle, Eisenerz und andere Massengüter gehörten zu den am häufigsten transportierten Gütern. Mit einem schweren Güterzug hat 131 034 (Bw Weifenfels) im Mai 1977 den Bahnhof Saalfeld erreicht. Noch stehen dort die Formsignale, die erst nach der Elektrifizierung Mitte der neunziger Jahre verschwinden werden.

AUFNAHMEN (2): THOMAS FRISTER

44 0757 (Bw Saalfeld) durchfährt im Mai 1980 in voller Fahrt mit einem Güterzug in Richtung Saalfeld das Stadtgebiet von Rudolstadt. Die Hauptlast des Güterzugdienstes auf der Saalbahn oblag viele Jahrzehnte den schweren Güterzuglokomotiven der Baureihe 44.

AUFNAHME: MARTIN HELLER

Der Güterverkehr auf den einzelnen Bahnhöfen gestaltete sich im Jahr 1984 auf der Saalbahn wie folgt:

Bahnhof	Art der Bedienung
Großheringen	Wagenladungen, Bedienung Anschlussgleise
Camburg	Wagenladungen, Bedienung Anschlussgleise
Dornburg	Wagenladungen, Bedienung Anschlussgleise
Porstendorf	Wagenladungen, Bedienung Anschlussgleise
Jena Saalbf	Wagenladungen, Stückgutverkehr, Bed. Ansch.
Göschwitz	Wagenladungen, Bedienung Anschlussgleise
Kahla	Wagenladungen, Bedienung Anschlussgleise
Orlamünde und Uhlstädt	ohne Bedienung
Rudolstadt	Wagenladungen, Stückgutverk., Bed. Ansch.
Rudolstadt-Schwarza	Wagenladungen, Bedienung Anschlussgleise
Saalfeld	Wagenladungen, Stückgutverkehr, Bed. Ansch.

Abkürzung: Bed. Ansch. = Bedienung Anschlussgleise

Der Bahnhof Göschwitz hatte seinen Stückgutverkehr schon am 1. Juli 1965 nach Jena West (Strecke Weimar – Gera) abgegeben. Nach 1986 wurde der Stückgutverkehr auch auf der Saalbahn völlig eingestellt. Im Jahr 1989 waren es durchschnittlich ca. 35 Durchgangsgüterzüge je Tag und Richtung. Hinzu kamen noch etwa ebenso viel Nahgüterzüge bzw. Übergabefahrten. Allein diese Zahlen verdeutlichen die enorm gewachsene Bedeutung der Strecke für den Güterverkehr, die aber hauptsächlich aus den Eingriffen der Planwirtschaft (Verlagerung der Transporte von der Straße auf die Schiene infolge der angespannten Energiesituation) in den achtziger Jahren zu erklären ist. Über Saalfeld hinaus kamen jetzt noch drei Bedarfszugpaare hinzu.

Mit der Grenzöffnung im Jahr 1989 sollte sich auch die Bedeutung der Saalbahn für den Güterverkehr ändern. Mehr und mehr wuchs die Bedeutung der Strecke für den Nord-Süd-Verkehr, der nach der Wiederelektrifizierung 1995 einsetzte.

Auf dem noch eingleisigen Abschnitt Kahla – Göschwitz ist am 24. Juni 1969 V 200 063 (Bw Weißenfels) mit einem langen Durchgangsgüterzug aus Saalfeld auf dem Weg nach Norden. Das Einfahrsignal des Bf Göschwitz zeigt Hf1 (Fahrt mit Höchstgeschwindigkeit), obwohl in Göschwitz der zweigleisige Abschnitt nach Jena beginnt und die V 200 gleich den abzweigenden Strang der Einfahrweiche befahren wird. Die DR hatte dort eine lange Weichen eingebaut, die den Übergang auf den zweigleisigen Abschnitt ohne Verringerung der Streckenhöchstgeschwindigkeit von 90 km/h ermöglichte.

AUFNAHME: THOMAS FRISTER

Die eingesetzten Lokomotiven bis 1990

Die Situation nach dem Zweiten Weltkrieg war auch im Bereich des Lokomotivparkes der Deutschen Reichsbahn erschreckend. Allein im Bw Saalfeld waren durch die schweren Bombenangriffe fünf Elektro- und drei Dampflokomotiven, die sich während des Bombenangriffs im Lokschuppen befanden, völlig zerstört worden. Mit 13 Dampflokomotiven, die sich im Bahnhofsgelände aufhielten, geschah das gleiche. Zehn weitere Lokomotiven wurden schwer beschädigt. Im Juni 1945 konnten die ersten fünf Lokomotiven wieder in Betrieb genommen werden.

Zunächst waren es vor allem noch Elektrolokomotiven, die bis zur Demontage der Fahrleitung den Verkehr bewältigten. Der Bericht der RBD Erfurt vom 28. Mai 1947 *„Elektrische Zugförderung, Jahresbericht 1946"* an die Hauptverwaltung der Deutschen Reichsbahn beschreibt in einer Anlage den momentanen Einsatzort bzw. Verbleib der Elektro-Lokomotiven, die in dieser Zeit zwischen Probstzella und Weißenfels eingesetzt waren. Diese Übersicht beinhaltet auch, welche Lokomotiven als Reparationsleistung an die UdSSR abgeliefert werden mussten (ET 51 04, der auch in Saalfeld beheimatet war, wurde zerlegt abgeliefert):

lfd. Nr.	Lok	Heimat-RBD	Standort am 28. Mai 1947	Ablieferungs-Datum
1	E 04 023	Nürnberg	abgeliefert	26.04.1946
2	E 17 010	München	abgeliefert	29.04.1946
3	E 17 101	Stuttgart	RAW Dessau	–
4	E 18 024	Nürnberg	abgeliefert	29.04.1946
5	E 18 048	Nürnberg	abgeliefert	29.04.1946
6	E 44 030	Erfurt	abgeliefert	01.09.1946
7	E 44 033	Erfurt	Bw Saalfeld	–
8	E 44 041	Erfurt	Bw Saalfeld	–
9	E 44 042	Erfurt	abgeliefert	01.09.1946
10	E 44 052	Erfurt	abgeliefert	27.04.1946
11	E 44 063	Erfurt	abgeliefert	25.04.1946
12	E 44 072	Erfurt	zerlegt abgeliefert	
13	E 44 073	Erfurt	abgeliefert	25.04.1946
14	E 44 074	Erfurt	Bw Saalfeld	–
15	E 44 092	Nürnberg	abgeliefert	25.04.1946
16	E 44 095	Nürnberg	abgeliefert	25.04.1946
17	E 44 123	Erfurt	abgeliefert	25.04.1946
18	E 44 124	Erfurt	abgeliefert	24.04.1946
19	E 44 125	Erfurt	abgeliefert	25.04.1946
20	E 44 134	Erfurt	abgeliefert	25.04.1946
21	E 44 135	Erfurt	abgeliefert	25.04.1946
22	E 44 136	Erfurt	abgeliefert	24.04.1946
23	E 44 137	Erfurt	abgeliefert	24.04.1946
24	E 44 139	Erfurt	abgeliefert	24.04.1946
25	E 44 144	Erfurt	zerlegt abgeliefert	
26	E 44 151	Nürnberg	RAW Dessau	
27	E 44 178	München	RAW Dessau	
28	E 94 040	Erfurt	abgeliefert	04.05.1946
29	E 94 042	Augsburg	abgeliefert	25.04.1946
30	E 94 046	Nürnberg	abgeliefert	04.05.1946
31	E 94 052	Nürnberg	abgeliefert	04.05.1946
32	E 94 054	Erfurt	abgeliefert	04.05.1946
33	E 94 055	Erfurt	abgeliefert	29.04.1946
34	E 94 056	Erfurt	abgeliefert	04.05.1946
35	E 94 057	Erfurt	abgeliefert	29.07.1946
36	E 94 058	Erfurt	abgeliefert	29.04.1946
37	E 94 069	Augsburg	abgeliefert	22.09.1946
38	E 94 106	Erfurt	abgeliefert	04.05.1946
39	E 94 114	Erfurt	abgeliefert	25.04.1946
40	E 94 115	Erfurt	abgeliefert	25.04.1946

Dass diese Reparationsleistung sich im Betrieb der Bahn niederschlug, ist nachvollziehbar. Dampflokomotiven mussten herangeschafft werden, die es anderswo auch nicht gab. Es fällt schwer, den Lokomotivbestand bzw. -einsatz des Bw Saalfeld in diesen ersten Nachkriegsjahren zu rekonstruieren, denn während dieser Zeit waren die verschiedenartigsten Baureihen im Bestand, die außerdem häufig – manchmal innerhalb von Wochen – wechselten. Hauptsächlich bewältigten die Baureihen 38, 39, 42, 44, 50, 52, 55, 57, 58 74, 93, 94 und 98 den Betrieb. Hinzu kamen die ehemaligen „Mietlokomotiven", die die Reichsbahn während der Kriegsjahre aus den besetzten Gebieten ins Reich holte. Für 1947 weist das Lokomotivverzeichnis der RBD Erfurt für Saalfeld die folgenden Maschinen aus, die nun als „Fremdlokomotiven" in den Beständen geführt wurden:

- Französische Lokomotiven: 18 1327, 38 523 (230 A-C), 38 C 120, 56 817 (140 A-C), 68 8620 (150)
- Lokomotiven aus dem Elsaß: 55 5046, 55 5329, 58 5614, 92 7960
- Polnische Lokomotiven: 38 4576 (Ok22), 55 124 (Tpl/124), 58 2547, 58 2583, 58 2643, 58 2664, 58 2682 (alle Ty 23), 91 345, 91 713 (beide Tki 3)

Die meisten dieser Lokomotiven befanden sich in einem schlechten Zustand und deshalb nicht mehr im Dienst. Ab 1948/49 zeigte schließlich die von der DR ab 1947 eingeleitete Gattungsbereinigung erste Folgen. Den Lokomotivbestand des Bw Saalfeld am 1. Januar 1949 zeigt die folgende Übersicht:

BR	Stammnummer
38	1250, 1287, 1635, 1760, 2040, 2078, 2247, 2267, 2836, 3456, 3507
39	001, 118, 142, 163, 172, 245, 251
44	192, 301, 353, 515, 705, 1311, 1638, 1639, 1858
55	307, 413, 534
58	425, 430, 1089, 1441, 1442, 1531, 1581, 1633, 1885, 1918, 1945
74	231, 287
93	504, 519, 545, 643, 648, 795, 822, 988, 1068, 1075, 1227, 1243, 1257, 1258, 1259, 1261, 1602
94	733, 807, 932, 1660
98	005

1954 wurde die BR 39 von Lokomotiven der Baureihe 41 abgelöst, wobei allerdings zwischen 1956 und 1957 nochmals Loks der Baureihe 39 im Bw Saalfeld stationiert waren. Der Lokbahnhof Göschwitz – seit August 1945 dem Bw Gera unterstellt – setzte auf der Saalbahn die Baureihen 58 und teilweise auch 93 ein.

In den folgenden Jahren waren es vor allem die Baureihen 38, 44 und 58, die die Züge auf der Saalbahn beförderten. Hinzu kam noch die Baureihe 78, die vom Lokbahnhof Göschwitz aus eingesetzt wurde. Ab 1949 war sie auf der Saalbahn vor allem im Personenzugdienst zu finden. 1955 wurden diese Göschwitzer Loks vom Bw Weimar übernommen, aber weiterhin von Göschwitz aus eingesetzt. Durch die Änderung der Rbd-Grenzen wurde der Lokbahnhof Göschwitz in jenem Jahr wieder dem Bw Weimar unterstellt. Für den 1. April 1955 lassen sich in Göschwitz folgende Lokomotiven nachweisen:

BR	Stammnummer
58	1361, 1458, 1564, 1835, 1876
74	684
78	053, 143, 240, 449
93	1228

Die Lokomotiven der Baureihe 78 blieben hier noch bis 1957/58. Zu dieser Zeit erhielt der Lokbahnhof Göschwitz Maschinen der Baureihe 38 und konnte damit auf die Tenderloks der ehemaligen preußischen Gattung T 18 verzichten.

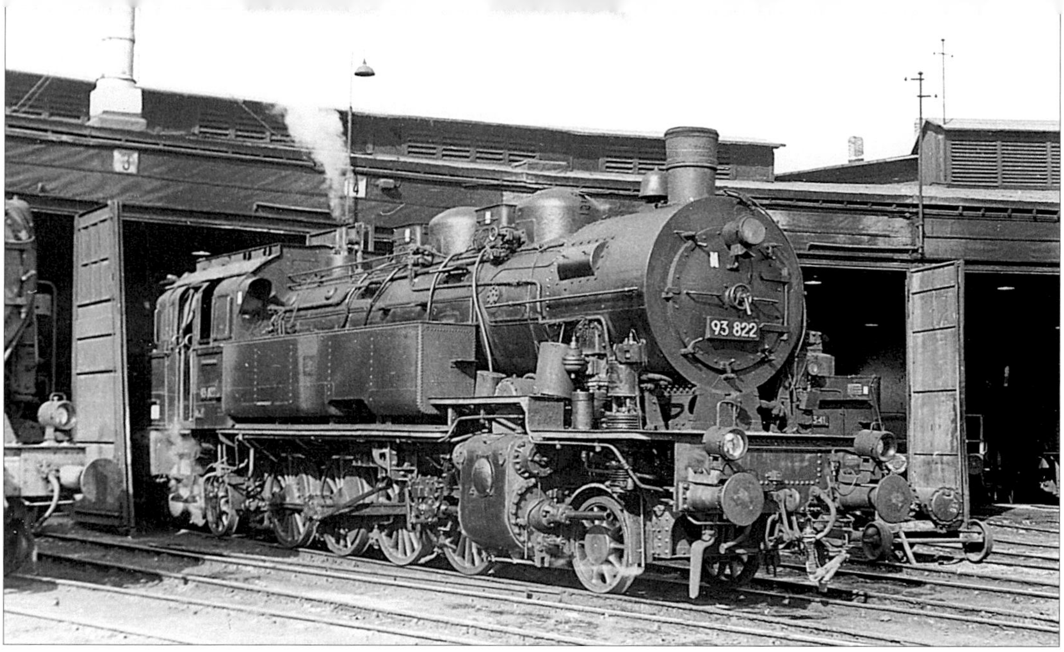

Lokomotiven der Baureihe 93 zählten über 50 Jahre zum Bestand des Bw Saalfeld und kamen vor allem auf den Zweigstrecken des Saalbahn zum Einsatz. 93 822 – eine der lange in Saalfeld beheimateten Loks dieser Baureihe – steht im Sommer 1968 vor dem alten Saalfelder Lokschuppen, der wenig später abgebrochen und erneuert wurde.

AUFNAHME: GEORG OTTE/EK-VERLAG

Lokomotiven der Baureihe 78 waren zwischen 1938 und 1959 auf der Saalbahn anzutreffen. 78 469 wurde 1957 im Lokbahnhof Göschwitz fotografiert. Sie war von 1955 bis 1959 im Bw Weimar beheimatet und wurde vom Lokbahnhof Göschwitz eingesetzt.1959 gelangte sie nach Nordhausen, von dort aus nach Berlin Ostbahnhof, Meiningen, Wustermark, Jüterbog Lichtenberg und Cottbus, wurde 1968 abgestellt und schließlich 1969 verschrottet. Der Blick aus dem Wasserturm des Lokbahnhofs Göschwitz zeigt auch noch eine hier abgestellte G 12.

AUFNAHME: GEORG HEY

Vor allem von den Lokomotiven der Baureihe 44 – die ersten bekam das Bw Saalfeld 1942 – wurden in jenen Jahren die größten Leistungen verlangt. Sie bildeten das Rückgrat für den schweren Güterverkehr, der im Rahmen der „Schwerlastbewegung" 1948 ins Leben gerufen worden war. Zugmassen zwischen 1.500 und 2.000 t waren jetzt die Regel. Da zu dieser Zeit meist nur mit Briketts gefeuert werden konnte, war die körperliche Beanspruchung des Lokpersonals besonders hoch. Für eine Fahrt von Halle nach Saalfeld wurden beispielsweise 10 t Kohle benötigt. Der Tender wurde auf jeder dieser Fahrten sprichwörtlich „abgeräumt". Die Lokomotive 44 1858 wurde vom Saalfelder Personal auch als „Maxlok" bezeichnet, weil mit ihr die schweren Erz, Schrott- und Kohlezüge aus Halle bzw. Weißenfels über die Saalbahn nach Unterwellenborn zur Maxhütte befördert wurden. Dabei war diese Bewegung eigentlich nicht neu. Bereits am 30. Juli 1940 wurden mit dem verstärkten Einsatz von Lokomotiven der Baureihe 44 in Thüringen die Zuglasten auf 1.600 bis 2.000 Tonnen erhöht. Allerdings wurde zu dieser Zeit noch ordentliche Steinkohle verfeuert. Am 1. Januar 1957 waren in Saalfeld folgende Lokomotiven beheimatet:

BR	Stammnummer
38	1250, 1335, 1599, 1615, 1635, 1681, 1877, 1955, 3131, 3787
39	004, 007, 021, 038, 163, 166, 261, 210
41	314
44	104, 111, 179, 301, 353, 548, 559, 725, 1054, 1595, 1639, 1858
55	821, 3228, 3398, 3582, 4090
58	1103, 1125, 1202, 1341, 1411, 1429, 1441, 1442, 1456, 1581, 1898, 1945
74	231
93	456, 457, 504, 519, 545, 584, 603, 608, 610, 648, 709, 711, 780, 795, 822, 828, 991, 1002, 1032, 1035, 1036, 1075, 1142, 1182, 1215, 1216, 1227, 1257, 1258, 1259, 1261

Im Laufe des Jahres verfügte die DR alle 39 zur Rbd Dresden. Dafür erhielt Saalfeld wieder Lokomotiven der Baureihe 41. 1958/59 waren bis elf Lokomotiven dieser Baureihe beheimatet. Ab 1961 wurden die Lokomotiven der Baureihe 38 abgegeben.

Die Tradition, auf der Saalbahn Versuchsfahrten zur Erprobung neuer Lokomotiven durchzuführen, wurde von der Versuchs- und Entwicklungsstelle der DR (VES M) in Halle fortge-

Auf dem Kanal des Bw Saalfeld stehen im Sommer 1968 die ölgefeuerte 44 1618, 58 1525 (beide Bw Saalfeld) und 03 205 (Bw Halle P). AUFNAHME: DIETER WÜNSCHMANN

setzt, nachdem schon die Versuchsanstalt Grunewald die Strecke dafür nutzte. So wurden u.a. mit 23 1001 in den fünfziger Jahren, V 180 002 in den sechziger Jahren und mit 119 008 1979 umfangreiche Testfahrten – auch im Plandienst – durchgeführt. Am 17. November 1960 kam erstmals V 180 001 vor E 278/279 auf der Saalbahn von Halle nach Saalfeld zum Einsatz.

1964 waren im Lokbahnhof Großheringen – zum Bw Naumburg gehörend – 58 1532, 38 2946 und 38 1257 beheimatet. Unter anderem beförderten diese Lokomotiven Züge zwischen Großheringen und Göschwitz. Lokomotivbestand des Bw Saalfeld am 1. Januar 1967:

BR	Stammnummer
41	013, 025, 078, 189, 200, 260, 266, 276, 277, 289, 329
44	111, 176, 179, 192, 301, 396, 418, 548, 559, 611, 722, 809, 1580, 1590
56	2128, 2196, 2254, 2563, 2606
58	1103, 1341, 1411, 1442, 1525, 1621, 1771, 1778, 1942
93	313, 456, 457, 519, 545, 608, 610, 648, 709, 714, 780, 787, 795, 822, 828, 962, 991, 1002, 1032, 1035, 1036, 1075, 1182, 1185, 1215, 1216, 1258, 1259, 1261

Auf der Saalbahn kamen aber nach wie vor auch 38 des Lokbahnhofes Göschwitz (Bw Weimar) zum Einsatz. Dort waren zu diesem Zeitpunkt 38 1502, 1558, 2070, 2127, 2197, 2204, 2501, 2823, 2828 und 3211 beheimatet. Im Einzelnen lassen sich 1967 im Lokbahnhof Göschwitz folgende Lokomotiven nachweisen:

BR	Stammnummer
38	1502, 1558, 2070, 2127, 2197, 2204, 2501, 2525, 2822, 2833, 3211
44	235, 795, 1428, 1638
56	2009, 2057, 2802
58	1119, 1296, 1641, 2048
93	761

Ab dem Jahr 1967, nach der Elektrifizierung der Strecke Weißenfels – Erfurt und der Saalbahn aus Richtung Norden bis Camburg, kamen jetzt auch Elektrolokomotiven aus Halle bzw. Leipzig bis nach Camburg. Anfangs kamen auch noch häufiger Lokomotiven der Altbau-Baureihen E 04 und E 44 nach Camburg, die zunehmend von den Neubaulokomotiven der Baureihen E 11 und E 42 abgelöst wurden.

Mit der Streckenelektrifizierung in der Rbd Erfurt kam es noch einmal zu größeren strukturellen Änderungen und Änderungen in den Lokomotivbeständen. Das Bw Weimar wurde aufgelöst, und der Lokbahnhof Göschwitz wurde ab dem 1. Januar 1968 nun dem Bw Saalfeld zugeordnet. Damit wurden wieder Lokomotiven der Baureihe 38 im Bw Saalfeld geführt. Sie wurden jedoch vorwiegend von Göschwitz aus eingesetzt.

Im September 1967 waren schon die Erfurter 01 526 und 01 529 bis 535 nach Saalfeld umgesetzt worden. Die Beförderung der Schnellzüge 127/128 „Saßnitz-Express" München – Berlin – Saßnitz – Stockholm und zurück sowie 129/130 München – Berlin und zurück übernahm ab diesem Zeitpunkt das Bw Saalfeld zwischen Probstzella und Berlin. Bereits im Mai 1968 kehrten alle Reko-01 wieder zurück nach Erfurt. Dafür erhielt Saalfeld im Mai 1968 Lokomotiven der Baureihe 22 aus Erfurt und Weimar.

Die Baureihe 22 übernahm jetzt die Aufgaben der Baureihen 01^5 und 41. Dazu gehörte auch die Bespannung der „Interzonen"-Zugpaare D 127/128 und D 129/130, nun allerdings nur noch zwischen Probstzella und Camburg. Auch im Personenverkehr verdrängten die 22 die bislang verwendete BR 41. Einen typischen Umlauf der BR 22 dokumentiert der Plan 301 a: D 131 Saalfeld – Camburg, D 128 „Saßnitz-Express" Camburg – Probstzella, D 127 „Saßnitz-Express" Probstzella – Camburg, P 428 Camburg – Saalfeld, P 431 Saalfeld – Camburg, D 130 Camburg – Probstzella, P 4829 Probstzella – Saalfeld.

Trotz der relativ kurzen Strecke erreichte die Lok dabei eine tägliche Laufleistung von 520 km. Gemeinsam mit den Loks in den Plänen 301 und 302 standen täglich bis zu elf Loks der Baureihe 22 in Betrieb. Bereits damals gehörte Saalfeld zum Auslauf-Bw dieser Baureihe. Im Laufe des Jahres 1968 wurden die ersten Maschinen dieser Baureihe abgestellt und meist durch überzählige 22 anderer Bahnbetriebswerke ersetzt. Im Jahr 1968 hielt auch mit V 60 1480 die Dieseltraktion im Bw Saalfeld Einzug.

Eine weitere Epoche begann mit der Beheimatung ölgefeuerter Dampflokomotiven der Baureihe 44 in Saalfeld. 44 196 war am 12. September 1967 die erste in Saalfeld beheimatete Dampflok mit dieser modernen Feuerung. Im selben Monat folgten noch 44 1270, 44 104, 44 1601 und 44 324. Neben den Lokomotiven des Bw Saalfeld waren auf der Saalbahn auch Lokomotiven anderer Bahnbetriebswerke anzutreffen. Dazu gehörten neben

Auf dem noch eingleisigen Hochdamm zwischen Jena Paradies und Jena Saalbahnhof führt am 13. Mai 1967 19015 (Bw Halle P) den P429 von Saalfeld nach Halle/Saale. Die Lokomotiven der Hallenser Versuchsanstalt kamen jahrelang vor Planzügen bis nach Saalfeld und bescherten der Saalbahn die wohl interessantesten Schnellzuglokomotiven in den Nachkriegsjahrzehnten.

AUFNAHME: HANS-JOACHIM LANGE

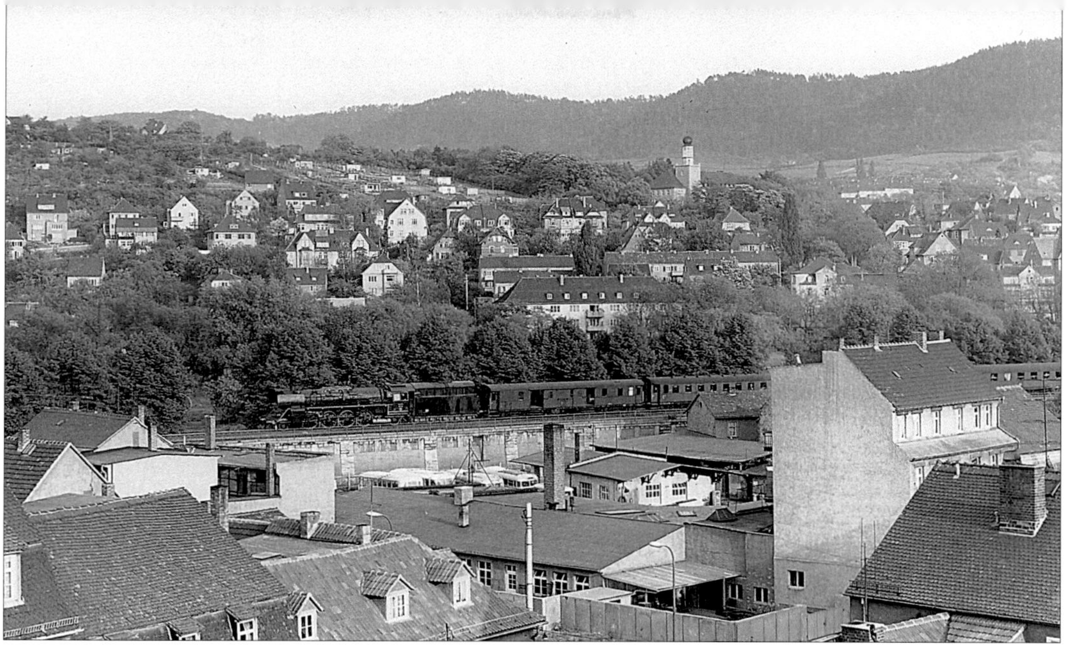

58 1641 (Bw Saalfeld) wartet im Juni 1968 an der Drehscheibe ihres Heimat-Bahnbetriebswerkes auf den Auftrag zur Weiterfahrt. Im Hintergrund die alte Straßenbrücke über die damalige Fernverkehrsstraße 281, die Jahre später etwas spöttisch als „Affenfelsen" bezeichnet wurde, weil sich hier die Eisenbahnfreunde aus ganz Europa an den letzten Schnellzugloks der Baureihe 01 erfreuten. Die 58 kamen vorwiegend auf den Anschlussstrecken der Saalbahn vor Güterzügen zum Einsatz.

AUFNAHME: DIETER WÜNSCHMANN

Seit den Kriegsjahren standen die schweren Güterzugloks der Baureihe 44 auf der Saalbahn im Güterzugdienst. Die rostgefeuerten Lokomotiven wurden Ende der sechsziger Jahre von den ölgefeuerten Maschinen abgelöst. Im Sommer 1968 steht im Bw Saalfeld 44 988, die erst im Vorjahr vom Bw Weißenfels in die Feengrottenstadt wechselte.

AUFNAHME: GEORG OTTE/EK-VERLAG

Lokomotiven der Bahnbetriebswerke Arnstadt, Gera, Weißenfels und Leipzig Hbf West auch die Loks der VES M Halle (Bw Halle P). Beispielsweise wurden mit dem Zugpaar E 231/P 879, das bis 1969 etwa 20 Jahre zwischen Halle und Saalfeld verkehrte, über längere Zeit mit den Lokomotiven 03 001, 03 1010, 03 1074, 18 201, 18 314, 19 015 und 19 022 bespannt.

Ab Oktober 1968 waren Lokomotiven Baureihe 83 nach Saalfeld umstationiert worden, die auch vom Lokbahnhof Göschwitz aus eingesetzt wurden. Sie lösten vor allem die Baureihe 93 auf den Nebenstrecken der Saalbahn ab.

Das bereits genannte D-Zug-Paar 1165/1166 Gera – Göschwitz – Jena Saalbahnhof – Berlin, das vom 29. September 1968 bis zum 30. Mai 1970 über den nördlichen Teil der Saalbahn verkehrte, wurde von Lokomotiven der Baureihe V 180 des Bw Berlin Karlshorst gefahren, bis der Laufweg ab dem Sommerfahrplan über die kürzere Verbindung Leipzig – Zeitz geändert wurde.

Von Oktober 1969 bis Oktober 1972 gehörten die Lokomotiven V 180 310 und 317 sowie 1971 noch 118 307, 309, 319 und 324 zum Bw Saalfeld. Sie übernahmen unter anderem das Transitzugpaar D 1458/59 zwischen Probstzella und Berlin Friedrichstraße sowie D 129 Probstzella und Camburg Personenzüge auf der Saalbahn, nach Gera und Güterzüge nach Lobenstein. Der Lokomotivbestand im Bw Saalfeld hatte sich bis zum 1. Januar 1970 wie folgt geändert:

BR	Stammnummer
22	034, 038, 041, 043, 044, 048, 049, 052, 053, 054, 060, 061, 062, 067
38	1502, 2070, 2127, 2525, 2833, 3215, 3821
44 Rost	099, 111, 179, 395, 396, 418, 548, 611, 795, 1153, 1580, 1590, 1638
44 Öl	104, 196, 324, 569, 689, 1195, 1233, 1270, 1601, 1618
56	2009, 2606
58	1103, 1119, 1125, 1411, 1414, 1442, 1641, 1676, 1854
83	1004, 1005, 1008, 1009, 1011, 1013, 1014, 1015, 1017, 1022
93	304, 412, 545, 608, 761, 962, 991, 1035, 1036, 1134, 1182, 1261
106	477, 480, 546, 560, 568, 585, 598
118	310, 317

Die kohlegefeuerten Lokomotiven der Baureihe 44 wurden im Laufe des Jahres abgestellt. Im selben Jahr kamen aber noch einmal vier Lokomotiven der Baureihe 22 nach Saalfeld, dabei 22 001 – die einstige Baumusterlok aus Halle. Sie war aber nur einen Sommer, vom 3. März bis 23. September im Einsatz. Die drei anderen Loks waren 22 014, 025 und 056. Am 1. Juni 1970 führte die DR ein neues Nummernsystem ein, die 22er erhielten noch einmal ihre frühere Ordnungsnummer 39 zurück.

Nach und nach wurden die Dampflokomotiven bei der DR abgestellt. In Saalfeld hingegen herrschte noch eine relativ große Vielfalt bei den Dampflokomotiven, die sich auch ziemlich häufig änderte. Dampflokomotiven, die anderswo durch Einführung von Elektro- und Diesellokomotiven nicht mehr benötigt wurden, kamen zum Bw Saalfeld. Dieses entwickelte sich mehr und mehr zum „Auslauf-Bw" für Dampflokomotiven und zog Eisenbahnfreunde aus aller Welt an. Besonders die Brücke der seinerzeitigen F 281 und heutigen B 281, die einen direkten Einblick in das Bw und das Bahnhofsgelände freigab, war in den siebziger und achtziger Jahren fast ständig von Eisenbahnfotografen belagert. Gerade Anfang der siebziger Jahre, als das Fotografieren noch genehmigungspflichtig war, bot sich ein guter Standort. Man war weit von der „Trapo" entfernt und konnte gegebenenfalls schnell die Flucht ergreifen.

Ab 1970 kamen auch noch für kurze Zeit Lokomotiven der Baureihe 58^{30} nach Saalfeld bzw. nach Göschwitz. Sie übernahmen die Leistungen der Baureihe 44 (Kohle) und Baureihe 58^{10-21}, die damit abgestellt werden konnten.

Im Oktober 1971 wurden in Saalfeld mit 39 1052 und 1056 die letzten Loks dieser Baureihe abgestellt. An den langen Einsatz dieser Baureihe in Saalfeld erinnert noch die Treibachse der 39 1001 (ex 22 001, ex 39 107), die vor dem ehemaligen Bw aufgestellt ist. Die Baureihe 39 wurde zum wiederholten Male von Lokomotiven der Baureihe 41 abgelöst. Im Jahr 1972 wurde mit etwa 20 Lokomotiven der höchste Bestand dieser Maschinen in Saalfeld erreicht, den es jemals gab. Ein Teil von ihnen wurde vom Lokbahnhof Göschwitz aus eingesetzt.

Bereits in das Jahr 1971 fiel der erste Einsatz der Baureihe 110 (ab Januar 1992 BR 201), von der zunächst 110 313 bis 110 316 nach Saalfeld kamen. In den folgenden Jahren übernahmen immer mehr dieser Lokomotiven den Zugdienst. 1971 fanden auch Loks der Baureihe 65 in Saalfeld ihre letzte Heimstatt. Gemeinsam mit den Lokomotiven der Baureihe 110 übernahmen sie den Dienst der letzten noch in Betrieb befindlichen 83er, aber auch der Lokomotiven der Baureihen 38 und 93. Die letzten Vertreter waren 93 8304 und 93 8412. Sie wurden im November bzw. Dezember 1971 ausgemustert. Der Lokomotivbestand im Bw Saalfeld hatte sich bis zum 1. Januar 1972 wieder erheblich geändert:

BR	Stammnummer
38	2491, 2833, 3821, 3979
41	1025, 1036, 1054, 1057, 1067, 1078, 1126, 1130, 1155, 1189, 1200, 1231, 1232, 1260, 1263, 1266, 1289
44	0104, 0196, 0233, 0270, 0324, 0569, 0601, 0689
65	1004, 1008, 1010, 1011, 1016, 1020, 1033, 1037, 1038, 1044, 1051, 1052, 1053, 1062, 1064, 1065
58	1125, 1442
58	3012, 3014, 3022, 3023, 3024, 3027, 3032, 3035, 3049, 3050
83	1008, 1010, 1012
106	477, 480, 546, 560, 568, 585, 598, 621, 659, 708, 717, 754, 777
110	313, 314, 315, 316, 379, 417
118	237, 307, 310, 324

Im Jahr 1972 gab es weitere Änderungen. Die Baureihe 38 wurde im Mai 1972 endgültig abgestellt. 38 2491 schied am 28. Oktober 1972 als letzte aus dem Betriebspark aus. Ebenfalls bis Mai 1972 schieden auch die letzten 58^{10} und 83 aus dem Betriebsbestand. 1973 wurden die Lokomotiven der Baureihe 58^{30} nach Gotha und Glauchau umgesetzt.

Weitere Veränderungen im Lokbestand des Bw Saalfeld ergaben sich zur Jahresmitte 1973. Jetzt erhielt das Bw Saalfeld Lokomotiven der Baureihe 01^{05}. Sie übernahmen die Leistungen der Lokomotiven der Baureihe 41. Bis 1979 beförderten sie z.B. die Autoreisezüge 1100/1101 München – Berlin zwischen Probstzella und Berlin. Parallel zur Zuführung der Baureihe 01 erhielt Saalfeld weitere ölgefeuerte 44, deren Bestand sich mehr als verdoppelte. In den Siebziger Jahren dominierte die Baureihe 44 den Güterverkehr. Weithin hallten ihre Auspuffschläge, wenn sie mit etwa 2.000 Tonnen am Haken durch das Saaletal „dröhnten".

Im selben Zeitraum ging der Bestand der Baureihen 41 und 65 weiter zurück. In dieser Zeit war Saalfeld eines der letzten Bahnbetriebswerke der DR, das noch Dampflokomotiven für den hochwertigen Reisezugdienst einsetzte. Dabei erlangte D 504 Saalfeld – Berlin schon fast legendäre Bedeutung. Zwischen Saalfeld und Halle, zeitweise bis nach Leipzig wurde er von einer Dampflokomotive geführt.

Traditionell erfolgte der Einsatz der Saalfelder Lokomotiven in sieben bis neun Dienstplänen (301 bis 309). Der Plan 301 beinhaltete die schnellfahrenden Reisezüge, z. Berlin D 504, Plan 302 die Reisezüge Saalfeld – Halle/Leipzig. Mit Hilfe der anderen Pläne wurde der Verkehr der regionalen Reisezüge und der Güterverkehr organisiert. In seiner besten Zeit, in den Jahren 1982/1983 hatte Saalfeld mit 122 Lokomotiven seinen höchsten

Im nördlichen Vorfeld des Bahnhofs Saalfeld wartet am 10. August 1968 die Saalfelder 22 019. Die beiden Eisenbahnerinnen im Vordergrund des Bildes schmieren gerade die Weichen und signalisieren dem Stellwerk das Ende ihre Tätigkeit. Im Hintergrund der alte Hilfszug des Bw Saalfeld mit dem Arztwagen (erkennbar an den weißen Fenstern), der aus einem dreiachsigen preußischen Personenzugwagen umgebaut wurde.

AUFNAHME: DIETER WÜNSCHMANN

Kurz vor Ende ihrer Abstellung steht 39 1052 – eine der letzten noch einsatzfähigen Lokomotiven der Baureihe 39 (ex. BR 22) – am 3. Mai 1971 vor dem Verwaltungsgebäude des Bw Saalfeld. Vier Monate später wird hier der Einsatz der Reko-39 bei der DR unwiderruflich zu Ende gehen.

AUFNAHME: DR. JÖRG WENKEL

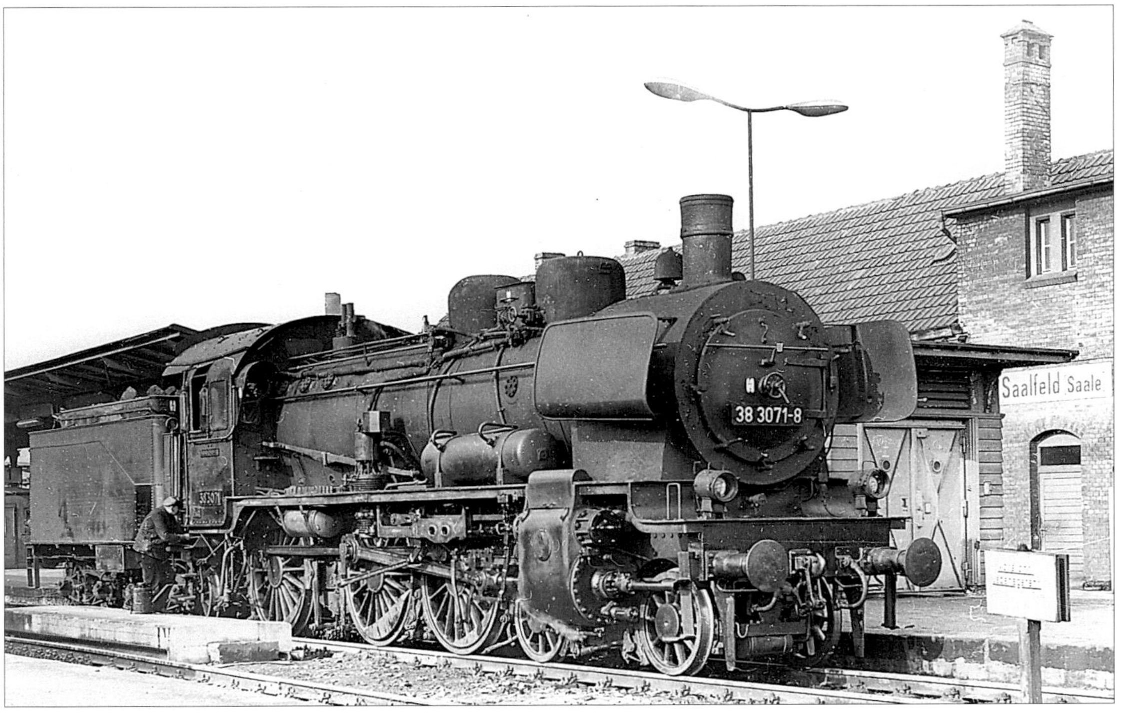

38 3071 war eine der vom Lokbahnhof Göschwitz eingesetzen Loks der preußischen Gattung P 8. Hier steht sie im Juni 1971 im Saalfelder Personenbahnhof und wird gerade vom Lokpersonal abgeölt. Am 28. November 1971 wurde sie abgestellt und war damit eine der letzten auf der Saalbahn eingesetzten Lokomotiven der Baureihe 38.

AUFNAHME DIETER WÜNSCHMANN

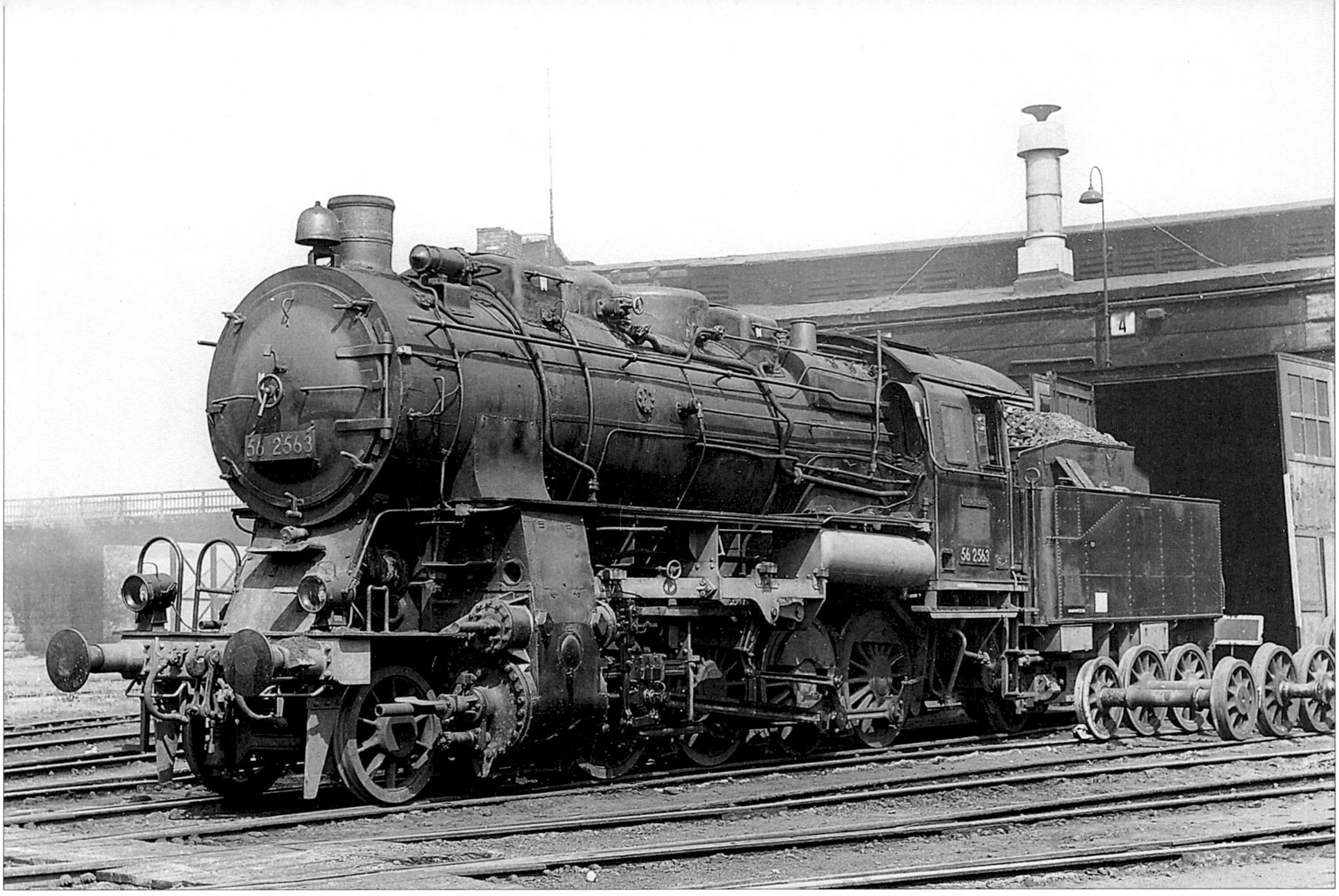

Den Rangierdienst in Saalfeld und Göschwitz besorgen viele Jahre die Lokomotiven der Baureihe 56^{20-29}. Ein Lok dieser Baureihe, die 1969 aus dem Bestand des Bw Saalfeld verschwand, war 56 2563 (z ab 24. Februar 1969), die im Sommer 1968 vor dem alten Lokschuppen des Bw Saalfeld eine Ruhepause eingelegt hat. AUFNAHME: DIETER WÜNSCHMANN

Nur kurze Zeit standen die Neubautenderloks der Baureihe 83^{10} im Dienst des Bw Saalfeld. Eingesetzt wurden die Maschinen hauptsächlich auf den Nebenstrecken. Reger Fahrgastwechsel herrschte im Sommer 1969, als 83 1019 den Fahnen geschmückten Bahnhof Saalfeld erreichte. AUFNAHME: VERKEHRSMUSEUM DRESDEN/SAMMLUNG WERNER DRESCHER

Die Lokomotiven der BR 41 bildeten viele Jahre im Reisezugdienst das Rückgrat des Bw Saalfeld. Ihre Rolle als Universallokomotive konnten sie auf der Saalbahn besonders gut ausfüllen. Jahrzehntelang standen sie hier vor Schnell-, Personen-, und Güterzügen im Einsatz. 41 1289 hat am 14. April 1978 mit einem Personenzug von Großheringen nach Saalfeld bereits Dornburg verlassen und wird bald Porstendorf erreichen.

Auch die Güterzugloks der BR 44 mussten immer wieder vor Reisezügen auf der Saalbahn aushelfen. 44 0413 (Bw Saalfeld) verlässt am 12. September 1974 Jena Saalbahnhof in Richtung Göschwitz. Am Zughaken die damals noch weit verbreiteten Reko-Wagen der Gattung Bag, die wegen ihres geringen Komforts bei den Reisenden nicht sonderlich beliebt waren.

AUFNAHMEN (2): DETLEF HOMMEL

Bestand, deren Einsatz geplant werden musste. Sie verkehrten nicht nur auf der Saalbahn nach Halle und zeitweise bis nach Berlin und nach Probstzella, sondern mit Eil- und Personenzügen über Gera bis nach Leipzig und Arnstadt sowie nach Lobenstein. Im Güterverkehr verkehrten Saalfelder Personale mit ihren Lokomotiven darüber hinaus noch von Saalfeld über Gera – Zeitz – Weißenfels nach Halle. In Saalfeld waren jetzt nur noch vier Dampflokbaureihen im Einsatz, wie der Bestand vom 1. Januar 1975 zeigt:

BR	Stammnummer
01	0501, 0519, 0520, 0522, 0529, 0533, 0534
41	1054, 1057, 1067, 1078, 1115, 1126, 1130, 1155, 1189, 1231, 1232, 1263, 1266, 1278, 1289
44	0196, 0233, 0270, 0280, 0304, 0324, 0393, 0397, 0413, 0414, 0569, 0601, 0618, 0663, 0689, 0698, 0757, 0851
65	1006, 1010, 1011, 1020, 1033, 1037, 1038, 1044, 1053, 1062, 1064
106	300, 477, 480, 546, 560, 568, 585, 598, 621, 659, 708, 717, 754, 777, 841, 894, 895
110	418, 515, 526, 527, 528, 531, 538, 539, 540, 541, 543, 580, 638, 639, 641, 642, 650, 668, 721, 722, 723, 738
118	237, 307, 310, 324

In den Jahren 1976 und 1978 wurden nochmals Lokomotiven der Baureihen 01 und 44 zugeführt. Damit waren am 1. Juni 1979 in Saalfeld folgende Loks dieser beiden Baureihen beheimatet:

BR	Stammnummer
01	0501, 0505, 0508, 0509, 0510, 0513 (ab 3.9.), 0519, 0520, 0521, 0522, 0524, 0525, 0529, 0530, 0531, 0533 und 0534
44	0115 (ab 31.8.), 0196, 0221, 0231, 0233, 0270, 0280, 0305, 0324, 0393, 0397, 0413, 0414, 0567, 0600 (ab 1.8.), 0601, 0618, 0663, 0689, 0698, 0757 und 0851.

Die Baureihe 41 war bis auf 41 1036, die aber auch nicht mehr eingesetzt wurde, und die Baureihe 65 gänzlich aus dem Dienst ausgeschieden. 65 1049, die am 12. Dezember 1979 z-gestellt wurde, war die letzte ihrer Baureihe. Die Anzahl der Lokomotiven der Baureihe 110 hatte sich inzwischen auf 25 erhöht.

Die Zuführung der rumänischen Diesellok 119 008 im Jahr 1979 nach Saalfeld leitete einen neuen Abschnitt ein. Während umfangreicher Versuchs- und Messfahrten auf der Saalbahn stellte sie ihre grundsätzliche Eignung unter Beweis. Im Laufe des Jahres 1980 wurden mit 119 010, 011, 012, 019, 021 und 024 wei-

Oben: Auf dem elektrifizierten Abschnitt nördlich von Camburg bestimmten 242 das Bild im Reisezugverkehr, hier 242 130 im August 1974 vor Camburg. AUFNAHME: H.-J. LANGE

Linke Seite: Auf dem Weg nach Saalfeld ist 44 0196 im Juni 1974 bei Kahla unterwegs. Im Hintergrund die bekannte Leuchtenburg. AUFNAHME: DETLEF HOMMEL

Unten: Nachtstimmung in Jena Saalbahnhof zur ausklingenden Dampflokzeit: 01 0509 ist am 12. Dezember 1977 mit dem P 4009 eingefahren. AUFNAHME: DETLEF HOMMEL

Eine Sensation war die Beheimatung aller noch einsatzfähigen rostgefeuerten Loks der Baureihe 01 ab März 1980 beim Bw Saalfeld. 01 1512 hatte am 8. Juni 1980 die Ehre, den D 34304 (Berlin – Ravensburg) zwischen Dessau und Probstzella zu befördern. Der Sonderzug anlässlich des Katholikentages in West-Berlin hat an diesem bedeckten Junitag gerade den Abzweig Saaleck passiert und befindet sich jetzt auf der Saalbahn. AUFNAHME: DETLEF HOMMEL

tere Lokomotiven dieser Baureihe geliefert und hier eingesetzt. 119 008 wurde nach Probstzella abgegeben. Dort stand der Ersatz der Baureihe 95, die zeitweise bis nach Rudolstadt und früher auch nach Göschwitz kam, bevor.

Die zunehmende Verknappung und Verteuerung des Erdöls zwang die DR ab Frühjahr 1980, einen großen Teil der ölgefeuerten Dampflokomotiven abzustellen. Die meisten der ölgefeuerten 01 wurden im April 1980 abgestellt. Zur selben Zeit wurden die noch vorhandenen rostgefeuerten Lokomotiven der Baureihe 01 zusammengezogen und nach Saalfeld umbeheimatet. Sie waren schon teilweise abgestellt oder zur Heizlokomotive degradiert. Im Einzelnen kamen 01 1511, 01 1512, 01 1514, 01 1518, 01 2114, 01 2118 und 01 2204 nach Saalfeld. Schon zum Anfang des Jahres 1981 wurden sie wieder abgestellt, nachdem es auch zu Engpässen bei der Kohleversorgung aus Polen gekommen war. 01 2137, die zum Jahreswechsel 1980/81 frisch hauptuntersucht nach Saalfeld kam, wurde schon nicht mehr eingesetzt. Jetzt mussten wieder einige ölgefeuerte 01 in Betrieb genommen werden. Aber das Ende der Dampftraktion war abzusehen. In dieser Zeit verschwanden die Dampflokomotiven vor allem aus dem Reiseverkehr. Auch für den D 504 endete am 30. Mai 1981 die Ära seiner Beförderung durch eine Dampflokomotive. Es war die 01 0531, die an diesem Tag letztmalig einen planmäßigen Schnellzug beförderte.

Die verstärkte Zuführung weiterer Diesellokomotiven der Baureihe 119 und die mangelnde Versorgung mit Erdölprodukten zwangen jetzt die letzten noch eingesetzten 01 abzustellen, was zum Jahreswechsel 1981/82 auch erfolgte. Zuvor hatte die DR Ende 1981 die Abstellung aller ölgefeuerten Normalspurloks (und den Ersatz ölgefeuerter stationärer Heizanlagen durch Kohle-Loks) verfügt und damit umfangreiche Umbeheimatungen zwischen den Bahnbetriebswerken ausgelöst

Für die Loks der Baureihe 44 war die 119 allerdings kein vollwertiger Ersatz. Deshalb erhielt Saalfeld ab Jahresende 1981 Lokomotiven der Baureihe 132 (ab Januar 1992 Baureihe 232): 132 031, 047, 056, 346, 406, 491 und 506. Damit war auch die Möglichkeit gegeben, die Lokomotiven der Baureihe 44 abzustellen. Am 8. Januar 1982 erfolgte das mit 44 0757 als letzter Maschine dieser Baureihe. Im März/April 1982 kamen zwar noch einmal vier 44er für kurze Zeit zum Einsatz. Mit ihnen wurde das noch vorhandene Bunkeröl verbraucht. Damit wurde die Periode ölgefeuerter Dampflokomotiven nach 15 Jahren in Saalfeld beendet.

Der Dampflokeinsatz auf der Saalbahn war dennoch nicht ganz vorbei. Als Einzelgängerin – und wohl nur aus der Not des alltäglichen Lokmangels jener Zeit heraus – kam 52 8022 im Januar 1981 für drei Wochen zum Bw Saalfeld.

Im selben Jahr kamen wieder Maschinen der Baureihe 41 nach Saalfeld, wurden aber von der Einsatzstelle Göschwitz betrieben. Am 1. April 1984 waren es mit 41 1025, 1055, 1125, 1130, 1150, 1180, 1182, 1225 und 1273 die letzten Dampflokomotiven in Thüringen. Sie hatten durchaus noch wichtige Leistungen zu übernehmen. So beförderten sie die Personenzüge 3003/3004 sowie 4004 und 4005 zwischen Saalfeld und Camburg. Gelegentlich führte sie D 503 zwischen Camburg und Saalfeld. Sie übernahmen auch hochwertigen Güterverkehr, wie TDe 44851, die so genannte „Schwedenfähre" Seddin – Probstzella, zwischen Camburg und Probstzella. In der Zwischenzeit hatte sich der Bestand an Loks der Baureihen 119 und 132 weiter erhöht. Am 1. Januar 1983 waren folgende Maschinen in Saalfeld stationiert:

BR	**Stammnummer**
119	071, 072, 075, 076, 080, 084, 085, 086, 087, 089, 090, 092, 121
132	047, 050, 346, 355, 406, 491, 505, 506, 606, 614

Im Lauf des Jahres 1986 wurden auch die 41er außer Betrieb gesetzt. 41 1150 war die letzte; sie wurde am 31. Dezember 1986 abgestellt. Damit war die Ära der Dampflokomotiven in Saalfeld endgültig vorbei. Abgesehen von der Museumslokomotive 01 1531 – die 1984 von Ölhaupt- auf Rostfeuerung umgebaut wurde – war in Saalfeld keine Dampflokomotive mehr beheimatet. Im Bw Saalfeld und im Lokbahnhof in Göschwitz waren nach 1986 nur noch Lokomotiven der Baureihen 100, 101, 105/106, 110, 114, 119 und 132 stationiert. Am 1. Januar 1986 waren in Saalfeld 13 Lokomotiven der Baureihe 106, 27 Lokomotiven der Baureihe

Auch in den achtziger Jahren waren die letzten Altbauelloks der Baureihe 244 auf dem elektrifizierten Teil der Saalbahn anzutreffen. 244 131 hat am 23. Mai 1986 im Bahnhof Camburg den P 4004 (Saalfeld – Leipzig) von einer Lok der BR 119 übernommen und ist in der Nähe von Stöben auf dem Weg nach Bad Kösen.

Die Energiekrise der Jahre 1981/82 bescherte dem Bw Saalfeld für kurze Zeit eine Lok der Baureihe 52^{80}, um den akuten Tfz-Mangel zu Jahresbeginn 1982 zu mildern. Am 16. Januar 1982 ist 52 8022 gerade auf die Drehscheibe der Einsatzstelle Göschwitz gerollt, nachdem sie mit einem Nahgüterzug aus Saalfeld hier eingetroffen war.

AUFNAHMEN (2): THOMAS FRISTER

Monat Jahr Baureihe	**01.1957**	**01.1970**	**01.1973**	**12.1975**	**01.1980**	**01.1985**	**01.1990**
01	-	-	-	7	23	1	-
22	-	14	-	-	-	-	-
38^{10-40}	9	7	-	-	-	-	-
39	8	-	-	-	-	-	-
41	9	5	17	14	2	9	-
44	10	17	10	18	22	4	-
55^{7-13}	1	-	-	-	-	-	-
55^{25-56}	4	-	-	-	-	-	-
56^{20-29}	1	3	-	-	-	-	-
58^{4}	3	-	-	-	-	-	-
58^{10-21}	12	13	-	-	-	-	-
58^{30}	-	-	6	-	-	-	-
65	-	-	18	9	-	-	-
74^{9-3}	1	-	-	-	-	-	-
83	-	10	-	-	-	-	-
93^{0-4}	2	2	-	-	-	-	-
93^{5-12}	30	9	-	-	-	-	-
110	-	-	16	22	26	8	-
114	-	-	-	-	-	23	27
118	-	3	-	-	-	-	-
119	-	-	-	-	1	15	22
132	-	-	-	-	-	13	23

außer Rangierlokomotiven

Der Lokomotivbestand des Bahnbetriebswerkes Saalfeld (außer Rangierloks) in ausgewählten Jahren zwischen 1957 und 1990, jeweils im Januar des betreffenden Jahres.

114, 22 Lokomotiven der Baureihe 119 und 23 Lokomotiven der Baureihe 132 stationiert. Eingesetzt wurden die Baureihen 119 und 132 im Schnellzugdienst, die Baureihen 114 und 119 im Personenzugdienst, die Baureihe 132 im Güterzugdienst und die Baureihen 105/106 für Rangier- und Übergabefahrten, zeitweise auch im Personenzugdienst auf der Orlabahn und zwischen Orlamünde und Göschwitz.

Am 1. Januar 1990 waren noch folgende Lokomotiven im Saalfelder Bestand (zzgl. der elektrischen Triebwagen der Oberweißbacher Bergbahn 279 201, 203, 205):

BR	**Stammnummer**
01	1531 (Museumslok)
100	107, 107, 117, 424, 429, 432, 437, 439, 440, 443, 457, 543, 579, 774, 796, 864
101	517, 609, 632, 686, 688, 691, 715
104	034
105	076
106	100, 477, 480, 546, 560, 598, 621, 659, 754, 777, 841, 894, 895
114	261, 274, 314, 328, 445, 448, 482, 485, 584, 592, 607, 612, 622, 638, 650, 660, 680, 712, 758, 761, 790, 803, 805, 834, 848, 860, 862
119	005, 018, 025, 069, 073, 083, 086, 089, 090, 092, 117, 118, 121, 123, 125, 132, 133, 147, 159, 161, 178, 193
132	019, 034, 078, 114, 141, 194, 206, 232, 233, 352, 355, 406, 462, 468, 486, 589, 597, 604, 605, 606, 608, 614, 646

An den Einsatz der Lokomotiven der VES M Halle auf der Saalbahn sollen die fünf Bilder dieser Doppelseite erinnern. Zu den absoluten Raritäten gehörte die Lok 18 314, die einzige bei der DR in der DDR im Einsatz befindliche ehemalige badische IV h, die in den sechziger Jahren häufig am Zugpaar E 231/P 879 zu sehen war. Auf dem oberen Bild ist die Lok am E 231 beim Halt im Bahnhof Göschwitz zu sehen. AUFNAHME: DIETER WÜNSCHMANN

Im selben Monat konnte der Fotograf die Maschine beim Restaurieren auf dem Kanal des Bw Saalfeld im Bild festhalten. Nach dem Betanken mit Bunkeröl erledigt jetzt das Personal vom Bw Halle P das Abölen des Vierzylinder-Verbundtriebwerks. AUFNAHME: DR. PAUL RECKNAGEL

Zu den auf der Saalbahn eingesetzten Loks der VES M Halle gehörte auch 22 001, die später selbst im Bw Saalfeld beheimatete war. Auf dem Bild aus dem Jahr 1968 gehörte sie jedoch noch zur Hallenser Versuchsanstalt. Daneben 01 529 vom Bw Saalfeld, die im Berlin-Verkehr eingesetzt war.

AUFNAHME: VERKEHRSMUSEUM DRESDEN/ SAMMLUNG WERNER DRESCHER

Häufig erreichten auch die beiden im Bw Halle P stationierten Schnellzugloks der rekonstruierten Baureihe 19 Saalfeld. 19 022 bunkert im Sommer 1968 gerade ihre Ölvorräte im dortigen Bahnbetriebswerk.

AUFNAHME: DIETER WÜNSCHMANN

Nach dem Abstellen der Hallenser Dampfloks kam auch regelmäßig der Einzelgänger 118 203 – eine der drei V 180 mit GFP-Führerstand – auf die Saalbahn. Hier steht die Lok im Jahr 1971 am P 879 im Bahnhof Saalfeld.

AUFNAHME: KARLHEINZ BRUST/SLG. TFG

An einem sehr warmen Augusttag des Jahres 1975 – alle Türen sind geöffnet – befördert 204 002 den P 4009 Leipzig – Saalfeld bis nach Camburg. Der Zug hat gerade die Thüringer Bahn verlassen und befährt nun die Verbindungsbahn. Im Hintergrund die Rudelsburg und Burg Saaleck. AUFNAHME DIETER WÜNSCHMANN

Lokomotiven der Baureihe 118 aus den Bahnbetriebswerken Saalfeld, Karlshorst, Leipzig Hbf Süd, Gera, Glauchau, Halle P und Karl-Marx-Stadt konnten bis Ende der achtziger Jahre auf der Saalbahn beobachtet werden. 118 030 gehört zum Bw Halle P und ist am 7. September 1974 nahe Rothenstein mit dem D 501 unterwegs. AUFNAHME: DETLEF HOMMEL

Der Bahnof Dornburg in einer colorierten Ansichtskarte um das Jahr 1900. Die Strecke ist noch eingleisig, rechts die Dornburger Schlösser.

AUFNAHME:
SAMMLUNG WERNER DRESCHER

Der Bahnübergang nach Jena mit Camsdorfer Brücke über die Saale. Die Karte trägt den Poststempel vom 17. April 1909.

AUFNAHME:
SAMMLUNG FRANK DÖBERT

So sah es einmal aus, das Empfangsgebäude von Schwarza. Heute ist es abgetragen und auf seinen Fundamenten rauscht der Straßenverkehr auf der B 85/88 zwischen Rudolstadt und Saalfeld. Die Ansichtskarte ist etwa dem Jahr 1900 zuzuordnen.

AUFNAHME:
SAMMLUNG DETLEF HOMMEL

Oben: Zu den wohl auffälligsten Dampfloks, die planmäßig auf der Saalbahn zum Einsatz kamen, gehörte 18 314 der VES M Halle, die in den späten sechziger Jahren häufig vor einem Zugpaar von und nach Halle/Saale eingesetzt wurde. Im Sommer 1968 hat die grün lackierte ehemalige badische Lok auf dem Lokumfahrgleis am Wasserkran im Bahnhof Saalfeld einen Halt eingelegt und ergänzt vor der anschließenden Fahrt ins Bahnbetriebswerk schon hier ihre verbrauchten Wasservorräte.

Nur eine kurze Episode in der Geschichte des Bw Saalfeld war die Beheimatung der Neubautenderloks der Baureihe 83^{10}, die hauptsächlich auf den Nebenstrecken Thüringens, aber auch auf der Orlabahn zum Einsatz kamen. 83 1017 konnte im September 1969 vor dem alten Saalfelder Lokschuppen fotografiert werden.

AUFNAHMEN (2): DIETER WÜNSCHMANN

Die in 39 1034 umgezeichnete ehemalige 22 034 war von 1969 bis 1971 in Saalfeld beheimatet und gehörte zu den letzten einsatzfähigen Reko-P 10 der DR. Im April 1971 setzt sich die Lokomotive in Saalfeld mit einem Personenzug in Richtung Jena in Bewegung.

AUFNAHME: WALTER GRÜBER/EK-VERLAG

01 0522 hat am 27. Dezember 1979 mit dem P 4005 Rothenstein verlassen. Der Zug besteht aus zwei- und dreiachsigen Rekowagen der Gattung Bage. AUFNAHME: WOLFGANG BÜGEL

Nochmals der P 4005, diesmal am 26. Mai 1978 nahe Döbritschen. An diesem Tag musste 44 0413 für die Plan-01 einspringen und hat wenige Minuten zuvor nach dem Lokwechsel den Bahnhof Camburg verlassen. AUFNAHME: ANDREAS TIEMANN

Das Jubiläum „100 Jahre Saalbahn“ wurde im Juni 1974 gebührend gefeiert. Von Großheringen nach Saalfeld verkehrte am 8. Juni 1974 der Sonderzug P 24695 in historischem Ambiente und mit DDR-Staatsemblem. Die Museumslokomotive 89 6009 und die ältesten damals noch verfügbaren Wagen sollten dem Ereignis den passenden historischen Rahmen verleihen. Das Bild zeigt den Sonderzug unterhalb der Dornburger Schlösser.

Aus heutiger Sicht erscheint die Anteilnahme der Bevölkerung an diesem Ereignis geradezu traumhaft. Der Blick von oben belegt, dass der Jenaer Saalbahnhof an diesem Tag fest in der Hand tausender Eisenbahnfreunde war.

Aufnahmen (2): Werner Drescher

Auch in den folgenden Jahren war die Saalbahn ein beliebtes Ziel von Sonderfahrten mit historischen Dampflokomotiven. Ein Höhepunkt bildeten Mitte Mai 1980 Filmaufnahmen der Deutschen Reichsbahn für den Streifen „Traktion mit Tradition“. Zu diesem Zweck verkehrte die Schnellfahrlok 18 201 mit dem historischen Eilzug über unsere Strecke. Das Bild entstand beim Halt im Bahnhof Orlamünde.

Aufnahme: Michael Malke/Sammlung TfG

Eines der beliebtesten Fotomotive des Jahres 1980: D 504 wird am 28. Mai von 01 2204 geführt. In wenigen Augenblicken wird der Schnellzug die Verbindungsbahn Ost verlassen und in die Thüringer Bahn in Richtung Halle/Leipzig einfahren. Im Hintergrund ist das Gegengleis der Verbindungsbahn erkennbar.

AUFNAHME: DR. STEFAN SCHMIDT

Rechts: Am 12. November 1981 hat 44 0393 gerade im Bw Saalfeld Öl gebunkert und wartet auf den nächsten Einsatz. Das Transparent im Stil der Zeit erinnert die Eisenbahner daran, dass „Qualitätsarbeit Ehrensache der Werktätigen“ ist.

Unten: Erinnerung an die kurze Zeit der Baureihe 58^{30} im Bw Saalfeld. Die hauptsächlich von der Einsatzstelle Göschwitz aus eingesetzten Loks fuhren nach Gera, aber auch auf der Saalbahn. Im Frühjahr 1973 posiert 58 3012 auf der Drehscheibe in Göschwitz.

AUFNAHMEN (2): WERNER DRESCHER

Das Diplomatisches Corps ist zu Gast in Jena! Die beiden Karlshorster 118 050 und 118 052 brachten den Regierungssonderzug hierher. Die Aufnahme vom 9. Juni 1983 zeigt den Zug nach Verlassen des Jenaer Saalbahnhofs auf der Fahrt in Richtung Süden.

119 013 befördert am 23. April 1982 P 4005 von Leipzig nach Saalfeld und fährt gerade aus Uhlstädt aus. In Uhlstädt war über viele Jahre eine Kleinlokomotive (Kö) für Rangieraufgaben stationiert.

AUFNAHMEN (2): WERNER DRESCHER

Blick auf den Bahnhof Orlamünde mit dem einfahrenden P 4005, der am 1. Oktober 1985 von 119 012 gezogen wird. Rechts das Stellwerk OO mit Blick auf die Saalbahn in Richtung Kahla.

AUFNAHME: DETLEF HOMMEL

Oben: Der Bahnhof Orlamünde war nicht nur wegen der abzweigenden Orlabahn von Interesse, besonders die außergewöhnliche bauliche Verschmelzung von Stellwerk und Wasserturm hoben ihn von den anderen Betriebsstellen der Strecke ab. Rechts das Ausfahrtsignal für die Strecke nach Pössneck unterer Bahnhof. Hinter dem Stellwerk wartete 114 680 auf die Weiterfahrt nach Saalfeld.

Aufnahme: Detlef Hommel

Rechts: Die letzten Tage der DDR sind bereits angebrochen, doch die Züge werden hier auch noch einige Jahre weiterhin so aussehen: Im September 1990 fährt 242 057 (Bw Halle P) in Camburg ein und wird den Zug an eine 119 des Bw Saalfeld übergeben.

Aufnahme: TfG

41 1025 verlässt im Oktober 1985 mit P 6017 Jena Saalbahnhof – Göschwitz – Gera den (alten) Haltepunkt Jena Paradies. An dieser Stelle befand sich von 1999 bis 2004 der provisorische Haltepunkt Jena Paradies.

41 1225 vom Lokbahnhof Göschwitz wartet am 15. August 1986 während einer Rangierpause in Jena Saalbahnhof auf weitere Aufgaben.

Aufnahmen (2): Detlef Hommel

Die Infrastruktur der Saalbahn bot bis Anfang 1994 – dem Beginn der Arbeiten zur erneuten Elektrifizierung– das seit Jahren gewohnte Bild. Am 25. Juni 1994 durchfährt 220 274 (Bh Gera) mit einem langen Zug aus Wagen der Gattung Fals den Bahnhof Porstendorf mit Baustoffen für den in Dornburg begonnenen Umbau der Strecke. AUFNAHME: MATHIAS BUCHNER

Das Jahr 1990 – Neubeginn für die Saalbahn

Die Situation der Infrastruktur

Mit der Wiedervereinigung Deutschlands erhielt die Saalbahn im Fernverkehr ihre alte Rolle zurück. Auf Grund ungenügend leistungsfähiger Infrastruktur konnte diese aber nur unzureichend wahrgenommen werden. Der stark gestiegene Reiseverkehr stellte völlig neue Anforderungen an die Strecke.

Führende Eisenbahner der Bundesbahndirektion Nürnberg erarbeiteten, resultierend aus Kenntnissen der Verkehrsströme und Leistungen der dreißiger Jahre, einen Initiativbericht und legten diesen bereits am 28. Dezember 1989 der DB-Zentrale vor. In diesem Bericht wird u. a. einer Wiederherstellung der Nord-Süd-Strecke Berlin – Halle – Jena – Saalfeld – Nürnberg der größte Stellenwert eingeräumt.

Am 28. Juni 1990 legten die beiden deutschen Verkehrsminister ein Programm von neun Lückenschlussvorhaben auf der Schiene vor. Durch die Regierungskommission „Verkehrswege" wurde am 6. Juli 1990 in Dresden das „Lückenschlussprogramm" verabschiedet. Innerhalb dieses Programms war als Maßnahme D 9 der Ausbau und die Elektrifizierung der Strecke Camburg – Probstzella – Hochstadt-Marktzeuln vorgesehen. Gemäß Auftrag des Bundesministers für Verkehr vom 18. Juli 1990 war dieses Programm umgehend umzusetzen. Schon am 31. August 1990 erging der Auftrag der Zentralen Hauptverwaltung der DB zur Planung. An Kosten wurden 926 Mio. DM ermittelt.

Von Eisenbahnern der Rbd Erfurt lag im Juni 1990 eine detaillierte Ist-Zustands-Analyse zur Saalbahn und zur Strecke Saalfeld – Probstzella vor. Die weiteren Planungen basierten auf der Annahme, dass pro Tag

- 64 IC- bzw. D-Züge,
- 48 Eil- und Nahverkehrszüge und
- 84 Güterzüge

verkehren würden. Im Jahr 1995 sollte diese Maßnahme abgeschlossen sein. Die 1990 aufgenommene Planung wurde seitdem ständig aktualisiert und den zu erwartenden Betriebsbedingungen angepasst. Notwendig wurde dies, weil es einen Planungsvorlauf nicht gab und die Kürze der Bauzeit anderes nicht zuließ. 1995, zum Fahrplanwechsel, sollte die Zweigleisigkeit wieder hergestellt sein und die Elektrifizierung in Betrieb gehen.

Im Südabschnitt des Projektes, dem Streckenteil Probstzella – Saalfeld, begannen erste Bauarbeiten zur Wiederherstellung der Zweigleisigkeit. Da die Saalbahn – der Nordabschnitt des Projektes – schon zweigleisig ausgebaut war, umfasste diese erste Phase der Sanierung im Wesentlichen:

- Die Elektrifizierung des Abschnittes zwischen (Probstzella –) Saalfeld – Jena – Camburg,
- die Anpassung der vorhandenen Signal- und Sicherungstechnik an die Elektrifizierung,
- die Sanierung Gleisanlagen,
- die Herstellung von Fußgängerunter- bzw. -überführungen zu den Bahnsteigen, wo diese noch nicht vorhanden waren,
- Umrüstung der Bahnübergangs-Anlagen.

In Jena Saalbahnhof und in Saalfeld sollten die Bahnsteige auf 400 m verlängert werden. Für einen zügigen Betriebsablauf waren in Abständen von etwa 15 km seitenrichtige Güterzugüberholgleise mit einer Nutzlänge von jeweils 750 m vorgesehen. Nicht mehr benötigte Gleise und Weichen – vor allem doppelte Kreuzungsweichen – sollten zur Reduzierung von Unterhaltungskosten und im Sinne einer Geschwindigkeitserhöhung in den meisten Bahnhöfen ausgebaut werden. 1993 begannen mit dem Kabeltiefbau im Bahnhof Saalfeld erste Bauarbeiten. Mit dem Bau eines durchgehenden Kabeltroges wurde auf der Saalbahn begonnen.

Im Frühjahr 1994 erreichten die Bauarbeiten einen ersten Höhepunkt. In diesem Jahr erfolgten erste Bahnhofsumbauten in Dornburg, Jena Saalbahnhof, Göschwitz, Saalfeld (Südkopf) und Probstzella. Weitere Brückenbaumaßnahmen mit Schwerpunkt Jena – Jena-Göschwitz waren notwendig. In Jena-Burgau wurde eine neue Brücke für eine vierspurige Straße gebaut. Im Stadtgebiet von Jena wurden drei größere Brücken und mehrere Durchlässe saniert. Auch der 1912/1914 gebaute Eisenbahndamm erhielt eine massive Verstärkung. Ein Hochwasser im Frühjahr 1994 verursachte Schäden an neu errichteten Gleisen, Gebäuden, der Kabeltroganlage und der Tiefenentwässerung.

Im zweiten Halbjahr begann die Verlegung der Fernmelde- und Signalkabel in dieser neuen Kabeltrogtrasse. So erhielt die Saalbahn ein 12-adriges Lichtwellenleiterkabel für die digitale Netzverknüpfung zwischen Nürnberg und Berlin und ein 52-paariges Kupferkabel für die örtlichen Fernmeldebeziehungen. 1995 wurde der Bahnhof Kahla völlig umgebaut und ist seitdem nur noch Haltepunkt. Die Stützwände in Dornburg und Rothenstein wurden saniert und die Brückenbauarbeiten in Jena zum Abschluss gebracht.

Bis 1995 wurden auf der Saalbahn die Bahnhöfe Dornburg, Porstendorf (zum Teil), Kahla, Zeutsch (ein Bahnsteig), Uhlstädt, Rudolstadt (zum Teil) und Saalfeld umgebaut. Zwischen den Bahnhöfen wurden geschwindigkeitserhöhende Maßnahmen durchgeführt. Acht neue Bahnübergangs-Sicherungsanlagen (EBÜT 80) wurden eingebaut. Die anderen Bahnübergänge wurden an die neue Streckengeschwindigkeit und die Elektrifizierung angepasst.

Die Wiederelektrifizierung

Ein wesentlicher, wenn nicht sogar der wichtigste Schritt, war die Wiederelektrifizierung des Abschnittes Probstzella – Saalfeld und der Saalbahn zwischen Saalfeld und Camburg. Im Frühjahr 1994 begannen diese Arbeiten.

Zur Versorgung des 92 km langen Abschnittes mit Fahrstrom wurden von Oktober 1994 bis Mai 1995 in Saalfeld und Großheringen Unterwerke errichtet. Beide sind nicht besetzt und werden 15-kV-seitig von der Zentralschaltstelle (Zes) Nürnberg betrieben. Großheringen wird aus dem Netz der damaligen DR versorgt. Dies erfolgt über eine 110-kV-Bahnstrom-Stichleitung von der bestehenden Bahnstromleitung Großkorbetha – Weimar. Auf einer Länge von zwei km wurden von März bis Mai 1995 zehn Masten von Taugwitz nach Großheringen aufgestellt. Das Unterwerk Saalfeld wurde an das zentrale Netz der damaligen Deutschen Bundesbahn angeschlossen. Vom Unterwerk Steinbach entstand eine 30 km lange 110-kV-Bahnstromleitung nach Saalfeld. Die Steuerung 110-kV-seitig erfolgt in Großheringen durch die Schaltbefehlsstelle (Sbs) in Dresden und für das Unterwerk Saalfeld durch die Schaltbefehlsstelle München. Die Speisebereiche der beiden Unterwerke reichen bis zur schaltbaren Schutzstrecke in Maua zwischen Göschwitz und Rothenstein. Diese diente anfangs der Trennung der zentralen Netze der ehemaligen DR und DB, kann aber bei Bedarf und Vorliegen der technischen Voraussetzungen durchgebunden werden. Inzwischen ist die Bahnstromleitung von Saalfeld nach Weimar weitergeführt. Damit wurde eine weitere Verbindung der beiden 110-kV-Netze ermöglicht. Deshalb ist die Schutzstrecke bei Maua nicht mehr zwingend erforderlich.

Auch in Jena Saalbahnhof begannen im Frühjahr 1994 die Arbeiten. Am 20. April 1994 ist dort 220 318 (Bh Gera) mit einem Schotterzug im Arbeitszugeinsatz. Das durchgehende Hauptgleis Jena – Dornburg ist bereits erneuert.
AUFNAHME: MATHIAS BUCHNER

Die Wiederelektrifizierungsarbeiten sind im April 1995 bei Porstendorf und Dornburg schon ziemlich weit vorangeschritten. Das Richtungsgleis Porstendorf – Dornburg ist gesperrt. Deshalb fährt 204 769 mit N 7318 Saalfeld – Naumburg auf dem Gegengleis. AUFNAHME: WERNER DRESCHER

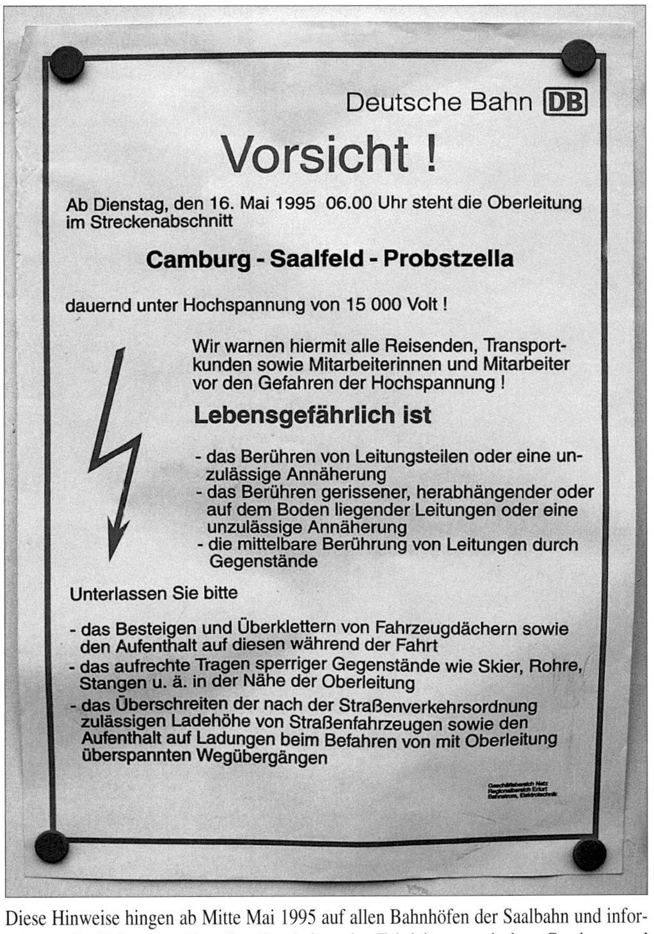
Deutsche Bahn DB

Vorsicht !

Ab Dienstag, den 16. Mai 1995 06.00 Uhr steht die Oberleitung im Streckenabschnitt

Camburg - Saalfeld - Probstzella

dauernd unter Hochspannung von 15 000 Volt !

Wir warnen hiermit alle Reisenden, Transportkunden sowie Mitarbeiterinnen und Mitarbeiter vor den Gefahren der Hochspannung !

Lebensgefährlich ist

- das Berühren von Leitungsteilen oder eine unzulässige Annäherung
- das Berühren gerissener, herabhängender oder auf dem Boden liegender Leitungen oder eine unzulässige Annäherung
- die mittelbare Berührung von Leitungen durch Gegenstände

Unterlassen Sie bitte

- das Besteigen und Überklettern von Fahrzeugdächern sowie den Aufenthalt auf diesen während der Fahrt
- das aufrechte Tragen sperriger Gegenstände wie Skier, Rohre, Stangen u. ä. in der Nähe der Oberleitung
- das Überschreiten der nach der Straßenverkehrsordnung zulässigen Ladehöhe von Straßenfahrzeugen sowie den Aufenthalt auf Ladungen beim Befahren von mit Oberleitung überspannten Wegübergängen

Geschäftsbereich Netz
Regionalbereich Erfurt
Bahnstrom, Elektrotechnik

Diese Hinweise hingen ab Mitte Mai 1995 auf allen Bahnhöfen der Saalbahn und informierten die Reisenden über das Zuschalten der Fahrleitung zwischen Camburg und Probstzella. Nach einer Pause von über 49 Jahren war die Saalbahn in ganzer Länge ab dem 16. Mai 1995 wieder elektrisch befahrbar. AUFNAHME: TFG

Die Deutsche Reichsbahn (Rbd Erfurt, Abteilung Neubau/Ausbau, Projektleitung Camburg – Probstzella) gab im Herbst 1992 diese Informationsbroschüre heraus, die über den geplanten Ausbau und die Wiederelektrifizierung der Strecke Camburg – Probstzella ausführlich informierte. ABBILDUNG: SAMMLUNG WERNER DRESCHER

103 189 verlässt mit dem IC 703 „Therese Giese“ Berlin – Saalfeld – München am 3. Oktober 1996 Jena Saalbahnhof. Die Zeit der Baureihe 103 im Plandienst auf der Saalbahn währte nur wenige Jahre. Abgelöst wurden diese eleganten Elloks von Wendezügen mit der BR 101 und ab 2000 von ICE-T der BR 411. AUFNAHME: DR. STEFAN SCHMIDT

Die Oberleitungsanlage ist entsprechend der Ausbaugeschwindigkeit der Strecke in der Regelbauart Re 160 ausgeführt. Zwischen Probstzella und Camburg wurden 3.143 Maste aufgestellt und 247 km Kettenwerk montiert. Bis auf wenige Ausnahmen wurden an den durchgehenden Hauptgleisen Spannbeton-Einzelmaste aufgestellt. Die Fernsteuerung der Oberleitung geschieht durch die Zentralschaltstelle Nürnberg. Von dort besteht Zugriff auf alle Oberleitungsschalter. Auf den jeweiligen Bahnhöfen wurden Ortssteuereinrichtungen für Notfälle installiert.

Die Planung und Umsetzung der Elektrifizierung wurde mehrfach geändert bzw. den aktuellen Bedingungen angepasst. Für den Abschnitt Großheringen – Camburg (1995) und Saalfeld – Rudol-

Der Bahnhof Orlamünde wird total umgebaut. Im Moment dieser Bauarbeiten war nur das vordere Gleis in Betrieb, im Gleis 3 wird gerade die Fahrleitung montiert, das Gleis 2 fehlt noch völlig. Die Lok 016 der KEG bewegt den Arbeitszug. Im Hintergrund der Behelfsbahnsteig für die Orlabahn, 10. Januar 2000.

AUFNAHME: WERNER DRESCHER

Der Umbau in Rothenstein beginnt. Das Richtungsgleis nach Kahla wird gerade abgebaut. Selbst die Drahtzuganlage für Schranken und Formsignale wurde nochmals erneuert! 143 940 kommt am 3. April 2002 mit Regionalbahn 16491 (Großheringen – Saalfeld) auf dem Gegengleis. AUFNAHME: WERNER DRESCHER

stadt (2004) rüstete man die Längskettenwerke mit einer Verstärkungsleitung aus, um damit höhere Strombelastungen in diesen Streckenbereichen zu ermöglichen.

Am 28. Mai 1995 war ein wesentliches Etappenziel erreicht: Der elektrische Betrieb wurde offiziell aufgenommen. Bereits am 16. Mai 1995 wurde die Fahrleitung zwischen Probstzella und Camburg unter Spannung gesetzt. Ein sogenannter Bauabschlusszug, mit dem das Ereignis mit den am Bau Beteiligten gefeiert wurde, verkehrte am 26. Mai zwischen Großheringen und Probstzella mit der Museumslok E 94 056.

Der Bahnhof Saalfeld wurde anfangs nur mit drei Gleisen überspannt. Das hatte zur Folge, dass Güterzüge aus Richtung Süden bis Göschwitz verkehren mussten. Dort wurde die Ellok abgekuppelt und eine Diesellokomotive beförderte den Zug zurück nach Saalfeld zur weiteren Behandlung. Aus Richtung Norden wurden Güterzüge, wenn sie mit Ellok ankamen, in Göschwitz mit einer Diesellok bespannt. Erst mit der Inbetriebnahme des ESTW wurden weitere Gleise überspannt.

Das Baugeschehen nach 1995

Auch nach 1995 wurden weitere Brücken, Durchlässe und Stützmauern erneuert. In den Bahnhöfen und Haltepunkten mit niveaugleichen Übergängen entstanden neue Fußgängertunnel und zu einem großen Teil auch neue Bahnsteige.

Aus dem Lückenschlussprogramm D9 ist inzwischen das „Projekt Nr. 22 – Überhang – ABS Hochstadt-Marktzeuln – Camburg“ entstanden und soll nun 2006 abgeschlossen sein. Wesentlichste Bestandteile dieser Maßnahme waren und sind

- Vollendung der Erneuerung des Oberbaus und Herstellung eines frostsicheren Unterbaus,
- Begrenzte Aufweitung von Gleisbögen,
- Vergrößerung von Überhöhungen und Verlängerung von Rampen und Übergangsbögen,
- Weitere Spurplanbereinigung in den Bahnhöfen,
- Umbau der Signal- und Telekommunikationseinrichtungen, vor allem die Einrichtung eines Gleiswechselbetriebes,
- Weiterer Umbau bzw. die Anpassung von Bahnübergangs-Sicherungsanlagen,
- Sanierung von Stützmauern und Steilhängen,
- Der Umbau von Bahnsteigen.

Bis zum Jahr 2004 wurden für den Streckenabschnitt Saalfeld und Göschwitz (ausschließlich) die Ausrüstung und Umstellung auf ESTW-Technik abgeschlossen. In Saalfeld entstand ein neues Stellrechnergebäude für die ESTW-Unterzentrale mit einem Notbedienplatz. In Kahla, Orlamünde, Rudolstadt und Rudolstadt-Schwarza wurden 2003/2004 ebenfalls neue Stellrechnergebäude zur Steuerung der örtlichen Weichen, Signale und Schrankenanlagen gebaut. Entsprechende Kabel zur Verbindung der einzelnen Stellrechner, Signale, Weichen und anderer Stellorgane wurden zusätzlich zu den bereits genannten verlegt. Die Strecke zwischen Rothenstein und Saalfeld soll somit ab Ende des Jahres 2004 von der Betriebszentrale in Leipzig über das ESTW in Saalfeld ferngesteuert werden.

Seit 1995 haben sich hinsichtlich der Geschwindigkeit deutliche Verbesserungen ergeben. Die Höchstgeschwindigkeit konnte für konventionelle Fahrzeuge streckenweise auf 120 km/h festgelegt werden. Nach dem Abschluss des derzeitigen Ausbau-Projektes und der damit einhergehenden grundhaften Instandsetzung, kann die Hälfte der Strecke mit dieser Geschwindigkeit befahren werden. Mit Neigetechnik kann dann auf über 60 km der Strecke mit einer Geschwindigkeit von 130 bis 160 km/h gefahren werden.

Im Jahr 1992 wurde auch der Nahverkehr auf der Saalbahn umgestaltet. Nun fuhren Wendezüge zwischen Saalfeld und Naumburg, die in der Regel aus einer vierteiligen oder zwei zweiteiligen Doppelstockeinheiten und einer Lok der BR 204 gebildet waren. Am 14. Mai 1992 ist der N 7319 in Jena Paradies eingefahren. Noch zeigt sich der inzwischen abgebrochene Bahnhof im jahrzehntelang gewohnten Erscheinungsbild.

AUFNAHME: HARALD WÖLFEL

Die einst obligatorische „Bauabschlussfahrt" (das dazu ausgegebene Schild ist unten zu sehen) anlässlich der Wiederelektrifizierung fand am 26. Mai 1995 statt. Der Sonderzug, geführt von der Engelsdorfer Museumslok E 94 056, beförderte Bauarbeiter und die Projektverantwortlichen von Großheringen nach Probstzella und zurück. Das Bild zeigt den Zug auf der Rückfahrt nahe Remschütz bei Saalfeld. Nach reichlich 49 Jahren Unterbrechung kam damit wieder eine der Ellok-Baureihen auf die Saalbahn, die bis 1946 hier im Einsatz standen.

AUFNAHME: DETLLEF HOMMEL

Die Entwicklung des Reiseverkehrs seit dem Jahr 1990

Ab dem Jahr 1990 erlebte die Saalbahn besonders im Reiseverkehr einen Aufschwung. Fast in jedem Jahr gab es Änderungen, ehe nach etwa 10 Jahren eine gewisse Konstanz eingetreten ist. Neben der Einheit Deutschlands mit ihren weitreichenden Konsequenzen kamen ja auch nach 1994 noch die Segnungen der Bahnreform hinzu.

1990

Mit dem 27. Mai 1990 begann eine Neuordnung des Schnellverkehrs. Ab diesem Tag verkehrten InterRegio-Züge der Deutschen Bundesbahn zwischen Nürnberg bzw. München über die Saalbahn nach Leipzig. Die Fernverbindungen zwischen Berlin und München bzw. Stuttgart waren im Kursbuch der DR in der Tabelle L des Teiles „Auslandsverbindungen“ enthalten. Im Einzelnen verkehrten folgende schnell fahrenden Züge, wobei es im regionalen Reiseverkehr nur unwesentliche Änderungen gab:

132418 ist am 27. Mai 1990 mit dem ersten InterRegio in Jena Saalbf eingefahren. Hinter der Lok zwei Gesellschaftswagen. AUFNAHME: WERNER DRESCHER

		D 301	D 1401	D 405	D 1405	D 501	D 303	D 900	D 503	D 307	IR 403	IR 401	D 505	D 507
Berlin Friedrichstr.	ab	21.06	2) 22.02			1) 5.45	6.12		2) 9.56	11.18			2) 15.26	1) 16.51
Leipzig Hbf	ab			3.12							14.52	15.58		
Halle (Saale) Hbf	ab	|	0.55			8.01	|		12.11	|			17.42	19.00
Jena Saalbf.	**ab**	|	**2.25**	**4.47**	**6.07**	**9.34**	|		**13.40**	|	**16.32**	**17.39**	**19.08**	**20.27**
Göschwitz	**ab**	|	|	|	**6.30**	**9.42**	|	|	|	|	|	|	**19.17**	**20.37**
Kahla	**ab**	|	|	|	**6.39**	|	|	|	|	|	|	|	|	|
Rudolstadt	**ab**	|	**3.01**	|	**7.00**	**10.11**	|	**10.37**	**14.17**	|	**17.09**	**18.13**	**19.46**	**21.07**
Saalfeld (S.)	**ab**	|	**3.18**	|	**7.17**	*** 10.21**	|		*** 14.21**	|	**17.34**	**18.27**	*** 19.56**	*** 21.20**
Nürnberg Hbf	an	5.08	6.20	9.03			13.37			19.07	20.10	* 20.47		
München Hbf	an	5.27	8.41	11.09			15.59			21.56	22.07			

* Ankunft
D 405 Warschau – Leipzig – München
D 1405 Jena Saalbahnhof – Lichtenfels
D 900 Dresden – Jena West – Rudolstadt – Bad Blankenburg
D 303, 307mit Kurswagen nach Stuttgart
1) Berlin-Schöneweide
2) Berlin-Lichtenberg

		D 300	D 500	D 502	IR 400	D 504	D 903	IR 402	D 302	D 306	D 506	D 1406	D 1400	D 404
München Hbf	ab	22.15						6.28	7.36				16.58	18.10
Nürnberg Hbf	ab	0.29			6.13			8.39	10.06	15.32			19.11	20.09
Saalfeld (S.)	**ab**	|	**3.35**	**5.19**	**8.57**	**9.56**		**11.25**	|	|	**17.27**	**20.11**	**22.25**	|
Rudolstadt	**ab**	|	**3.45**	**5.30**	|	**10.07**	**11.15**	**11.35**	|	|	**17.40**	**20.22**	**22.36**	|
Kahla	**ab**	|	|	|	|	|	|	|	|	|	|	**20.44**	|	|
Göschwitz	**ab**	|	|	|	|	|	|	|	|	|	|	**20.54**	**23.06**	|
Jena Saalbf	**ab**	|	**4.24**	**6.06**	**9839**	**10.43**		**12.10**	|	|	**18.16**	**21.01**	**23.15**	**23.54**
Halle (Saale) Hbf	an	|	6.03	7.39		12.13			|	|	19.48			
Leipzig Hbf	an				11.11			13.46					0.48	1.25
Berlin Friedrichstr.	an	8.36	3) 7.54	2) 10.02		1) 14.18			17.29	23.41	1) 22.00		2) 3.56	

D 404 München – Leipzig - Warschau
D 903 Bad Blankenburg – Rudolstadt – Jena West – Dresden – Görlitz
D 1406 Lichtenfels – Jena Saalbahnhof
D 300,302 mit Kurswagen von Stuttgart
1) Berlin-Schöneweide
2) Berlin-Lichtenberg
3) Berlin-Flughafen Berlin-Schönefeld

Übersicht der schnellfahrenden Reisezüge auf der Saalbahn im Sommer 1990

Bis zur Schließung des Kohlekraftwerkes in Göschwitz im Sommer 1994 rollte täglich ein 2.000 t schwerer Kohleganzzug von Profen bis nach Göschwitz. Am 24. Mai 1994 – noch ist von der bevorstehenden Elektrifizierung nichts zu sehen – dröhnt die Geraer 220 219 mit dem Dg 56797 durch den Bahnhof Porstendorf. AUFNAHME: MATHIAS BUCHNER

1991

Eine nächste größere Änderung kam zum 2. Juni 1991, als die ehemaligen „Interzonenzüge" und späteren „Transitzüge" D 300 - D 308 Berlin – München, die bisher die Saalbahn ohne Halt passierten, in den Verkehr der Saalbahn einbezogen wurden. Obwohl die seit 1949 eingelegten Schnellzüge Berlin – Saalfeld erheblich reduziert wurden – D 504 gab es nun überhaupt nicht mehr – verbesserte sich mit dem Einsatz von zehn Schnellzugpaaren das Angebot hinsichtlich des Reiseverkehrs auf der Saalbahn erheblich.

D 301/300	Berlin – Halle – **Jena – Saalfeld** – Nürnberg – München u. z.
D 305/302	Berlin – Halle – **Jena – Rudolstadt – Saalfeld** – Nürnberg – München u. z.
D 303/304	Berlin – Halle – **Jena – Rudolstadt – Saalfeld** – Nürnberg – München (– Garmisch-Partenkirchen) u. z.
D 307/306	Berlin – Halle – **Jena – Rudolstadt – Saalfeld** – Nürnberg – München u. z.
D 309/308	Berlin – Halle – **Jena – Rudolstadt – Saalfeld** – Nürnberg – Stuttgart/Konstanz u. z.
IR 401/400	Leipzig – **Jena – Rudolstadt – Saalfeld** – Nürnberg – München u. z.
IR 403/402	Leipzig – **Jena – Rudolstadt – Saalfeld** – Nürnberg – München u. z.
IR 407/406	Leipzig – **Jena – Rudolstadt – Saalfeld** – Nürnberg – München u. z.
D 507/502	Berlin – Halle – **Jena – Rudolstadt – Saalfeld** u. z.
D 1283/1282	„Spree-Alpen-Express" Berlin – Halle – München – Meran (nicht tgl.) u. z.
D 1309/1308	Berlin – Halle – Villach/Klagenfurth (Schlaf- und Liegewagen, nicht tgl) u. z.

Das D-Zug-Paar 900/903 zwischen Dresden, Jena-West, Rudolstadt-Schwarza und Katzhütte wurde eingestellt. Erstmalig seit 1961 enthielt die Fahrplantabelle im Kursbuch der DR wieder die Anschlüsse bis München.

1992

Am 31. Mai 1992 begann eine neue Ära für die Saalbahn. Als Bestandteil der IC-Linie 8 Berlin – Leipzig – München, verkehrten seit diesem Tage täglich 19 InterCity-Züge im 2-Stunden-Takt.

IC 701/700	„Saaletal" Halle – **Jena – Saalfeld** – Nürnberg – München u. z. (Mo – Sa)
IC 703/702	„Thomaner" Leipzig – **Jena – Saalfeld** – Nürnberg – München u. z.
IC 705/704	„Sophie Scholl" Berlin – Leipzig – **Jena – Saalfeld** – Nürnberg – München u. z.
IC 707/706	„Bert Brecht" Berlin – Leipzig – **Jena – Saalfeld** – Nürnberg – München u. z.
IC 709/708	„Clara Schumann" Berlin – Leipzig – **Jena – Saalfeld** – Nürnberg – München u. z.
IC 801/800	„Therese Giehse" Berlin – Leipzig – **Jena – Saalfeld** – Nürnberg – München – Zell a. S. u. z.
IC 803/802	„Wetterstein" Berlin – Leipzig – **Jena – Saalfeld** – Nürnberg – München – Garmisch-Partenkirchen u. z.
IC 805/804	„Hans Sachs" Berlin – Lpz. – **Jena – Saalfeld** – Nürnb. u. z.
D 1607/1606	Leipzig – **Jena – Göschwitz – Kahla – Orlamünde – Rudolstadt – Saalfeld** u. z.
D 1183/1182	„Spree-Alpen-Express" Berlin – Potsdam – München u. z. (nicht tgl)
D 1209/1208	Berlin – Halle – Villach/Klagenfurth (nicht tgl) u. z.
D 1283/1282	„Spree-Alpen-Express" Berlin – Halle – München – Verona (nicht tgl) u. z.
D 1901/1900	Berlin – Halle – **Jena – Saalfeld** – Nürnberg – München u. z. (nicht tgl)
D 1905/1904	Berlin – Halle – **Jena – Saalfeld** – Nürnberg – Stuttgart – Konstanz u. z. (nicht tgl)

Auf der Saalbahn erhielten die IC in der Regel nur in Jena Saalbahnhof und Saalfeld einen Verkehrshalt. Die Inter-Regio-Züge wurden erheblich reduziert.

In den frühen neunziger Jahren war die Saalbahn Schauplatz der von Eisenbahnfreunden organisierten „Plandampf"-Veranstaltungen. Auch im August 1993 konnten auf der Saalbahn wieder Dampfloks vor Planzügen bewundert werden. Die Dresdner Museumslok 01 137 mit einem Nahverkehrszug Saalfeld – Großheringen kurz vor Dornburg. AUFNAHME: TFG

Frühling im Saaletal, und letztmalig ohne Fahrleitung: Mit dem N 7327 ist 219 133 am 2. Mai 1994 nahe Zeutsch auf dem Weg nach Saalfeld. AUFNAHME: DR. STEFAN SCHMIDT

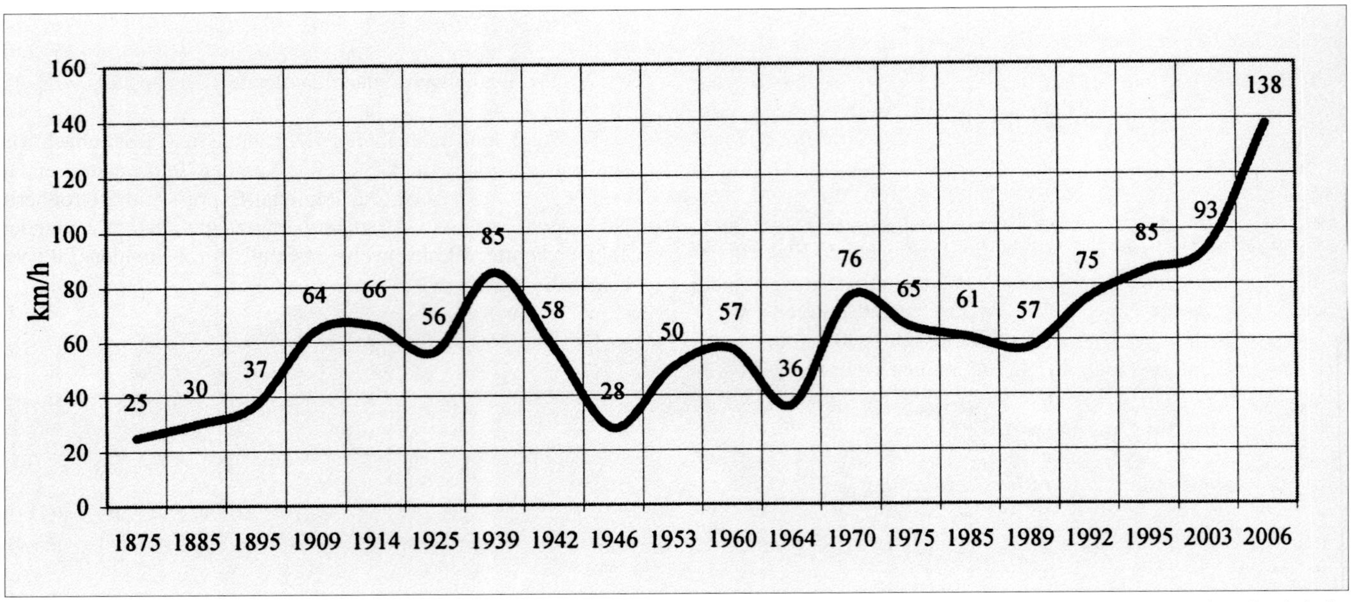

In der Entwicklung der Reisegeschwindigkeit auf der Saalbahn lassen sich sehr gut die gesellschaftlichen Höhen und Tiefen abbilden. Der Wert für 2006 gibt die geplante Geschwindigkeit nach der Inbetriebnahme der ESTW und für die Neigetechnik an. Für konventionelle Fahrzeuge ist eine Durchschnittsgeschwindigkeit von 110 km/h möglich.

Der erste IC war der IC 703 „Thomaner", der am 31. Mai 1992 um 8.22 Uhr in Jena ankam und vom Oberbürgermeister Röhlinger begrüßt wurde. Für Jena war dieser Tag Anlass, gemeinsam mit der MITROPA, die in jenem Jahr 75 Jahre alt wurde, ein Bahnhofsfest zu feiern.

Zur selben Zeit wurde auch der Nahverkehr umgestaltet. Die Nahverkehrszüge fuhren ebenfalls im 2-Stunden-Takt, der an den Takt der InterCity-Züge angepasst war. Seit dieser Zeit verkehren die Züge des Regionalverkehrs als Wendezüge zwischen Saalfeld und Naumburg oder Großheringen. Zwischen Jena Saalbahnhof über Rudolstadt-Schwarza nach Katzhütte wurde ebenfalls ein Zwei-Stunden-Taktfahrplan eingerichtet. Im selben Jahr verkehrte auch ein Zugpaar 15106/15107 von Pößneck unterer Bahnhof über Orlamünde nach Jena Saalbahnhof und wieder zurück.

Der morgendliche Personenzug P4000 Saalfeld – Leipzig und der abendliche Rückzug P4009 wurden in eine Schnellzugverbindung D1606/1607 umgewandelt. Diese Verbindung gab es bereits seit den zwanziger Jahren morgens als P871 von Saalfeld nach Leipzig und abends als P878 wieder zurück. Dieses Zugpaar war beliebt bei Geschäftsreisenden, Studenten und Schülern. Im Jahr 1992 wurden die Kursbuchtabellen neu geordnet. Dabei dürfte die Saalbahn wohl die einzige sein, die ihre Bezeichnung, die Streckennummer 560, die sie 1968 bekam, behalten konnte.

31. Mai 1992, der 1. IC in Jena! Oberbürgermeister Röhlinger lässt es sich nicht nehmen diesen zu empfangen und wieder zu verabschieden. AUFNAHME: WERNER DRESCHER

1993

wurde der Reisezugverkehr von Jena Saalbahnhof nach Katzhütte schon wieder weitestgehend aufgegeben, es gab noch zwei Züge von Katzhütte nach Jena und einen zurück. Im selben Jahr wurden IC703/702 „Thomaner" und EC10/11 „Mimara" zwischen Zagreb und Leipzig über die Saalbahn geführt. Im Fernverkehr kamen IR2203/2202 Berlin – Nürnberg und D2207/2208 Berlin – Saalfeld u.z. hinzu. D2208 stellte eine Frühverbindung nach Berlin dar; der erste IC aus München verkehrte erst 8.55 Uhr (Saalfeld) und 9.33 Uhr (Jena). Abends fuhr dieser Zug als D2207 zurück und kam in Jena 19.06 Uhr und in Saalfeld 19.53 Uhr an.

1994

wurden die Nachtzüge D1900/1901 in ICN1900/1901 umgewandelt. Diese Züge, jetzt als Talgo-Züge, hielten nun nicht mehr auf der Saalbahn. D1904 und 1905 wurden aufgegeben. Aus D2208 wurde D2206, Saalfeld ab 6.12 Uhr – Berlin Zool. Garten 9.59 Uhr an. D2207 (Berlin Zool. Garten ab 17.40 Uhr – Saalfeld 21.40 Uhr an) behielt seine Nummer. Beide wurden im Laufe der Fahrplanperiode in IR umgewandelt.

Eine (!) Regionalbahn (RB) wird eingeführt. Sie verkehrte als RB6249 23.05 ab Leipzig und war 1.18 Uhr in Saalfeld. Die anderen Züge wurden noch als Nahverkehrszüge bezeichnet. Züge nach Katzhütte verkehrten nicht mehr von Jena Saalbahnhof. Überwiegend verkehrten jetzt die Züge von Saalfeld nach Katzhütte, einige von Rudolstadt nach Bad Blankenburg.

Überwiegend verkehrten jetzt die Züge von Saalfeld nach Katzhütte. Da 1994/1995 die Elektrifizierung mit Hochdruck betrieben wurde, gab es teilweise erhebliche Einschränkungen besonders im Fernreiseverkehr durch Umleitung von Zügen.

1995

Das Jahr 1995 war ein markantes Jahr in der Geschichte der Saalbahn. Am 28. Mai wurde der elektrische Zugverkehr aufgenommen. Bereits am Abend zuvor kam 112 176 mit IR 2207 aus Berlin als erste Ellok in Jena Saalbahnhof an, nachdem schon ab 16. Mai auch schon Elloks zwischen dem mitteldeutschen Netz und Bayern überführt wurden. Eine Einweihungsfeier fand nicht statt. Man befürchtete wohl, dass die durchgehende Elektrifizierung der Verbindung München – Berlin dem umstrittene Projekt der Neubaustrecke Erfurt – Nürnberg „schaden" könnte.

Die Reisegeschwindigkeit, die schon nach 1990 kontinuierlich gesteigert werden konnte, machte nun einen weiteren spürbaren Fortschritt. Die IC-Züge erzielten eine durchschnittliche Geschwindigkeit von etwa 85 km/h. Damit wurde wieder die Geschwindigkeit von FD 79/80 aus dem Jahr 1939 erreicht. Auch die Regionalbahnen konnten erheblich beschleunigt werden. Sie erreichten Durchschnittsgeschwindigkeiten von über 50 km/h, wenn nicht längere Verkehrshalte zur Bedienung der IC-Züge notwendig waren. Im Fernverkehr verkehrten nun folgende Züge:

ICN 1901/1900	Berlin – Halle – München u. z.
EC 11/10	„Mimara" Leipzig – **Jena – Saalfeld** – Nürnberg – München – Zagreb u. z.
IC 701/700	„Saaletal" Dessau – Halle – **Jena – Saalfeld** – Nürnberg – München u. z. (Mo – Sa)
IC 705/704	„Sophie Scholl" Berlin – Leipzig – **Jena – Saalfeld** – Nürnberg – München u. z.
IC 707/706	„Bertolt Brecht" Berlin – Leipzig – **Jena – Saalfeld** – Nürnberg – München u. z.
IC 709/708	„Clara Schumann" Berlin – Leipzig – **Jena – Saalfeld** – Nürnberg – München u. z.
IC 801/800	„Therese Giehse" Berlin – Leipzig – **Jena – Saalfeld** – Nürnberg – München – Zell a. S. u. z.
IC 805/804	„Hans Sachs" Berlin – Leipzig – **Jena – Saalfeld** – Nürnberg u.z.
IC 813/812	„Wetterstein" Berlin – Leipzig – **Jena – Saalfeld** – Nürnberg – München – Garmisch-Partenkirchen u. z.
D 1183/1182	„Spree-Alpen-Express" Berlin – Potsdam – München u. z. (nicht tgl)
D 1283/1282	„Spree-Alpen-Express" Berlin – Halle – München – Verona (nicht tgl) u. z.
D 1209/1208	Berlin – Halle – Villach/Klagenfurth (nicht tgl) u. z.
D 1907/1906	Berlin – Halle – **Jena – Saalfeld** – Nürnberg – Stuttgart/ München u. z.
IR 2203/2202	Berlin – Halle – **Jena – Saalfeld** – Nürnberg u. z.
D 2817/2816	Leipzig – **Jena – Göschwitz – Kahla – Orlamünde – Rudolstadt – Saalfeld** u.z. (außer Sa/außer So) ehemals D 1607/ 1606

Ab dem 29. Mai verkehrte das IR-Paar 2206/2207 wieder nicht mehr. Seit dieser Zeit gibt es für die Anlieger der Saalbahn keine durchgehende Frühverbindung vor 8.00 Uhr mehr nach Berlin.

Ein einziges IR-Paar verblieb auf der Saalbahn: IR 2202/2203. Die Regionalbahnen verkehren nun im 1-Stunden-Takt. Dieser wurde so eingerichtet, dass wechselweise Züge zwischen Großheringen und Saalfeld und Naumburg und Lichtenfels fuhren. Im selben Jahr wurde wieder eine Nachtverbindung zwischen Berlin und München/Stuttgart (D 1907/1906) mit einem Verkehrshalt in Jena Saalbahnhof eingerichtet.

1996

ICN 1901/1900 werden zu ICN 1501/1500, und aus D 1907/1906 werden D 1507/1506. Auch die Zugnummern der IC werden neu geordnet und ab September 1996 als Wendezüge gefahren.

Ein neuer IC 1007 Leipzig – Jena – Saalfeld – München (nur So) und IC 1102 Nürnberg – Saalfeld – Jena – Leipzig (nur Fr) wird eingeführt. Dafür wurde auch das letzte IR-Paar 2203/2202 gestrichen.

Die Züge Jena Saalbahnhof – Katzhütte bzw. Rottenbach wurden wieder eingerichtet, die im 2-Stunden-Takt verkehrten. Im selben Jahr wurde auch die Regional-Express-Linie Großheringen – Jena – Saalfeld – Bamberg eingerichtet, die im 2-Stunden-Takt verkehrte. Wechselweise ebenfalls im 2-Stunden-Takt verkehrte die RB-Linie Naumburg – Saalfeld.

1997

Die IC-Linie 8 wurde im Winter 96/97 in Richtung Hamburg verlängert, IC 1007/1102 wurde wieder ausgelegt. Dafür wurden zwei Zugpaare für „Wochenendheimkehrer" aus Nürnberg eingerichtet:

D 1680	Nürnberg – **Saalfeld – Göschwitz – Jena Saalbahnhof** (Fr)
D 1681	**Jena Saalbahnhof – Göschwitz – Saalfeld** – Nürnberg – München (So)
D 1682	Nürnberg – **Saalfeld – Göschwitz – Jena Saalbahnhof** (Fr)
D 1683	**Jena Saalbahnhof – Göschwitz – Saalfeld** – Nürnberg – München (So)

D 2817/2816 Leipzig – Jena – Göschwitz – Kahla – Orlamünde – Rudolstadt – Saalfeld erhielten neue Nummern: D 1617/1616.

Die RE-Linie Großheringen – Bamberg wurde wieder aufgegeben, dafür RB-Linie Großheringen – Lichtenfels eingerichtet. Auch die RB-Linie Jena Saalbahnhof – Rudolstadt-Schwarza – Katzhütte wurde nach einem Jahr wieder aufgegeben. Diese Züge setzten jetzt in Rudolstadt ein bzw. endeten dort.

1998

Die Einführung des EN-Paares 229/228 „Spree-Donau-Kurier" Berlin – Halle – Jena – Saalfeld – Nürnberg – Wien – Budapest u. z. war 1998 die herausragende Änderung. Die IC erhielten zum Teil neue Nummern:

IC 701/700	IC 811/810	„Saaletal" Dessau – Halle – **Jena – Saalfeld** – Nürnberg – München u. z. (Mo – Sa)
IC 705/704	IC 817/814	„Sophie Scholl" Hamburg – Berlin – Leipzig – **Jena – Saalfeld** – Nürnberg – München u. z. nur bis Berlin
IC 707/706	IC 819/818	„Bertolt Brecht" Kiel – Berlin – Leipzig – **Jena – Saalfeld** – Nürnberg – München u. z.
IC 709/708	IC 911/910	„Clara Schumann" Hamburg – Berlin – Leipzig – **Jena – Saalfeld** – Nürnberg – München u. z.
IC 801/800	IC 815/812	„Therese Giehse" Wismar – Berlin – Leipzig – **Jena – Saalfeld** – Nürnberg – München – Zell a. S. u. z. nur bis Berlin
IC 805/804	IC 913/912	„Hans Sachs" Hamburg – Berlin – Leipzig – **Jena – Saalfeld** – Nürnberg u. z.
IC 813/812	IC 813/816	„Wetterstein" Berlin – Leipzig – **Jena – Saalfeld** – Nürnberg – München – Garmisch-Partenkirchen u. z. bis Kiel

Der Laufweg von EC 11/10 wurde von/nach Berlin verlängert, Laufweg und Nummern der Züge 1680 bis 1683 änderten sich:

D 1610	Stuttgart – Nürnberg – **Saalfeld – Göschwitz – Jena Saalbahnhof** – Leipzig (Fr)
D 1611	Leipzig – **Jena Saalbahnhof – Göschwitz – Saalfeld** – Nürnberg (So)

Seit Ende Mai 2000 kommen im Fernverkehr Neigetechnik-Triebwagen der Baureihe 411 zum Einsatz. Am 25. Mai 2001 legt sich 411 028 als ICE 1516 München – Berlin „Therese Giese" am Kilometer 11,0 nahe Döbritschen in die Kurve und wird in Kürze Camburg erreichen. AUFNAHME: WERNER DRESCHER

D 1618	Nürnberg – **Saalfeld – Rudolstadt-Schwarza – Rudolstadt – Uhlstädt – Orlamünde – Kahla – Göschwitz – Jena Saalbahnhof** – Leipzig (Fr)
D 1619	Leipzig – **Jena Saalbahnhof – Göschwitz – Rudolstadt – Saalfeld** – Nürnberg – Karlsruhe (So)

D 1617/1616 Leipzig – Jena – Göschwitz – Kahla – Orlamünde – Rudolstadt – Saalfeld musste dadurch neu bezeichnet werden und hieß jetzt 2913/2912.

1999

Ab dem Fahrplanwechsel am 26. September 1999 halten Fernzüge nicht mehr in Jena Saalbahnhof, sondern in Jena Paradies, einem Provisorium – ein Haltepunkt.

Neu IR 2813/2812 Leipzig – Jena – Göschwitz – Kahla – Rudolstadt – Saalfeld u. z., der montags – freitags verkehrte.

ICN 1501/1500 Berlin – Halle – München u. z. werden in NZ 1501/1500 umbenannt. D 1507/1506 Berlin – Halle – Jena – Saalfeld – Nürnberg – Stuttgart/München u. z. verkehren nicht mehr.

D 1618 hält nicht mehr in Rudolstadt-Schwarza, Uhlstädt, Orlamünde und Kahla.

Auf Grund von Bauarbeiten auf der Thüringer Bahn verkehren die Regionalbahnen nicht mehr bis Naumburg, sondern nur noch zwischen Großheringen und Saalfeld, zweistündlich weiter nach Lichtenfels.

2000

Das Jahr 2000 war wieder ein markantes für die Saalbahn. Vom 17. bis 20. April 2000 fanden zwischen Naumburg und Göschwitz und vom 25. bis 28. April zwischen Göschwitz und Saalfeld Testfahrten mit dem ICE-T unter Betriebsbedingungen statt. Neben der Kontrolle des Laufes selbst waren es vor allem die Signal- und Sicherungsanlagen, die damit überprüft wurden. Am 28. Mai 2000 wurde der planmäßige Verkehr mit ICE-T-Zügen aufgenommen. Ab diesem Tag verkehren ICE-T zwischen Berlin und München über die Saalbahn. Fahrzeitenmäßig machte es sich noch nicht bemerkbar, weil anfangs noch mit ausgeschalteter Neigetechnik gefahren werden musste. Die Strecke war dafür noch nicht vollständig ausgerüstet.

ICE 1511/1510	„Georg Friedrich Händel" Halle – **Jena – Saalfeld** – Nürnberg – München u. z. (Mo – Sa)
ICE 1513/1512	„Kurt Weill" Berlin – Leipzig – **Jena – Saalfeld** – Nürnberg – München u. z. (Mo – Sa)
ICE 1515/1518	„Wetterstein" Berlin – Leipzig – **Jena – Saalfeld** – Nürnberg – München – Garmisch-Partenkirchen u. z.
ICE 1517/1516	„Therese Giehse" Berlin – Leipzig – **Jena – Saalfeld** – Nürnberg – München u. z.
ICE 1519/1514	„Sophie Scholl" Berlin – Leipzig – **Jena – Saalfeld** – Nürnberg – München u. z.
ICE 1611/1610	„Lucas Cranach" Berlin – Leipzig – **Jena – Saalfeld** – Nürnberg – München u. z.
ICE 1613/1612	„Hannah Hoech" Berlin – Leipzig – **Jena – Saalfeld** – Nürnberg – München u. z.
ICE 1615/1614	„Caroline Neuber" Berlin – Leipzig – **Jena – Saalfeld** – Nürnberg u. z.

Im Fernverkehr fahren weiterhin:

EN 229/228	„Spree-Donau-Kurier" Berlin – Halle – **Jena – Saalfeld** – Nürnberg – Wien – Budapest u. z.
IC 813/812	„Saaletal" Berlin – Halle – **Jena – Rudolstadt – Saalfeld** – Nürnberg – München u. z. (bis 4. November und Mo-Sa)
IC 815/814	„Saaletal" Berlin – Halle – **Jena – Rudolstadt – Saalfeld** – Nürnberg – München u. z. (So)
IR 2713	„Frankenland" Leipzig – **Jena – Rudolstadt – Saalfeld** – Nürnberg – Karlsruhe (nur So)
IR 2710	„Frankenland" Stuttgart – Nürnberg – **Saalfeld – Rudolstadt – Jena** – Leipzig (nur Fr)

Mit dem Fahrplanwechsel 1997 kamen die Loks der BR 101 vor den IC planmäßig auf unsere Strecke. 101 024 hat am 25. März 1999 bei Saaleck gerade mit einem IC nach Müchen den ersten Kilometer auf der Saalbahn in Angriff genommen und befindet sich auf der Verbindungsbahn Ost.
AUFNAHME: TFG

Die Baureihe 120 kam auch nach Aufnahme des ICE-Verkehrs noch vor den Entlastungs-IC zum Einsatz. Nahe Kahla ist am 5. September 2003 die 120 105 mit dem IC 2513 auf dem Weg von Berlin nach Oberstdorf.
AUFNAHME: GÜNTHER PRENGEL

Das neue Empfangsgebäude des Bahnhofs Saalfeld (Saale) am 14. April 2004. Die kompletten Verkehrsanlagen sollen im Dezember 2004 eröffnet werden. Deutlich erkennbar der vorgebaute Anbau, rechts die Bushaltestellen. Im Bildhintergrund stehen die Triebzüge 612 101 und 612 028, die als RE gerade aus Lichtenfels einfahren.

AUFNAHME: WERNER DRESCHER

Das Zugpaar EC 11/10 verkehrt nicht mehr. D 2912 Saalfeld – Jena – Leipzig wird in IR 2400 umgewandelt und verkehrt Mo – Fr. Eine abendliche Rückleistung aus Leipzig, wie bisher D 2913, gibt es nicht mehr.

Mit diesem Fahrplanwechsel gab es auch fühlbare Veränderungen im Regionalverkehr. Wie 1999 verkehrten wieder zwei RB-Linien Großheringen – Lichtenfels und Naumburg – Saalfeld im zweistündlichen Wechsel, so dass effektiv ein 1-Stunden-Takt entstand. Neu war, dass nach der Sanierung der Orlabahn erstmals einzelne Züge von Pößneck unterer Bahnhof über Orlamünde bis nach Jena Saalbahnhof durchgekoppelt wurden.

Der Reiseverkehr auf der Strecke Rudolstadt-Schwarza – Bad Blankenburg wurde eingestellt. Damit entfielen die Züge von Rudolstadt über Rudolstadt-Schwarza nach Bad Blankenburg. Mit dieser Stilllegung ist es nicht mehr möglich, Züge aus Richtung Halle/Leipzig/Jena direkt in das Schwarzatal zu führen. Dabei war im Nahverkehrsplan des Freistaates Thüringen des Jahres 1998 eine RB-Linie 35 Rudolstadt – Katzhütte für die weitere Zukunft vorgesehen.

2001

Die Laufwege der meisten ICE wurden nach Hamburg, ICE 1519/1610 bis nach Kiel verlängert. ICE 1611/1610 hießen jetzt „Helene Weigel".

Neu sind die folgenden Züge:

IC 817/816	„Sebastian Kneipp" Berlin – Halle – **Jena – Rudolstadt – Saalfeld** – Nürnberg – Oberstdorf (Sa)
IR 2402	„Saaletal" München – Nürnberg – **Saalfeld – Rudolstadt – Jena** – Halle – Berlin (Fr)
IR 2403	„Saaletal" Magdeburg – Halle – **Jena – Rudolstadt – Saalfeld** – Nürnberg – München (Fr)
IR 2404	„Lucas Cranach" München – Nürnberg – **Saalfeld – Rudolstadt – Jena** – Halle – Berlin
IR 2405	„Lucas Cranach" Magdeburg – Halle – **Jena – Rudolstadt – Saalfeld** – Nürnberg – München (So)

IC 813/812/IC 815/814, IR 2713, IR 2710 verkehren nicht mehr. Die traditionelle Frühverbindung Saalfeld – Leipzig, zuletzt als IR 2400 geführt, wurde zum Fahrplanwechsel eingestellt.

Die im Vorjahr begonnene Durchführung der Züge von Pößneck unterer Bahnhof über Orlamünde nach Jena Saalbahnhof hatte sich bewährt, es war eine deutliche Zunahme der Fahrgastzahlen zu verspüren. Neun von den 13 Zugpaaren, die auf der Orlabahn verkehrten, fuhren weiter auf der Saalbahn bis nach Jena Saalbahnhof.

2002/2003

Im Jahr 2002 wurden die Zugnamen abgeschafft. Neu war der sonntägliche Abendzug ICE 1713 Leipzig – Jena – Saalfeld – Nürnberg. Der Wochenendverkehr wurde neu geordnet, die noch verbliebenen IR wurden IC und hielten nicht mehr in Rudolstadt:

IC 2512	München – Nürnberg – **Saalfeld – Jena** – Halle – Berlin (Fr)
IC 2513	Berlin – Halle – **Jena – Saalfeld** – Nürnberg – Oberstdorf (Fr)
IC 2514	Oberstdorf – München – Nürnberg – **Saalfeld – Jena** – Halle – Berlin (So)
IC 2515	Berlin – Halle – **Jena – Saalfeld** – Nürnberg – München (So)
IC 2516	Oberstdorf – München – Nürnberg – **Saalfeld – Jena** – Halle – Berlin (Sa)
IC 2517	Berlin – Halle – **Jena – Saalfeld** – Nürnberg – Oberstdorf (Sa)
IC 2610	Stuttgart – Nürnberg – **Saalfeld – Göschwitz – Jena** – Halle – Berlin (Fr)
IC 2611	Leipzig – **Jena – Göschwitz – Saalfeld** – Nürnberg – Basel Bad Bf. (So)

Im Regionalverkehr wurden die Zugläufe getauscht. Es verkehren die Züge zwischen Naumburg und Lichtenfels und Großheringen und Saalfeld. Die bisherige KBS 559 Orlamünde – Pößneck unt. Bahnhof lautete jetzt Jena – Orlamünde – Pößneck unt. Bahnhof.

2003/2004

Der ICE-Verkehr veränderte sich 2003/2004 nur unwesentlich: ICE 1713 Leipzig – Jena – Saalfeld – Nürnberg, der nur sonntags verkehrte, entfiel, ebenso das Zugpaar IC 2513/14. Dafür gibt es am Montagmorgen eine Verbindung von München über Nürnberg und Saalfeld, Jena nach Berlin. Eine völlig neue Verbindung stellte IC 2657 von Frankfurt/ Main – Erfurt – Weimar – Apolda über die Verbindungsbahn West (Großheringen) und die Saalbahn nach Jena Paradies und Göschwitz dar, der nun freitags verkehrte. Sonntags fährt der Zug als IC 2656 wieder zurück. Am 12. Juni 2004 wurde dieser Verkehr wieder eingestellt.

Die Entwicklung des Güterverkehrs seit dem Jahr 1990

Die positive Entwicklung des Güterverkehrs auf der Saalbahn konnte nach der Vereinigung Deutschlands nicht fortgesetzt werden. Wie im Westen Deutschland wurde auch hier ein großer Teil des Verkehrs auf die Straße verlagert. Der Verkehr mit Ganzgüter- bzw. Durchgangsgüterzügen erlebte einen Einbruch von etwa 50%. 1991 verkehrten ca. 20 Züge je Richtung. Quelle und Ziel der Züge veränderten sich im Vergleich zu vor 1990 schon erkennbar und hatten nun folgende Laufwege:

- Nürnberg – Probstzella – Berlin,
- Probstzella – Rostock-Seehafen,
- Probstzella – Büchen,
- Nürnberg – Probstzella – Seddin,
- Duisburg-Ruhrort – Unterwellenborn,
- Rostock-Seehafen – Unterwellenborn,
- Nürnberg – Engelsdorf.

Der bisherige Verkehr von Zügen von und nach Karsdorf, Ziltendorf und Falkenberg ging merklich zurück.

Betriebe wurden neu strukturiert oder ganz stillgelegt. Das führte zu Einbußen, die besonders im regionalen Güterverkehr bei 60 bis 70, teilweise bis zu 100% lagen. Ebenso rückläufig war die Bedienung von Güterverkehrsstellen bzw. Anschlussbahnen der Saalbahn. Durchschnittlich zehn Übergabefahrten je Tag sah der Fahrplan 1990 noch vor. Das waren Fahrten zwischen:

- Camburg und Großheringen u. z.,
- Jena Saalbahnhof und Dornburg u. z.,
- Göschwitz und Kahla u. z. und
- Rudolstadt und Saalfeld.

Diese Fahrten fielen nach 1991 immer häufiger aus, weil Güter nicht vorhanden waren. Im Laufe der Jahre bis 1995 wurden alle Güterverkehrsstellen aufgelöst. Lediglich Dornburg erhält als einzige Güterverkehrsstelle der Saalbahn regelmäßig zwei bis dreimal je Woche noch Ganzgüterzüge mit Zementklinker für das Zementwerk. Der dort hergestellte Zement wird aber vollständig per Lkw abgefahren. Demzufolge fahren die Züge wieder als Leerzüge zurück. In Rudolstadt-Schwarza wird die Anschlussbahn von Raiffeisen noch unregelmäßig bedient. Angeliefert wird hier Salz, versendet wird Getreide. Nach MORA C (Marktorientiertes Angebot Cargo) ist seit 2001 nur noch Saalfeld Zugbildungsbahnhof.

Im Jahr 2002/2003 verkehrten laut Fahrplan täglich ca. 20 Güterzüge je Richtung, ergänzt durch die gleiche Anzahl an Sonder- und Bedarfszügen. Außer den Dornburger und gelegentlichen Zügen zu Raiffeisen in Rudolstadt waren es nur Durchgangsgüterzüge. Da weder über die Weimar-Gera-Bahn noch die Orlabahn Güterzüge verkehren, liefen diese stets zwischen Saalfeld und Naumburg, gelegentlich über Großheringen nach Erfurt. Typische Zugläufe sind:

- Rostock-Seehafen – Wien
- Rostock-Seehafen – Verona
- Nürnberg – Engelsdorf
- Nürnberg – Seddin
- München – Rybnik Towarow (PL)
- Gummern (A) – Kostrzyn Tow. (PL)
- Würzburg – Großkorbetha
- Böhlen – Iphofen
- Buna-Werke – Würzburg
- München – Dresden.

Damit hat sich die Saalbahn im Güterverkehr zur reinen Durchgangsstrecke entwickelt. Leider lassen sich die Verkehrsleistungen – die beförderten Personen bzw. transportierte Gütermenge – seit 1990 nicht mehr in Zahlen darstellen, da diese aus Datenschutzgründen von der Bahn nicht zu Verfügung gestellt werden.

Der Fahrzeugeinsatz nach der Wiedervereinigung

Nach der Wiedervereinigung änderte sich zunächst nichts Wesentliches am Lokomotiveinsatz. Der verstärkte Reiseverkehr verlangte die Mobilisierung aller Reserven.

Abgesehen von der Erhöhung des Bestandes an Lokomotiven der Baureihen 219 und 232, unterschied er sich am 1. Januar 1995 kaum von dem früherer Jahre. Die Erhöhung resultiert vor allem aus der Auflösung des Bw Probstzella infolge der Bahnreform und der Übernahme des 219-Lokbestandes durch den neu gebildeten Betriebshof (Bh) Saalfeld zum Jahreswechsel 1993/94.

Von den buchmäßig vorhandenen Lokomotiven waren aber auf Grund des bereits genannten Zusammenbruchs der Wirtschaft nach 1993/94 nur ein Teil tatsächlich im Einsatz. Für den Streckendienst standen im Betriebshof Saalfeld die folgenden Lokomotiven zur Verfügung:

BR	Tfz-Nummer
204	(ex DR 114) 257, 584, 592, 607, 612, 622, 638, 650, 660, 680, 712, 758, 761, 769, 790, 803, 834, 845, 848, 857, 860
219	(ex DR 119) 006, 020, 021, 030, 039, 053, 059, 063, 069, 073, 076, 079, 084, 085, 086, 087, 098, 101, 104, 117, 132, 133, 138, 152, 159, 161, 175, 178, 180
232	(ex DR 132) 025, 035, 036, 038, 113, 120, 125, 130, 141, 143, 155, 194, 208, 213, 263, 315, 376, 425, 438, 482, 571, 589, 605, 612, 623, 666, 686, 704

Die Lokomotiven der Baureihe 232 und auch der Baureihe 219 übernahmen Aufgaben im schnellfahrenden Reiseverkehr. Einen großen Teil der neu hinzugekommenen IR und IC wurde vom Bh Saalfeld zwischen Probstzella und Leipzig übernommen. Die Züge D 1904/1905 wurden bis zu deren Aufgabe im Jahr 1994 von Saalfelder Personal und Saalfelder Lokomotiven bis nach Berlin gefahren. Beide Lokbaureihen waren aber auch im Güterverkehr zu beobachten. Durch die Übernahme der Probstzellaer Loks durch Saalfeld vergrößerte sich auch der Einzugsbereich des neuen Bh Saalfeld bis nach Sonneberg. Im IR- und IC-Verkehr kamen zu dieser Zeit weiterhin Lokomotiven aus Leipzig über die Saalbahn zum Einsatz.

Für den Rangierdienst waren noch 22 Lokomotiven der Baureihen 344/345/346 im Bestand. Auch Kleindiesellokomotiven, die in Saalfeld seit vielen Jahren beheimatet waren, standen noch in einer Anzahl von zehn Stück zur Verfügung.

Der Beginn des elektrischen Zugbetriebes am 28. Mai 1995 hatte für Saalfeld bezüglich des Lokomotiveinsatzes einschneidende Änderungen zur Folge. Mit der Aufnahme des elektrischen Betriebes wurden sofort alle vorhandenen Lokomotiven der Baureihe 232, es waren 28 Stück, abgegeben. Dafür wurden 20 weitere Loks der Baureihe 219 von Gera nach Saalfeld umbeheimatet. In Saalfeld waren nun 49 Lokomotiven dieser Baureihe beheimatet. Der Bestand an Lokomotiven der Baureihe 114 erhöhte sich von 21 auf 31. Elloks wurden dennoch nicht in Saalfeld beheimatet. Die Loks des Betriebshofes Saalfeld mussten alle Leistungen des schnellfahrenden Verkehrs abgeben. Dieser wurde wieder, wie zu früheren Zeiten, von Nürnberg, Halle bzw. Leipzig übernommen. 120 106 mit IC 804 von München nach Berlin und 103 130 mit EC 11 nach Zagreb waren die ersten Elloks, die durchgehende Züge auf der elektrifizierten Saalbahn beförderten.

Gerade in den Anfangsjahren der Wiederelektrifizierung kamen die verschiedensten Baureihen in den unterschiedlichsten Farbgebungen zum Einsatz. Es waren Lokomotiven der Baureihen 103, 120, 140, 141, 152, 150 aus Nürnberg und anderen Betriebshöfen und Loks der Baureihen 112, 142, 143, 155 aus Hal-

Nach der Wiederelektrifizierung gelangten noch für kurze Zeit die bewährten DR-Neubauelloks der Baureihe 142 (es BR E 42, ex BR 242) bis nach Saalfeld. Am 26. Juni 1995 ist 142 065 mit einem Güterzug auf dem Weg nach Norden und hat gerade die imposante Signalbrücke bei Göschwitz auf dem kurzen viergleisigen Abschnitt von Saalbahn und Weimar-Geraer-Bahn passiert. AUFNAHME: GÜNTHER PRENGEL

le, Leipzig, Berlin und anderen Betriebshöfen wie Seddin und Rostock. Die von Loks der Baureihen 103 und 120 geführten IC und EC erhielten ab Fahrplanwechsel 1997 Konkurrenz von den Lokomotiven der neuen Baureihe 101.

Mit der zweiten Stufe der Bahnreform zu Jahrsesbeginn 1998 änderten sich auch in Saalfeld die gewohnten Strukturen. Mit der Aufteilung der Lokomotiven in die neu gebildeten DB-Transportgesellschaften entstanden jetzt zwei getrennte Lokleitungen für DB Cargo und DB Regio. Zuvor gab es im Jahr 1997 noch einmal Änderungen bei der Baureihe 219. Mit einem Bestand von 58 Stück erreichte diese Lokomotiv-Baureihe den höchsten, den jemals eine Baureihe in Saalfeld erreicht hat. Ihr Einzugsgebiet reichte über ganz Thüringen. Inzwischen konnten diese Loks durch die Ausrüstung mit Wendezugsteuerung ZDS/ZWS entsprechend eingesetzt werde. Sie kamen u.a. auf der Orlabahn zwischen Orlamünde und Pößneck unterer Bahnhof zum Einsatz. Ab Mai 1998 wurden die 219er nach Meiningen, Halberstadt und Cottbus abgegeben. Am 1. Juli 1998 hatte Saalfeld nur noch 34 Stück im Bestand. Im folgenden Jahr wurden noch die verbliebenen Lokomotiven dieser Baureihe nach Gera abgegeben.

Mit dem Fahrplanwechsel am 28. Mai 2000 kamen Triebwagen der Baureihe 411 auch auf die Saalbahn. Der Fernverkehr wird seit dieser Zeit zum größten Teil mit Triebwagen der Baureihe 411 abgewickelt, die zum beträchtlichen Teil in Doppeltraktion verkehren. An den Wochenenden verkehren auch Kombinationen von Triebwagen der Baureihen 411 und 415. Am 27. November 2002 erhielt Triebwagen 411 030 in einem feierlichen Akt in Jena Saalbahnhof den Namen „Jena“. Im Fernverkehr gibt es seit dem kaum noch lokbespannte Züge. Die verbliebenen Entlastungs- oder Saisonzüge verkehren in der Regel mit Lokomotiven der Baureihe 101 oder 120 und als Wendezug.

Diesellokomotiven sind auf der Saalbahn nur noch selten zu sehen. Bis 1998 kamen noch 219er mit den RB-Zügen zwischen Katzhütte – Rudolstadt-Schwarza und Jena Saalbahnhof über die Saalbahn. Im Regionalverkehr kamen seit 1997/1998 gelegentlich Triebwagen der Baureihe 628 auf der Orlabahn und bis nach Jena zum Einsatz. Sie wurden von Triebwagen der Baureihe 642, später 641, abgelöst. Seit 2004 werden auf Grund des höheren Reiseverkehrsaufkommens in dieser Relation wieder Triebwagen der Baureihe 642 eingesetzt.

1998 kamen für kurze Zeit 15 Lokomotiven der Baureihe 112 nach Saalfeld, die im selben Jahr wieder verschwanden. Ebenfalls in diesem Jahr wurden wieder 16 Loks der Baureihe 232 nach Saalfeld umbeheimatet. Im Jahr 2001 kamen erstmals Lokomotiven der Baureihe 290 nach Saalfeld, die im Verkehr nach Lobenstein und Ebersdorf-Friesau die Baureihe 204 zum Großteil ablösten. Die Lokomotiven der Baureihe 346 (ex 106) sind bis 2000 abgestellt worden und schon in den späten neunziger Jahren durch Loks der Baureihen 362/364 teilweise ersetzt worden. Für die Niederlassung von DB Cargo waren 2002 folgende Lokomotiven beheimatet:

BR	Tfz-Nummer
204	246, 257, 314, 464, 584 592, 607, 664, 789, 820, 834, 838, 848, 860, 869
290	005, 031, 034, 055, 063, 064, 145, 263, 264
298	065, 142, 321, 325, 334
232	003, 030, 040, 052, 070, 076, 100, 106, 108, 112, 121, 141, 168, 194, 206, 208, 216, 232, 291, 315, 362, 415, 432, 457, 461, 482, 487, 488, 489, 524, 553, 571, 577, 590, 611, 615, 623, 646
312	050, 101, 183
344	063, 134
364	391, 401, 550, 614, 746, 855

Für den Verkehr auf der Saalbahn spielen diese Lokomotiven nur eine untergeordnete Rolle. Im Güterverkehr kommen noch Lokomotiven der Baureihe 232 nach Dornburg. Private Anbieter wie die Karsdorfer Eisenbahngesellschaft (KEG) mit ihren Lokomotiven zur Saalbahn, ferner SBB-Cargo mit ihren Baureihen 481, 482 u. a. sowie Siemens-Dispoloks aus dem Lokpool ES64U2.

Presse-Information

Erster Neigetechnik-ICE zwischen Berlin und München im Einsatz

Mehr Komfort durch neue Züge im Vorlaufbetrieb – Ab Fahrplanwechsel im Mai verkürzt sich die Reisezeit erheblich

(Dresden/Halle/Erfurt, 30. Januar 2000) Seit Sonnabendabend setzt die Deutsche Bahn auf der Strecke München - Berlin einen weiteren Neigetechnik-ICE (ICE-T) im Reiseverkehr ein. Die bislang verkehrenden InterCity 813 „Wetterstein“ und 812 „Therese Giehse“ ersetzt an fünf Wochentagen der neue, kurventaugliche Zug aus der ICE-Familie.

Am 30. Januar startet das neue Angebot offiziell. Morgens bedient der ICE-T aus Berlin kommend um 8.50/52 Uhr Lutherstadt Wittenberg, um 9.13/17 Uhr Bitterfeld, um 9.39/47 Uhr Leipzig Hbf, um 10.25/27 Uhr Naumburg (S) Hbf, um 10.57/58 Uhr Jena-Paradies und um 11.29/31 Uhr Saalfeld (S) und fährt weiter Richtung München. Abends bedient der Zug aus München kommend um 18.27/29 Uhr Saalfeld (S), um 19.02/03 Uhr Jena-Paradies, um 19.31/33 Uhr Naumburg (S) Hbf, um 20.12/21 Uhr Leipzig Hbf, um 20.43/47 Uhr Bitterfeld und um 21.07/08 Lutherstadt Wittenberg und fährt weiter Richtung Berlin. Im Vorlaufbetrieb bis zum Fahrplanwechsel Ende Mai behält die Bahn die im Fahrplan ausgewiesenen Fahrzeiten für das Zugpaar bei.

Mit dem neuen Fahrplan und dem Einsatz im 2-Stunden-Takt soll sich die Reisezeit zwischen der Bundeshauptstadt, Leipzig und der Isar-Metropole weiter verkürzen.

Leipzig ist ab 28. Mai 2000 Schnittstelle für zwei Fernverkehrslinien, auf denen zu diesem Zeitpunkt die komfortablen Neigetechnik-Züge rollen. Auch zwischen Frankfurt – Eisenach – Erfurt – Weimar - Dresden ersetzen ICE-T die heute fahrenden InterCity-Züge der Linie 9 und sorgen für wesentlich kürzere Reisezeiten auf dieser Relation. Ab Mai verkehren hier im 2-Stunden-Takt fünf- und siebenteilige Triebzüge.

Zwischen Dresden und Hof, wo bereits am 1. Dezember 1999 der erste Neigetechnik-ICE in Sachsen im Abschnitt Dresden - Zwickau im Vorlauf eingeführt wurde, soll mit Nutzung der technischen Ausstattung für schnelle Kurvenfahrten auf der Sachsenmagistrale ebenfalls ein deutlicher Reisezeitgewinn erzielt werden.

1a	2a	1b	2b	3a	3b
	100		*100*	-ZF E 60-	
				Abzw Saaleck	-0,9
				- ZF E 65 -	
0,2		*0,2*			
	90		*90*		
0,3		*0,3*		Lf 4 ▽	
				GNT-Anfang	0,4
				Bksig 9	1,0
1,1					
	80	*1,3*			
			100		
1,6				Abzw Großh. Ghs	1,6
	100	*1,7*			
2,0			*120*		
	110				
				Esig B	7,1
				Camburg (S)	8,1
				Asig G 4	8,2
9,5					
	100	*10,0*			
			110		
		10,5			
13,1			*120*		
	120			Esig A	14,0
				Dornburg (S)	15,2
				Asig G	15,4
		15,6			
17,8			*140*		
	100				
18,3		*18,3*			
	120		*160*		
				Porstendorf Hp	19,6
				Jena-Zwätzn Hp	22,7
		23,0			
			120		
				Esig A	24,0
24,2		*24,2*			
	60		*60*		
25,1		*25,1*		VA ▽ , Zsig F	25,1
				Jena Saalbf	25,5
				Asig K	25,6
25,7		*25,7*			
	80		*80*		
25,9		*25,9*			
	90		*110*		
		26,9			
			120		
				Jena Paradies Hp	27,4
27,6					
	100				
				Bksig A	28,0
				Bk Ammerbach	28,3
29,2		*29,2*			
	120		*160*		
				Esig D	30,3
				Zsig K 3	31,5
				Göschwitz (S)	32,3
				Asig S	32,5
33,9		*33,9*			
	100		*100*		
34,9		*34,9*		Lf 4 ▽	
				EL 1	35,1
35,8		*35,8*			
	70		*70*		
				Bk Rothenst (S) Hp	36,2

Links oben: Die Pressemitteilung der DB informierte über den sogenannten „ICE-T-Vorlaufbetrieb“ ab 30. Januar 2000. Noch vor dem Jahresfahrplanwechsel wurden einige der bislang verkehrenden IC durch die neuen Triebwagen der BR 411 ersetzt. Nach Aufnahme des planmäßigen Betriebes ab 28. Mai 2000 kam es wegen der störanfälligen Technik zu erheblichen Verspätungen auf der Verbindung Berlin – Saalfeld – München.

Rechts oben: Ausschnitt der aktuellen Geschwindigkeitstafel der Saalbahn, hier für den Abschnitt zwischen Saaleck und Rothenstein. Die Geschwindigkeitsangabe links gilt für konventionelle Züge, rechts kursiv für Neigezüge. ABBILDUNG: SLG. W. DRESCHER

Unten: Die ursprüngliche Konzeption aus der Zeit nach 1990 für den Ausbau der Saalbahn auf eine Höchstgeschwindigkeit von 120 km/h. ABBILDUNGEN (2): SAMMLUNG TFG

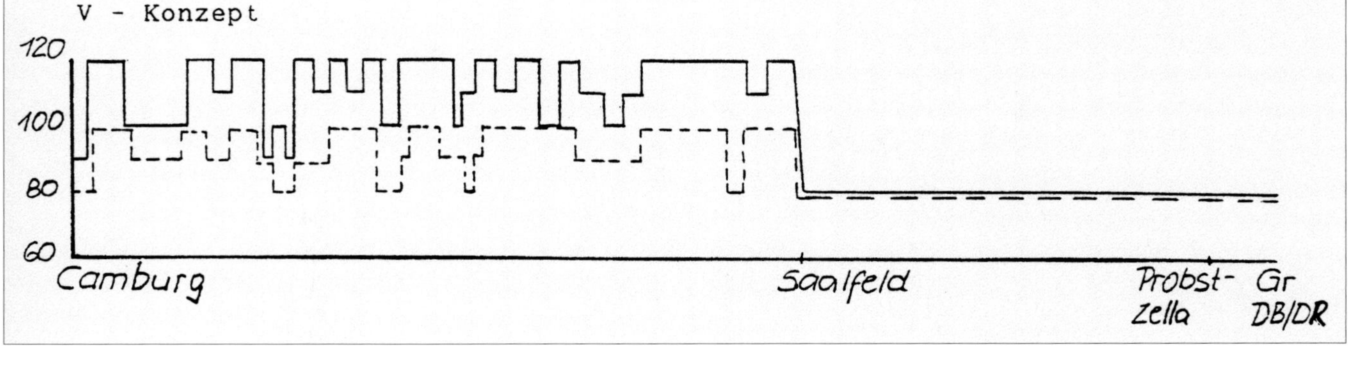

Die Strecke, Bahnhöfe und Betriebsstellen

Auf der Saalbahn gab bzw. gibt es die folgenden Betriebsstellen:

Betriebsstelle	Name	km	Höhe über NN in m	Bemerkungen
Blockstelle	Abzweig Saaleck	-0,9	121,6	seit 1967 a. B.
Bahnhof	Großheringen	0,0	122,8	
Blockstelle	Go	0,3	122,6	seit 1967 a. B.
Blockstelle	Gs	1,3	124,6	seit 1967 a. B.
Blockstelle	Stöben	4,8	124,7	seit 1981 a. B.
Bahnhof	Camburg	8,1	132,8	
Blockstelle	Würchhausen	12,4	132,4	seit 1978 a. B.
Bahnhof	Dornburg	15,2	153,5	
Haltepunkt	Porstendorf	19,6	138,8	
Haltepunkt	Jena-Zwätzen	22,6	141,5	
Bahnhof	Jena Saalbahnhof	25,5	143,7	
ICE-Haltepunkt	Jena Paradies	27,1		
Haltepunkt	Jena Paradies	27,3	146,1	bis 1999
Haltepunkt	Jena Paradies	27,4		1999 – 2004
Blockstelle	Ammerbach	28,3	148,1	
Bahnhof	Göschwitz	32,2	151,2	
Bahnhof	Rothenstein	35,7	155,8	bis 1878
Haltepunkt	Rothenstein	36,4		1878 – 1906
Haltepunkt	Rothenstein	36,1		ab 1906
Awanst	Schöps	39,2	160,7	
Haltepunkt	Kahla	41,7	162,6	
Haltepunkt	Großeutersdorf	45,3		1944/1945
Anschlussbahn	REIMAHG	46,4		1944/1945
Bahnhof	Orlamünde	47,4	169,1	
Haltepunkt	Zeutsch	51,4	174,2	
Haltepunkt	Uhlstädt	55,2	180,1	
Haltepunkt	Kirchhasel	60,4	188,6	seit 1993 a. B.
Güterbahnhof	Rudolstadt	63,0	192,2	
Bahnhof	Rudolstadt	64,5	194,4	
Die „Richtersche Weiche“		66,2		später, bis 1979 Ankerwerk
Bahnhof	Schwarza	68,7	203,8	
Blockstelle	Remschütz	72,1	208,9	bis 1972
Awanst	Propangas	73,4		seit 1995
Bahnhof	Saalfeld	74,8	213,5	

Bahnhof Großheringen

Der Bahnhof Großheringen entstand mit dem Bau der Saalbahn und der Saale-Unstrut-Bahn. Auf diesem Bahnhof zeigten sich die thüringischen Verhältnisse besonders deutlich. Der größte Teil lag auf weimarischem Gebiet, ein weiterer Teil in einer Exklave von Sachsen-Meiningen. Das Vorfeld auf der Seite der Thüringischen Eisenbahn lag auf preußischem Gebiet. Mit dem Bau der Saalbahn und der Saale-Unstrut-Bahn berührten sich hier drei private Eisenbahngesellschaften.

Umfangreiche Vertragswerke waren nötig, um den Bahnhof zu errichten und zu betreiben. In deren Folge wurde der gesamte Bahnhof einschließlich des Empfangsgebäudes, des Lokschuppens und aller Nebenanlagen von der Saal-Eisenbahn-Gesellschaft errichtet. Nach der Betriebseröffnung erfolgte die Nutzung des Bahnhofs von den drei Gesellschaften gemeinsam. Die Saale-Unstrut-Eisenbahn-Gesellschaft entrichtete dafür eine Pacht, während die Unterhaltungs- und Betriebskosten den beiden anderen Gesellschaften anteilig berechnet wurden. Die Beamten dieses Bahnhofs wurden *„nach einem besonderen Abkommen angestellt und besoldet“*.

Aufgrund seiner zentralen Lage war der Bahnhof Großheringen zu dieser Zeit recht bedeutend. In den Anfangsjahren war er der größte Bahnhof der Saalbahn. Zur Lokbehandlung wurde ein vierständiger Lokschuppen gebaut. Mitten durch den Lokschuppen verlief die Landesgrenze zwischen Sachsen-Meiningen und Sachsen-Weimar. Des Weiteren gab es eine Wasserstation mit einer „Dampfpumpe von vier Pferdekräften“. Die Versorgung der Lokomotiven der Thüringischen Eisenbahn-Gesellschaft und der Saale-Unstrut-Eisenbahn-Gesellschaft mit Speisewasser erfolgte nach einem besonderen Abkommen. 1887 wurde die Dampfpumpe durch eine Pulsometeranlage ersetzt, die durch die jeweiligen Lokomotiven, die sich in Großheringen aufhielten, betrieben wurde. In der Wasserstation wurde 1874 ein Übernachtungslokal für das Lok- und Zugbegleitpersonal eingerichtet, um Übernachtungsgelder zu sparen. 1940 gab es im Zusammenhang mit der Elektrifizierung noch Änderungen am Lokschuppen. Bis um 1945 waren hier Lokomotiven stationiert. Ebenfalls mit der Elektrifizierung wurde in Großheringen am 15. Juni 1941 eine Fahrleitungsmeisterei des Maschinenamtes Weißenfels eingerichtet.

Die erste Erweiterung des Empfangsgebäudes Großheringen wurde bereits 1874 notwendig. Es wurde ein Stations- und Telegraphenbüro angebaut. Außerdem wurde 1881 der östliche Flügel zur Schaffung von Wohnräumen aufgestockt.

Im Vergleich zu den anderen Bahnhöfen der Saalbahn besaß Großheringen die umfangreichsten Gleisanlagen (der Gleisplan ist im Vorsatz des Buches abgedruckt). 1881 waren beispielsweise 22 Weichen vorhanden. Für die Weichensteller gab es drei „Weichenstellerhäuser“. Zur Durchführung des Personenverkehrs wurden vier Bahnsteige angelegt, zwei für die Thüringische Eisenbahn und zwei zur gemeinsamen Nutzung von Saal- und Saale-Unstrut-Bahn. Weiterhin gab es zur Umladung der Güter einen Umladeperron. 1879 wurde eine Laderampe zur Seitenverladung in Betrieb genommen. In den nächsten Jahren, vor allem nach der Verstaatlichung der Thüringischen Eisenbahn im Jahre 1882, erfolgte die Erweiterung der Gleisanlagen mit Einrichtung von Stellwerken auf dieser Seite.

Die Bedeutung des Bahnhofs Großheringen für die Saalbahn änderte sich, als ab 1. Mai 1899 die Verbindungsbahn Ost in Betrieb genommen wurde. Durchgehende Güterzüge zwischen Naumburg und Camburg berührten nun nicht mehr den Bahnhof. Auch der Reiseverkehr verlagerte sich mehr und mehr in Richtung Naumburg, so dass Großheringen fortan nur von Zügen des regionalen und Berufsverkehrs berührt wurde.

1923 erhielt die Kunstmühle Ernst Roßner ein Anschlussgleis. Es wurde später vom Weimar-Werk, einem Produzenten für Landwirtschaftsmaschinen, übernommen und bis etwa 1967 betrieben. Im örtlichen Güterverkehr wurde bis 1991 ein Betonwerk bedient. Im Bahnhof Großheringen wurden Nahgüterzüge aus Weißenfels und Straußfurt aufgelöst und Züge nach Göschwitz und Straußfurt gebildet. Bad Kösen und Straußfurt wurden mit Übergabefahrten aus Großheringen bedient. In den Jahren 1966/1967 entstand im Rahmen der Elektrifizierung der Thüringer Stammbahn und der Saalbahn bis Camburg in Großheringen ein neues Zentralstellwerk in unmittelbarer Nähe des Lokschuppens.

Wie bei den meisten Bahnhöfen, nicht nur denen der Saalbahn, hat sich auch die Bedeutung des Bahnhofs Großheringen in den letzten zehn Jahren grundsätzlich gewandelt. Nicht mehr benötigte Gleisanlagen wurden nach 1991 zurückgebaut, Güterzüge werden nicht mehr gebildet. Großheringen hat nur noch Bedeutung im regionalen Reiseverkehr. Es halten hier die Regionalzüge der Thüringer Bahn. Für die Züge der Saalbahn und der Saale-Unstrut-Bahn, im Volksmund auch „Pfefferminzbahn“ Straußfurt –

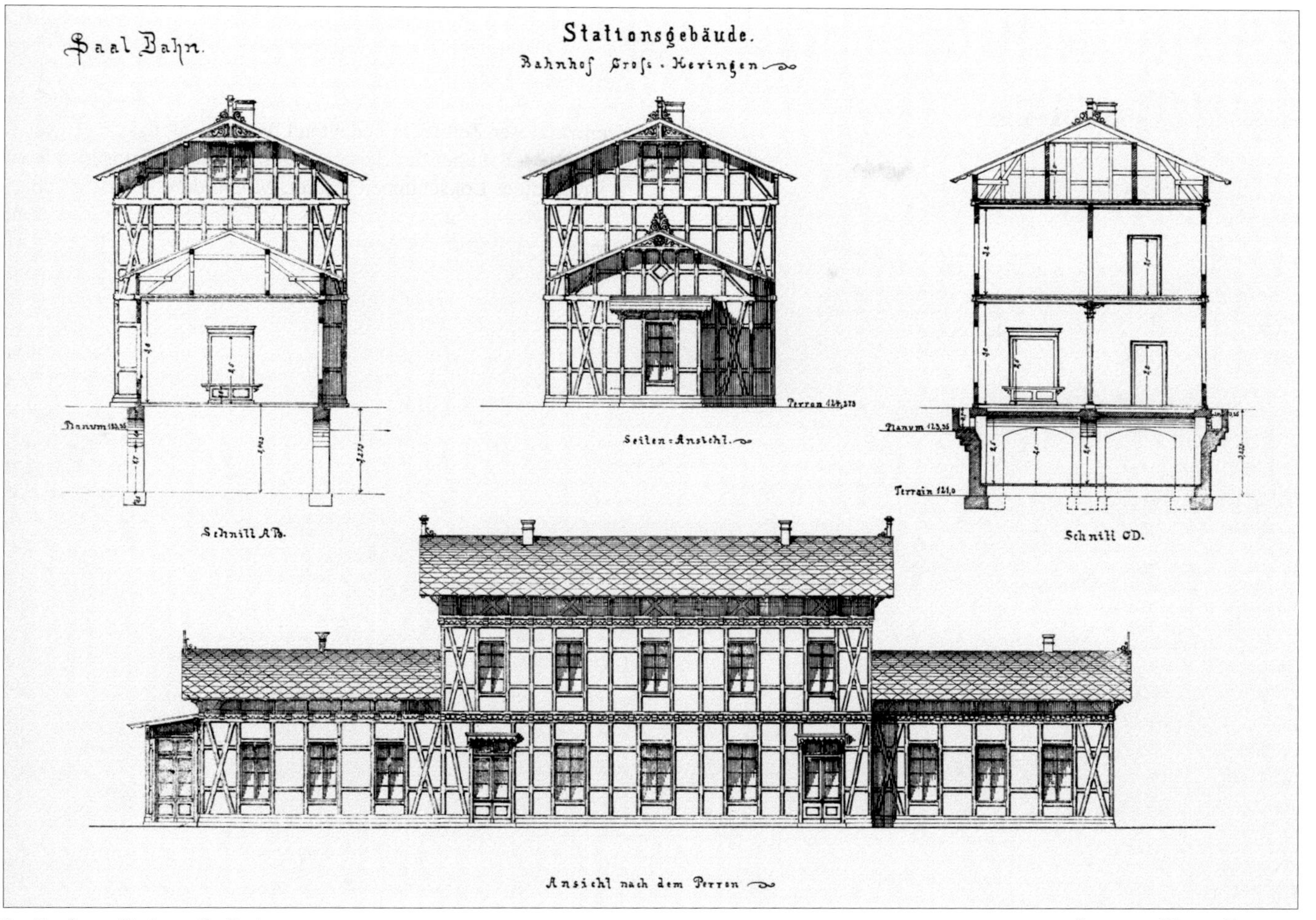

Das Empfangsgebäude von Großheringen

SAMMLUNG: WERNER DRESCHER

Großheringen, die in letzter Zeit sehr in Frage gestellt wird, ist der Bahnhof Anfangs- bzw. Endbahnhof.
Das schöne Empfangsgebäude aus der Gründerzeit der Saalbahn wurde bereits zur Jahreswende 1998/99 abgebrochen. Lokschuppen und Drehscheibe wurden durch die Gemeinde erworben. Eine Interessengemeinschaft bemüht sich darum, dieses Gelände wieder in den Originalzustand zurückzuversetzen und museal zu nutzen. Der Verein möchte noch mehr von dem Gelände erwerben

Der Bahnhof Großheringen, von der Seite der Saal-Eisenbahn-Gesellschaft aus gesehen. Die Aufnahme entstand ca. 1900.

AUFNAHME: SAMMLUNG WERNER DRESCHER

Unfall im Bahnhof Großheringen, der zwischen 1940 und 1946 passiert sein muss und über den keine weiteren Informationen bekannt sind. Im Vordergrund die Thüringer Stammbahn. Im Hintergrund sind die Oberleitungsmasten der Elekrtrifizierung der „Verbindungsbahn West" erkennbar. Das Stellwerk ist inzwischen abgebrochen. An seiner Stelle steht heute etwas links davon das Zentralstellwerk. Der Wasserturm und der Lokschuppen wurden von der Saal-Eisenbahn-Gesellschaft gebaut. Der Wasserturm wurde für den Bau des Zentralstellwerkes bis auf einen Stumpf abgetragen. Dort wird auch das Gebäude für den Stellrechner der Fernsteuerung errichtet.

AUFNAHME: SAMMLUNG JÖRGEN SCHMIDT

Der Bahnhof Großheringen von der „preußischen" Seite aus gesehen. Im Hintergrund die Mühle, die zwischen 1923 und etwa 1967 mittels Anschlussgleis bedient wurde. Die Aufnahme entstand vermutlich um 1935.

AUFNAHME: SAMMLUNG JÖRGEN SCHMIDT

und den bisherigen Gleisanschluss zur DB erhalten. Mit den beiden Kleinlokomotiven 310 107 und 310 543, beide waren viele Jahre in Saalfeld beheimatet gewesen, sind hier die beiden ersten Lokomotiven stationiert.

Der Bahnhof Großheringen wird in Richtung Saalfeld in einer großen Rechtskurve verlassen.

Verbindungsbahn Ost und Verbindungsbahn West

Die Strecke ist bis zum km 1,5 eingleisig, obwohl die Ilmbrücke schon zweigleisig vorbereitet war. Diese ersten 1,5 km der Saalbahn werden seit 1899, dem Bau der Verbindung zur Thüringer Stammbahn, als **Verbindungsbahn West** bezeichnet. Über diese Strecke verkehren heute die Regionalbahnen zwischen Saalfeld und Großheringen und Güterzüge zwischen Erfurt und Saalfeld. Seit Dezember 2003 verkehrt an den Wochenenden über diese Strecke auch ein IC-Paar zwischen Frankfurt am Main über Erfurt nach Jena Paradies und Göschwitz.

Bei km 1,5 wird die **Verbindungsbahn Ost**, die Abzweigung von und nach Bad Kösen und Naumburg erreicht. Bis 1967 wurde die Verteilung der Züge zwischen den Verbindungsbahnen Ost und West von der Blockstelle Gs gesteuert. Eine weitere Blockstelle mit der Bezeichnung „Verbindungsbahn Ost", später Go, regelte die Einmündung der Züge aus Saalfeld nach Naumburg in die Thüringer Bahn. Diese Strecke ist 1,2 km lang.

In der Gegenrichtung zweigt am Abzweig Saaleck die Verbindungsbahn am km 55,9 der Thüringer Bahn in Richtung Saalfeld ab. Diese Strecke ist bis zur ehemaligen Blockstelle Gs 2,3 km lang. Die Kilometrierung beginnt mit dem km -0,9 und zählt rückwärts bis zum km 0,0 und hat beim km 1,4 „Gs" erreicht. Diesen Abzweig der Züge von Bad Kösen nach Saalfeld oder Erfurt regelte die Blockstelle Saaleck.

Blick auf das inzwischen abgebrochene Gebäude des Abzweiges Saaleck, fotografiert am 28. April 1990. Auf der Weiche, die gerade von einem Güterzug mit 250 228 befahren wird, beginnt die Verbindungsbahn Ost und ist damit der östlichste Teil der Saalbahn. Der „Behelfsbahnsteig“ rechts im Bild diente zum Aussteigen des Blockwärters, der mit planmäßigen Zügen zu seiner Arbeitsstelle gefahren wurde, die hier zum Ein- und Aussteigen auch hielten. Heute ist es Angelegenheit der DB-Mitarbeiter, wie sie zu ihrem Arbeitsplatz gelangen.

AUFNAHME: DETLEF HOMMEL

Diese Kilometrierung wurde 1996 aus Vereinfachungsgründen eingeführt. Bis dahin gab es an der Abzweigung Gs drei verschiedene Kilometerangaben für die drei Gleise. Seit der Schaffung dieser Verbindungsbahn im Jahr 1899 wird die Strecke in den Unterlagen der Bahn als „Abzweig Saaleck – Saalfeld (Saale) – Probstzella“ geführt. Im Zusammenhang mit der Elektrifizierung der Strecken Weißenfels – Erfurt und Großheringen – Camburg erfolgte in den Jahren 1965 bis 1967 eine umfassende Rekonstruktion des Gleisdreiecks und des Kreuzungsbauwerkes. Eine nächste Sanierung soll im Jahr 2006 erfolgen. Dieser Abschnitt wird zur Zeit nur mit 90 km/h befahren.

Die Verbindungsbahnen werden seit 1967 vom genannten Zentralstellwerk Großheringen aus gesteuert. Die Blockstellwerke Gs und Go wurden stillgelegt. Von Saaleck wurde bis Anfang der neunziger Jahre nur noch das Blocksignal Großheringen – Bad Kösen bedient. Das Gebäude des Abzweigs Saaleck wurde Mitte der neunziger Jahre abgebrochen.

Bei der ehemaligen Blockstelle Gs tritt die Strecke in das Saaletal ein. Das Saaletal ist ein gewaltiges Erosionstal, eingebettet in eine Kalkhochfläche, zum Teil auch aus Buntsandstein bestehend. Von beiden Seiten ergießen sich Bäche bzw. kleinere Flüsse in die Saale. Diese haben die Hochfläche in einzelne Rücken zerteilt, die aus dem Saaletal betrachtet wie einzelne Felsen aussehen. Auf diesen „Felsen“ entstanden in den vergangenen Jahrhunderten Burgen und Schlösser. Sie geben noch heute dem Saaletal ihr Gepräge. Viele dieser Burgen sind noch erhalten.

Die Eigenschaft des Muschelkalks, Wärme zu speichern, gibt dem Saaletal eine weitere Besonderheit. Die Temperatur liegt hier immer um einige Grad Celsius höher als in der Umgebung. Das bedeutet, dass das Frühjahr schon etwa zwei bis drei Wochen eher einzieht, der Herbst später kommt, aber auch die Schneehöhen geringer

Die Saalebrücke der Verbindungsbahn Ost in ihrer Ursprungsausführung auf einer Ansichtskarte um 1920.

AUFNAHME: SAMMLUNG GÜNTHER TÄNZER

Zwischen 1931 und 1933 wurde die Saalebrücke der Verbindungsbahn Ost erneuert. Auf der Abbildung ist sie bereits umgebaut und harrt am 28. Mai 1933 ihrer feierlichen Eröffnung. Rechts das Gleis in Richtung Naumburg und links in Richtung Camburg. Rechts im Bild der Ort Kleinheringen. Der Kirchturm wurde zu DDR-Zeiten wegen Baufälligkeit und fehlendem Geld abgetragen.

AUFNAHME: RBD ERFURT

Oben: Blick auf das frühere Blockstellwerk Gs. Rechts die beiden Gleise der Verbindungsbahn Ost zum Abzweig Saaleck. Links kommt 232 291 mit einem RE Schweinfurt – Greiz auf der eigentlichen Saalbahn, jetzt „Verbindungsbahn West“ aus Großheringen, der im Sommer 1997 wegen Bauarbeiten auf der Weimar-Geraer-Bahn über Apolda – Großheringen und die Saalbahn bis Göschwitz umgeleitet wurde.

Aufnahme: TFG

Unten: Die Blockstelle Stöben war ab 1981 nicht mehr in Betrieb, wurde aber noch eine Zeit lang weiter als Schrankenposten genutzt. Am 21. Februar 1981 fährt dort 218 031 mit dem P 3003 nach Saalfeld vorbei, den sie in Camburg einer Saalfelder 41 übergeben wird.

Aufnahme: Günter Weimann

sind. Diese klimatischen Verhältnisse gestatteten es, dass sich hier botanische Besonderheiten, wie z.B. Orchideen, ansiedelten, die es sonst nur in Südeuropa gibt. Nicht zu vergessen der Weinbau, der um das Ende des 19. Jahrhunderts durch die Reblaus zusammenbrach, und in den letzten Jahren wieder in bescheidenem Maße aufgenommen wurde.

Die steil aufragenden Felsen stellten sich dem Bahnbau oftmals als Hindernis entgegen. Im nördlichen Teil der Strecke ist beispielsweise bei km 5,5 so wenig Platz vorhanden, dass Fluss, die Gleise der Saalbahn und die Verbindungsstraße zwischen Camburg und Großheringen unmittelbar nebeneinander liegen. Da die Straße höher liegt, musste sie durch Stützmauern gegenüber der Bahn gesichert werden.

Blockstelle Stöben

Nach 4,8 km ist der Block Stöben erreicht. 1907, mit dem zweigleisigen Ausbau der Strecke, wurde er errichtet. Ab 1981, dem erneuten zweigleisigen Ausbau, war er nur noch als Schrankenposten in Betrieb. Bereit kurze Zeit später wurde er dann aufgelöst und durch eine automatische Halbschrankenanlage ersetzt.

Bei km 6,6 sind links noch die Reste der Saalebrücke der ehemaligen Strecke Zeitz – Camburger zu erkennen. Auch der Bahndamm ist noch bis zum Einfahrsignal B bei km 7,1 vorhanden.

Sehr häufig sind hier auch noch die Mastfundamente der ersten Elektrifizierung aus den vierziger Jahren als Relikte der Reparationsleistungen zu sehen.

Der Bahnhof Camburg in den achtziger Jahren: Viele Züge stehen zum Umspannen bereit. 41 1182 brachte P4004 aus Saalfeld, nun wird sie restauriert, muss aber noch gedreht werden und wartet auf P4009, um diesen wieder nach Saalfeld zu bringen. Noch steht der Lokschuppen, der für die Loks der Zeitzer Strecke gebaut wurde, Juni 1985. AUFN.: THOMAS FRISTER

Bahnhof Camburg

Der Bahnhof Camburg ist nach 8,1 km erreicht. Als ein Bahnhof mit je zwei Gleisen für den Personen- und den Güterverkehr wurde er mit der Inbetriebnahme der Saalbahn eröffnet. Das Empfangsgebäude ist als Grundtyp noch mehrmals auf der Saalbahn vorhanden. Bald erwiesen sich die Anlagen des Bahnhofs Camburg als zu klein und mussten erweitert werden. Unter anderem erhielt dabei die Camburger Zuckerfabrik, die 1882 entstand, im September 1883 auf eigene Kosten ein Anschlussgleis. Später wurde dieses durch eine Möbelfabrik und eine Getreidehandelsfirma genutzt. Schon 1883 wurde diese Anlage erweitert und im Bahnhof ein drittes Gleis verlegt. Umfangreiche Veränderungen ergaben sich für den Bahnhof Camburg 1896/97, als die Strecke Camburg – Zeitz gebaut wurde (siehe Kasten nächste Seite). Zur Abfertigung der Zeitzer Züge entstand in Camburg das Gleis 1. Da die Lokomotiven dieser Strecke hier wenden mussten, entstanden ferner eine Drehscheibe, Lokschuppen und Wasserturm. Während der Zeit der Preußischen Staatsbahn bestand hier eine Maschinenstation, die aber um 1924 aufgelöst wurde.

Nach 1900 erfolgte eine abermalige Erweiterung der Anlagen des Bahnhofs Camburg. Dabei wurden auch die noch heute vorhandenen Stellwerke errichtet. Später entstand ein weiteres Anschlussgleis für die Camburger Mühle. Das angelieferte Getreide wurde in Silos zwischengelagert und mit Hilfe einer Drahtseilbahn in den Betrieb transportiert.

Die größte Bedeutung erlangte der Bahnhof Camburg nach 1967, als die Fahrleitung, aus Richtung Norden kommend, hier endete. Bis zur Wiederelektrifizierung im Mai 1995 wurden fast alle Züge, die in die südliche Richtung weiterfuhren bzw. aus dieser kamen, hier umgespannt. Im Sommerfahrplan 1976 mussten beispielsweise täglich 54 Züge umgespannt werden. Mehrere Hundert Rangierbewegungen waren dazu notwendig. Weiterhin

Der Bahnhof Camburg in den zwanziger Jahren. Abgesehen von einigen Details sah dieser bis etwa zum Jahr 2000 so aus. AUFNAHME: SAMMLUNG WERNER DRESCHER

Die markante Signalbrücke beherrschte viele Jahrzehnte das Bild des Bahnhofs Camburg und war für Eisenbahnfotografen das wohl am häufigsten gewählte Motiv. Im März 1975 verlässt 01 0529 mit dem P 3003 den Bahnhof. AUFNAHME: GÜNTER SCHEIBE

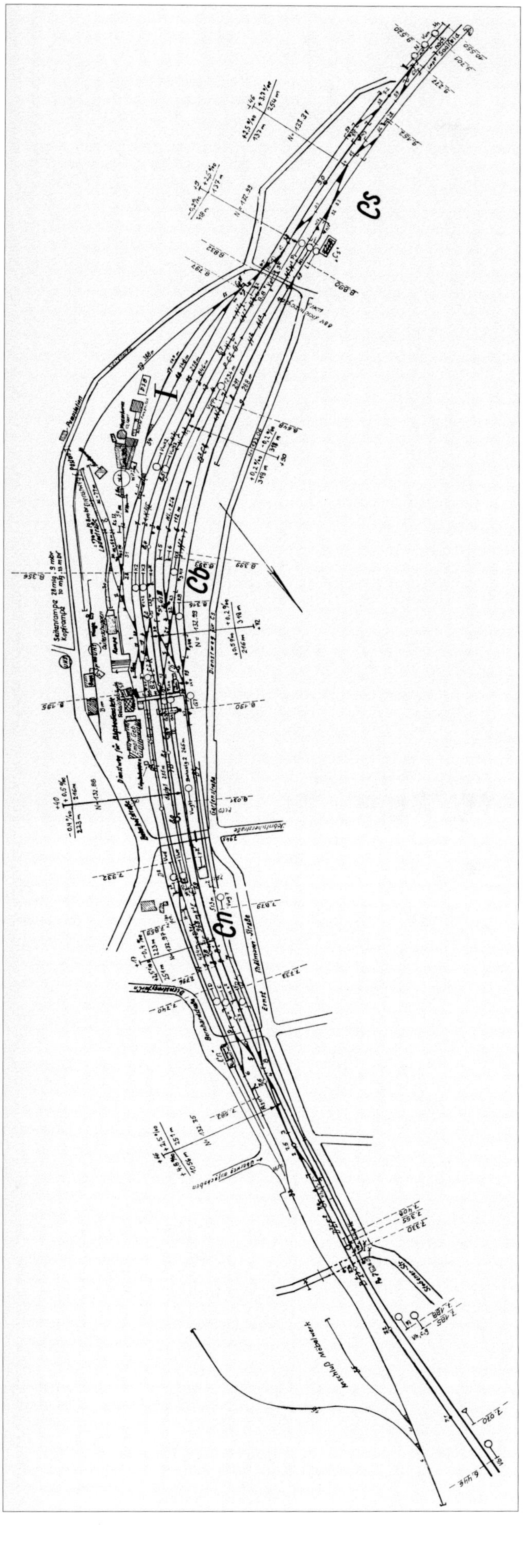

Ein kurzer Abstecher nach Zeitz

Diese Strecke ging auf Bestrebungen der Stadt Zeitz zurück, die sich seit 1850 um eine Bahnlinie in westlicher Richtung nach Naumburg/Großheringen bemühte. Die Strecke hätte auch schon 1885 entstehen können, wenn die Saal-Eisenbahn-Gesellschaft seinerzeit auf einen entsprechenden Vorschlag eingegangen wäre und sie gebaut hätte. Die Gesellschaft war aber finanziell dazu nicht in der Lage. So wurde diese Bahn durch die Königliche Eisenbahn-Direktion Erfurt gebaut. Am 1. Mai 1897 wurde sie offiziell eröffnet. Die Strecke hatte nur lokale Bedeutung, wenngleich zeitweise vereinzelte Züge von Zeitz bis nach Großheringen bzw. Jena durchliefen. Das Ende dieser Strecke begann 1945, als kurz vor dem Einzug der US-amerikanischen Armee die Saalebrücke bei Camburg am 11. April 1945 gesprengt wurde. Mit vielen Mühen wurde die Brücke wieder aufgebaut, musste dann aber im Rahmen der Demontage abgebaut werden, so wie die Strecke bis nach Molau. Später wurde sie nur noch zwischen Zeitz und Osterfeld betrieben. Am 30. Mai 1999 wurde die Reststrecke stillgelegt.

wurden hier Güterzüge in die Frachtgruppen nach Naumburg und Weißenfels getrennt. Wagenladungen mit Getreide, Holz, Kohle, Dünger und Häute mussten für die genannten Anschließer bereitgestellt werden. Für den Versand mussten Güterwagen mit Mehl, Kleie und Möbel rangiert werden. Je Schicht waren etwa 25 Arbeitskräfte notwendig, um diese Aufgaben zu erfüllen.

Einen ersten herben Einschnitt erlebte der Bahnhof in den Jahren 1991/1992 mit dem Zusammenbruch der Wirtschaft und dem damit einhergehenden Rückgang des Güterverkehrs. Möbelfabrik, Getreidehandel und Lederfabrik schlossen in dieser Zeit. Auch die Rübenverladung, die es bis dahin immer noch gab, wurde eingestellt. Sie wurden nun per Lkw zu den Zuckerfabriken abgefahren. Auch die Mühle ließ seit dieser Zeit per Lkw an- und abliefern, bis sie im Jahr 2003 endgültig schloss. Seit 1991 gibt es demzufolge keinen örtlichen Güterverkehr mehr. Die Anschlussbahn wurde stillgelegt und ist inzwischen völlig abgebaut. Mit der Wiederelektrifizierung der Saalbahn entfiel die Notwendigkeit von Betriebshalten zum Umspannen von Zügen. Schon seit 1991 beschränkte sich das Umspannen in der Regel nur noch auf Güterzüge. Der Lokschuppen wurde schon 1992 abgebrochen, die Drehscheibe im Jahr 1998 ausgebaut.

Die empfindlichste Änderung erfuhr der Bahnhof beim letzten Umbau von 1999 bis 2000. Neben den beiden durchgehenden Hauptgleisen blieb lediglich ein Überholgleis erhalten. Der Bahnhof wurde von 60 auf 6 Weichen reduziert! Als Ironie der Geschichte mag man werten, dass die Weiche Nr. 60 bei diesem Umbau erhalten blieb. Im Frühjahr 2002 wurden die Bahnsteige 1 und 2, jeweils 140 m lang und als Außenbahnsteig, neu errichtet.

Das frühere Empfangsgebäude wurde dabei nicht einbezogen und spielt für den Bahnhof keine funktionale Rolle mehr. Bereits seit September 1995 war es mit Einstellung des Fahrkartenverkaufs für die Öffentlichkeit nicht mehr zugänglich. Das Gebäude gehört noch der DB, steht unter Denkmalschutz, wird noch als Wohnhaus für Eisenbahner genutzt und ist zur Veräußerung vorgesehen. Noch 1988 hatte das Empfangsgebäude einen Anbau für die Verwaltung und eine Kantine erhalten. Aus Denkmalschutzgründen blieb die Bahnsteigüberdachung des Bahnsteiges 3 erhalten und wurde saniert. Der Bahnsteig wird jedoch nur noch selten genutzt und wirkt durch die unschöne Anbindung an die standardisierte Bauform des Bahnsteiges 2 wie ein Fremdkörper.

Gleisplan des Bf Camburg, Zustand 1991 Slg. Werner Drescher/Harald Wölfel

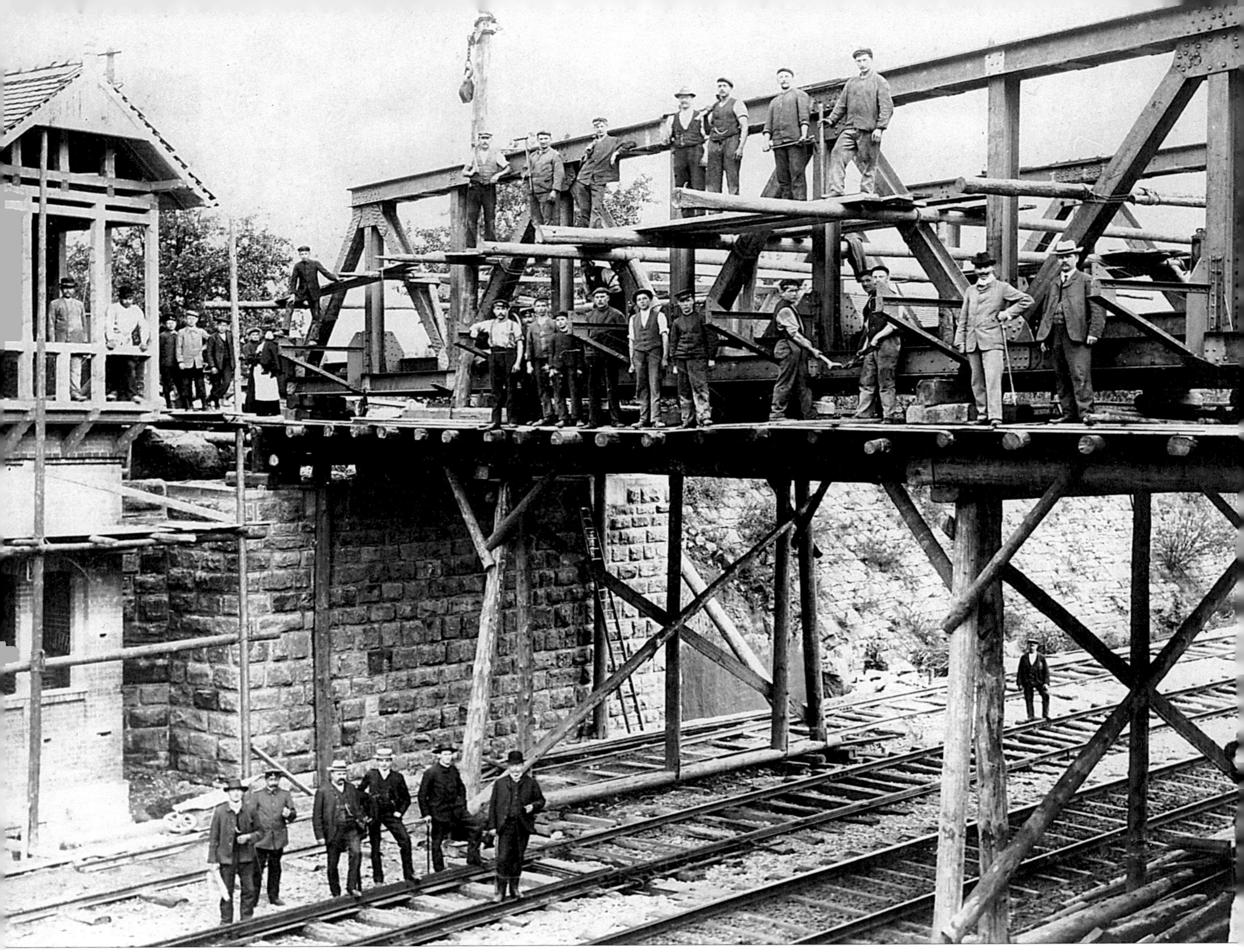

Oben: Erweiterung des Bahnhofs Camburg, um 1905. Im Bild entsteht das Stellwerk Cn und eine Brücke über die Saalbahn.

Aufnahme: Heimatmuseum Camburg/ Slg. W. Drescher

254 106 vom Bw Engelsdorf ist mit einen Güterzug nach Saalfeld in Camburg eingefahren. Der Zug wird gleich von einer Dampflok der BR 41 übernommen werden und in Richtung Dornburg weiterfahren. Das Stellwerk Cs ist seit 1999/200 außer Betrieb. Die Aufnahme entstand am 18. März 1984.

Aufnahme: Dieter Wünschmann

Blick auf die nördliche Ausfahrt des Bahnhofs Camburg am 24. März 1984. Den P4004 hat 41 1125 bis hierher gebracht, ist nach dem Abhängen aus der Weiche gefahren und wartet nun auf die Ausfahrt des P 4004 in Richtung Bad Kösen, den 242041 vom Bw Halle P übernommen hat. Die 41 des Bw Saalfeld steht auf dem ehemaligen Ausfahrgleis der Strecke nach Zeitz.

AUFNAHME: THOMAS FRISTER

Bis zur Inbetriebnahme der Fernsteuertechnik bleiben die beiden Stellwerke Cm (Befehlsstellwerk) und Cn (Wärterstellwerk) noch in Betrieb. Das Stellwerk Cs, früher gemeinsam mit der einstigen Signalgruppe ein schönes Fotomotiv für die ausfahrenden Züge in Richtung Jena, ist seit dem Umbau 1999/2000 außer Betrieb. Das Einfahrsignal aus Richtung Dornburg, früher am km 9,52 stehend, wurde nach km 8,72 versetzt. Damit ist der Bahnhof um insgesamt 800 m verkürzt worden.

Dieses Bild vom Mai 1980 dokumentiert gleichermaßen Niedergang und Aufstieg der letzten noch vorhandenen Altbau-01 bei der DR im Jahr 1980: Für den Dienst im Bw Saalfeld fanden einige nochmals aufgearbeitete 01 mit Kohlefeuerung ab März 1980 als Ersatz für abzustellende Öl-01[5] Verwendung. Einen Güterzug Saalfeld – Camburg bespannten die Loks planmäßig. Das gekonnt in Szene gesetzte Motiv zeigt den Zug bei der Einfahrt in den Bahnhof Camburg – heute eine historische Ansicht dieses Bahnhofs. AUFNAHME: GÜNTER SCHEIBE

Mit dem P 4004 hat 01 2204 vor wenigen Minuten den aufgelassenen Block Würchhausen passiert und erreicht jetzt den Bahnübergang von Döbritschen. Noch einige Minuten Fahrt, dann wird der aus DR-Mitteleinstiegswagen aus dem Waggonbau Bautzen gebildete Zug den Bahnhof Camburg erreicht haben. AUFNAHME: GÜNTER SCHEIBE

Blockstelle Würchhausen

Die Signale sind schon ausgekreuzt, die Blockstelle ist aufgelöst und der Blockwärter ist nur noch Schrankenwärter. 01 1514 ist mit P 3003 am sonnigen 10. Oktober 1980 in Richtung Dornburg unterwegs. AUFNAHME: DR. STEFAN SCHMIDT

In einer großen Doppelkurve wird der Bahnhof Camburg verlassen und bei km 12,4 der ehemalige Block Würchhausen erreicht. 1978, als der zweigleisige Ausbau dieses Streckenabschnittes erfolgte, wurde er aufgelöst. Seit dieser Zeit war er bis zum Einbau einer automatischen Halbschrankenanlage im Jahr 1982 ein Wärterposten. Inzwischen ist das Gebäude abgetragen.

Noch lange nach dem Bau der Saalbahn forderten verschiedene Gemeinden die Einrichtung zusätzlicher Haltepunkte. Ein Beispiel für eine besondere Beharrlichkeit waren die Gemeinden um Döbritschen. 1928 forderten sie erstmals die Einrichtung einer Haltestelle zwischen den Kilometern 11,2 und 12,5. Es fanden Unterschriftensammlungen und Einwohnerversammlungen statt. Die RBD in Erfurt lehnte aber diesen Antrag mit der Begründung ab, dass das Fahrgastaufkommen zu gering wäre und die Fahrzeiten der Züge dadurch länger und zu betrieblichen Behinderungen führen würden. 1935/36 wurde der Antrag auf Elektrifizierung erneut gestellt, aber wieder abgelehnt. Das Gleiche geschah noch einmal 1950/51. Einen letzten Versuch unternahmen die beharrlichen Anwohner im Jahr 1952, indem sie sogar Walter Ulbricht – damals Generalsekretär der SED – in einem Schreiben vom 10. Juli 1952 um seine Unterstützung baten. Danach musste die RBD Erfurt der Hauptverwaltung der DR in Berlin Bericht erstatten. Aber die Entscheidung war die gleiche, wie in den Jahren zuvor. 1954 erfolgte eine letzte Ablehnung.

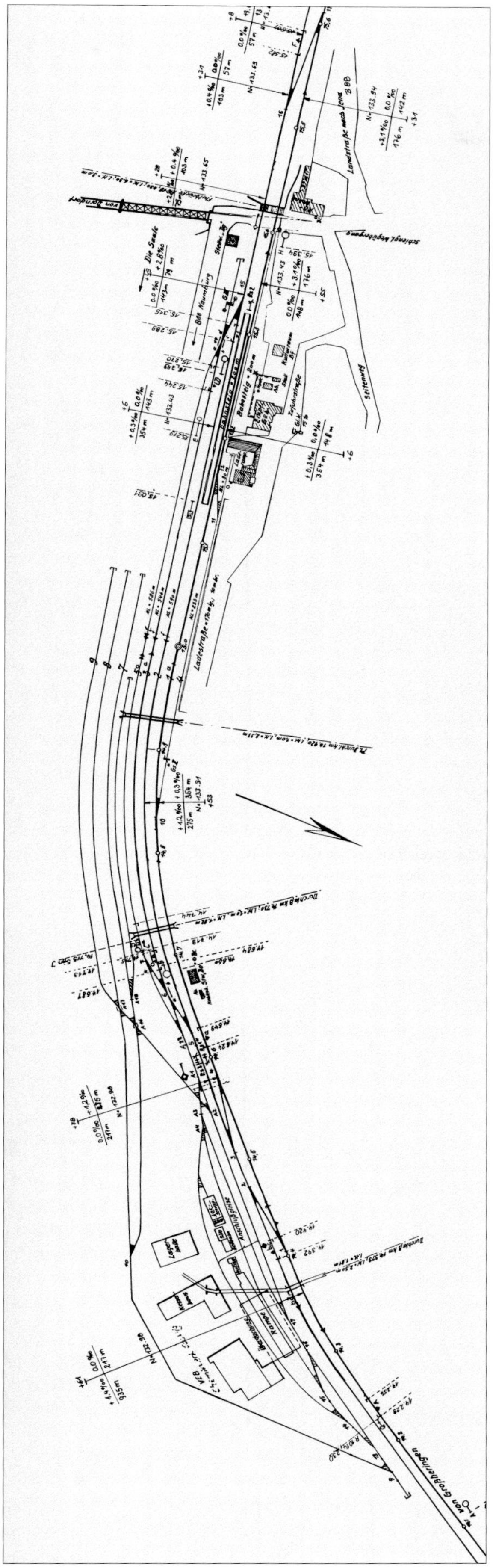

Gleisplan des Bahnhofs Dornburg, Zustand 1991
SAMMLUNG WERNER DRESCHER/HARALD WÖLFEL

Oben: Der Bahnhof Dornburg mit Empfangsgebäude, rechts die Dornburger Schlösser
Unten: Noch einmal die Dornburger Schlösser, im Tal die bereits zweigleisige ausgebaute Saalbahn und der namensgebende Fluss. Die Karte ist am 7. Juni 1909 abgestempelt.
AUFNAHMEN (2): SAMMLUNG WERNER DRESCHER

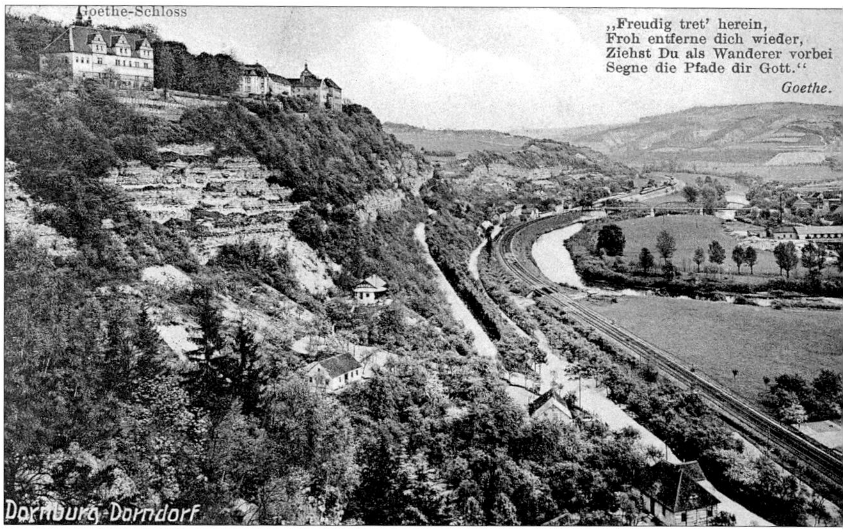

Bahnhof Dornburg

Weit vor dem Bahnhof Dornburg, der bei km 15,2 liegt, erkennt man schon die Anlagen des Zementwerkes. Es entstand 1897 als Kalksteinfabrik. Der Bahnhof selbst, ebenfalls mit der Eröffnung der Saalbahn in Betrieb genommen, liegt zu Füßen der Dornburger Schlösser. Letztere entstanden aus einer Grenzfeste gegen die Sorben. Das Empfangsgebäude des Bahnhofs Dornburg ließ die Saal-Eisenbahn-Gesellschaft bauen. Um 1955 wurde es durch einen Anbau erweitert und rekonstruiert. 1971/72, anlässlich der Olympischen Spiele in München, erhielt es ebenso wie andere Bahnhöfe der Saalbahn, einen neuen Verputz bzw. neuen Anstrich. Die Reisenden zu den Spielen aus Westberlin und Nordeuropa sollten einen „angenehmen" Eindruck von der DDR erhalten! Die Züge verkehrten aber nur nachts!

Anfangs waren auf dem Dornburger Bahnhof zwei Gleise für den Personen- und ein Gleis für den Güterverkehr vorhanden, ferner für die Güterabfertigung ein Güterschuppen und eine Laderampe. 1887 musste die Ladestraße wegen der umfangreicher gewordenen Zuckerrübentransporte erweitert werden. Ähnliches ergab sich aus der Eröffnung der Kalksteinfabrik von Dr. M. Frenzel. 1899 wurden Anschlussgleise geschaffen, die im Laufe der Jahre immer mehr erweitert wurden.

Mit dem zweigleisigen Ausbau entstand im Jahr 1908 das Stellwerk Do. Das Stellwerk Dg wurde am 5. September 1930 zur Benutzung freigege-

Die Eisenbahner der Bm Dornburg im Jahr 1916. Offenbar kriegsbedingt sind auch einige Frauen dabei, die mit der Stopfhacke Aufstellung genommen haben. Bis in die fünfziger Jahre des 20. Jahrhunderts gab es Bahnmeistereien in Großheringen, Camburg, Dornburg, Jena (2), Kahla, Orlamünde, Rudolstadt (2) und Saalfeld. AUFNAHME: SLG. WERNER DRESCHER

ben. Die an selber Stelle gelegene alte Wärterbude 15 ist am selben Tag auch abgebrochen worden.

Die Bedeutung des Bahnhofs lag früher hauptsächlich im Ausflugsverkehr (Dornburger Schlösser) und im Berufsverkehr. Auch für den Güterverkehr war Dornburg bis 1990 ein nicht unbedeutender Bahnhof. Im Empfang erhielt der Bahnhof Wagenladungen für das frühere Kalkwerk und spätere Chemiewerk und Wagenladungen für den Kohlehandel und die Landwirtschaft. Versendet wurden chemische Produkte und forstwirtschaftliche Artikel. Täglich wurden ca. sechs Nahgüterzüge behandelt. An manchen Tagen war der Bahnhof nicht mehr aufnahmefähig. Über 200 Güterwagen besetzten an solchen Tagen jeden Gleisstummel. Die Rangierarbeiten wurden durch die Lokomotiven der Anschlussbahn erledigt. In den achtziger Jahren wurden monatlich bis zu 20 Ganzgüterzüge mit Phosphat-Dünger fertiggestellt. 1986 wurden beispielsweise 12.549 Wagen mit einer Gesamtladung von 350.257 Tonnen versandt. Nach Schweden wurden zur selben Zeit 36.736 Tonnen Holz geliefert! Damals waren über 30 Personen im Bahnhof beschäftigt. Es gab im Güterverkehr insgesamt elf Kunden als Entlader und fünf Kunden als Belader.

Das Stellwerk Dg des Bahnhofs Dornburg im Mai 1942 AUFNAHME: RBD ERFURT

Anfang der neunziger Jahre begann auch hier der Niedergang der Wirtschaft. Der Güterschuppen wurde Mitte 1992 abgebrochen. 1994/1995 wurde der Bahnhof bei der Wiederelektrifizierung umgebaut. Die durchgehenden Hauptgleise wurden mit Fahrdraht überspannt, das Gleis 3 verschwand, dort wurden die Oberleitungsmasten aufgestellt und das bisherige Gleis 5 – jetzt Gleis 3 – ist ohne Fahrleitung.

Zwei Bahnsteige mit 110 m Länge wurden erneuert. Ein Fußgängertunnel zur gefahrlosen Querung der Gleise wurde im Jahr 1998 fertiggestellt. Seit dieser Zeit ist auch der Bahnhof Dornburg unbesetzt. Die Gleise zwischen Camburg und Dornburg wurden zwischen Februar und April 2002 umfassend saniert.

Dornburg ist heute der einzige Bahnhof der Saalbahn, der regelmäßig mit Ganzgüterzügen bedient wird. Das frühere Gleis 5 und heutige Gleis 3 dient als Übergabegleis für die Anschlussbahn des Zementwerkes. Da es nicht elektrifiziert ist, werden die Züge mit Dieselloks, meist Lokomotiven der Baureihe 232, befördert. Zwei- bis dreimal wöchentlich werden Zementklinkerzüge mit je 800 bis 1.000 t aus Bernburg bzw. Deuna angefahren. Innerbetrieblich werden die Züge mit den drei vorhandenen werkseigenen Lokomotiven des Typs V 22 vom Lokomotivbau Babelsberg bewegt. Am Tag nach der Ankunft der Züge gehen diese als Leerzug wieder zurück. Der hier aus dem Zementklinker hergestellte Zement und andere erzeugte Baustoffe werden ausschließlich per LKW abgefahren.

Das Empfangsgebäude vom Bahnhof Dornburg um 1954. Das Gebäude trägt noch den ursprünglichen Putz. Bis 1956 war auch noch die Bahnsteigsperre bei der DR in Betrieb. Am Empfangsgebäude ist noch eine emaillierte Abfahrtstafel angebracht. AUFNAHME: SAMMLUNG HELMUT GRUBERT

Das Empfangsgebäude präsentiert sich noch im Stil der siebziger Jahre und wird noch für Wohnzwecke genutzt. Seit dem Farbanstrich im Jahr 1972 (für die Olympischen Spiele) hat sich nicht mehr viel getan. Es ist von der Deutschen Bahn als nicht mehr „betriebsnotwendig“ eingestuft und soll demnächst verkauft werden. Im Reiseverkehr wird der Bahnhof heute überwiegend im Berufs- und Schülerverkehr genutzt.

Die Bahn verläuft jetzt nach Verlassen des Bahnhofs unterhalb der Dornburger Schlösser unmittelbar neben und parallel zur Bundesstraße 88 auf der rechten Seite und zur Saale auf der linken Seite nach Porstendorf. Kurz vor der Einfahrt in den Bahnhof Porstendorf sieht man auf der linken Seite noch Reste des Bahndammes der früheren Strecke nach Bürgel und Eisenberg, die im Volksmund auch „Esel“ genannt wurde.

Der Bahnhof Dornburg wenige Monate nach der erneuten Elektrifzierung mit Blick nach Süden auf die Schlösser. Am 18. August 1995 fährt in den Bahnhof gerade die RB 7334 aus Saalfeld zur Weiterfahrt nach Großheringen ein. Sie wird abweichend von der Planbespannung an diesem Tag von 142 227 gezogen, die zur Personalschulung auf der Saalbahn weilte. Links das ehemalige Gleis 5, jetzt Gleis 3, das nicht elektrifiziert ist.

AUFNAHME: DETLEF HOMMEL

Der Bahnhof Porstendorf am 11. Juni 1979, dessen Empfangsgebäude noch nicht verwaist war. Eingefahren ist 01 508 mit dem P 3003 nach Saalfeld. AUFNAHME: DETLEF HOMMEL

Haltepunkt Porstendorf

Am km 19,6 ist der heutige Haltepunkt Porstendorf erreicht. Er wurde am 14. Dezember 1874 auf Wunsch und Kosten der Gemeinde von der Saal-Eisenbahn-Gesellschaft als Haltestelle für den Personenverkehr eröffnet. Da jedoch die Gemeinde ihren Zahlungsverpflichtungen nicht nachkam, wurde die Haltestelle vom 4. Juni 1876 bis zum 26. Februar 1877 geschlossen.

Im Zusammenhang mit dem Bau der Strecke Porstendorf – Eisenberg in den Jahren 1904/05 änderten sich Aussehen und Bedeutung des Bahnhofs Porstendorf grundlegend. Das Empfangsgebäude entstand mit dem Bau der Strecke nach Eisenberg. 1908 wurde es noch durch einen kleinen Anbau erweitert. Um 1904 mit dem zweigleisigen Ausbau der Saalbahn wurden die beiden Stellwerke Pn und Ps gebaut. Eine Drehscheibe und ein Lokschuppen waren zwar geplant, wurden aber nicht errichtet. Entsprechend ei-

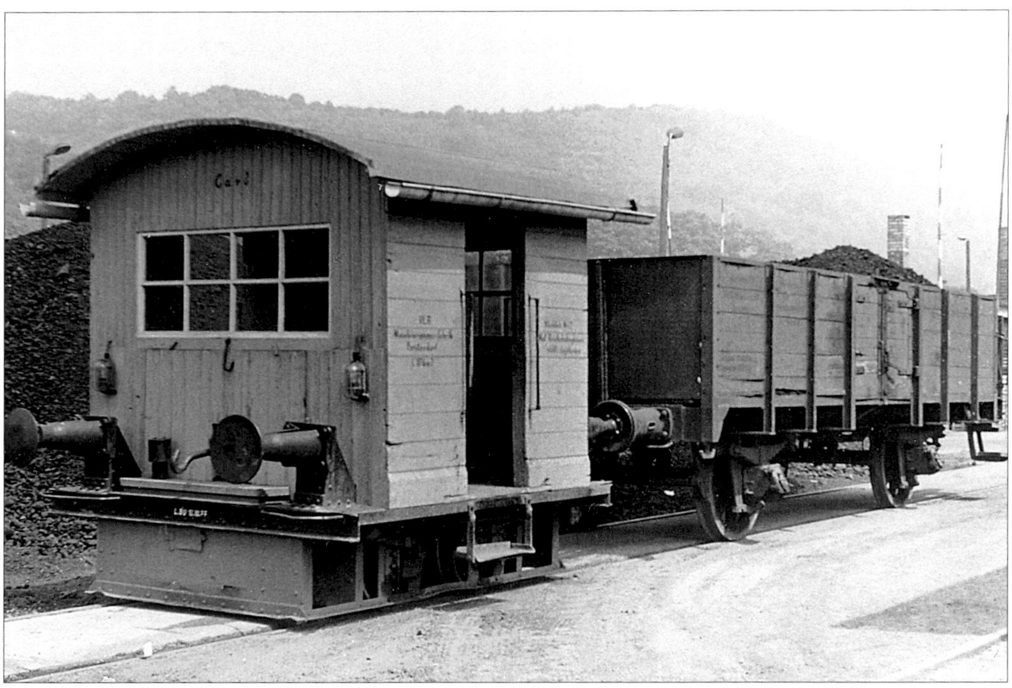

Das ausgesprochen eigenwillig erscheinende Rangiergerät „Carl“ der Kartonfabrik Porstendorf, das vermutlich in den dreißiger Jahren gebaut wurde. Das akkumulatorgetriebene Fahrzeug (2 x 40 V) hatte eine Leistung von 4,2 kW. Es überstand alle Wirren und Zeiten und gehört heute dem Thüringer Eisenbahnverein e.V. in Weimar. Die Aufnahme entstand im Juli 1982 in Porstendorf.

AUFNAHME: WERNER DRESCHER

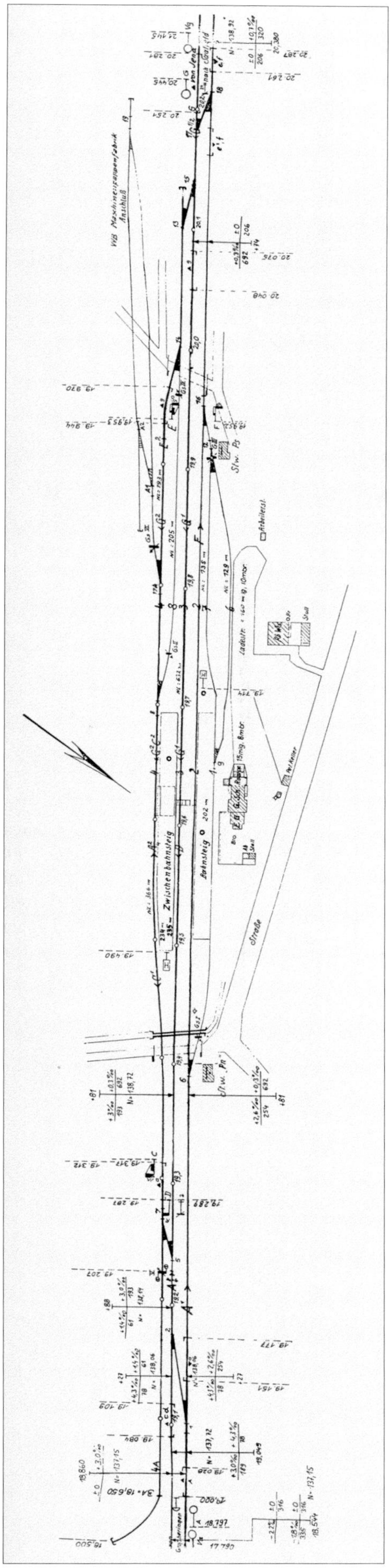

Die Kartonfabrik in Porstendorf war immer ein schönes Fotomotiv. 1998 wurde ein neues Kesselhaus gebaut und von Kohle auf Öl umgestellt. Der Schornstein verschwand, eine neue Produktionshalle wurde davor gebaut. 65 1049 vom Bw Saalfeld fährt mit dem P 5035 am 25. April 1978 in Richtung Jena aus. AUFNAHME: DETLEF HOMMEL
Links: Der Gleisplan des Bahnhofs Porstendorf um 1991 SAMMLUNG WERNER DRESCHER/HARALD WÖLFEL

ner Vereinbarung zwischen der Königlichen Eisenbahn-Direktion Erfurt und der Stadt Jena verkehrten die meisten Züge bis nach Jena bzw. Göschwitz und machten den Bau dieser Einrichtungen hier nicht notwendig. Im Jahr 1909 erhielt die Firma Böttcher, die heutige Karton-Fabrik Porstendorf GmbH, ein Anschlussgleis.

Als ab 1. August 1969 der Verkehr auf der Strecke in Richtung Bürgel eingestellt wurde, ging auch die Bedeutung des Bahnhofs Porstendorf zurück. Bereits um 1965 wurde der Stückgutverkehr nach Porstendorf eingestellt. Vor 1990 wurde der Bahnhof vor allem im Berufsverkehr und im Ausflugsverkehr zum dortigen Naherholungszentrum genutzt.

Die Maschinen-Pappen-Fabrik, die inzwischen über eine eigene Anschlussbahn verfügte, wurde täglich von Jena Saalbahnhof mittels Übergabefahrten bedient. Das tägliche Aufkommen lag in den achtziger Jahren im Empfang bei sechs Waggons mit Kohle, Altpapier und Holzschliff und drei Waggons im Versand mit fertigen Kartonagen. In den siebziger bis Anfang der neunziger Jahre waren es in der Regel zwei

Die Strecke von Porstendorf nach Bürgel und Eisenberg

Mit dem Bau der Saalbahn blieb der Wunsch Eisenbergs, eine direkte Eisenbahnverbindung nach Jena zu erhalten, zunächst noch unerfüllt. Die Stadt hatte zwar seit dem 1. April 1880 mit Crossen im Tal der Weißen Elster (Strecke Zeitz – Gera) Anschluss an das Eisenbahnnetz erhalten, eine Reise zu den westlich gelegenen Städten Thüringens war aber mit erheblichen Umwegen verbunden.

Auch die Stadt Jena hatte durchaus ein Interesse, eine Verbindung nach Bürgel und Eisenberg herzustellen. So beschäftigten sich seit 1855 die verschiedensten Eisenbahnkomitees mit ebenso vielen Projekten. Es dauerte aber bis zum 30. September 1905, ehe die Strecke Porstendorf – Bürgel – Eisenberg dem Verkehr übergeben werden konnte. Die Privatbahn Eisenberg – Crossen wurde von Preußen gekauft, neu trassiert und am 1. Oktober 1906 eröffnet. Wie die meisten Nebenbahnen wurde auch diese in den Anfangsjahren sehr gut angenommen. Die meisten Züge liefen bis Jena Saalbahnhof bzw. Göschwitz durch.

Die Saalebrücke bei Porstendorf wurde auch hier in den letzten Kriegstagen gesprengt. Sie wurde aber wieder aufgebaut und ab dem 30. April 1945 war wieder ein durchgehender Verkehr möglich. Bedingt durch den einsetzenden Strukturwandel im Verkehrswesen wurde die Strecke im Jahr 1969 in zwei Etappen stillgelegt. Auf der Reststrecke Eisenberg – Crossen endete am 23. Mai 1998 der Reiseverkehr. Offiziell wurde die Strecke am 4. Mai 1999 stillgelegt und der Abbau der Gleisanlagen im Herbst 2003 beendet.

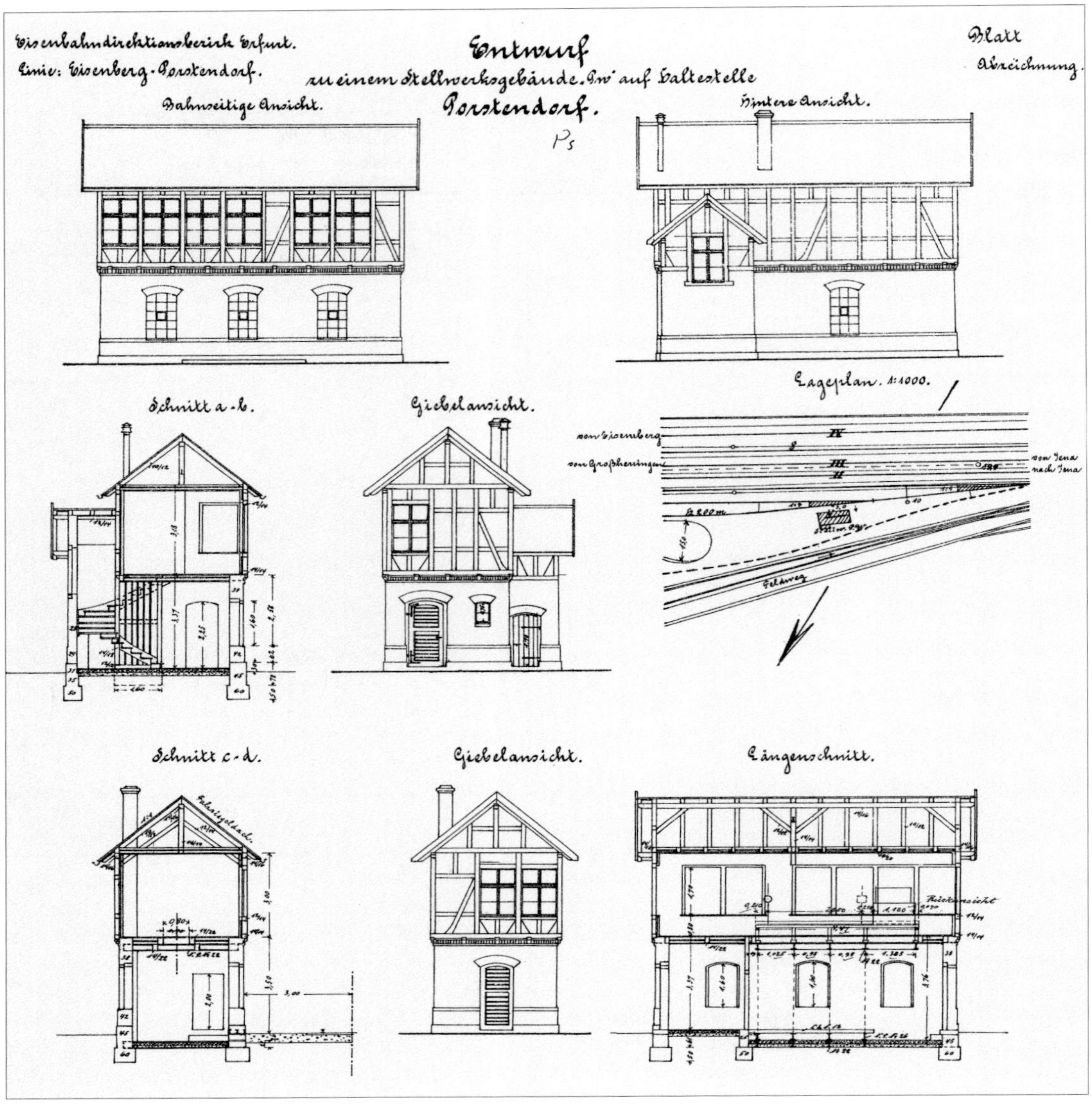

Die Entwurfszeichnung für das Stellwerk Pn in Porstendorf 1905. Der Vergleich mit dem Bild unten belegt, dass das Bauwerk doch etwas anders ausgeführt wurde.

ZEICHNUNG: SAMMLUNG HARALD WÖLFEL

Zum Vergleich: Das Stellwerk Pn in Porstendorf im Zustand der achtziger Jahre.

AUFNAHME: HARALD WÖLFEL

Übergabefahrten. Bis zum 9. Januar 1995 wurde die Fabrik auch weiterhin von der DB bedient. Es waren immerhin je 20.000 Tonnen Kohle und Altpapier, die jährlich angeliefert wurden, und ca. 18.000 Tonnen Karton, die versendet wurden. Das waren 90 % der Produktion, bei der Kohle sogar 100 % der Lieferungen! Am 5. Januar 1995 erhielt das Unternehmen einen Anruf der DB, dass nach dem 9. Januar die Fahrleitungsmasten gesetzt werden würden! Die Abstell- und Anschlussgleise sind dann nicht mehr nutzbar. Die Wagenladungen mussten auf die Straße verlagert werden.

Im Bahnhof erfolgte 1995 ein erster Umbau. Der Bahnsteig 1 wurde mit einer Länge von 110 m neu gebaut und erhielt eine Fußgängerunterführung zum Bahnsteig 2. Die Abstell- und Anschlussgleise wurden abgetrennt. Das Empfangsgebäude wird schon seit Anfang der neunziger Jahre nicht mehr genutzt und befindet sich als einziger Bahnhof der Saalbahn im Besitz des Bundesvermögensamtes und steht schon seit Jahren zum Verkauf. Seit 1995 ist damit Porstendorf nach ziemlich genau 90 Jahren wieder zum Haltepunkt heruntergestuft und auch als Blockstelle aufgelöst. Das Stellwerk Pn wurde zu Posten 18 und das Stellwerk Ps wurde zu Posten 19 jeweils zur Bedienung der Schranken abgestuft. Die Betriebsführung wurde damit nicht einfacher, der Block reichte jetzt von Jena Saalbahnhof bis nach Dornburg.

Im Mai 2003 wurde Pn wegen der Gleiserneuerung zwischen Porstendorf und Jena-Zwätzen nochmals zum Befehlsstellwerk. In Porstendorf wurde eine Bauweiche eingebaut und nach Jena Saalbahnhof eingleisiger Behelfsbetrieb eingerichtet. Diese Überleitstelle wurde nach Ende der Bauarbeiten im November 2003 wieder als Blockstelle eingerichtet und wird bis zum Bau des ESTW in Naumburg bis voraussichtlich 2006 weitergeführt.

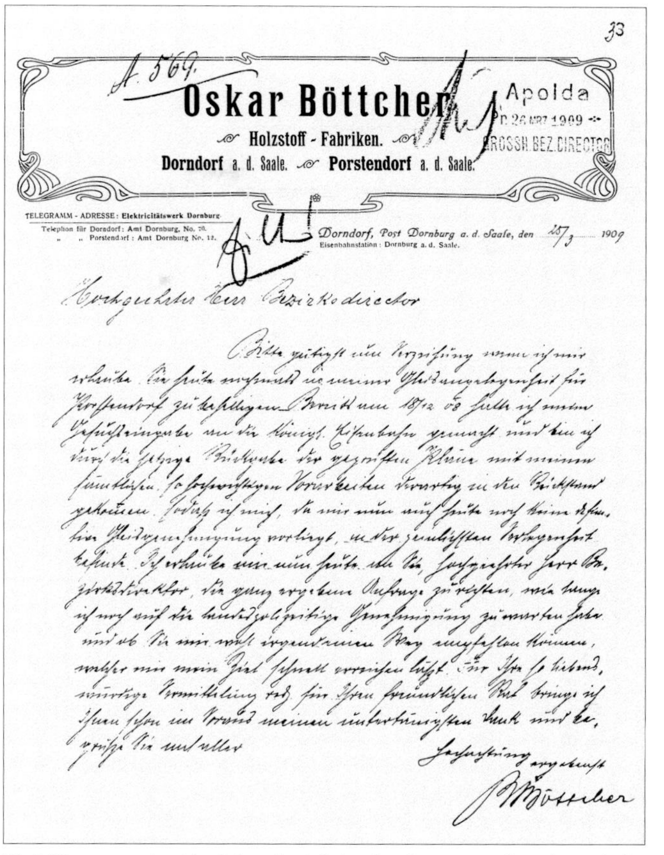
33

A. 569.

Oskar Böttcher

Holzstoff - Fabriken.

Dorndorf a. d. Saale. **Porstendorf** a. d. Saale.

Apolda
P. 26 MRZ 1909
GROSSH. BEZ. DIRECTOR

TELEGRAMM - ADRESSE: Elektricitätswerk Dornburg
Telephon für Dorndorf: Amt Dornburg, No. 70.
" " Porstendorf: Amt Dornburg No. 12.

Dorndorf, Post Dornburg a. d. Saale, den 25/3 1909
Eisenbahnstation: Dornburg a. d. Saale.

Hochgeehrter Herr Bezirksdirector

Die Stilllegung von Anschlussbahnen ist einfacher. Böttcher musste seinerzeit an sein Gesuch zur Errichtung seines Anschlussgleises beim Bezirksdirektor in Apolda erinnern, aber dann ging es doch recht schnell. Im gleichen Jahr konnte es in Betrieb genommen werden. QUELLE: FIRMEN-ARCHIV DER KARTONFABRIK PORSTENDORF GMBH

Haltepunkt Jena-Zwätzen

Nach Verlassen des Bahnhofs Porstendorf erkennt man links die Ruinen der Kunitzburg, die vermutlich im 11./12. Jahrhundert vom Hohenstaufenkaiser Friedrich I. zum Schutz gegen die Welfen angelegt worden ist. Damit ist bei km 22,6 der Haltepunkt Jena-Zwätzen erreicht. Er wurde am 15. Oktober 1878 als Zwätzen-Kunitzburg eröffnet. Nachdem das Dorf Zwätzen 1923 nach Jena eingemeindet worden war, stellte 1924 die Stadtverwaltung Jenas den Antrag auf Umbenennung des Haltepunktes. Am 1. April 1928 erhielt er seine heutige Bezeichnung.

Eine Wartehalle entstand im Jahr 1879, indem das bereits vorhandene Wärterhaus mit „Billet-Expedition" durch einen Anbau erweitert wurde. Am 1. April 1986 wurde die bis zu diesem Zeitpunkt bestehende Blockstelle aufgelöst und das Gebäude abgetragen. Seit dieser Zeit ist der Haltepunkt unbesetzt. Im Oktober 2003 erhielt der Haltepunkt im Rahmen des Streckenausbaus neue Bahnsteige und Wartehäuser.

Der Haltepunkt Jena Zwätzen im Mai 1980. Das Bild erinnert an den einst kaum wahrgenommenen Alltag bei der Deutschen Reichsbahn: Vorn steht das Motorrad des Schrankenwärters, daneben der irgendwann einmal errichtete Wellblech-Unterstand für die Fahrräder der Reisenden und ganz rechts ist das Kurbelwerk für die Schranke zu erkennen. Die Uhr scheint defekt zu sein oder der Fotograf hat ganz bewusst einige Minuten gewartet, damit sie nicht „fünf vor zwölf" anzeigt. Einige Jahre später wurde das Gebäude abgebrochen.

AUFNAHME: WERNER DRESCHER

Bahnhof Jena Saalbahnhof

Die Entstehung

Nach wenigen Kilometern wird der Bahnhof Jena Saalbahnhof erreicht. Er war bis nach 1990 der größte Jenaer Bahnhof. Die Entstehung der beiden großen Jenaer Bahnhöfe Saalbahnhof und Jena West, ist ungewöhnlich, vielleicht sogar kurios.

Jena ist Kreuzungspunkt zweier Eisenbahnen, der Saal- und der Weimar-Geraer Bahn. Das Problem, das bis heute seine Nachwirkungen hat, ist, dass Jena im Kreuzungspunkt zweier Täler liegt und diese fast im rechten Winkel zueinander verlaufen. Das war und ist natürlich problematisch für die Verkehrsplanung.

Es muss davon ausgegangen werden, dass bei der Projektierung der Saalbahn der Bau der Weimar-Geraer Bahn noch nicht endgültig geklärt war. Die Saal-Eisenbahn-Gesellschaft erachtete es als günstig, ihren Bahnhof vor dem Zwätzentore und damit an heutiger Stelle (Jena Saalbahnhof) anzulegen. Als der Bau der Weimar-Geraer Bahn in greifbare Nähe rückte, musste sie aufgrund der topographischen Gegebenheiten in oder bei Jena die Saalbahn kreuzen. Damit wurde in Jena das Bedürfnis nach einem Gemeinschaftsbahnhof geweckt. In der Folgezeit entstanden verschiedene Projekte, über die sehr viel diskutiert wurde. Detaillierte Unterlagen darüber sind heute jedoch nicht mehr auffindbar. Aus zeitgenössischen Berichten lassen sie sich jedoch annähernd rekonstruieren und auf drei Ausführungen reduzieren.

Die erste Ausführung zielte darauf ab, dass die Saalbahn bei Porstendorf das Saaletal verlässt und an den westlichen Berghängen des Saaletals entlang, in der Nähe des heutigen Bahnhofs Jena West, in die Weimar-Geraer Bahn einmündet. Die Saal-Eisenbahn-Gesellschaft hätte aber dadurch einen Mehraufwand von 54.000 Talern gehabt. Außerdem wären die Steigungsverhältnisse ungünstiger geworden. Für die Weimar-Geraer Eisenbahn-Gesellschaft, die ab Jena West das Planum der Saalbahn hätte mitbenutzen können, wäre eine Kosteneinsparung von 120.000 Taler entstanden. Die Forderung der Saal-Eisenbahn-Gesellschaft, von der Weimar-Geraer Eisenbahn-Gesellschaft 54.000 Taler für ihren Mehraufwand erstattet zu bekommen, wurde von der Weimar-Geraer Eisenbahn-Gesellschaft abgelehnt.

Das zweite Projekt sah vor, in der Gegend der Rasenmühleninsel beide Bahnen zu vereinigen und dort einen Gemeinschaftsbahnhof zu errichten. Für die Weimar-Geraer Eisenbahn-Gesellschaft hätte es bedeutet, dass sich die Steigungsverhältnisse in diesem Teil verschlechtert hätten. Damit kam dieses Projekt auch nicht zustande. Es wurde noch einmal aufgegriffen, als die Stadt von der Saal-Eisenbahn-Gesellschaft forderte, die Bahn innerhalb des Stadtgebietes auf einem hohen Damm bzw. auf Pfeilern zu verlegen, um sie an verkehrsreichen Stellen niveaufrei kreuzen zu können. Durch diese Maßnahme wäre der Niveauunterschied zur Weimar-Geraer Bahn verringert worden, und damit hätten sich für diese Bahn günstigere Steigungsverhältnisse ergeben. Die hohen Kosten – unter anderem hätte die Saale verlegt werden müssen – ließen auch dieses Projekt scheitern.

Eine dritte Variante sah vor, dass die Weimar-Geraer Bahn kurz vor Jena das Mühltal verlässt und an den westlichen Berghängen des Saaletals entlang in einer großen S-Kurve in der Nähe des heutigen Saalbahnhofs in die Saalbahn einmündet. Diesen Mehraufwand wollte wiederum die Weimar-Geraer Eisenbahn-Gesellschaft nicht tragen.

So scheiterten letzten Endes alle Projekte an den gegensätzlichen Interessen dieser beiden Gesellschaften. Seinerzeit wären sie alle zu verwirklichen gewesen, hätte das die Bebauung Jenas – um 1870 hatte es etwa 8.000 Einwohner – doch zugelassen. Die Jenaer Stadtverwaltung konnte jedoch ihre Wünsche gegenüber den beiden Eisenbahn-Gesellschaften nicht durchsetzen.

Eine einflussreiche Industrie gab es in Jena damals noch nicht. Die heute bedeutendsten Unternehmen Jenas, Carl Zeiss JENA, Jenoptik und JENAer Glaswerk, entstanden erst später. Ihre Vorgänger, die Glashütte von Otto Schott & Gen. entstand 1884. Die Werkstätte von Carl Zeiss existierte zwar schon ab1846, gewann aber erst nach und durch die Gründung der Glashütte an Bedeutung. Da die weimarische Regierung zu dieser Angelegenheit auch eine zwiespältige Meinung hatte, fand sich keine Kraft, die die beiden Eisenbahn-Gesellschaften bewegen konnte, einen Gemeinschaftsbahnhof zu errichten. So bauten beide Gesellschaften in Jena getrennte „Haupt-Bahnhöfe" ohne Umsteigebeziehungen.

All diese Verhandlungen hatten aber zur Folge, dass im Raum zwischen Porstendorf und Göschwitz Verzögerungen beim Bahnbau eintraten. Das durch die Regierung Sachsen-Weimars gegebene Recht zur Enteignung der für den Streckenbau benötigten Flächen war inzwischen für diesen Streckenabschnitt zurückgezogen. Erst nachdem die Jenaer Bahnhofsfrage geklärt war, wurde es am 5. Juni 1873 wieder erteilt. Damit war die Jenaer Bahnhofsfrage erledigt, aber nicht zur Zufriedenheit geklärt. Bis heute sind die Diskussionen um eine vernünftige Lösung nicht verstummt.

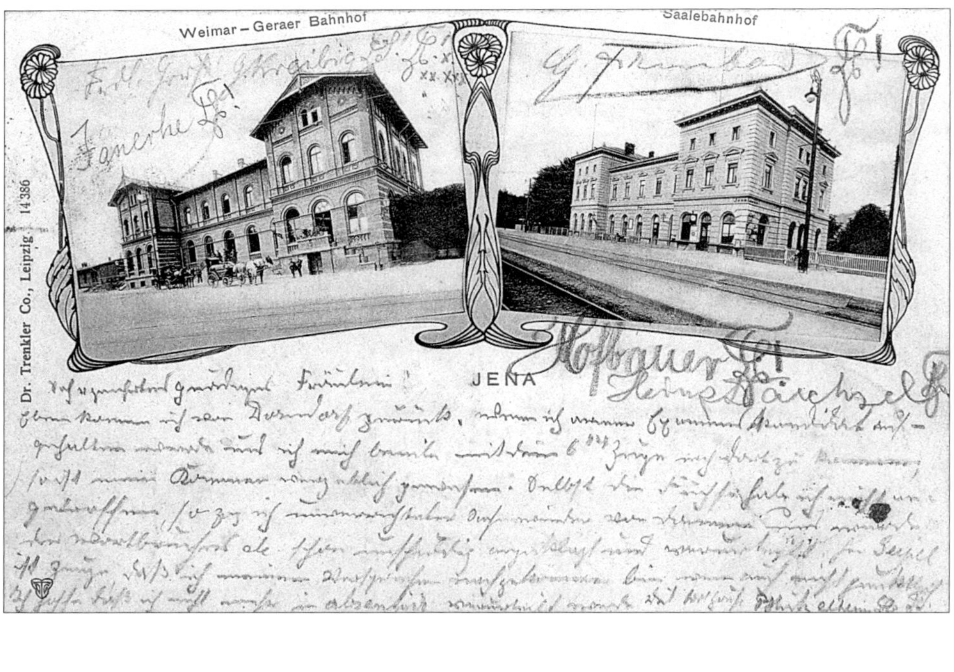

Die älteste bekannte Ansichtskarte zu den Jenaer Bahnhöfen. Sie zeigt links den Bahnhof der Weimar-Geraer-Bahn, den heutigen Bahnhof Jena West und den „Saalebahnhof". Die Postkarte trägt den Poststempel vom 28. November 1903, 9-10 Uhr vormittags. Der Rolle der Eisenbahn entsprechend waren diese Bauten großzügig und durchaus repräsentativ ausgeführt.

AUFNAHME: SAMMLUNG: WERNER DRESCHER

Rechte Seite:
Die diskutierten Streckenverläufe und Bahnhöfe in Jena

REKONSTRUKTION:
WERNER DRESCHER;
ZEICHNUNG: KONRAD SPATH

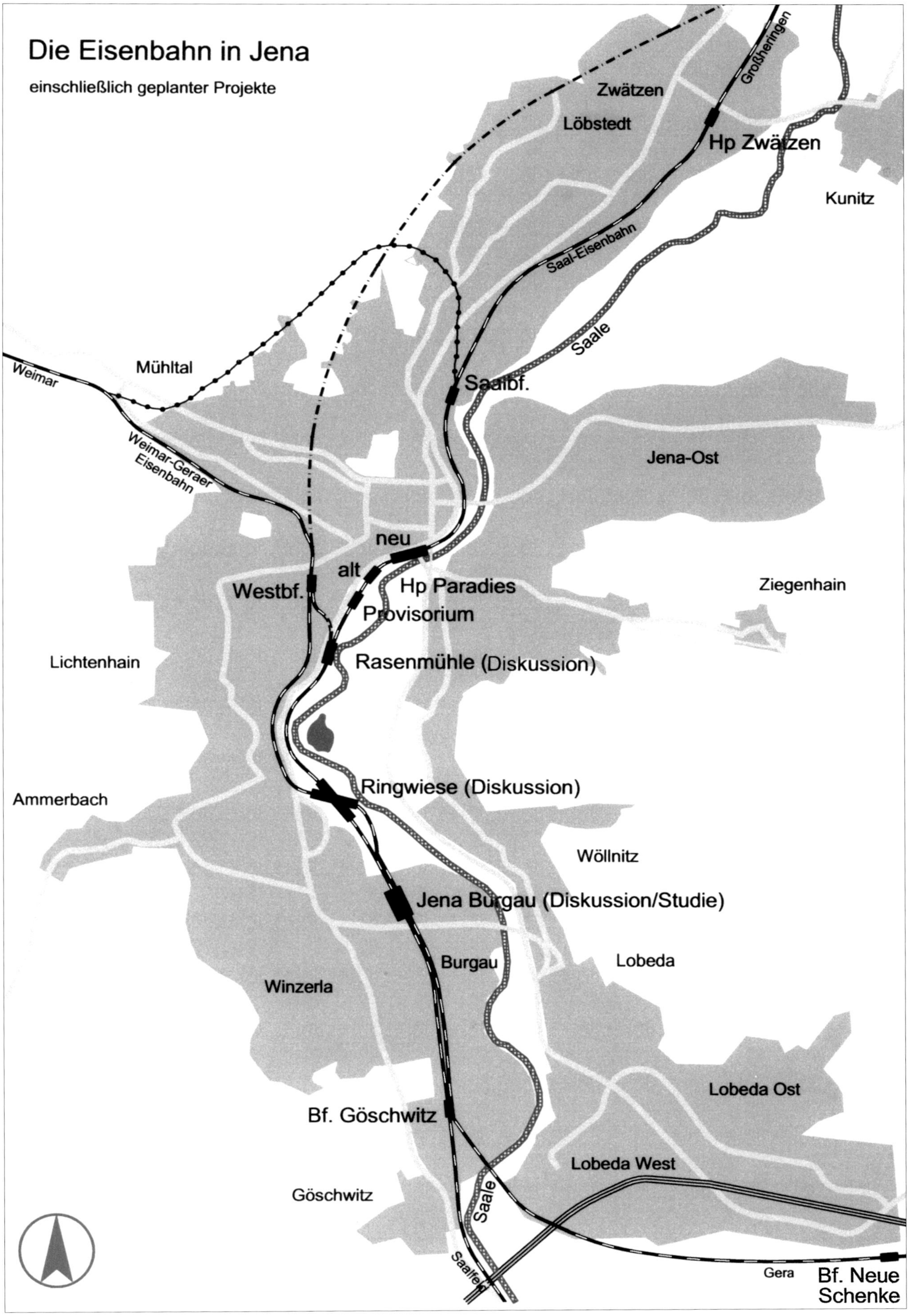
Die Eisenbahn in Jena
einschließlich geplanter Projekte
Zwätzen
Löbstedt
Großheringen
Hp Zwätzen
Kunitz
Saal-Eisenbahn
Saale
Mühltal
Weimar
Saalbf.
Weimar-Geraer Eisenbahn
Jena-Ost
neu
alt
Westbf.
Hp Paradies
Provisorium
Ziegenhain
Lichtenhain
Rasenmühle (Diskussion)
Ammerbach
Ringwiese (Diskussion)
Wöllnitz
Jena Burgau (Diskussion/Studie)
Burgau
Lobeda
Winzerla
Lobeda Ost
Bf. Göschwitz
Lobeda West
Göschwitz
Saale
Gera
Bf. Neue Schenke

Der Jenaer Saalbahnhof um das Jahr 1885. Soeben fährt ein Personenzug aus Richtung Saalfeld kommend in den Bahnhof ein. Gezogen wird er von der Lokomotive SAALE, ILM oder SCHWARZA.
AUFNAHME: SAMMLUNG WERNER DRESCHER

Der Jenaer Saalbahnhof bis 1945

Der Saalbahnhof wurde an der im ersten Projekt vorgesehenen Stelle bei km 25,5 errichtet. In der bis zur Eröffnung noch verbleibenden Zeit konnten die Anlagen nur unzureichend hergestellt werden. Als Empfangsgebäude diente ein Provisorium. Erst 1879 war das Empfangsgebäude im Rohbau fertig. Da die Saal-Eisenbahn-Gesellschaft in Jena ihren Sitz hatte, war es ein recht repräsentativer Bau.

Der ursprüngliche Gleisplan des Saalbahnhofs in Jena lässt sich nur schwer rekonstruieren. Der Geschäftsbericht des Jahres 1881 sagt aus, dass innerhalb des Bahnhofs 19 Weichen verlegt waren. 1890 wurde am südlichen Ende das erste Stellwerk gebaut. Es stand dem jetzigen Stellwerk Js gegenüber.

Zur nächtlichen Beleuchtung der Bahnhofsanlagen dienten Gaslaternen. Im Jahre 1878 waren davon 28 Stück installiert. Als ab 1890 Abendgüterzüge eingeführt wurden und diese Züge in Jena rangiert werden mussten, genügte diese Beleuchtung nicht mehr. An die Werkstatt-Dampfmaschine wurde 1891 ein Generator angeschlossen. Dadurch konnte der Bahnhof mit acht Bogenlampen und die Werkstatt mit 50 Glühlampen erhellt werden. Damit war der Bahnhof Jena der erste der Saalbahn mit elektrischer Beleuchtung. Selbst in der Stadt Jena wurde erst zehn Jahre später ein Elektrizitätswerk errichtet.

Die Belegschaft des Bahnhofs Jena Saalbahnhof um 1910. Die Lokomotiven sind offensichtlich G 4^2, die aber nicht mehr von der DRG übernommen wurden.

AUFNAHME: SAMMLUNG KARSTEN HEIME

Das Empfangsgebäude von der Straßenseite aus. Im Hintergrund der heute noch vorhandene Güterschuppen. Aufgenommen wurde das Bild vermutlich in den frühen zwanziger Jahren.
AUFNAHME: SAMMLUNG WERNER DRESCHER

Zur Güterabfertigung waren bei der Eröffnung des Jenaer Saalbahnhofs ein Güterschuppen, eine Laderampe und eine Centesimalwaage vorhanden. 1882 wurde der Güterschuppen um 11 m verlängert, 1921 erfolgte eine nochmalige Erweiterung. In dieser Form ist der Schuppen noch heute erhalten. Für die städtische Gasanstalt entstand 1905 ein erstes Anschlussgleis. 1926 endstand ein weiteres für das Umspannwerk. 1934/35 und 1938 wurden weitere Anschlussgleise für den Schlachthof und den Holzlagerplatz der Firma Carl Zeiss angelegt. Weitere folgten für die Thüringenwerke und den Konsum-Verein.

Umfangreiche Änderungen, bei denen der Bahnhof eine erhebliche Ausdehnung in nördlicher Richtung erfuhr, begannen 1905 mit dem zweigleisigen Ausbau der Bahn. Zu dieser Zeit wurden auch die heute noch vorhandenen Stellwerke erbaut. 1912 entstand der Mittelbahnsteig 2/3. Dabei verschwand das Gleis 3. Zur selben Zeit wurde auch der Fußgängertunnel zwischen dem Hausbahnsteig 1 und dem neuen Bahnsteig 2/3 in Betrieb genommen. In den Folgejahren wurden die Ladestraßen auf eine Gleislänge von etwa 1.800 m und die Güterschuppenrampe auf 180 m verlängert. Eine zweite Laderampe mit zwei Gleisen für die Stirn- und Seitenverladung entstand nördlich davon. Bis 1922 wurde der Gütebahnhof so erweitert, wie er bis 1991 betrieben wurde.

Im Saalbahnhof waren auch die Lokomotiven der Saalbahn stationiert. Die dazu notwendigen Anlagen wurden von der Saal-Eisenbahn-Gesellschaft errichtet. Der Lokschuppen umfasste anfangs zwei Stände für sechs Lokomotiven. 1890, nach der Zuführung weiterer Maschinen, wurde er auf drei Stände für neun Lokomotiven erweitert. Nach der Verstaatlichung im Jahre 1895

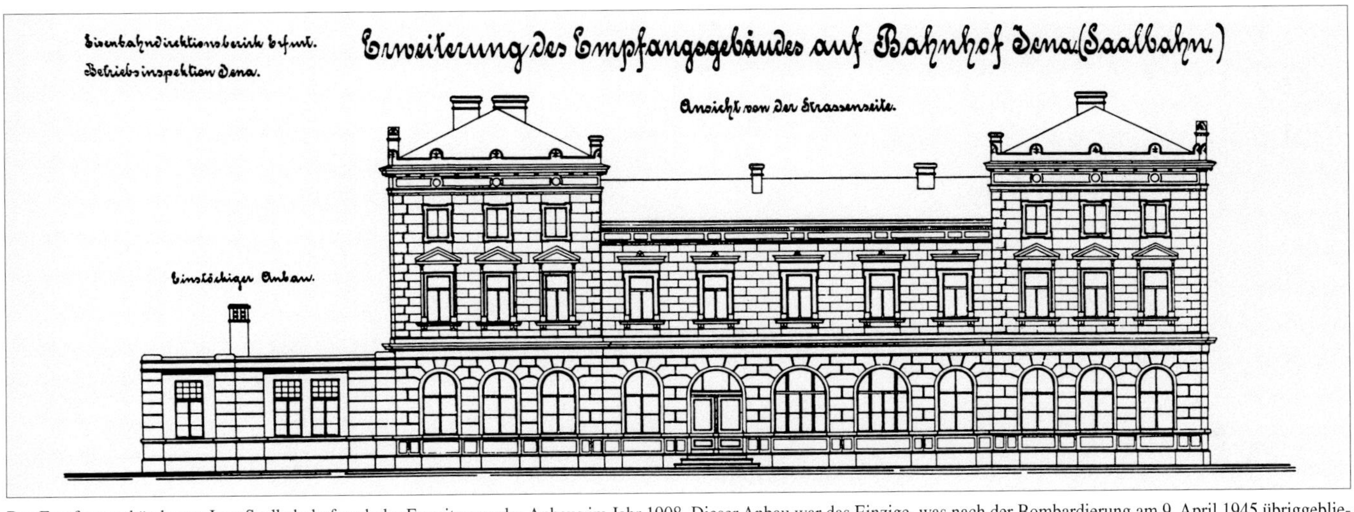

Das Empfangsgebäude von Jena Saalbahnhof nach der Erweiterung des Anbaus im Jahr 1908. Dieser Anbau war das Einzige, was nach der Bombardierung am 9. April 1945 übriggeblieben war. Nach 1970 wurde er abgebrochen.
SAMMLUNG WERNER DRESCHER/GERD SCHRÖDER

Der Saalbahnhof von der Gleisseite vor dem zweigleisigen Ausbau. (Aufnahme oben: Sammlung Frank Döbert) ... und nach dem zweigleisigen Ausbau (Aufnahme unten: Sammlung Werner Drescher). Der Bahnsteig 2/3 entstand neu. Er ist durch eine Fußgängerunterführung mit dem Bahnsteig 1 verbunden. Dem Bahnsteig musste das Gleis 3 weichen. Seit dem gibt es im Saalbahnhof kein Gleis 3 mehr. Der Bahnsteig sah so bis zum Umbau im Jahr 2004 aus.

war hier bis 1907 die Betriebswerkstatt Jena eingerichtet. Nach 1924 wurde der Lokschuppen abgetragen.

Die Drehscheibe mit zunächst 12,0 m und später 17,1 m Durchmesser – ihre Lage im Bahnhof wurde mehrmals verändert – war noch bis zum Jahr 1970 in Betrieb. Zur Wasserversorgung diente eine Dampfpumpe mit einer Leistung von 4 PS. 1879 wurde sie außer Betrieb gesetzt, nachdem das Wasser einer Pulsometeranlage bzw. der städtischen Wasserleitung entnommen werden konnte. Nach 1906 entstand ein Wasserturm, für den das Wasser aus der Mühllache entnommen wurde, die in der Nähe des Bahnhofs vorbeifloss.

Am 9. April 1945 wurde der Saalbahnhof in Jena durch Bombenangriffe zerstört. Das Empfangsgebäude war bis auf einen kleinen Anbau völlig und das Ausbesserungswerk zu 80 % zerstört, 53 Bombentreffer wurden gezählt. Der Wasserturm wurde durch die Wehrmacht gesprengt, weil er die Sicht auf die anrückenden US-Amerikaner versperrte. Unter schwersten Bedingungen wurden die Anlagen wieder so hergerichtet, dass ab 5. August 1945 die Gleisanlagen innerhalb des Bahnhofs befahrbar waren. An Stelle des zerstörten Empfangsgebäudes wurde eine Baracke errichtet, die zwei Jahrzehnte dessen Funktion übernehmen musste.

Unten: In den dreißiger Jahren wurde das Empfangsgebäude des Saalbahnhofs saniert und verlor an seinem repräsentativem Aussehen. Aufnahme um 1935.

Aufnahme: Sammlung Werner Drescher

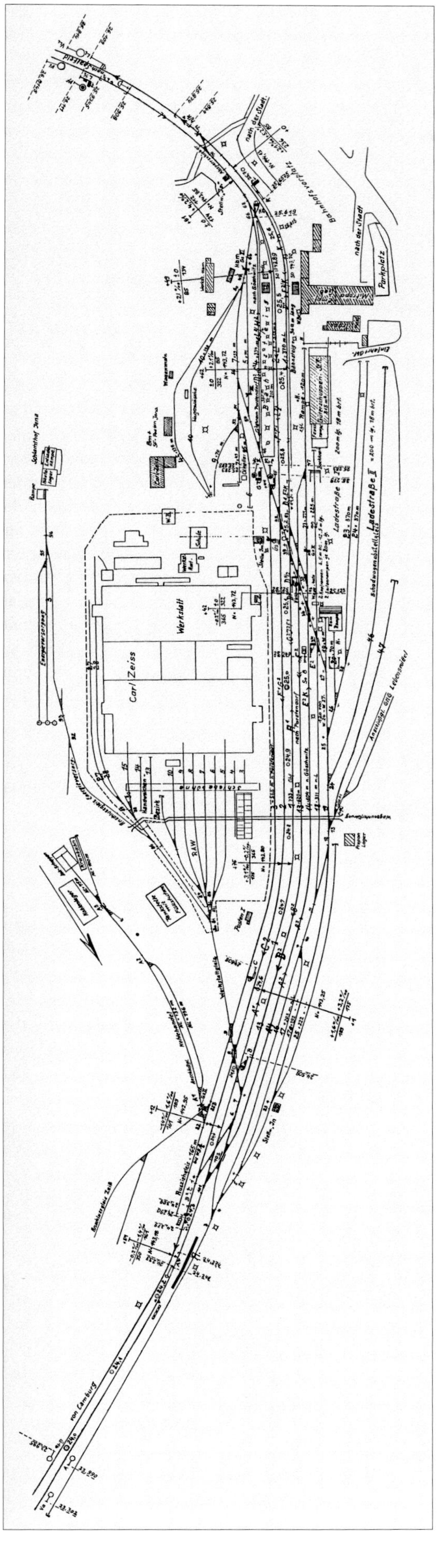

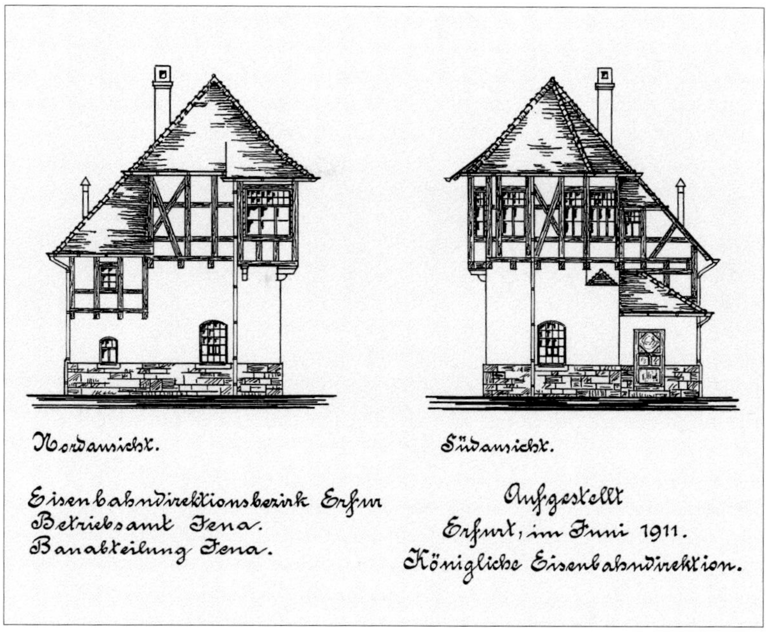

Oben: Mit dem zweigleisigen Ausbau entstanden auch die Stellwerke des Saalbahnhofs in Jena. Der Ausschnitt aus der Zeichnung des Stellwerks Js der Bauabteilung Jena (Betriebsamt Jena, Eisenbahndirektion Erfurt) vom Juni 1911 zeigt die Süd- und die Ostansicht. ZEICHNUNG: SAMMLUNG HARALD WÖLFEL

Links: Gleisplan Bahnhof Jena Saalbahnhof im Zustand des Jahres 1991
SAMMLUNG WERNER DRESCHER/HARALD WÖLFEL

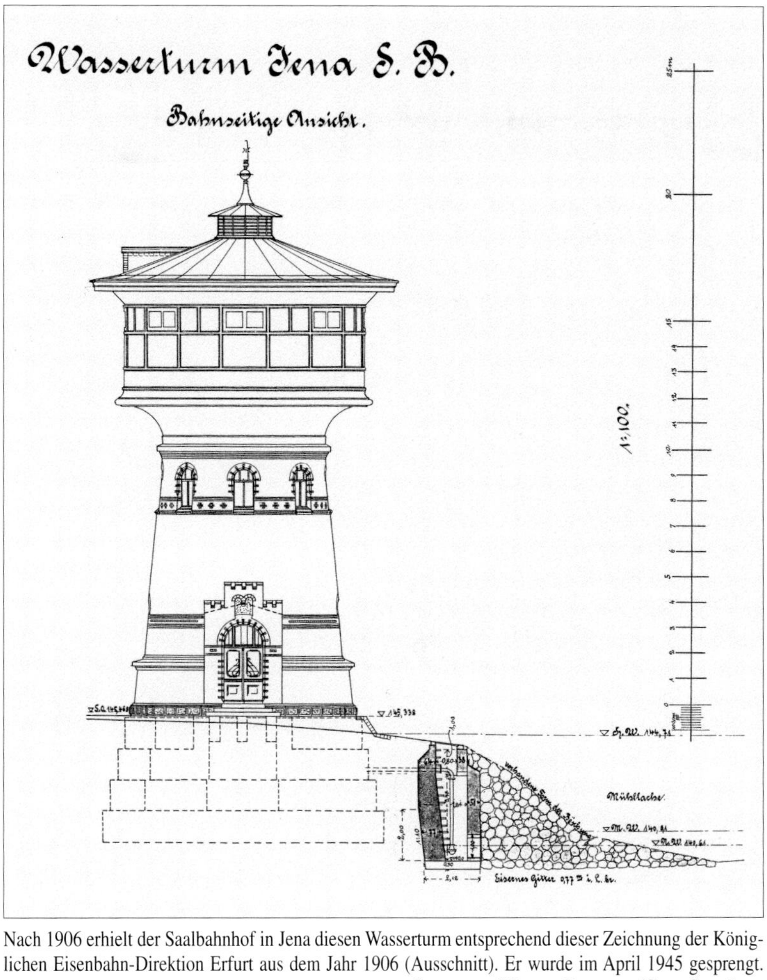

Nach 1906 erhielt der Saalbahnhof in Jena diesen Wasserturm entsprechend dieser Zeichnung der Königlichen Eisenbahn-Direktion Erfurt aus dem Jahr 1906 (Ausschnitt). Er wurde im April 1945 gesprengt.
SAMMLUNG WERNER DRESCHER/GERD SCHRÖDER

Die völlig zerstörten Anlagen in Jena Saalbahnhof, aufgenommen am 6. April 1945 von einem US-amerikanischen Flugzeug. Die Zerstörungen waren vollkommen. Die Aufnahme zeigt den Nordteil des Bahnhofs. Im oberen Teil des Bildes sind die früheren Kasernen der Naumburger Straße erkennbar. QUELLE: THÜRINGER LANDESVERMESSUNGSAMT

Der Saalbahnhof nach 1945

Mit der Notwendigkeit, das zerstörte Empfangsgebäude des Saalbahnhofs wieder aufzubauen, kam Anfang der fünfziger Jahre wieder der Ruf nach einem Gemeinschaftsbahnhof mit der Weimar-Geraer Bahn auf. Es gab Stimmen, die den Hp Jena Paradies als Hauptbahnhof sehen wollten, weil er relativ zentral liegt. Andere wollten, dass der Bahnhof in der Ringwiese, wo die Weimar-Geraer Bahn die Saalbahn überquert, gebaut wird. Alle diese Gedanken gelangten aber nicht zur Projektreife. 1965 erhielt der Saalbahnhof ein neues Empfangsgebäude.

Aus dem im Jahr 1905 entstandenen Anschlussgleis für die Gasanstalt wurde zwischen 1961 und 1963 ein solches für das Heizwerk „Nord“. Es wurde für die Wärmeversorgung der neu entstandenen Wohngebiete im Nordteil Jenas gebaut. Über dieses Anschlussgleis erfolgte die Bereitstellung von Heizöl. Viele städtische Unternehmen wurden beliefert, wie beispielsweise der Metallhandel, der Kohlehandel und der Schlachthof. Nicht zu vergessen das Raw, das auch eine eigene Anschlussbahn besaß. Der Lebensmittel- und Gemüse-Großhandel besaßen eigene Anschlussgleise. In den sechziger bis achtziger Jahren waren es immer etwa 100 Wagenladungen Ortsfracht je Tag, die im Saalbahnhof bewegt, be- und entladen werden mussten.

Der Saalbahnhof in den Jahren zwischen 1945 und 1965. Das Bild zeigt die Mitropa. AUFNAHME: SLG. WERNER DRESCHER

Die Anlagen des Saalbahnhofs Mitte der achtziger Jahre mit Blick aus dem Hochhaus. Rechts im Hintergrund das ehemalige Reichsbahnausbesserungswerk. Links unten das 1965 in Betrieb genommene Empfangsgebäude. Es wurde weiter zurückversetzt, um Platz für ein geplantes Überholungsgleis in Richtung Göschwitz zu haben. Das Vorhaben wurde nie verwirklicht. Nach dem derzeitigen Umbau wird nur der vordere Teil des Bahnhofs erhalten bleiben.

AUFNAHME: GÜNTER WEIMANN

Rechts: Ausfahrt des D 10504, einem Vorzug zum berühmten D 504 (Saalfeld – Berlin), wenige Tage vor Pfingsten, am 8. Juni 1981. Der Zug wird von 01 0513 geführt. Die planmäßige Bespannung der Schnellzüge mit Dampfloks auf der Saalbahn war seit dem vorhergehenden Fahrplanwechsel bereits auf Dieselloks übergegangen.

AUFNAHME: DETLEF HOMMEL

Unten: Die „Volkswacht" vom 15. Januar 1954 berichtete über den geplanten Hauptbahnhof in Jena.

QUELLE: STATDARCHIV JENA

Jena soll einen neuen Hauptbahnhof erhalten

Nationalpreisträger Hartmann erläutert die Stadtplanung für Jena

(ADN) Ein neuer, moderner Hauptbahnhof soll 140 Meter südlich des Paradiesbahnhofes in Jena entstehen. Das berichtete in einer öffentlichen Sitzung des Rates der Stadt Nationalpreisträger Hartmann vom Staatlichen Entwurfsbüro für Stadt- und Dorfplanung Weimar, als über die Planung des Wiederaufbaues der von amerikanischen Terrorbombern schwer zerstörten Industrie- und Universitätsstadt beraten wurde.

Das Projekt sieht vor, den neuen Hauptbahnhof durch eine Brücken- Tunnelkonstruktion mit dem Bahnhof Jena-West zu verbinden...

Im Güterbahnhof wurden Züge aus Weißenfels und Naumburg und aus Göschwitz sowie Züge der Weimar-Gera-Bahn aufgelöst und neu gebildet. In der Regel gingen diese Züge als Nahgüterzüge nach Saalfeld und Göschwitz.

In dieser Zeit waren im Saalbahnhof etwa 150 Mitarbeiter beschäftigt. Diese Anzahl erhöhte sich auf über 400, als nach 1990 Jena Saalbahnhof Hauptdienststelle für alle Eisenbahner zwischen Camburg und Kahla sowie Mellingen und Hermsdorf-Klosterlausnitz auf der Weimar-Gera-Bahn war.

Von 1991 bis 1993 wurde die Verwaltung der Bahnhöfe und Haltepunkte der Saalbahn von den vier Hauptdienststellen Naumburg, Jena, Rudolstadt und Saalfeld wahrgenommen. Mit der Bahnreform, die am 1. Januar 1994 wirksam wurde, entstanden neue Strukturen. Seitdem ist Jena Saalbahnhof keine selbstständige Dienststelle mehr. Seit dem 1. Juli 2000 wird Jena Saalbahn-

Von der Betriebswerkstätte über die Königliche Hauptwerkstatt zum Reichsbahnausbesserungswerk

Mit dem Bau der Saalbahn entstand in Jena eine Betriebswerkstätte zur Reparatur der Betriebsmittel und zur Instandhaltung von Brücken, Drehscheiben und anderen mechanischen Anlagen. In ihr wurden auch die größeren Reparaturen an Fahrzeugen der Weimar-Geraer Eisenbahn-Gesellschaft und anderer Bahnen durchgeführt. Dafür waren in der Werkstatt vier Drehbänke, eine Hobelmaschine, eine Fräsmaschine, eine Schraubenschneidmaschine, zwei Bohrmaschinen, eine Kreissäge und zwei Schleifsteine vorhanden. Diese Maschinen wurden von einer *„10pferdigen Dampfmaschine mit stehendem Kessel"* angetrieben. 1890 wurde diese Maschine durch eine Dampfmaschine mit 20 PS ersetzt. Außer den Beamten waren 1879 in der Werkstatt 32 Arbeiter tätig: 13 Schlosser, vier Schmiede, drei Tischler, zwei Dreher, je ein Metallgießer, Lackierer, Stellmacher, Kupferschmied, Klempner und Dampfmaschinenwärter sowie vier Tagelöhner.

Nach der Verstaatlichung der Saalbahn wurde diese Betriebswerkstätte zur „Königlichen Hauptwerkstatt" und war für die Reparatur von Lokomotiven und Güterwagen, später nur Güterwagen, verantwortlich. 1907 wurden hier 102 Lokomotiven und 228 Güterwagen repariert. In diesem Jahr hatte die Hauptwerkstatt etwa 320 Beschäftigte. Ab 1904 wurde sie erheblich erweitert. 1923/24 war die Erweiterung abgeschlossen. Zu dieser Zeit hatte das Werk 705 Beschäftigte. 1925 wurde es dem Ausbesserungswerk Gotha zugeordnet und war jetzt nur noch eine Betriebsabteilung. In den Jahren der Weltwirtschaftskrise ging die Anzahl der Beschäftigten bis 140 im Jahr 1932 zurück. Das Reichsbahnausbesserungswerk in Gotha beabsichtigte damals, die Betriebsabteilung in Jena zu schließen. Nach energischen Protesten der Jenaer Belegschaft musste davon Abstand genommen werden.

Auch das RAW Jena wurde durch die bereits genannten Bombenangriffe schwer zerstört. Die Hallen waren ausgebrannt und fast völlig zusammengestürzt. Der Wiederaufbau begann auch hier sofort, ging aber anfangs nur schleppend voran. Es fehlten Arbeitskräfte. Es gab keine Zugverbindungen, um die auswärtigen Arbeitskräfte heranzubringen. Die wenigen Arbeitskräfte mussten zerstörte Wagen im Bahnhofsgelände zerlegen. Trotz alle Widrigkeiten wurde das Ausbesserungswerk wieder aufgebaut.

Bis Ende der vierziger Jahre reparierte das Werk nun wieder Lokomotiven, wofür infolge des hohen Schadbestandes ein dringender Bedarf vorhanden war. Des Weiteren war es während dieser Zeit für die Reparatur von Fremdwagen zuständig, die aus den im Krieg besetzten Ländern stammten bzw. durch Kriegsfolgen auf dem Gebiet der Deutschen Reichsbahn zurückgeblieben waren. Durch den Mangel an Ersatzteilen und die unterschiedlichsten Wagentypen gestalteten sich die Reparaturen oftmals sehr schwierig.

In den fünfziger Jahren wurden nur noch Kesselwagen repariert. Parallel dazu wurden Spezialwagen, die in kleinen Serien hergestellt werden sollten, konstruiert und gefertigt. So entstanden beispielsweise die Rollwagen für die Harzquerbahn im Reichsbahnausbesserungswerk Jena. Infolge von Rationalisierungsmaßnahmen wurde das Ausbesserungswerk am 31. Dezember 1969 bis auf einen kleinen Teil geschlossen. Die betroffenen Gebäude wurden danach bis 1990 von Carl Zeiss Jena genutzt. Heute hat in ihnen ein großer Baumarkt sein Domizil.

Der weiter genutzte Teil des Werkes wurde 1969 vom Reichsbahnausbesserungswerk Leipzig übernommen. In dieser nunmehrigen Werkabteilung des Leipziger Werkes wurden neue Eichfahrzeuge für die Gleiswaagen der Deutschen Reichsbahn entwickelt, hergestellt und auch unterhalten. In der zweiten Hälfte der achtziger Jahre wurden noch Kesselwagen und offene Güterwagen repariert. Nach 1990 übernahm das Werk die Reparatur der Eichfahrzeuge der beiden Deutschen Bahnen. Nach der Bahnreform, der Gründung der Deutschen Bahn AG und Neustrukturierung des Güterverkehrs, waren Gleiswaagen bei der Bahn und damit Eichfahrzeuge überflüssig. Das Werk wurde 1996 geschlossen.

Oben: Die Königliche Hauptwerkstatt auf einer zeitgenössischen Ansichtskarte. Sie trägt den Stempel vom 9. Oktober 1910 (AUFNAHME: SAMMLUNG FRANK DÖBERT). **Unten:** In der Werkführer-Abteilung der Königlichen Eisenbahn-Hauptwerkstatt Jena um 1910. Die Lokomotive ERFURT 7907, Bauart Hagans, Fab.-Nr. 5540 (BB'n2) erbaut von Henschel & Sohn 1900, verkehrte nur in Thüringen. AUFNAHME: SAMMLUNG WERNER DRESCHER

hof, wie die noch verbliebenen Bahnhöfe der Saalbahn, durch DB Station&Service mit Sitz im Bahnhof Saalfeld verwaltet.

Auch in Jena Saalbahnhof war der Güterverkehr von 1990 an rückläufig. Alle Anschlussbahnen, die in den vergangenen Jahrzehnten aufgebaut und mit Erfolg betrieben wurden, wurden zwischen 1991 und 1993 stillgelegt. 1994 wurde der Güterverkehr völlig eingestellt. Im Reiseverkehr begannen und endeten Züge des lokalen Verkehrs nach Großheringen bzw. nach Lichtenfels und die Regionalbahnlinie nach Pößneck unt. Bf und Katzhütte.

Im Lückenschlussprogramm war vorgesehen, den Jenaer Saalbahnhof zum IC-Bahnhof umzubauen. Die Stadtverwaltung Jena wollte jedoch einen IC-Halt an zentraler Stelle sehen. Die dazu notwendigen Verhandlungen führten dazu, dass der Saalbahnhof nicht ausgebaut wurde. 1994 wurde im Rahmen der Wiederelektrifizierung eine Spurplanbereinigung durchgeführt: nicht mehr benötigte Gleisanlagen wurden abgetrennt oder zurückgebaut, alle doppelten Kreuzungsweichen ausgebaut – das gilt übrigens für alle Bahnhöfe der Saalbahn. Der Ablaufberg wurde stillgelegt und die Masten für die Elektrifizierung dort aufgestellt. Im Güterbahnhof wurden nur die durchgehenden Hauptgleise, im Personenbahnhof noch die Gleise 4 und 5 zum Abstellen von Triebwagen und lokbespannten Reisezügen mit einer Fahrleitung überspannt. 1995/96 wurden die Formsignale gegen Lichtsignale ersetzt. Seinen „schwärzesten Tag“ hatte der Bahnhof am 26. September 1999, als schnellfahrende Züge nun am Provisorium Jena Paradies ihren Verkehrshalt bekamen. Seit dem dient der Saalbahnhof nur noch dem regionalen Reiseverkehr; im Jahr 2004 waren es gerade noch 53 Abfahrten je Tag. Auch das Empfangsgebäude – noch im Besitz der Bahn – wird aber nicht mehr von der Bahn, sondern von Vereinen als „Kulturbahnhof“ genutzt. Das sieht man ihm aber nicht an.

Im Jahr 2005 wird der Saalbahnhof, die einstige Zentrale der Saalbahn und der Sitz der Saal-Eisenbahn-Gesellschaft, völlig „entmannt“. Der gesamte Güterbahnhof verschwindet. Im Personenbahnhof verbleiben außer den durchgehenden Hauptgleisen, noch die Gleise 4, 5 und 7, vorwiegend für die Pößnecker Züge. Der Bahnhof erhält drei neue Bahnsteige mit einer Länge von nur noch 140 Metern. Damit kann kein Fernzug mehr im Saalbahnhof benutzt werden. Am Bahnsteig 2 und 3 verschwindet auch das Bahnsteigdach und wird damit dem Bahnsteig 1 angeglichen, bei dem die Überdachung im Zweiten Weltkrieg zerstört wurde. Der vorhandene Fußgängertunnel wird in östlicher Richtung verlängert und unterquert somit das gesamte Bahngelände. Die 1995 aufgestellten Quertragwerke für die Oberleitung werden zugunsten von Einzelmasten entfernt. Auf Grund der geringen Gleislänge ist eine Überholung oder Kreuzung von Güterzügen und ICE im Saalbahnhof nicht mehr möglich.

Da wenige 100 Meter weiter südlich der ICE-Haltepunkt Jena Paradies entsteht, ist es völlig unverständlich und nicht nachvollziehbar, dass der Saalbahnhof nicht als Betriebsbahnhof erhalten bleibt, von dem auch Züge des Fernverkehrs beginnen bzw. enden oder auch einmal abgestellt werden können und damit auf jede Kapazitätsreserve verzichtet wird!

Auf dem anschließenden Hochdamm wird nach Verlassen des Saalbahnhofs die Stadt Jena weiter durchfahren und nach etwa zwei km der Haltepunkt Jena Paradies bei km 27,1 erreicht. Seine Eröffnung ist für Dezember 2004 vorgesehen. Er ist der vierte Haltepunkt dieses Namens in diesem Bereich.

Der Bahnübergang aus Richtung Jena Ost um 1910 AUFNAHME: SAMMLUNG FRANK DÖBERT

Haltepunkt Jena Paradies 1880 bis 1914

Der erste Haltepunkt Jena Paradies wurde am 15. Oktober 1880 als Haltestelle „Paradies bei Jena“ auf Wunsch der Stadt bei km 27,3 eröffnet. Das Haltestellengebäude – es wurde 1886 errichtet – entsprach dem von Jena-Zwätzen. Den Eisenbahndamm gab es noch nicht. Deshalb lag dieser Haltepunkt auf Straßenniveau. 1897 beabsichtigte die Königliche Eisenbahn-Direktion Erfurt, hier eine Gepäckabfertigung einzurichten. Dazu wurde das Gebäude erweitert. Eine weitere Änderung erfuhr es, als ab 1900 die Bahnsteigsperre auf der Saalbahn eingeführt wurde.

Haltepunkt Jena Paradies 1914 bis 1999

Mit der Herstellung des Eisenbahndammes zwischen 1912 und 1914 wurde auch dieser Haltepunkt auf sein heutiges Niveau gelegt. Zuvor war das Haltestellengebäude abgebrochen worden. An seine Stelle trat ein neues und größeres Empfangsgebäude, das heute noch in seiner Grundform existiert. Während dieser Zeit entstand auch eine Fußgängerunterführung zum Bahnsteig.

Von 1972 bis 1974 wurde das Empfangsgebäude rekonstruiert, der Bahnsteig erhöht und mit einer längeren Überdachung versehen, um den höheren Ansprüchen, vor allem des Berufsverkehrs, zu genügen. Für die meisten Berufstätigen, die in Jena arbeiten und mit der Bahn anreisten, war der zentral gelegene Haltepunkt Ein- und Aussteigebahnhof. Das Empfangsgebäude wird nicht mehr von der Bahn genutzt und steht zum Verkauf.

Am 25. September 1999 wurde dieser Haltepunkt geschlossen. An seine Stelle und an die Stelle des IC-Bahnhofs Jena Saalbahnhofs trat etwas weiter südlich, bei km 27,4, ein Provisorium.

Haltepunkt Jena Paradies 1999-2004 (Provisorium)

Nachdem der Ausbau des alten Saalbahnhofs verworfen und 1999/2000 die Einführung des ICE-T bevor stand, wurde für ca. 2 Mio. DM ein provisorischer Haltepunkt errichtet. Er wurde 1998/1999 zwischen km 27,5 und 27,9 südlich des bisherigen Haltepunktes erbaut und besteht aus zwei Holzbahnsteigen, ebensolchen Wartehäusern und drei Containern als „Reisezentrum“. Er ist seit dem 26. September 1999 in Betrieb und wird zum Jahreswechsel 2004/2005 geschlossen, wenn der neue ICE-Haltepunkt eröffnet wird. Dafür hat man zwei einigermaßen funktionierende Betriebsstellen, den Saalbahnhof und den alten Hp Paradies aufgegeben. Vom südlichen zum nördlichen Eingang konnte man die Straßenbahn benutzen: Haltestelle Felsenkeller – Haltestelle Phyletisches Museum!

Der erste Haltepunkt Jena Paradies, die Wartehalle wurde bereits für eine Gepäckabfertigung erweitert.

Der neue hoch gelegte Eisenbahndamm in Jena wurde am 1. Mai 1914 in Betrieb genommen. Er war auch Voraussetzung dafür, dass die Straßenbahn nach Jena-Ost erweitert werden konnte. Die Aufnahme entstand um 1925.

Jena Paradies nach dem Umbau, der bis 1914 vonstatten ging. Ein Zug mit preußischen Abteilwagen verlässt den Haltepunkt in Richtung Saalbahnhof.

AUFNAHMEN (3): SAMMLUNG WERNER DRESCHER

Der povisorische Haltepunkt Jena Paradies mit seinen zwei Holzbahnsteigen wurde unmittelbar hinter dem bisherigen Haltepunkt errichtet. Im Hintergrund sind noch die „Container" des DB-Reisezentrums zu erkennen. 143 169 führt am 20. Oktober 1999 die RB 16495 Großheringen – Saalfeld – Lichtenfels.

AUFNAHME: WERNER DRESCHER

ICE-Haltepunkt Jena Paradies

Zwischen km 27,0 und 27,4 entstand in den Jahren 2003 und 2004 dieser Haltepunkt nördlich des ursprünglichen Haltepunktes.

Aus städtebaulicher Sicht, vor allem der zentralen Lage wegen, entschied sich die Stadt für diesen Standort. Der Haltepunkt soll Tor zum Stadtzentrum werden und eine neue Qualität in der Verknüpfung von Bahnhof, Stadtzentrum sowie städtischem und regionalem ÖPNV bieten. Im September 1996 wurde durch die Jenaer Stadtverordneten der entsprechende Beschluss gefasst. Leider wurde die Öffentlichkeit im Vorfeld wenig beteiligt und weitestgehend von der Diskussion ausgeschlossen. Nach dem genannten Beschluss sollte der Haltepunkt bereits zum Fahrplanwechsel 1998 fertig sein. Ein Provisorium sollte gar nicht erst entstehen. Geldmangel seitens der DB führte jedoch zu einer erheblichen Verzögerung. Neben den genannten Vorteilen hat der Haltepunkt auch zwei erhebliche Nachteile:

- Eine Verknüpfung mit der Weimar-Gera-Bahn ist nicht gegeben
- Es ist kaum Platz für den ruhenden Verkehr vorhanden

Zeitweise hatte es sogar den Anschein, als würde der Haltepunkt überhaupt nicht mehr gebaut. Nachdem Bahnchef Mehdorn, der Wirtschaftsminister Thüringens, Schuster, und der Jenaer Oberbürgermeister Röhlinger am 1. März 2002 im Jenaer Rathaussaal

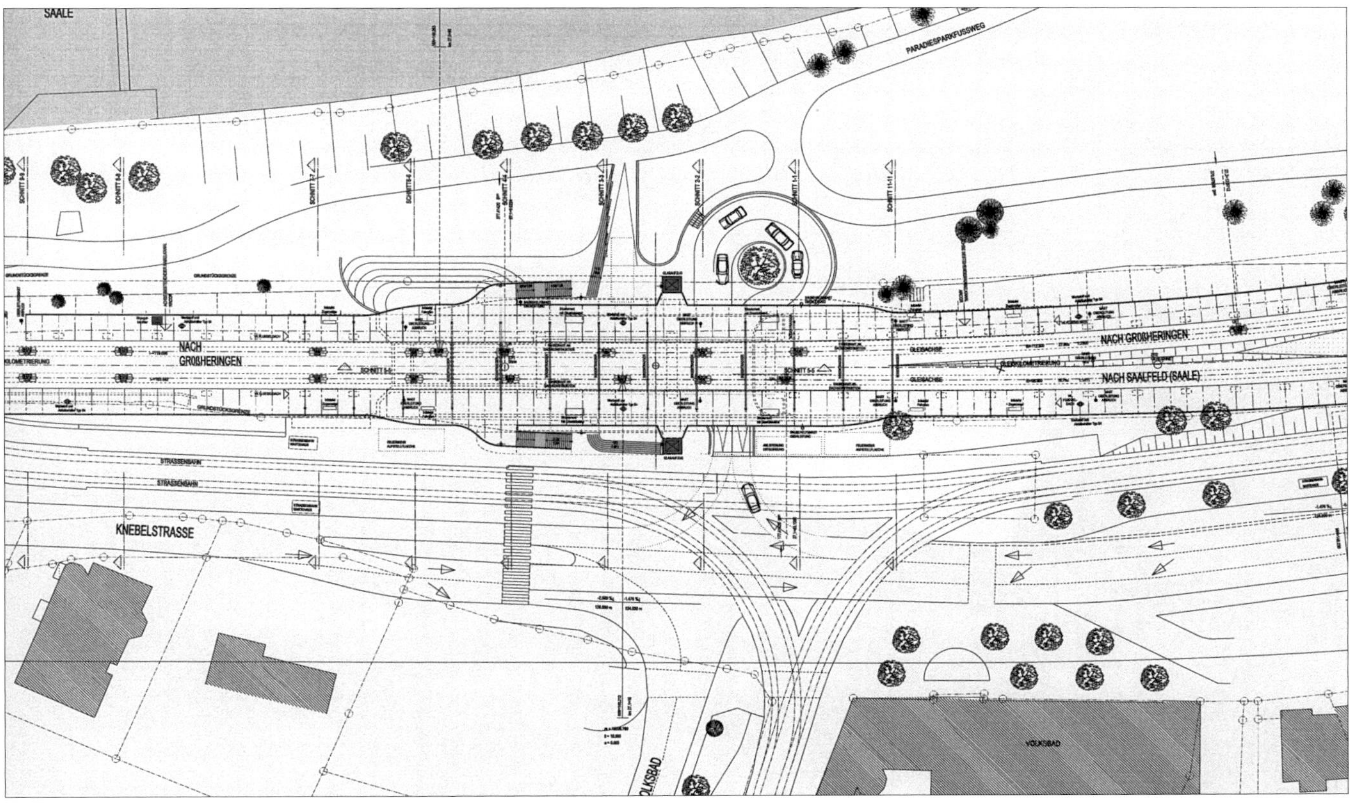

Der Neubau Jena Paradies in der Draufsicht

QUELLE: DEUTSCHE BAHN/IFB DR. BRASCHEL AG

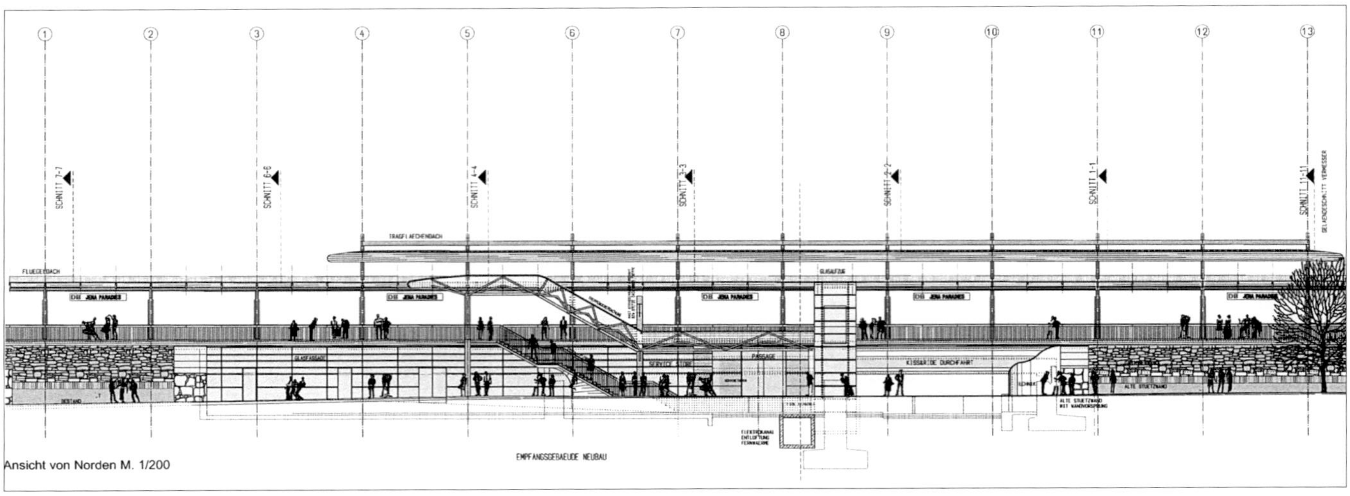

Das „Reisezentrum" des Haltepunktes Jena Paradies zwischen 1999 und 2004, aufgenommen am 11. September 1999
AUFNAHME: WERNER DRESCHER

einen Verkehrsvertrag für Thüringen und eine Vereinbarung zum Bau von Jena Paradies unterzeichneten, konnte der Bau beginnen.Nach dieser Unterzeichnung stand aber auch fest, dass an einen Bahnhof in Jena, der den Verkehr zwischen Saal- und Weimar-Geraer Bahn vermitteln könnte, auf absehbare Zeit nicht zu denken sein wird.

Der Haltepunkt wurde in dem vorhandenen Damm eingefügt. Umfangreiche Sanierungsarbeiten waren dazu notwendig. Auf beiden Seiten rammte man je ca. 550 Spundwandbohlen ein. Zur Stabilisierung wurden beide Spundwände unterirdisch durch Stahlstangen verbunden. Auf diesem nun entstandenen Spundwand-Fangedamm montierte man die Bahnsteige. Die Bauarbeiten begannen offiziell am 31. März 2003. Als Voraussetzung für die eigentlichen Bauarbeiten mussten vier Hilfsbrücken eingefügt werden. Nachdem sie im Juli und August 2003 eingehängt wurden lief der Verkehr während der Bauarbeiten ohne nennenswerte Sperrpausen über diese Hilfsbrücken.

Kernpunkt des Haltepunktes ist ein 50 m langes Brückenbauwerk. Es wurde neben den Gleisen hergestellt und in einer Sperrpause am 12. Juni 2004 eingeschoben. Unter diesem entstehen ein Reisezentrum und eine Verkaufseinrichtung für Reisebedarf mit einer Gesamtfläche von 250 m². Eine Unterführung mit Wendeschleife für Pkw, eine sogenannte „Kiss & Ride Umfahrt", wurde hier mit eingefügt. Die Bahnsteige sind 370 m lang und teilüberdacht. Sie sind über Treppen und Aufzüge erreichbar. Dieser Neubau ist nicht Bestandteil des „Projektes Nr. 22 – Überhang", die Finanzierung erfolgt gesondert. Die geplanten Kosten 16,6 Mio. € – sie werden getragen vom Freistaat Thüringen, der Stadt Jena und DB Station&Service, werden um 4 Mio. € überschritten. Durch den Rückbau des Provisoriums entstehen weitere Kosten.Betrieblich gesehen ist der ICE-Bahnhof Jena Paradies trotz seines Namens lediglich ein Haltepunkt. Regionalzüge können in Jena Saalbahnhof bzw. Göschwitz beginnen bzw. enden. Fernzüge können in Göschwitz enden und beginnen.

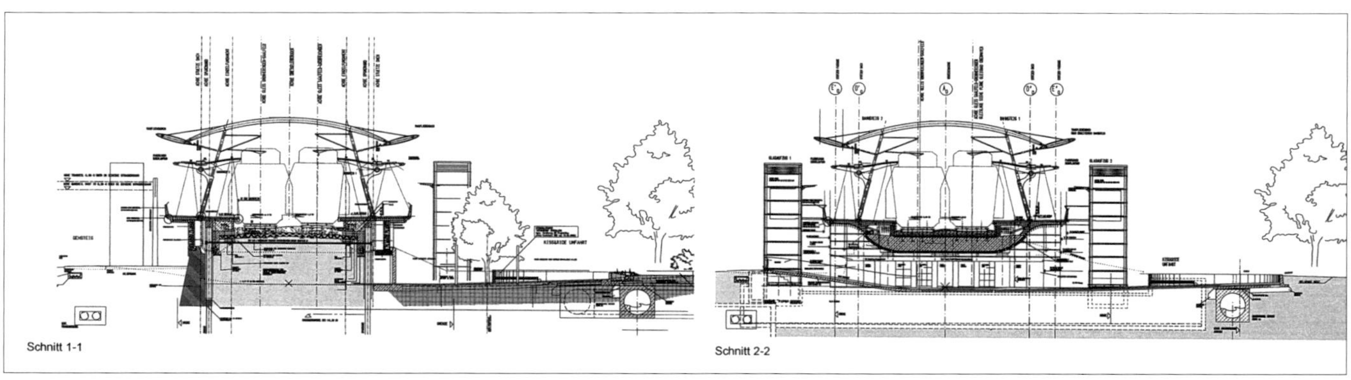

Der Neubau Jena Paradies in der Seitenansicht (links) und im Schnitt

QUELLE: DEUTSCHE BAHN/IFB DR. BRASCHEL AG

Blockstelle Ammerbach

Bei km 28,3 wird die Blockstelle Ammerbach passiert. Nach weiteren 2,1 km unterquert die Saalbahn die Weimar-Geraer Bahn. Hier „An der Ringwiese" gab es schon einmal den Gedanken, einen Gemeinschaftsbahnhof zwischen Saal- und Weimar-Gera-Bahn zu errichten. Vom km 30,0 bis Göschwitz benutzen beide Bahnen ein gemeinsames Planum. Aus diesem Grund böte sich dieser Ort für einen Gemeinschaftsbahnhof an. Der Ort liegt zentral zwischen großen Wohn- und Gewerbegebieten und dem Stadtzentrum. Er ist durch Straßenbahn sehr gut angeschlossen. Gut ausgebaute Straßen führen in unmittelbarer Nähe vorbei. Platz für den ruhenden Verkehr ist ausreichend vorhanden. Von der Fachhochschule Erfurt gab es dazu schon eine Studie:

Visionen für einen Bahnhof

Erfurter Architekturstudenten planen einen neuen IC-Bahnhof für Jena

Das Diplomthema ist für die Studierenden die intensivste, komplexeste Auseinandersetzung mit Architektur am Ende des Studiums. Wissen, Fähigkeiten und Fertigkeiten im Entwurf, der Gestaltung, der Konstruktion, Kenntnisse über Wirtschaft, Technologie und Ökologie sind notwendig, um einen Entwurf diplomgerecht zu bearbeiten. Eine Herausforderung an jeden Diplomanden. Visionen werden zur Idee, Tradiertes wird konsequent hinterfragt, Haltung präzisiert und schließlich materialisiert. 18 von insgesamt 45 Diplomanden am Fachbereich Architektur der Erfurter Fachhochschule entschieden sich für das von den Studierenden selbst eingereichte Diplomthema: Hauptbahnhof Jena – Neubau eines zentralen Verkehrsknotenpunktes für die Stadt Jena. Bereits im Juni 1999 war den Studenten Gunter Enderle, Mario Lahn und David Seidl klar, ihr Diplom sollte ein interessantes, innovatives Thema behandeln. Angeregt von den Konzeptionen zur Renaissance der Bahnhöfe und durch die Diskussionen zu geplanten und gebauten Bahnhofsprojekten formulierten sie das Thema eines neuen Hauptbahnhofes für die Region Jena. Hintergrund ist die besondere zersiedelte Stadtstruktur von Jena mit ihren vier Bahnhöfen (Saalbahnhof, Paradiesbahnhof, Westbahnhof, Bhf. Jena Göschwitz) an zwei Hauptstrecken. Die Holzlandbahn/Strecke: Frankfurt – Dresden und die Saalebahn/Strecke: Berlin – Nürnberg, jede mit eigenem Fernbahnhof, die rund 2 km voneinander entfernt liegen. Ein Umsteigen von der Ost-West-Strecke zur Nord-Süd-Strecke ist nur mit dem städtischen ÖPNV bzw. Taxi möglich, was zeitraubend, unsicher und umständlich ist. Der Ansatz für das Diplomthema war ein zentraler Verkehrsknotenpunkt im Bereich der Schnittstelle beider Eisenbahntrassen, der zur Bündelung und Verteilung sämtlicher Verkehrsträger der Stadt führt und die getrennten Stadtteile bindet. Ein Bahnhof für Jena ist nicht vergleichbar mit den Konzeptionen für den Bahnhof Stuttgart 2000, den Neubau des ICE Bahnhofes Frankfurt-Flughafen, den Expo 2000 – und Messebahnhof Hannover-Laatzen, den Umbau des Erfurter Hauptbahnhofes oder den bereits abgeschlossenen Umbau des Leipziger Hauptbahnhofes zu einem modernen Shopping- und Kulturcenter. Abgesehen von der nicht vergleichbaren Größenordnung (die Bahn rechnet für Jena mit einem Fahrgastaufkommen von rd. 8.000 Fernreisenden und Pendlern pro Tag) steht in Jena eher die Problematik der strukturellen Bindung zwischen den Zentren der Alt- und Neustadt/Lobeda. Ergänzende kommerzielle und kulturelle Funktionen im Zusammenhang mit einem neuen Hauptbahnhof dürfen nicht zu einer Verödung der vorhandenen Zentren führen. Angemessene Lösungen waren gefragt, die einem gut funktionierenden Verkehrsknotenpunkt gerecht werden, genügend Offenheit für zukünftige, sich entwickelnde Funktionen bieten, hohe Gestalt- und Gebrauchswerteigenschaften mit Merkzeichencharakter besitzen sowie wirtschaftliche und energetische Aspekte innovativ behandeln. Eine überaus komplexe Aufgabe, zumal der Standort eine grobe Definition der städtebaulichen Struktur und Verkehrserschließung erforderte. Die Diplomanden entwickelten Visionen und beantworteten auf recht unterschiedliche Weise das Thema eines mittelstädtischen Bahnhofes. Bemerkenswerte Konzepte und Modifikationen des Bautyps Bahnhof wurden in den Diplomkolloquien vorgestellt:

Der Bahnhof

- *als „Brücke" zwischen Altstadt, Neustadt und Saaleaue*
- *als „1. Schicht" und auslösendes Element einer künftigen infrastrukturellen Entwicklung*
- *als Element der funktionell räumlichen Verzahnung mit dem Stadtraum*
- *ein Symbol für Geschwindigkeit und Dynamik*
- *eine Architektur der Identität mit Merkzeichencharakter*
- *das Bahnhofsgebäude als erschließende „Röhre"*
- *insbesondere das Bahnhofsdach als sog. „fünfte Fassade" mit raffinierter, filigraner Konstruktion*
- *ein öffentlicher Ort mit optimierten Service- und Dienstleistungsfunktionen, weniger Verkaufs- und Vermarktungsfunktionen*

Interessant und anregend sind die Bahnhofsentwürfe, die auch durch ihre handwerklich perfekten Modelle im Maßstab 1:200 bestechen. 3 Monate Arbeit investierten die jungen Architekten in ein Thema, das stark exemplarische Züge trägt und dessen gesellschaftliche ökologische und volkswirtschaftliche Brisanz auf Umsetzung drängt. ***Prof. Dr. Birgitt Zimmermann, FH Erfurt***

(Der Text war am 18. Februar 2000 unter www.fh-erfurt.de/ak/pm017.html zu finden)

Jena Hauptbahnhof, leider nur eine Vision. Blick nach Süden: Rechts könnten die Züge der Saalbahn und links die Züge der Weimar-Gera-Bahn halten.Einer von etwa 15 Entwürfen. AUFNAHME: FH ERFURT

Der gemeinsame viergleisige Abschnitt der Saalebahn und der Weimar-Geraer Bahn nahe Göschwitz im Sommer 1976, aufgenommen mit Blick nach Süden. Zwischen den beiden Vorsignalen der Saalbahn (rechts) und der Weimar-Geraer-Bahn (links) macht sich 01 0519 mit dem P 5033 auf den Weg nach Weimar. AUFNAHME: GÜNTER SCHEIBE

Bahnhof Göschwitz

Der Bahnhof ist Gemeinschaftsbahnhof mit der Weimar-Geraer Bahn. Dort liegt er bei km 27,5. Er wurde am 1. Juli 1876 eröffnet. Wenige Tage vorher, am 29. Juni, ist die Weimar-Geraer Bahn in Betrieb gegangen.

Das Empfangsgebäude wurde von der Weimar-Geraer Eisenbahn-Gesellschaft gebaut und von der Saal-Eisenbahn-Gesellschaft gegen Miete mitbenutzt. So ist auch zu erklären, dass die Haupteingänge auf Seiten der Weimar-Gera-Bahn liegen. Der Bahnhof wird im Folgenden überwiegend aus der Sicht der Saalbahn beschrieben. Es sei an dieser Stelle auf die Veröffentlichung „Die Weimar-Gera-Bahn“ vom selben Autor beim EK-Verlag hingewiesen.

Die Gleisanlagen waren anfangs recht bescheiden. Sowohl die Saal- als auch die Weimar-Geraer Bahn hatten jeweils nur drei Gleise und eine Weichenverbindung. 1879 wurde der heutige Bahnsteig 2 eröffnet, um ein betriebssicheres Kreuzen der Züge zu ermöglichen.

Am 10. November 1882 wurde im Nordteil des Bahnhofs ein Anschlussgleis für die Frommoltsche Holzstofffabrik in Burgau in Betrieb genommen. Dessen genaue Lage lässt sich heute leider nicht mehr identifizieren. Es war der zweitälteste Privatanschluss der Saalbahn und offensichtlich bis etwa um 1910 in Betrieb. Er musste übrigens durch den Unternehmer selbst finanziert werden.

Bis zum Jahr 1890 verdoppelte sich die Gleislänge. 1886 erfolgte der Bau des nächsten privaten Anschlussgleises, der für die Sächsisch-Thüringische Zementfabrik. Der Bahnhof musste ständig erweitert werden, um den größer werdenden Anforderungen zu genügen. Nach 1905 wurde mit dem zweigleisigen Ausbau der Saalbahn der Bahnhof angepasst. Dabei entstanden vier Stellwerke: das Befehlsstellwerk G und die Wärterstellwerke Gn (Norden), Gw (Saalbahn, Richtung Süden) und Go (Weimar-Gera-Bahn, Richtung Osten)

Durch die Stadt Jena wurde 1923 – Göschwitz war zu dieser Zeit schon einmal eingemeindet – der Antrag auf Umbenennung des Bahnhofs Göschwitz in „Jena Süd“ gestellt. Dem Antrag wurde nicht stattgegeben, wie auch der Umbenennung von „Jena Saalbahnhof“ in „Jena Nord“, die im selben Antrag gewünscht wurde. 1953 schlug die Deutsche Reichsbahn dem Bürgermeister von Göschwitz vor (Göschwitz war inzwischen wieder eine selbstständige Gemeinde), den Bahnhof in „Göschwitz/ Saale“ oder „Jena Süd“ umzubenennen. Da aber zu dieser Zeit eine Eingemeindung von Göschwitz nach Jena noch nicht vorgesehen war, erhielt der Bahnhofsname nur den Zusatz „Saale“. Seit 1969 ist Göschwitz wieder eingemeindet, es ist trotzdem bei dem bisherigen Namen geblieben. Seit jüngstem gibt es Bestrebungen seitens der Stadt Jena, den Bahnhof in „Jena-Göschwitz“ umbenennen zu lassen.

Im Zuge des Autobahnbaues Dresden – Hermsdorfer Kreuz – Kirchheimer Dreieck in den Jahren 1937/38 ergaben sich für einige in der Nähe liegende Bahnhöfe zum Teil recht umfangreiche Änderungen. So mussten zum Beispiel in Mellingen und Stadtroda zusätzliche Abstellgleise angelegt werden. In Göschwitz wurde zur Errichtung des bekannten Autobahnviaduktes über Roda und Saale im Dreieck Weimar-Geraer Bahn – Autobahn – Saalbahn ein provisorischer Abstellbahnhof mit sieben Gleisen angelegt. Bei km 28,25 der Weimar-Geraer Bahn erfolgte die Abzweigung. Nach der Fertigstellung des Viaduktes wurden die Gleise wieder entfernt. Seit dem Jahr 2003 entsteht im Zuge des Ausbaus der Bundesautobahn 4 an dieser Stelle ein zweite Autobahnbrücke. Die Eisenbahn wird zum Bau nicht mehr in Anspruch genommen.

Rechte Seite: Gleisplan des Bahnhofs Göschwitz um 1991
SAMMLUNG WERNER DRESCHER/HARALD WÖLFEL

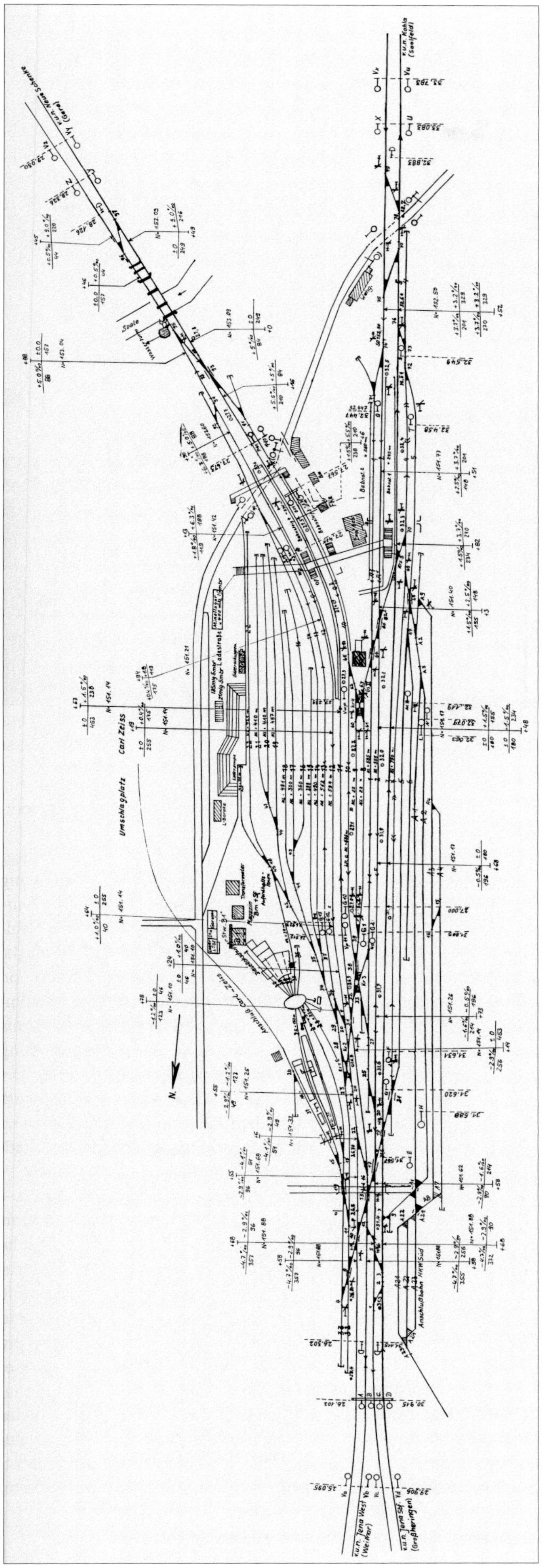

Die Entstehung des Lokbahnhofs Göschwitz

Zur Lokbehandlung hatte die Weimar-Geraer Eisenbahn-Gesellschaft auf dem Bahnhof Göschwitz eine dampfbetriebene Wasserstation eingerichtet. Weitere Anlagen entstanden erst um 1900. Die Entstehungsgeschichte der Lok-Einsatzstelle lässt sich nur schwer rekonstruieren, da ein offizieller Schriftwechsel nicht auffindbar war. Der Grund für das Entstehen dürfte aber darin liegen, dass nach der Verstaatlichung der Bahnen Preußen die beiden „Locomotiv-Wechsel und -Reserven" Jena, bisher im Saalbahnhof und im Weimar-Geraer Bahnhof, am Kreuzungspunkt von Saal- und Weimar-Geraer Bahn in Göschwitz vereinigen wollte. Zeichnungen ist zu entnehmen, dass um 1902 die erste Drehscheibe mit einem Durchmesser von 16,2 m eingebaut und ein einständiger Lokschuppen errichtet wurde. Nach 1914 wurde der heute noch vorhandene Lokschuppen mit den entsprechenden Nebenanlagen gebaut.

Fahrplanunterlagen zufolge ist er seit 1915 Lokomotivreserve und unterstand von 1920 bis 1945 dem BW Weimar. Es ist aber nicht auszuschließen, dass die Stationsschlosserei Göschwitz früher gegründet wurde, obwohl die Lokomotiven in Jena Saalbahnhof (1924 aufgelöst) bzw. Jena Weimar-Geraer Bahnhof (1926 aufgelöst) untergestellt waren. 1907 wurde im Gelände der Maschinenstation ein Wasserturm errichtet, der bis 1976 in Betrieb war. Er musste abgerissen werden, weil in der Nähe ein neues Gleisbildstellwerk entstand. Im Jahr 1934 kam ein zweiter Wasserturm im Südteil des Bahnhofs hinzu, der heute noch steht, aber nicht mehr in Betrieb ist.

Von 1945 bis 1955 unterstand der Lokbahnhof dem BW Gera, bis 1968 wieder dem BW Weimar und ab 1968 dem BW Saalfeld. Das Gebäude der Lokleitung wurde 1957 aufgestockt. Zu dieser Zeit war der Lokbahnhof Göschwitz mit ca. 150 Beschäftigten der größte Lokbahnhof der Deutschen Reichsbahn.

Die Zeit nach 1945

Von den Bombardierungen, die am 19. März 1945 auch Göschwitz erreichten, blieb der Bahnhof, im Gegensatz zum Saalbahnhof und Saalfeld, im Wesentlichen verschont. Etwa 50 Bomben trafen benachbarte landwirtschaftlich genutzte Flächen, dabei wurde die Fahrleitung beschädigt.

1959 wurde das Empfangsgebäude umgebaut. Die umfangreichsten Änderungen erlebte der Bahnhof zwischen 1969 und 1980. In den sechziger Jahren wurden die Zeiss-Werke erweitert und in Göschwitz neue Fertigungsstätten eingerichtet. Dazu wurde 1968 eine Anschlussbahn gebaut. 1969 wurden die Gleise 1 bis 10 umgebaut. Der Bahnhof war zu dieser Zeit permanent überlastet, die verfügbaren Bahnhofsgleise waren ständig besetzt, was mit einem Rückstau zu anderen Bahnhöfen verbunden war. In dieser Zeit wurde die Zweigleisigkeit zwischen Göschwitz und Jena Saalbahnhof wieder hergestellt. Es folgten die Abschnitte Göschwitz – Neue Schenke (1970), Göschwitz – Kahla (1971) und Göschwitz – Jena West (1974).

Aus dem 1886 entstandenen Anschlussgleis für das dortige Zementwerk wurde von 1968 bis 1970 die Anschlussbahn für das daraus entstandene Betonplattenwerk erweitert. Das Werk wurde darüber mit Baustoffen beliefert; die dort produzierten Betonfertigteile für Wohnungen wurden per Bahn bis nach Berlin transportiert. Aus dieser Anschlussbahn entstand durch Erweiterung die Anbindung für ein entstehendes Heizkraftwerk. Dieses Heizwerk sollte die Industriebetriebe, aber auch die in großer Zahl neu entstandenen und noch zu errichtenden Wohngebiete Jenas mit Wärmeenergie versorgen. Es wurde zwischen 1970 und 1972 gebaut und zunächst für Ölfeuerung eingerichtet. In dieser Zeit entstanden signalgesicherte Ein- und Ausfahrten zur Saalbahn, drei

Der Bahnhof Göschwitz auf einer zeitgenössischen Ansichtskarte aus dem Jahr 1898. Sie zeigt die Seite der Saalbahn. AUFNAHME: SAMMLUNG FRANK DÖBERT

Entgegen früheren Veröffentlichungen belegt diese Aufnahme vom 8. April 1945, dass der Bahnhof Göschwitz keine Treffer durch Bombenabwürfe erhielt. Im Bild oben links der Ortsteil Winzerla und unten links Göschwitz. QUELLE: THÜRINGER LANDESVERMESSUNGSAMT

Abstellgleise und zwei Gleise zur Ölbunkerung. Ein Gleis führte bis zum Maschinenhaus. In der Bauphase wurden hier Baustoffe und Maschinen angeliefert. Das Heizkraftwerk wurde Hauptanschließer und Rechtsträger für diese Anschlussbahn. Das Plattenwerk war Nebenanschließer. Bau und Betrieb der genannten Anschlussbahnen machten den schon mehrfach verschobenen Umbau der Signal- und Sicherungsanlagen zwingend notwendig. Besonders das Stellwerk Gn stand dem Bau der Anschlussbahn zum Heizkraftwerk im Wege.

Ende 1976 wurde der alte Wasserturm abgebrochen, dadurch wurde Baufreiheit für neue Dienstgebäude und den Bau eines Zentralstellwerkes (B 1) geschaffen. Am 15. Juli 1977 konnte nach fünf Jahren Bauzeit dieses Stellwerk und die erneuerte Signal- und Sicherungstechnik in Betrieb genommen werden. Die nun nicht mehr benötigten Stellwerke Gn, Go, Gw wurden 1977/78 abgebrochen, 1982/84 wurde das Stellwerk G zu einem Dienstgebäude umgebaut.

Zwischen 1980 und 1982 wurde das Kraftwerk in Folge der Ölkrise um einen braunkohlegefeuerten Teil erweitert. Der ölgefeuerte Teil wurde stillgelegt und später nur noch bei dringendem Bedarf genutzt. Mit der Einführung der Kohlefeuerung wurden erhebliche Antransporte an Braunkohle und Abtransporte von Asche notwendig. Die Anlage wurde auf über 20 Gleise erweitert. Es wurden eine Auftauhalle und Anlagen für die Aschebeladung gebaut. Für die Kohleentladung mussten drei verschiedene Gleise für drei verschiedene Entladungsmöglichkeiten gebaut werden, weil die DR die Zuführung der Kohle in einer Wagengattung für eine Entladungsart nicht garantieren konnte. So entstand ein Gleis zur Entladung von Fad- bzw. Fal-Wagen, ein zweites Gleis mit Waggonkippanlage zur Entladung von Ea-Wagen. Ein drittes Gleis mit Entladekran musste für E-Wagen gebaut werden, die nicht gekippt werden konnten, weil sie nicht über Entladeklappen verfügten oder weil diese zugeschweißt waren. Die Anschlussbahn war so projektiert, dass täglich bis 6.000 Tonnen Kohle – etwa sechs Züge – entladen werden konnten.

Zur Bedienung standen anfangs zwei Lokomotiven vom Typ V 22, Fabriknummern 262310 und 262311, 1971 in Babelsberg gebaut, zur Verfügung. Nach dem Ausbau der Anschlussbahn erhielt der Betreiber eine Lokomotive vom Typ V 60 aus Hennigsdorf. Sie hatte die Fab.-Nr. 17694 und wurde 1981 gebaut. Zur Einsparung von Dieselkraftstoff baute zu dieser Zeit die DR wieder verstärkt feuerlose Lokomotiven. Durch das Heizkraftwerk wurden 1983/84 zwei Lokomotiven (Raw Meiningen, Bj. 1983 Fab.-Nr. 03008 und Bj. 1984 Fab.-Nr. 03055) beschafft. Die Anschlussbahnen wurden mit diesen Lokomotiven bis 1991/ 92 bedient. Beide Lokomotiven wurden am 20. Juni 1998 von der Lokomotive 52 8075 der IG Werrabahn zur Verschrottung abgeholt.

1971 entstand ein Container-Umschlagplatz. Bis zum Jahr 1987 wurden hier 50.000 Großcontainer umgeschlagen. Die Container kamen bzw. gingen u.a. nach Großbritannien, Österreich, Ägypten, Italien, Kuwait, Kuba und natürlich in die Sowjetunion. Per Lkw wurden sie u.a. nach Apolda, Stadtroda und Kahla weiterbefördert.

Anfang der siebziger Jahre sollte Jena das wissenschaftlich-technische Forschungszentrum des Rates für gegenseitige Wirtschaftshilfe (RGW) werden. Es gab Studien zum grundhaften Umbau der Stadt Jena. Unter anderem sollte ein neues Nahverkehrssystem – eine Einschienenbahn nach dem System Allweg – gebaut werden (siehe Bild auf Seite 149 unten). Der Bahnhof Göschwitz hätte dafür

65 1020 im Juli 1976 auf der Drehscheibe des Lokbahnhofs Göschwitz. Im Hintergrund der im selben Jahr abgerissene Wasserturm. AUFNAHME: DETLEF HOMMEL

völlig umgebaut werden müssen. Diese Gedanken lösten sich bald in ein Nichts auf.

Trotzdem war die Bedeutung des Bahnhofs Göschwitz in den siebziger und achtziger Jahren unbestritten. Im Güterverkehr waren enorme Mengen für die Anschließer Heizkraftwerk, Carl Zeiss Jena und das Plattenwerk zu bewältigen. Im Güterverkehr kamen dem Bahnhof auch Aufgaben in der Zugbildung zu. So wurden anfahrende Frachten aus Naumburg, Weißenfels, Saalfeld, Weimar, Neue Schenke und Gera zu neuen Zügen für die entsprechenden Richtungen umgebildet. Das waren drei bis fünf Zugpaare mit bis zu 500 Wagen, die täglich rangierdienstlich behandelt werden mussten. Göschwitz hatte sich damit im Laufe der Jahrzehnte zum größten Unterwegsbahnhof zwischen Großheringen und Saalfeld entwickelt.

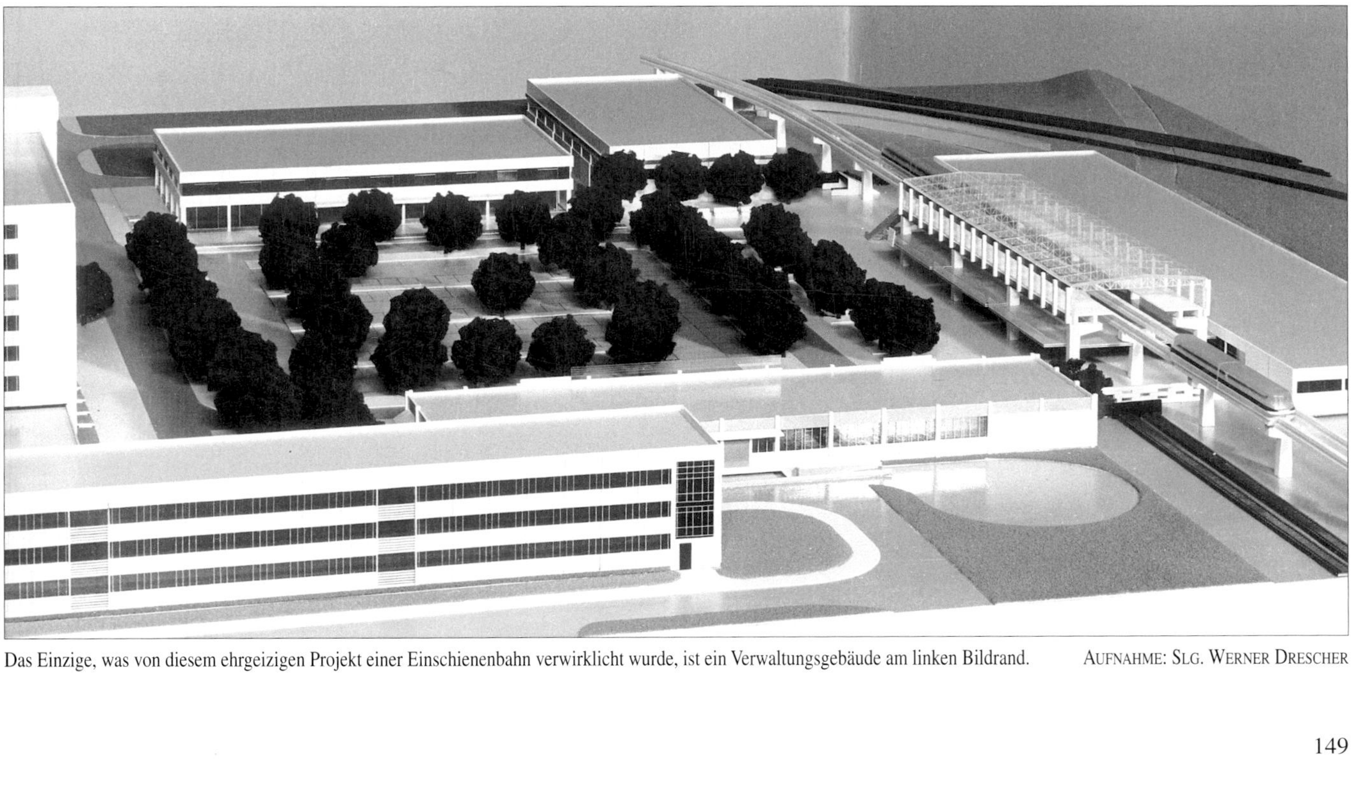

Das Einzige, was von diesem ehrgeizigen Projekt einer Einschienenbahn verwirklicht wurde, ist ein Verwaltungsgebäude am linken Bildrand. AUFNAHME: SLG. WERNER DRESCHER

41 1155 der Einsatzstelle Göschwitz des Bw Saalfeld vor dem Stellwerk Gn in Göschwitz. Sie gehörte damals zu den letzten DR-41, die noch einen dreidomigen Nachbaukessel aus den Jahren 1943/44 trugen. Die Aufnahme entstand am 18. Mai 1975.

AUFNAHME: DETLEF HOMMEL

Die Bebauung Jenas wurde besonders in den sechziger bis achtziger Jahren und vor allem in Richtung Süden fortgesetzt. Im Einzugsbereich des Bahnhofs Göschwitz wohnten in diesen Stadtteilen (Lobeda, Burgau, Göschwitz und Winzerla) etwa die Hälfte der über 100.000 Einwohner zählenden Stadt. Deshalb nahm auch seine Bedeutung im Reiseverkehr zu. Einige schnellfahrende Züge bekamen schon in Vergangenheit und Gegenwart in Göschwitz einen Verkehrshalt. Auch für die hier angesiedelte Industrie und den dafür notwendigen Berufsverkehr hatte der Bahnhof große Bedeutung. Züge des regionalen Reiseverkehrs wurden von hier aus eingesetzt bzw. endeten hier. Im Generalverkehrsplan der Stadt Jena war eine Vorbehaltsfläche für den eventuellen Neubau eines Empfangsgebäudes vorgesehen.

In jüngster Zeit gab es auch Vorschläge, Göschwitz als Hauptbahnhof für Jena einzurichten. Seine ungünstige Lage, der Straßen- und Nahverkehrsanschluss ist völlig unbefriedigend, ließen diese Diskussionen verstummen.

Die Zeit nach 1990

Der Umbau des Heizkraftwerkes 1991/92 auf Erdgas bewirkte den Verlust des größten Bahnkunden. Etwa zur selben Zeit stellte das Plattenwerk seine Produktion ein. Carl Zeiss Jena wurde umstrukturiert und die Anschlussbahn überflüssig und abgebaut. Die Anschlussbahn des Heizkraftwerkes wurde von einem privaten Nutzer übernommen. Von seiner Seite gibt es Bestrebungen, deren Reste wieder für Be- und Entladungen zu nutzen.

Bereits im Jahr 1990 ist der Containerumschlagplatz außer Betrieb genommen worden. Mit dem Fahrplanwechsel 1995 und der Einführung des elektrischen Zugbetriebes wurden hier keine Güterzüge mehr gebildet. Die Lokomotiven vom Lokbahnhof wurden nach Saalfeld abgegeben. Die Lokleitung blieb lediglich noch bis zum 31. Dezember 1995 für die Einteilung des Lokpersonals zuständig, am 1. April 1996 wurde der Lokbahnhof endgültig geschlossen und ist heute von den Gleisen beräumt.

Die beiden Dampfspeicherloks der Anschlussbahn des Heizkraftwerkes in Göschwitz kamen im Sommer 1992 nochmals zum Einsatz, da die Diesellokomotive der Baureihe V 60 in Chemnitz zur Hauptuntersuchung weilte.

AUFNAHME: OLAF BUHLER

Rechte Seite:
Mit Volldampf hat 01 2114 am P 3003 im April 1980 gerade Göschwitz verlassen und strebt nach dem Passieren der Autobahnbrücke dem nächsten Haltebahnhof Rothenstein zu. Der Einsatz der letzten Altbau-01 währte auf der Saalbahn nur ein knappes Jahr und gehörte im Jahr 1980 zu den Höhepunkten für Eisenbahnfreunde in der DDR.

AUFNAHME: DETLEF HOMMEL

01 2114-5

In unregelmäßigen Abständen tritt die Saale trotz Hochwasserschutz über die Ufer, wodurch sich aber interessante Fotoperspektiven ergeben. Die Schäden halten sich aber seit dem Hochwasser von 1890 in Grenzen. Im März 1979 führt 44 0567 einen Güterzug in Richtung Camburg. Das Göschwitzer Einfahrvorsignal wurde soeben passiert. AUFN.: MARTIN HELLER

Für den Reiseverkehr liegt der Bahnhof nach wie vor ungünstig. Eine Verknüpfung mit dem öffentlichen Personennahverkehr ist nicht vorhanden. In jüngster Zeit gibt es Gedanken, das Gewerbegebiet Jena-Göschwitz mit Straßenbahn zu erschließen, was durchaus von großem Vorteil wäre. Es fehlen aber nach wie vor vernünftige Anschlüsse an das Straßennetz.

Da der Güterverkehr auf der Weimar-Gera-Bahn eingestellt ist, liegt die Bedeutung des Bahnhofs für den Güterverkehr heute nur noch darin, dass zu überholende Güterzüge kurzeitig abgestellt werden können. Im Juli 2001 teilte DB Cargo der Stadt Jena mit, dass im Rahmen von MORA C geplant ist, die Güterverkehrsstelle aufzugeben. Die Stadt Jena andererseits forderte, diesen Bahnhof als Güterverkehrsstelle zu erhalten. DB Cargo teilte wiederum mit, dass von Januar bis Juni 2001 lediglich 38 Wagen im Versand und 41 Wagen im Empfang abgewickelt wurden und deshalb die dazu notwendige Infrastruktur nicht vorgehalten werden könne. DB Cargo machte auch den Vorschlag, den Güterverkehr von einem anderen Eisenbahnverkehrsunternehmen (z. B. Erfurter Industriebahn) durchführen zu lassen. Eine Umfrage der Stadt bei Jenaer Unternehmen ergab aber, dass perspektivisch ein tatsächlicher Bedarf kaum vorhanden ist. Damit wurde Göschwitz für den Güterverkehr aufgegeben.

Im Zuge der Wiederelektrifizierung der Saalbahn wurde auch der Bahnhof Göschwitz zwischen 1994 und 1996 umgebaut. Im Rahmen der „Spurplanbereinigung" ist eine direkte Verbindung vom Gleis 4 zu den Gleisen 3, 2 und 1 der Saalbahn sowie zu den Gleisen 8 und 9 und damit zur Weimar-Gera-Bahn im Bereich des Personenbahnhofs nicht mehr möglich. Die durchgehenden Hauptgleise wurden zum Teil erneuert. Die Gleise 1 bis 5 im Bereich des Personenbahnhofs sind mit Fahrleitung überspannt.

Seit dem 19. April 1999 findet die Lehre für die Thüringer Auszubildenden im Beruf Kaufmann im Verkehrsservice in Göschwitz statt. Sie sind im Rahmen ihrer Ausbildung für Verkehr und Vermarktung zuständig. Wenigstens ist damit dem größten Verfall der Verkehrsanlagen Einhalt geboten. Zuvor war der Bahnhof renoviert worden. Die Bahnsteigunterführungen wurden freundlicher, die Bahnsteigüberdachungen erhielten einen neuen Anstrich und neue Fahrtrichtungsanzeiger wurden aufgestellt.

Neben dem jetzigen Stellwerk B 1 ist eine ESTW-Uz eingerichtet. Von hier aus wird die Weimar-Gera-Bahn zwischen Oberweimar und Jena West gesteuert.

Ehe man Göschwitz und damit Jena verlässt, ist links noch die Ruine der Lobdeburg erkennbar. Sie war ein für das Mittelalter typischer Feudalsitz mit einer wechselvollen Geschichte. Ihren Besitzern diente sie vor allem der Beherrschung der Handelsstraßen des Saale- bzw. Rodatales. In der Ferne ist bereits die nächste Burg, die Leuchtenburg, sichtbar. Sie wird auch „Leuchte des Saaletales" genannt. Bei km 35,1 bis km 35,3 wird die Schutzstrecke Maua passiert.

Haltepunkt Rothenstein

Der Haltepunkt Rothenstein wurde mit der Inbetriebnahme der Saalbahn bei km 35,7 als Bahnhof mit Güterverkehr errichtet. Er war mit einem 95 m^2 großen Güterschuppen ausgerüstet. Für den Personenverkehr war ein einfaches Haltestellengebäude vorhanden. Des Weiteren gab es drei Weichen, ein Kreuzungs- und ein Güterschuppengleis.

Nachdem der Bahnhof Göschwitz eröffnet worden war, verlor der Haltepunkt Rothenstein für den Güterverkehr seine Bedeutung, so dass er am 1. Oktober 1878 aufgegeben wurde. Die heute noch vorhandene Geländeverbreiterung zwischen km 35,5 und 35,8 geht auf diesen ersten Bahnhof Rothenstein zurück. Im Jahr 1878 wurde durch die Saal-Eisenbahn-Gesellschaft dann eine *„Haltestelle für den Personenverkehr im Dorfe daselbst eingerichtet"*, d.h., der Haltepunkt wurde nach km 36,4 verlagert. Als der zweigleisige Ausbau der Saalbahn erfolgte, äußerte die Gemeinde Rothenstein den Wunsch nach Einrichtung des Güterverkehrs. Dem konnte zwar noch nicht entsprochen werden, aber für die eventuelle Einrichtung eines Güterbahnhofs wurde der Haltepunkt 1906 nach km 36,1 verlegt, da hier der entsprechende Platz für die Gleisanlagen vorhanden war. Zur Einführung des Güterverkehrs ist es dennoch nicht gekommen. Rothenstein erhielt in diesem Zusammenhang aber ein recht stattliches Empfangsgebäude und ist auch seit dieser Zeit Blockstelle. In diesem Gebäude sind auch die Stellanlagen für die Blockstelle untergebracht.

Rothenstein erhielt mit dem zweigleisigen Ausbau dieses für einen Haltepunkt doch recht repräsentatives Empfangsgebäude. Hier befindet es sich gerade im Bau. AUFNAHME: SAMMLUNG WERNER DRESCHER

Die weitere Notwendigkeit des Empfangsgebäudes für den Betrieb wird zur Zeit untersucht.

Entsprechend dem Nahverkehrsplan des Freistaates Thüringen des Jahres 1998 sollte die Notwendigkeit untersucht werden, den Haltepunkt weiter in Richtung Ortsmitte zu verlegen. Offensichtlich wurde dies nicht weiter verfolgt. Der Haltepunkt liegt weiterhin ungünstig in peripherer Lage. Im Sommer 2002 erhielt der Haltepunkt zwei neue 140 m lange Bahnsteige. Die Gleise wurden in diesem Bereich umfassend saniert. Für diese Zeit wurde ein eingleisiger Behelfsbetrieb zwischen Schöps und Göschwitz notwendig. Am km 38,6 wurde während dieser Zeit eine Überleitstelle „Schöps" eingerichtet. Die Formsignale bleiben noch bis Ende des Jahres 2004, der Einführung der heute gebräuchlichen Kombinierten Signale (KS) erhalten.

Kurz hinter Rothenstein war sehr wenig Platz für den Bahnbau vorhanden. Umfangreiche Sprengarbeiten sowie die Verlegung der Straße waren notwendig, um diesen Platz zu schaffen. Anschließend wird das Tal wieder erheblich breiter, Bei km 38 erkennt man noch jenseits der Bundesstraße 88 das ehemalige Unterwerk Rothenstein (Schöps).

Ausweichanschlussstelle Schöps

Zwischen dem Schrankenposten 30 bei km 38,5 und dem km 39,7 legte 1972/73 die DR auf Forderung der NVA eine Anschlussbahn (Ausweichanschlussstelle) mit drei Abstellgleisen an. 1973 wurde dazu ein Nutzungsvertrag mit der NVA abgeschlossen. Ein etwa 1 km langes Gleis führte in deren dortige unterirdische Anlagen. Nach 1990 wurde dieser Anschluss von der Bundeswehr weiter betrieben. Im Jahr 2001 sollte der Anschluss aufgelassen und abgebaut werden. Am 21. März 2003 erfolgte eine Vereinbarung mit der Bundeswehr, dass dieser Anschluss vorübergehend stillgelegt, aber mit der Maßgabe einer eventuellen Nutzung durch einen Nachfolger erhalten wird. Am 24. April 2003 wurden in einem Infrastrukturanschlussvertrag die Rechte an der Anschlussbahn an DB-Netz gegeben. Bis in das Jahr 2001 wurde dieser Anschluss von Göschwitz aus bedient. Die Bahn nähert sich dem Ort Kahla.

Rothenstein 112 Jahre später am 28. November 1986. 41 1225 ist dort mit dem P 3003 eingefahren. Das Empfangsgebäude glänzt mit zeitgenössischen Parolen. AUFN.: MICHAEL MALKE

Bahnhof Kahla im Mai 1977: 01 0509 überholt mit dem P 4006 den Nahgüterzug 66476, der mit 44 0553 bespannt ist. AUFNAHME: MARTIN HELLER

Haltepunkt Kahla

Der Bahnhof Kahla bei km 41,7 wurde mit der Eröffnung der Saalbahn in Betrieb genommen. Das Empfangsgebäude entstand nach bewährtem Muster (siehe auch Camburg).

Besonders die Koch'sche Porzellanfabrik in Kahla profitierte vom Bau der Saalbahn. Schon bald nach derem Bau verlegte man die Porzellanfabrik in die Nähe der Bahn. 1886 erhielt die Koch'-sche Porzellanfabrik einen Gleisanschluss. Im Jahre 1883 wurde eine Centesimalwaage aufgestellt. Infolge des erhöhten Verkehrs wurden 1886, 1887 und 1893 Bahnsteige, Ladegleise und -straße erweitert. Nach 1907 entstand das Befehlsstellwerk Ks und das Wärterstellwerk Kn.

Durch die sich vergrößernde Industrie in den Jahren nach 1960 stieg vor allem der Güterverkehr an. Große Mengen Holz waren für das hier ansässige Sägewerk zu transportieren. Weitere Anschlussgleise für die Landwirtschaft (der Volkseigene Erfassungs- und Aufkaufbetrieb – VEAB) und die Grenztruppen mussten bedient werden. Für das Porzellanwerk wurden Gips, Kaolin und Kartonagen angeliefert. Das Sägewerk benötigte Leerwagen zum

Empfangsgebäude mit dem Schild „Kahla Sachsen-Altenburg" mit Personal um 1881

AUFNAHME: SAMMLUNG WERNER DRESCHER

Versand von Schnittholz und Holzschnitzel. Auch musste ein Betonwerk bedient werden. Täglich waren 25 bis 40 Wagenladungen zu bewegen. Aus Jena kam deshalb täglich eine Lok zum Rangieren nach Kahla. Um Leerfahrten einzusparen, wurde in Kahla eine Kleinlokomotive (Kö) stationiert und ein Kleinlokschuppen errichtet.

Auch in Kahla gab es nach der Wiedervereinigung den Einbruch bei der Wirtschaft und damit dem örtlichen Güterverkehr. Das Sägewerk gibt es nicht mehr, die Porzellanindustrie wurde erheblich geschrumpft. Die Grenztruppen besaßen in Kahla ein Anschlussgleis. Dieses wurde 1991 von der staatlichen Bahnaufsicht stillgelegt, nachdem das Gelände war herrenlos und verwaist war. Lediglich das Betonwerk musste noch einige Zeit bedient werden. Der Restverkehr findet seitdem auf der Straße statt.

1994/95 wurde der Bahnhof Kahla im Rahmen der Wiederelektrifizierung umgebaut. Die Weiche 6 und zwei weitere blieben zunächst noch zur Bedienung des Betonwerkes erhalten und wurden bei Bedarf von Göschwitz aus in einer Sperrfahrt bedient. Nach 1995 entfiel auch diese Bedienung. Die Weiche 6 war im Jahr 2004 noch vorhanden, die anderen Gleise aber abgeschnitten. Das Stellwerk Kn ist seit 1995 stillgelegt. Kahla ist somit nur noch Haltepunkt und Blockstelle.

Für den nunmehrigen Haltepunkt entstanden zwei neue 110 m lange Bahnsteige und ein Fußgängertunnel zwischen beiden Bahnsteigen. Alle übrigen Gleise wurden entfernt. Im Jahr 2003 wurde in Kahla ein Stellrechner installiert, der von Saalfeld aus gesteuert wird. Das Stellwerk Ks diente 2003 noch als Blockstellwerk und Bedienung der Schranke unmittelbar am Stellwerk und der Anrufschranke am km 43,6, dem ehemaligen Posten 43. Das Empfangsgebäude wird nicht mehr benutzt.

Haltepunkt Großeutersdorf

Die Saalbahn verläuft nun zum größten Teil in unmittelbarer Nähe der Saale, in der breiten Flussaue liegend, in Richtung Orlamünde. Eine breite Geländeaufschüttung bei km 45,3 erinnert an den ehemaligen Haltepunkt Großeutersdorf. 1944 wurde der Haltepunkt

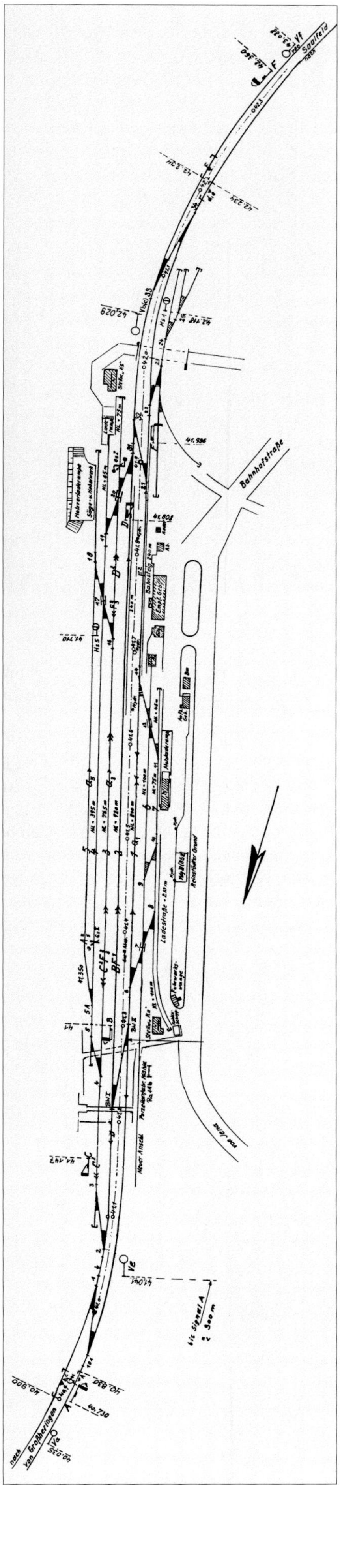

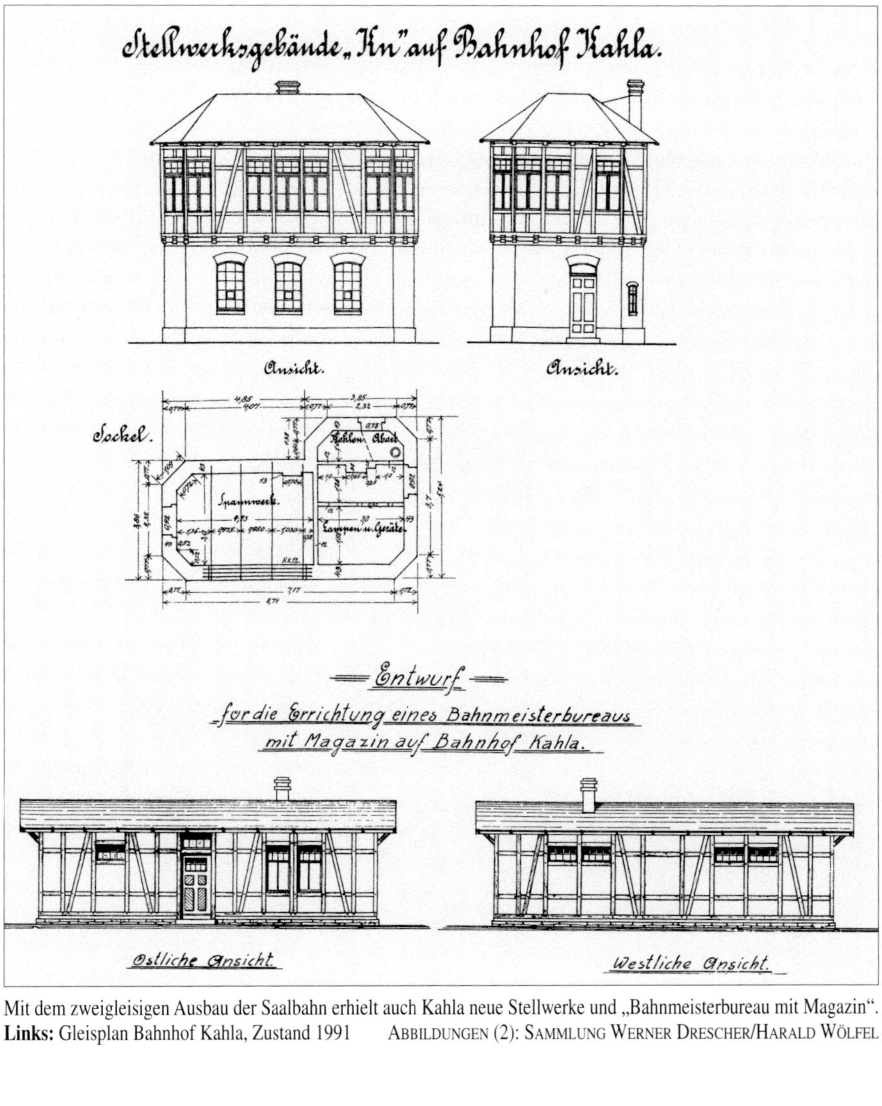

Mit dem zweigleisigen Ausbau der Saalbahn erhielt auch Kahla neue Stellwerke und „Bahnmeisterbureau mit Magazin".
Links: Gleisplan Bahnhof Kahla, Zustand 1991   Abbildungen (2): Sammlung Werner Drescher/Harald Wölfel

Bahnwärter Louis Kolditz anlässlich seines 25. Berufsjubiläums am Posten 44 in Großeutersdorf, um 1900 AUFNAHME: FOTOSAMMLUNG GEMEINDEARCHIV GROẞEUTERSDORF

für den Berufsverkehr zu den REIMAHG-Werken angelegt. Nach Kriegsende wurde er nicht mehr betrieben, obwohl durch die umliegenden Gemeinden Großeutersdorf, Kleineutersdorf, Hummelshain, Eichenberg, Dienstedt und Kleinbucha am 11. Januar 1946 ein Antrag an das Betriebsamt in Jena eingereicht wurde, die Arbeiterzüge morgens und abends halten zu lassen. Auch spätere Anträge auf Wiedereinrichtung dieses Haltepunktes wurden immer wieder abgelehnt. So wurde ein Antrag der Gemeinde Großeutersdorf vom 16. März 1982 abgelehnt.

Auch der jüngste Antrag vom 16. August 2001 wurde wiederum wegen der hohen Kosten und einer nur gering zu erwartenden Fahrgastfrequenz abgelehnt. Bei km 46,0 erkennt man die im Laufe der Jahre zugewucherten letzte Reste des Anschlussbahnhofs der REIMAHG. Bei km 46,2 befand sich der Abzweig.

114 680 hat am 12. Oktober 1985 mit einem PmG den Bahnhof Kahla bereits hinter sich gelassen und wird gleich den damals schon geschlossenen Schrankenposten 43 passieren. Im Hintergrund die Leuchtenburg. Der Zug wird auf die Orlatalbahn übergehen und ist zwischen Göschwitz und Orlamünde nicht für den öffentlichen Reiseverkehr zugelassen.

AUFNAHME: THOMAS FRISTER

65 1049 (Bw Saalfeld) führt im August 1975 den P 5035 von Großheringen nach Saalfeld und wird in Kürze in den Bahnhof Orlamünde einfahren. Im Hintergrund die Leuchtenburg, im Vordergrund befand sich der Anschluss zur REIMAHG.

Aufnahme: Martin Heller

Noch 1981 – 36 Jahre nach Kriegsende – war die Bahnsteigkante des ehemaligen Haltepunktes Großeutersdorf am Streckengleis Kahla – Orlamünde immer noch zu sehen. Am 19. Mai 1981 rauscht hier wenige Tage vor dem Plandienstende der BR 01 am D 504 dieser beliebte Vormittagsschnellzug nach Berlin durch den kleinen Ort.

Aufnahme: Thomas Frister

Bahnhof Orlamünde

Der Bahnhof Orlamünde bei km 47,4 wurde zunächst als bescheidener Bahnhof mit zwei Bahnsteiggleisen und einem Gleis für den Güterverkehr eröffnet. 1884 erfolgten erste Veränderungen, 1885 wurde eine Centesimalwaage eingebaut. Mit der Eröffnung der Orlabahn nach Pößneck wurde Orlamünde Umsteigebahnhof.

1892 wurde der Bahnhof nochmals erweitert und erhielt dabei die Ausdehnung, die er bis 1999 inne hatte. Ebenfalls im Jahr 1892 wurde die Laderampe für den umfangreicher gewordenen Holzumschlag vergrößert. Zur Wasserversorgung war anfangs eine kleine Wasserstation vorhanden, die mittels Handpumpe, später mit Pulsometer betrieben wurde. Nach 1907 entstanden in Orlamünde die ersten Stellwerke. Das Stellwerk Oo – Bauart Jüdel – stammte noch aus dieser Zeit. Das Stellwerk Ow entstand zusammen mit dem Wasserturm 1935 und entspricht der Bauart Einheit. Das Empfangsgebäude stammt noch aus der Privatbahnzeit und ist äußerlich, abgesehen von einem neuen Verputz, den es 1971/1972 anlässlich der Olympischen Spiele in München erhielt, unverändert geblieben. Der Güterschuppen, ebenfalls noch im Originalzustand erhalten, diente bis 1991 einem Betrieb zur Betonteilfertigung für die Deutsche Reichsbahn.

Die Bedeutung des Bahnhofs lag vor allem in der Bereitstellung von Reise- und Güterzügen für die Orlabahn. Im Dezember 1994 wurde aus den schon an anderer Stelle genannten Gründen der Güterverkehr auf der Orlabahn und damit auch in Orlamünde eingestellt. Nachdem seit 2001 fast alle Pößnecker Züge bis nach Jena Saalbahnhof durchgebunden sind, ist der Bahnhof nur noch Durchgangsstation für den Reiseverkehr. Auch der Bahnhof Orlamünde hat sich in den letzten Jahren erheblich verändert.

Der Bahnhof Orlamünde in der wohl bekanntesten Ansicht am Stellwerk Ow mit dem charakteristischen Wasserturm. Am 14. April 1984 ist dort der P 4005 mit 119 104 (Bw Probstzella) eingefahren. Rechts wartet eine 114 mit dem Zug nach Pössneck unterer Bahnhof die Anschlussreisenden ab. AUFNAHME: DETLEF HOMMEL

1994/1995 wurde mit der Wiederelektrifizierung der Wasserturm abgebrochen. Das Gleis 4 musste Fahrleitungsmasten weichen.

Von Oktober 1999 bis Mai 2000 wurden Gleise und Bahnsteige grundhaft umgebaut. Züge nach Pößneck unterer Bahnhof fuhren von einem Behelfsbahnsteig außerhalb des Bahnhofs. Am km 45,6 wurde eine Bauweiche eingebaut und ein „Zugschlussmeldeposten“ und eine Überleitstelle eingerichtet, der Meldung nach Orlamünde gab. Vom Stellwerk Oo wurde der Befehl zum Stellen der Weiche erteilt. Zwischen dem 12. und dem 18. Februar 2000 war nur ein eingleisiger Betrieb zwischen km 45,6 und Rudolstadt möglich. Züge durchfuhren Orlamünde ohne Halt, da man gerade erst mit dem Bau des Zwischenbahnsteigs begonnen hatte. Nach dem Umbau blieben auf der nördlichen Seite drei Weichen für einen Gleiswechsel der Pößnecker Züge aus Richtung

Das Empfangsgebäude des Bahnhofs Orlamünde. Die Ansichtskarte trägt den Stempel vom 23. August 1938.

AUFNAHME: SAMMLUNG RALF BÖTTCHER

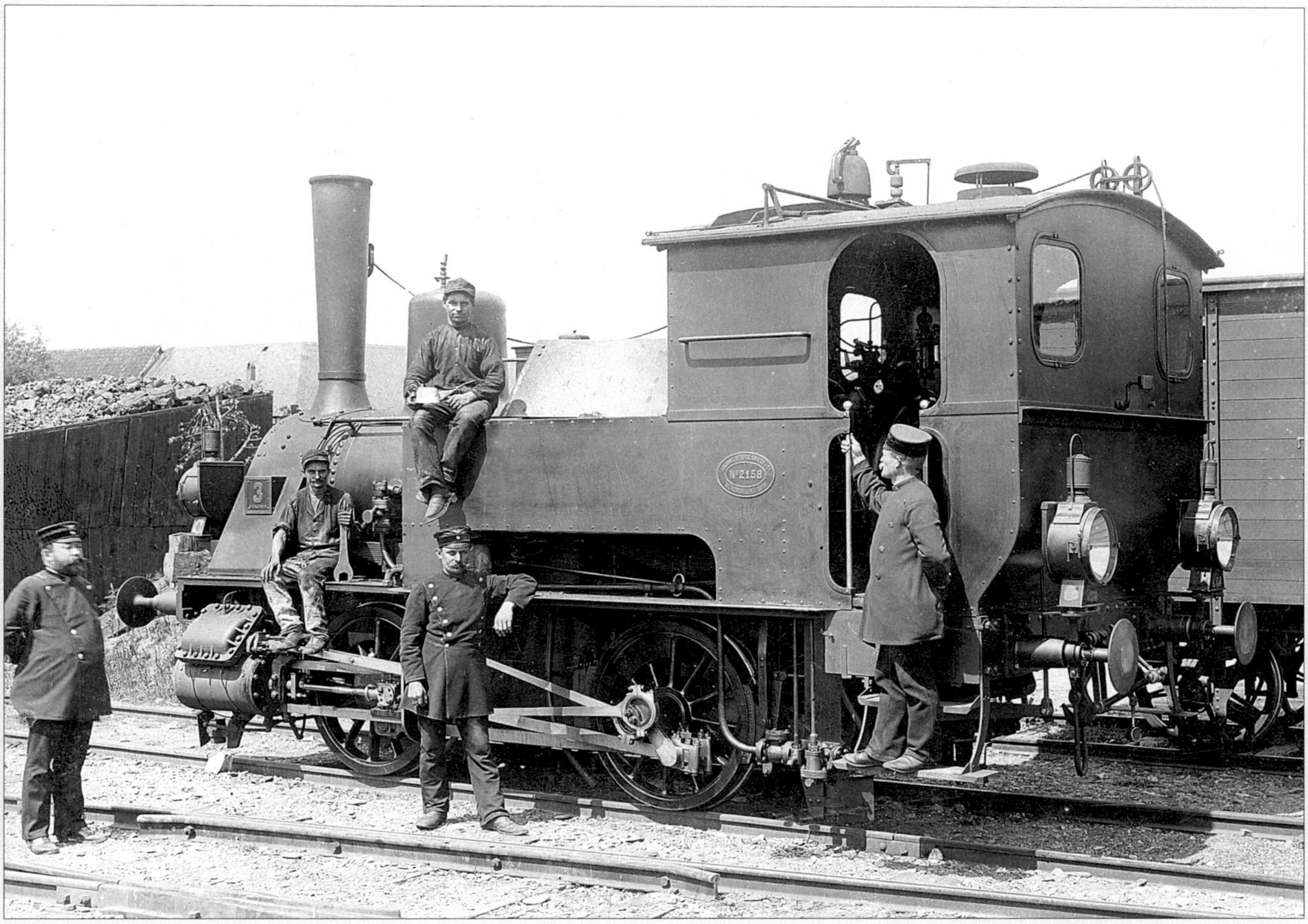

Ein echte Rarität ist dieses 112 Jahre alte Bild der Lokomotive 3 der Saalbahn, aufgenommen 1892 im Bahnhof Pössneck Saalbahn. Das Bild dokumentiert auch die Uniformen der Beschäftigten der Saal-Eisenbahn und vermittelt einen Einblick in die Arbeitswelt der Eisenbahner im 19. Jahrhundert. AUFNAHME: SAMMLUNG WERNER DRESCHER

Die Orlabahn von Orlamünde nach Pößneck unt. Bahnhof

1870 forderte Sachsen-Meiningen eine Linienführung der Saalbahn durch das Orlatal mit Anschluss an die Gera-Eichichter Bahn in Pössneck. Im Staatsvertrag vom 8. Oktober 1870 wurde der Bau der Orlabahn geregelt. Die finanzielle Lage der Saal-Eisenbahn-Gesellschaft gestattete aber erst im Jahr 1887 den Beginn der Vorarbeiten. 1888 wurde das Vorhaben konzessioniert und danach mit dem Bau begonnen. Die Strecke Orlamünde – Pößneck unt. Bf (ab 1904 und von 1889 bis 1892 Jüdewein, von 1892 bis 1904 Pößneck Saalbahn) ist 11,7 km lang und konnte am 1. Oktober 1889 für den Verkehr freigegeben werden.

Von der Saal-Eisenbahn-Gesellschaft waren die Betriebsstellen Haltepunkt Freienorla (km 0,56) und Haltepunkt Langenorla (km 5,58, ab ca. 1952 Langenorla West) eingerichtet worden. Die Haltestelle Kleindembach (km 7,31 ab etwa 1952 Langenorla Ost) wurde für den Reise- und Güterverkehr eingerichtet. Im Bahnhof Jüdewein wurde ein repräsentatives Empfangsgebäude gebaut, zur Güterabfertigung ein Güterschuppen, eine Laderampe für Stirn- und Seitenverladung und eine Centesimalwaage errichtet. Weiterhin entstanden ein Lokschuppen, eine Wasserstation mit Pulsometer und eine Kohlenladebühne.

Am 15. Oktober 1892 wurde die Anschlussstrecke von Pößneck Saalbahn nach Oppurg dem Verkehr übergeben. Die Eröffnung der Orlabahn und besonders nach der Fertigstellung des Streckenastes bis Oppurg brachte der Saal-Eisenbahn-Gesellschaft einen nicht unbedeutenden Verkehrszuwachs. Sie entwickelte sich zu einer Konkurrenzlinie des südlichen Teiles der Strecke Gera – Eichicht. Der Bahnhof Kleindembach musste nach 1914 erweitert werden und erhielt das heute noch vorhandene Empfangsgebäude mit Güterschuppen. 1928 wurde bei km 2,6 der Haltepunkt Waldhaus (Orla) in Betrieb genommen, der bis zum Beginn des Zweiten Weltkrieges bedient wurde.

Nach dem Zweiten Weltkrieg wurde der Streckenteil Pößneck unt. Bf – Oppurg als Reparationsleistung abgebaut. Auf der Reststrecke wurde in den sechziger Jahre die Einstellung des Verkehrs erwogen, aber wegen des beachtlichen Verkehrsaufkommens nicht weiterverfolgt. Nach 1990 war der weitere Bestand der Orlabahn ungewiss. Bis 1997 dümpelte die Bahn dahin, ehe am 1. Januar 1998 der Betrieb zunächst ruhte. Entgegen allen Stilllegungsgerüchten und wegen der anstehenden Landesgartenschau 2000 wurde die Strecke von Grund auf saniert.

Alle Haltepunkte wurden mit neuen Bahnsteigen und den entsprechenden Einrichtungen ausgestattet und die Gleisanlagen saniert, aber auch alle Weichen entfernt. Ein Kreuzen oder Umsetzen ist nicht mehr möglich. In Freienorla war noch bis 2004 der letzte wärterbediente Schrankenposten der Orlabahn zu finden. Er befindet sich in einem der letzten originalen Gebäude der Saal-Eisenbahn-Gesellschaft und steht unter Denkmalschutz.

Seit der Wiedereröffnung am 27. September 1998 entwickelte sich die Orlabahn sehr gut. Das Angebot wurde daher ab 2004 auf 11 bzw. 12 Züge täglich ausgebaut. Heute verkehren dort Triebwagen der BR 642. Die Strecke wurde noch 2004 vom Stellwerk Ow in Orlamünde mittels Stichbahnblock überwacht. Ab Ende 2004 soll auch die Orlabahn von Leipzig aus ferngesteuert werden.

01 0513 verlässt am 21. Juli 1979 den Bahnhof Orlamünde mit P 3003 in Richtung Zeutsch. Das Erscheinungsbild hat sich inzwischen völlig verändert. Kurze Zeit später verschwanden die Formsignale, Wasserturm und Wasserkran wurden 1994/95 abgebrochen. AUFNAHME: THOMAS FRISTER

Jena übrig. Auf der südlichen Seite sind es vier Weichen. Neben den zwei durchgehenden Hauptgleisen gibt es noch das Gleis 3 für die Orlabahn. Insgesamt ist dieses 530 m lang und kann damit auch als Überholgleis für Güterzüge verwendet werden. Das Empfangsgebäude wird nicht mehr genutzt und steht leer. Es ist als nicht mehr betriebsnotwendig eingeordnet und steht zum Verkauf.

Am südlichen Ende des Bahnsteigs 1 wurde im Herbst 2003 ein Gebäude für die elektronische Stellrechentechnik errichtet. Am 6. Dezember 2003 entstand eine Signalbrücke über die drei Gleise, die dem Bahnhof ein völlig neues Aussehen geben. Nach der Inbetriebnahme der Fernsteuerung im Herbst 2004 werden die beiden Stellwerke Ow (Befehlsstellwerk) und Oo und damit der gesamte Bahnhof nicht mehr besetzt.

Zu Füßen der Stadt Orlamünde verläuft die Strecke weiter. Ein wuchtiger, fast quadratischer Bau, die Kemenate, fällt ins Auge. Sie ist eine der ältesten Wehranlagen des Saaletales. Ihre Geschichte geht bis in das 11. Jahrhundert zurück. Ursprünglich gehörte sie dem Grafen von Orlamünde. Sie war Teil der größten und wehrhaftesten Burganlagen des Saaletales.

Bei km 50,6 war 1998 an dieser Stelle der Hang abgerutscht und hatte die Gleise verschüttet. Ähnliche Probleme gab es an dieser Stelle schon seit Jahrzehnten. Im Jahr 2002 wurden nun dieser Hang und die Gleise umfassend saniert. Die B 88, die oberhalb des Hanges verläuft, erhielt – wie der Hang und die Gleisanlagen – wieder eine Entwässerung, so dass Oberflächenwasser die Gleise nicht mehr ständig durchnässen kann.

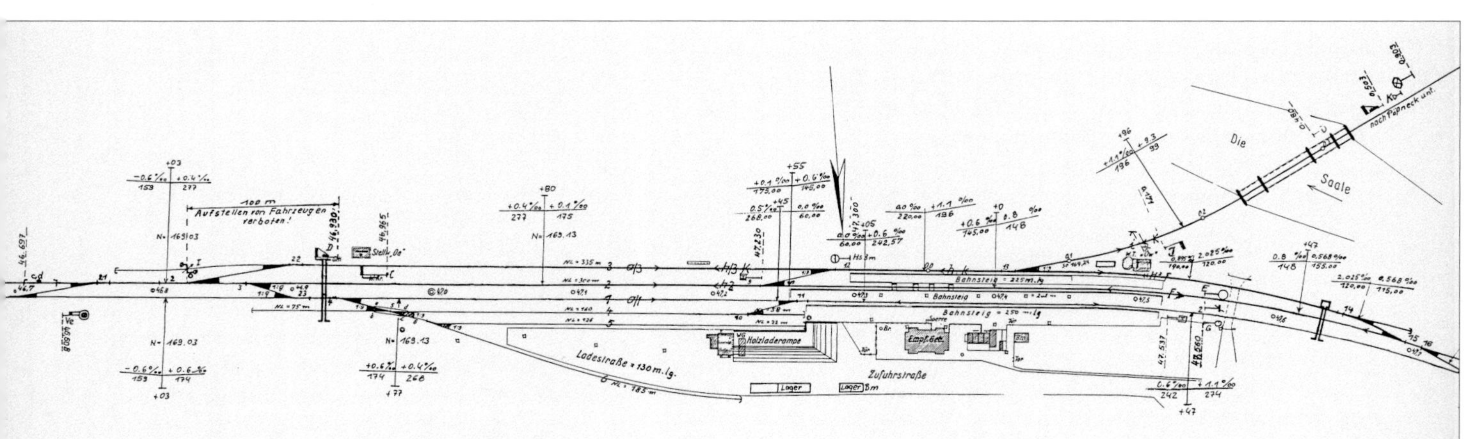

Gleisplan Bahnhof Orlamünde, Zustand 1991 ABBILDUNG: SAMMLUNG WERNER DRESCHER/HARALD WÖLFEL

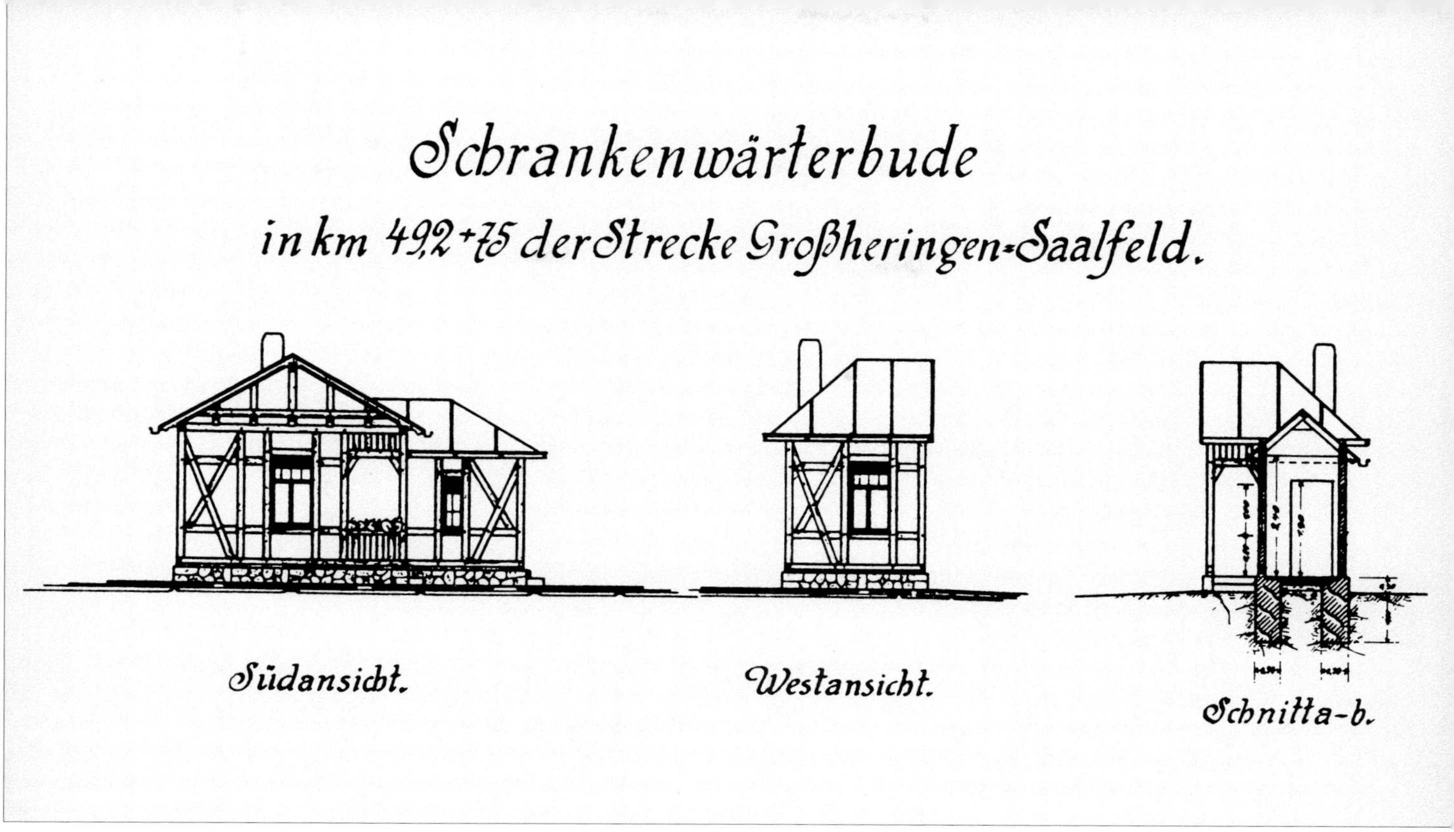

Die Wärterbude des Postens 48a nach einer Zeichnung der Königlichen Eisenbahndirektion Erfurt vom Juni 1913 ABBILDUNG: SAMMLUNG HARALD WÖLFEL

Auf dem noch eingleisigen Abschnitt zwischen Zeutsch und Orlamünde ist im August 1978 41 1263 mit einem Personenzug auf der Fahrt in Richtung Norden. AUFN.: MARTIN HELLER

Der Bahnhof Zeutsch auf einer Ansichtskarte, die am 15. Oktober 1910 geschrieben wurde. Läutewerk, gepflegte Bahnanlagen und die obligatorischen Trennzäune zwischen beiden Gleisen gehörten damals zum üblichen Erscheinungsbild der Bahnhöfe.

AUFNAHME: SAMMLUNG WERNER DRESCHER

Haltepunkt Zeutsch

Der Haltepunkt Zeutsch bei km 51,4 wurde am 5. Mai 1877 auf Wunsch der Gemeinde von der Saal-Eisenbahn-Gesellschaft eröffnet. Auf Kosten der Gemeinde wurde nach 1879 ein Haltestellengebäude errichtet. Mit dem zweigleisigen Ausbau der Saalbahn erhielt der Haltepunkt um 1907 ein neues Empfangsgebäude. Es hat das gleiche Aussehen wie das des Haltepunktes Rothenstein. 1905 gab es Pläne, von hier aus eine Eisenbahn nach Teichel und Remda zu bauen. Diese Pläne kamen aber nicht zur Ausführung.

Im Februar 1939 stellte der Bergwerksbesitzer Schöppe einen Antrag auf Einrichtung einer Güterverkehrsstelle. Sein in der Nähe gewonnener Sand sollte hier zum Versand kommen. Die RBD Erfurt lehnte ab, weil das zu erwartende Güteraufkommen zu gering wäre und es technisch problematisch wäre, in der Gleiskrümmung zusätzliche Gütergleise anzulegen. Im Februar 1951 wurde nochmals ein analoger Antrag an die RBD Erfurt gestellt. Auch dieser wurde mit derselben Begründung abgelehnt.

Der Haltepunkt Zeutsch war von 1907 bis 1979, dem erneuten zweigleisigen Ausbau der Saalbahn, Blockstelle. Der Bahnsteig in Richtung Jena wurde 1994/1995 erneuert. Der Bahnsteig in Richtung Saalfeld zeigt sich noch im Schotter-Charme vergangener Jahrzehnte. Das Empfangsgebäude steht leer und ist zum Verkauf vorgesehen.

Kurz nach Verlassen des Bahnhofs, am km 52,0, stand bis in das Jahr 2004 der letzte handbetriebene Schrankenposten der Saalbahn. An diesem Posten 50 wurde noch mit einer Originalschranke der Firma Scheit & Bachmann aus dem Jahr um 1925 gearbeitet. Erst im Jahr 1999 erhielt dieser Schrankenposten nach einem energischen Einsatz einer Schrankenwärterin einen elektrischen Stromanschluss zur Beleuchtung!

Handbediente Schranken, die durch Fahrdienstleiter bzw. Blockwärter bedient werden, gibt es nach Einführung der Fernsteuerung nur noch nördlich von Göschwitz: Block Ammerbach in Jena, Porstendorf und Dornburg. Insgesamt gibt es auf der Saalbahn noch 45 gesicherte Bahnübergänge.

Haltepunkt Uhlstädt

Bei km 55,2 wird der Haltepunkt Uhlstädt erreicht. Er wurde bei Eröffnung der Saalbahn als Bahnhof eröffnet. In dem ursprünglichen Projekt der Saalbahn von Simon war dieser Bahnhof nicht vorgesehen. Entsprechend seiner Bedeutung wurde er recht einfach ausgeführt. Offensichtlich war hier anfangs nur eine Weiche zur Güterabfertigung eingebaut. Der Güterschuppen und die Laderampe, zunächst nur zur Seitenverladung, waren bei der Eröffnung der Saalbahn bereits vorhanden. 1875 wurde ein Kreuzungsgleis eingebaut und die Laderampe erweitert. Das Empfangsgebäude war auch einfacher ausgeführt als die meisten anderen der Saalbahn. Für 1879 ist das Vorhandensein von zwei Bahnsteiggleisen und drei Weichen nachweisbar. 1890 wurde der Bahnhof erweitert und eine Centesimalwaage eingebaut, 1893 die erste Weichenstellerbude eingerichtet.

Größere Änderungen für den Bahnhof Uhlstädt ergaben sich im Zusammenhang mit dem zweigleisigen Ausbau der Strecke, als nach 1906 ein Überholungsgleis eingebaut wurde. Da der Bahnhof aufgrund seiner Geländeverhältnisse keinen Platz für dieses Überholungsgleis bot, wurde es hinter der ursprünglichen Ausfahrt in Richtung Rudolstadt angelegt. Damit entstand am südlichen Kopf bei km 56,3 die Weichenstellerbude Uw. In Vorbereitung der Elektrifizierung der Saalbahn wurde im Jahr 1935 das Überholungsgleis verlängert. Ferner wurde die Weichenstellerbude entfernt und bei km 56,48 das Stellwerk Uw errichtet. Zur selben Zeit entstand innerhalb des Bahnhofs das Stellwerk Us an seiner heutigen Stelle. Nach dem Abbau des zweiten Gleises im Jahr 1946 war das Stellwerk Uw überflüssig. Es diente nach der Außerbetriebnahme einige Jahre der Deutschen Reichsbahn als Lehrstellwerk zur Ausbildung von Lehrlingen. Später wurde es als Wohngebäude genutzt und nach 1986 abgebrochen.

Das Empfangsgebäude des Bahnhofs Uhlstädt wurde 1974 rekonstruiert. Der Güterverkehr wurde 1965 eingestellt, die Ladegleise und die Laderampe aber erst um 1975 abgebrochen. Zwischen 1993 und 1994 wurden im Bahnhof Uhlstädt die Gleisanlagen umgebaut, alle Weichen entfernt und Lichtsignale aufgestellt. Uhlstädt ist seit dem nur noch Haltepunkt und Blockstelle. Der Güterschuppen ist noch in seiner Originalform erhalten. 1994/1995 wurden neue 110 m lange Bahnsteige nördlich der bisherigen gebaut. Sie sind durch eine Fußgängerbrücke miteinander verbunden. Das Empfangsgebäude steht leer und soll verkauft werden. Geplant ist auch die Verlegung der Bundesstraße 88. Sie soll parallel und in der Nähe der Saalbahn verlaufen. Es muss davon ausgegangen werden, dass dem alle Gebäude des bisherigen Bahnhofs zum Opfer fallen würden.

Das Stellwerk Us ist noch bis zur Inbetriebnahme des ESTW-Uz in Saalfeld Ende des Jahres 2004 in Betrieb und dient als Blockstellwerk.

Bei der Ausfahrt aus dem Bahnhof Uhlstädt ist links das Schloss Weißenburg zu erkennen. Es wurde 1796 errichtet und ist bereits das dritte auf diesem Platz. Urkunden belegen, dass an dieser Stelle schon um 1300 eine Burg stand, die später durch eine Feuersbrunst vernichtet wurde.

41 1180 hat am 25. Oktober 1983 mit dem Dg 55445 den Bahnhof Uhlstädt schon verlassen und wird nach Passieren der großen Linkskurve, die hier dem Lauf der Saale folgt, auf den langen geraden Streckenabschnitt einbiegen, der nach Kirchhasel führt. Links lag das Ausweichgleis, das einige hundert Meter weiter bis zum Stellwerk „Uw" reichte und nach dem Zweiten Weltkrieg abgebaut wurde.

AUFNAHME: GÜNTER WEIMANN

Das Empfangsgebäude des Bahnhofs Uhlstädt in den frühen dreißiger Jahren

AUFNAHME: RBD ERFURT

Das Empfangsgebäude vom Bahnhof Uhlstädt auf einer Ansichtskarte um 1910.

AUFNAHME: SAMMLUNG WERNER DRESCHER

Oben: 41 1125 durcheilt am 1. Juni 1982 mit D 503 den Bahnhof Uhlstädt. Die Beförderung dieses Schnellzuges wurde öfters von der Baureihe 41 übernommen, die mit dem 11-Wagen-Zug bei einer Streckenhöchstgeschwindigkeit von 90 km/h voll gefordert wurde. Das Bild entstand vom Stellwerk Us, links der Güterschuppen aus der Gründerzeit der Saalbahn.

AUFNAHME: DETLEF HOMMEL

Am inzwischen abgebrochenen Stellwerk „Uw“ endete bis Kriegsende das in Richtung Rudolstadt angelegte Ausweichgleis des Bahnhofs Uhlstädt, das am 25. Mai 1985 von 41 1225 passiert wird.

AUFNAHME: THOMAS FRISTER

Haltepunkt Kirchhasel

Der Haltepunkt Kirchhasel, bei km 60,4 gelegen, wurde auf Betreiben der Gemeinden Kirchhasel und Unterhasel eröffnet. Sie wandten sich am 20. Juni 1875 zum wiederholten Male mit einem Gesuch zur Einrichtung einer Personenhaltestelle beim Bahnwärterhaus Kirchhasel an die Direktion der Saal-Eisenbahn-Gesellschaft. Diese lehnte zunächst jedoch die Einrichtung dieser Haltestelle aus betrieblichen Gründen ab. Nach weiteren Verhandlungen bestätigte die Saal-Eisenbahn-Gesellschaft die Einrichtung einer Personenhaltestelle bei Unterhasel am 4. August 1876. Mit Vertrag vom 30. Januar/2. Februar 1877 wurde die Anlage der Haltestelle Kirchhasel festgelegt. In diesem Vertrag verpflichtete sich die Gemeinde Kirchhasel, alle Kosten zur Einrichtung der Haltestelle zu übernehmen und die wesentlichsten Arbeiten (Bau eines Perrons, einer Barriere und einer hölzernen Wartehalle) zu übernehmen. Daraufhin wurde der Haltepunkt am 5. Mai 1877 eröffnet. Die später eingerichtete Blockstelle Kirchhasel war bis 1978 in Betrieb.

Nach Einbau einer Halbschrankenanlage im Jahre 1982 für den danebenliegenden Bahnübergang wurde Kirchhasel zum unbesetzten Haltepunkt. Das Gebäude mit Wartehalle und Fahrkartenschalter wurde 1983 abgetragen. Seit dem 23. Mai 1993 wird der Haltepunkt nicht mehr bedient und ist seitdem stillgelegt.

In Fahrtrichtung wird bald die Heidecksburg sichtbar, bis 1919 Residenz des Fürsten von Schwarzburg-Rudolstadt.

Das Haltestellengebäude von Kirchhasel. Neben dem Eingang ist erkennbar, dass die Wochenkarten mit dem Vermerk Kalenderwoche 13/1973 gültig sind. Zehn Jahre später, im Jahr 1983, wurde das Gebäude abgebrochen. Heute ist der Haltepunkt stillgelegt.

AUFNAHME: KLAUS GIBBONS

Bahnhof Rudolstadt

Wenn auch nicht so gravierend wie in Jena, so gab es auch in Rudolstadt bei der Anlage des Bahnhofs Debatten. Die Saal-Eisenbahn-Gesellschaft hatte zunächst in peripherer Lage bei km 65,6 bis 65,8 westlich der Stadt einen Standort vorgesehen, der auch noch Erweiterungsmöglichkeiten für die Zukunft gestattete. Mit der Geländevorbereitung war schon begonnen worden. Gegen diesen Standort intervenierte aber die Stadtverwaltung mit einem solchen Nachdruck, dass die Saal-Eisenbahn-Gesellschaft kurzfristig das Gelände vor dem Saaltor für die Errichtung des Bahnhofs akzeptierte. Damit hatte man für Rudolstadt zwar eine zentrale Lage des Bahnhofs erreicht, aber größere Erweiterungsmöglichkeiten der Güterverkehrsanlagen preisgegeben.

Der Bahnhof Rudolstadt wurde nach bewährtem Muster recht sparsam bei km 64,5 errichtet. Empfangsgebäude, Güterschuppen und zwei Weichenstellerhäuser entsprachen den auf der Saalbahn errichteten Gebäuden. Für 1879 sind zwei Bahnsteiggleise und fünf Weichen nachgewiesen. Besonders für den Güterverkehr mussten die Anlagen ständig erweitert werden. Bereits 1881 wurde der Güterschuppen mit dem Material des in Rothenstein abgebrochenen Güterschuppens vergrößert. Zur Verbindung der Bahnsteiggleise mit dem Güterschuppengleis wurden 1884 zwei Doppelweichen eingebaut. Im selben Jahr musste auch die Ladestraße um 70 m verlängert werden.

Mit den ursprünglichen Reise- und Güterverkehrsanlagen war das Verkehrsaufkommen von Rudolstadt in den ersten Jahren beherrschbar. Das Empfangsgebäude hatte im Erdgeschoss die Diensträume, bewirtschaftete Wartesäle 1., 2. und 3. Klasse und im westlichen Teil das Fürstenzimmer, einen größeren Raum, der dem Fürsten von Schwarzburg-Rudolstadt für Staatsempfänge zur Verfügung stand.

Bis zur Übernahme der Saal-Eisenbahn-Gesellschaft durch Preußen blieben alle Anlagen des Bahnhofs Rudolstadt nahezu unverändert. Die Verwaltung der Saal-Eisenbahn-Gesellschaft konzipierte 1894 die Erweiterung des Empfangsgebäudes. Diese Maßnahme gelangte noch unmittelbar vor der Übergabe der Saalbahn an Preußen zur Ausführung. Der westliche Teil wurde aufgestockt und am östlichen Giebel ein 12 m langer Anbau ausgeführt.

Bahnhofsszene um die Jahrhundertwende in Rudolstadt

AUFNAHME: SAMMLUNG RALF BÖTTCHER

Der Bahnhof Rudolstadt auf einer Fliegeraufnahme aus der Zeit um 1930 AUFNAHME: SAMMLUNG WERNER DRESCHER

Nach dem zweigleisigen Ausbau der Strecke wurden 1907/08 die beiden Stellwerke Rw und Ro in Betrieb genommen. In den Jahren 1910/12 war die Kapazitätsgrenze des Bahnhofs Rudolstadt endgültig erreicht. Eine Erweiterung der Reise- und Güterverkehrsanlagen wurde zur zwingenden Notwendigkeit. Die Königliche Eisenbahn-Direktion in Erfurt erarbeitete Vorstellungen zur Erweiterung des Personenbahnhofs und zum Bau eines betrieblich selbstständigen Güterbahnhofs. Die Erweiterungen des Personenbahnhofs kamen durch den Ausbruch des Ersten Weltkrieges nicht zur Ausführung.

Durch die verstärkte Ansiedlung verschiedener Industriezweige im Ostteil der Stadt musste der Bau des Güterbahnhofs unbedingt realisiert werden. Zwischen km 62 und 63,4 wurde er angelegt, konnte jedoch erst nach 1918 seiner Bestimmung übergeben werden. In den ersten Betriebsjahren waren Personen- und Güterbahnhof eine Betriebsstelle. Wegen der großen Betriebslänge der Hauptgleise waren Zwischensignale aufgestellt. Im Zuge der Vorbereitungen zur Elektrifizierung der Saalbahn erfolgte eine Trennung in zwei betrieblich selbstständige Bahnhöfe. Diese waren bis zur Bahnreform aber immer eine Dienststelle. Um die Benutzung der Hauptgleise bei den häufigen Rangierfahrten zwischen Personen- und Güterbahnhof auszuschließen, wurde neben den beiden Streckengleisen noch ein zusätzliches Überführungsgleis angelegt.

Im Rahmen der Vorbereitungsarbeiten für die Elektrifizierung in den dreißiger Jahren mussten im Personenbahnhof umfangreiche Baumaßnahmen durchgeführt werden, die gleichzeitig eine größere Durchlassfähigkeit des Bahnhofs für das stark angewachsene Reiseverkehrsaufkommen gewährleisten sollten. Dabei wurde auch das heutige Stellwerk Rw errichtet und das alte ebenerdige Gebäude abgebrochen. Im Rahmen der Baumaßnahmen erfolgte die Veränderung von Gleis- und Bahnsteiganordnung. Zur höheren Sicherheit der Reisenden entfernte man den Bahnsteig 2 zwischen den beiden Hauptgleisen und verlegte ihn zwischen die Gleise 2 und 3, wodurch das Überholungsgleis 3 nun auch für den Reiseverkehr genutzt werden konnte. Als Zugang für den Bahnsteig 2 diente eine neu geschaffene Fußgängerunterführung. Beide Bahnsteige erhielten eine weitaus größere Länge, so dass auch Schnellzüge mit voller Zuglänge halten konnten. Mit einer teilweisen Überdachung der Bahnsteige und dem Einbau mechanisch bedienter Richtungsanzeiger wurden weitere Verbesserungen für den Reisenden geschaffen.

Im Jahre 1965 führte die Deutsche Reichsbahn im Rahmen einer zentralen Oberbauerneuerung der Saalbahn die Erneuerung der Bahnhofsgleise des Bahnhofs Rudolstadt durch. 1983 wurde die Fassade des Empfangsgebäudes erneuert und die Schalterhalle rekonstruiert. 1994/1995 wurden die Bahnsteige erneuert. Das Gleis 3 wird nur noch selten benutzt, nachdem die Strecke nach Bad Blankenburg stillgelegt ist. Das Empfangsgebäude, es hat sich kaum verändert, wird als ein solches nicht mehr genutzt. Die Fahrkartenausgabe ist seit November 2003 geschlossen, nachdem sie in den letzten Jahren wenigstens noch von Montag bis Freitag jeweils vier Stunden geöffnet war. Es wird auch hier momentan die Betriebsnotwendigkeit überprüft; das Gebäude steht aber unter Denkmalschutz. Der Expressgutschuppen ist ebenfalls noch vorhanden, wird als solcher aber schon lange nicht mehr genutzt.

Mit dem Bau einer Brücke über Saale und Saalbahn bei km 64 kann auch der Bahnübergang an dieser Stelle aufgelassen werden. Im Jahr 2004 wurden die Formsignale, Rudolstadt war als letzter Bahnhof damit ausgerüstet, durch KS-Signale ersetzt. Mit der Umsetzung der genannten Maßnahmen wurden die Stellwerke Rs und Ro überflüssig und damit stillgelegt.

Auch der Güterbahnhof Rudolstadt hatte bis Ende der 80er Jahre des vergangenen Jahrhunderts ein starkes Verkehrsaufkommen. Für den örtlichen Güterverkehr entstand im Laufe der Jahrzehnte eine Reihe von Gleisanschlüssen. Aus den während des Zweiten Weltkrieges gebauten Gleisanschlüssen des Heeresproviantamtes und des Torpedoarsenals Mitte gingen verschiedene Anschlüsse hervor, die bis Anfang der 90er Jahre des vergangenen Jahrhunderts noch bedient werden. Einen weiteren Anschluss besaß die Lederfabrik Carl Nordmann, der jedoch bereits Ende der fünfziger Jahre demontiert wurde. Das heute stillgelegte Gaswerk besaß ebenfalls einen Gleisanschluss, der aufgrund des engen Radius als „Deutschlandkurve" (äußere Schiene als Auflaufschiene mit breitem Kopf und an der inneren Schiene des Bogens ein Radlenker) ausgeführt war. Ein Betonwerk wurde mit Rohstoffen beliefert. Auch gab es eine ausgeprägte Holz- und Kohleverladung.

Auch Rudolstadt blieb vom Zusammenbruch der Wirtschaft und damit des regionalen Güterverkehrs nach 1990 nicht verschont. Damit erfuhr der Güterbahnhof erhebliche Einschränkungen. Mit der Wiederelektrifizierung 1994/1995 wurden die Fahrleitungsmasten in das genannte Verbindungsgleis vom Güter- zum Personenbahnhof aufgestellt, so dass dieses Gleis nicht mehr benutzt werden konnte. Im Personenbahnhof wurde der Nordkopf vereinfacht. Neben den beiden durchgehenden Hauptgleisen ist auch noch das Gleis 3, von dem früher die Züge nach Bad Blankenburg eingesetzt wurden, bzw. dort endeten, vorhanden. Dieses Gleis ist aber nicht mit einer Fahrleitung überspannt und mit einer Nutzlänge von 430 m nur bedingt nutzbar. Ein Stumpfgleis, als Abstellgleis zweigt noch vom Gleis 3 ab.

Der Güterbahnhof wurde auf ein Minimum zurückgebaut. Neben den durchgehenden Hauptgleisen gibt es noch ein Überholgleis, das Gleis 4. Das Gleis 6 wurde an Raiffeisen verkauft und wird mit dem eigentlichen Anschluss von Raiffeisen betrieben. Mit einer Kö werden angelieferte Wagenladungen Salz und Getreide für den Versand bereitgestellt. In Rudolstadt wurde ein Stellrechner installiert, der ab dem Jahresende 2004 von Saalfeld aus gesteuert wird. Damit werden auch die vier Stellwerke in Rudolstadt überflüssig.

Rechte Seite: Gleisplan Bahnhof Rudolstadt Güter- und Personenbahnhof, Zustand 1991
ABBILDUNGEN (2): SAMMLUNG WERNER DRESCHER/HARALD WÖLFEL

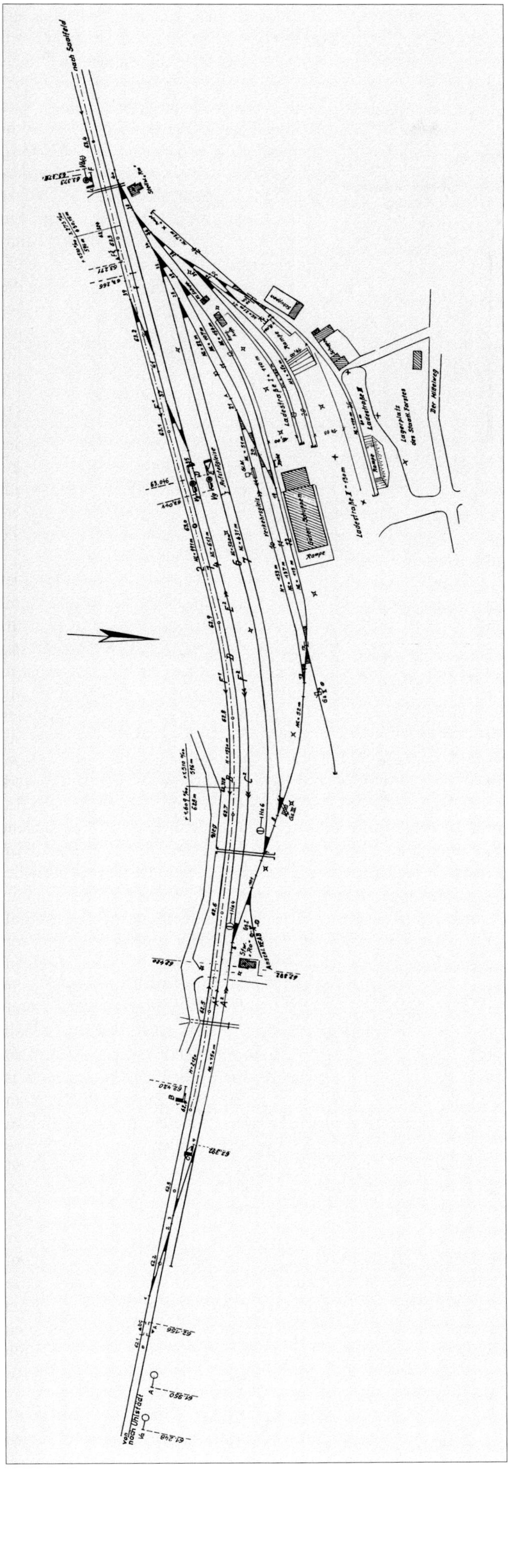
nach Saalfeld
nach Uhlstädt

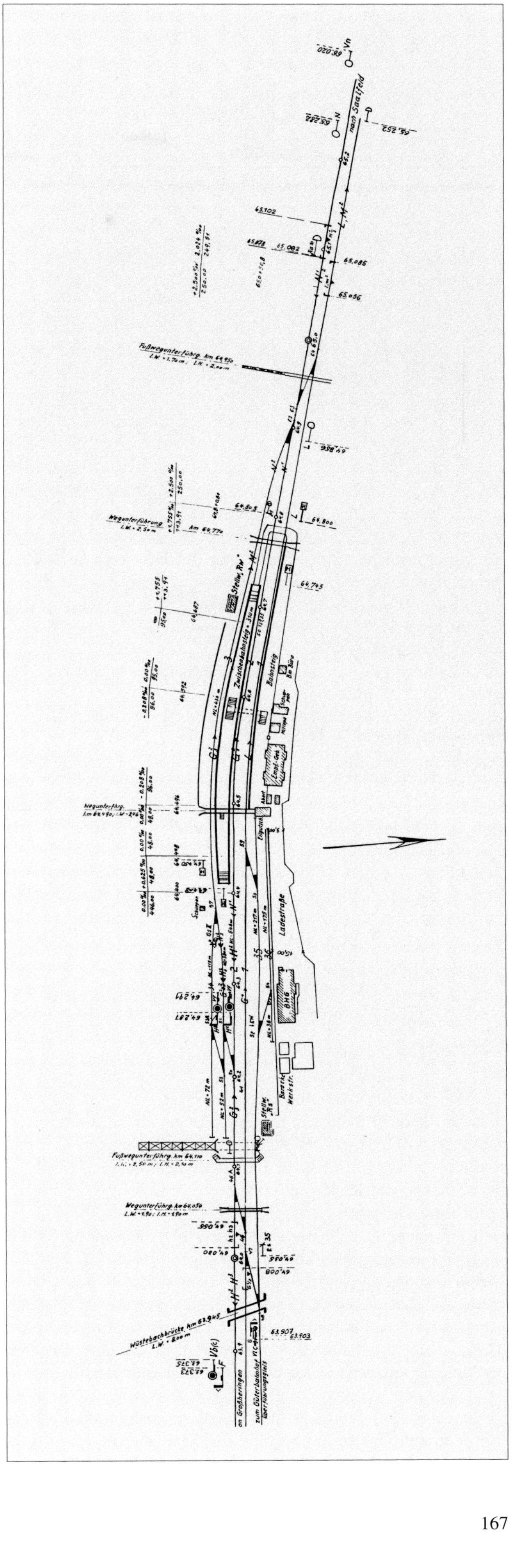
nach Saalfeld
Ladestraße

Von Rudolstadt Güterbahnhof kommend hat 95 0004 (Bw Probstzella) mit einem Nahgüterzug nach Saalfeld Rudolstadt Personenbahnhof erreicht, 16. März 1980. AUFN.: M. MALKE

Die „Richtersche Weiche“

Von Rudolstadt aus wurde der älteste Privatanschluss der Saalbahn bedient. Er ging am 15. Oktober 1878 in Betrieb. Er befand sich bei km 66,2 und gehörte der Fabrik F. Ad. Richter & Cie. dem Hersteller der bekannten Steinspielzeugkästen, dem späteren Ankerwerk. Mit einer Flankenschutzweiche und Deckungssignalen war dieses Anschlussgleis ursprünglich gesichert. Die Betriebsstelle, der Posten 60, war mit einem Betriebseisenbahner besetzt.

Küa 15840 - III.4 B (79,3)
Küa 15841 - III.4 B (79,3)
Küa 15842 - III.4 B (79,3)
Küa 15843 - III.4 B (79,3)
} **Rudolstadt (Thür) —Anschl VEB Ankerwerk** 105

Hg 30 km/h
Kleinlok
Last 100 t Mbr 7

			15840 a)			15841 a)			
1	2	3	4	5	6	4	5	6	7
64,6		**Rudolstadt (Thür)** ..	—	—	338	—	—	1010	—
66,2		Anschl VEB Ankerwerk	343	12	55	1015	10	25	3,9
64,6		**Rudolstadt(Thür)** ...	400	—	—	1030	—	—	3,9
			15842 a)			**15843 a)**			
64,6		**Rudolstadt(Thür)** ...	—	—	1320	—	—	2020	—
66,2		Anschl VEB Ankerwerk	1325	18	43	2025	10	35	3,9
64,6		**Rudolstadt (Thür)** ..	1348	—	—	2040	—	—	3,9

a) Die Küa 15840 bis 15843 fahren zwischen Rudolstadt (Thür) Gbf u Rudolstadt (Thür) als Rangierfahrt auf dem Verbindungsgleis, zwischen VEB Ankerwerk und Rudolstadt (Thür) auf dem falschen Gleis

Die Übergabefahrten zur „Richterschen Weiche“ im Winter 1959/60
ABBILDUNG: SAMMLUNG RAINER NETTE

Sie wurde von den Eisenbahnern als „Richtersche Weiche“ bezeichnet. Auf Betreiben des Fabrikdirektors Richter wurde seitens der Stadt Rudolstadt und einiger Nachbarorte bei der Königlichen Eisenbahn-Direktion Erfurt die Einrichtung einer Personenhaltestelle beantragt. Über diese Haltestelle liegen nur spärliche Angaben vor. Im Wesentlichen diente die Haltestelle der Bequemlichkeit der Kurgäste für das zum Richterschen Ankerwerk gehörende Rudolsbad. Diesen Namen führte dann auch die schließlich eingerichtete Haltestelle. Die Personenhaltestelle war nur wenige Jahre in Betrieb und ist in den offiziellen Fahrplanunterlagen nicht auffindbar.

Später wurde die Weiche verschließbar eingerichtet. Der Schlüssel befand sich im Stellwerk Rw des Bahnhofs Rudolstadt. Vom Güterbahnhof Rudolstadt aus wurde der Anschluss „Ankerwerk“ mit Sperrfahrten bis 1976 bedient. Innerhalb des Werkes rangierte man die Güterwagen mit einer feuerlosen Dampfspeicherlokomotive.

Als Mitte der dreißiger Jahre im Westen Rudolstadts umfangreiche Kasernenbauten errichtet wurden, installierte man in diesen Gleisanschluss eine Auffahrrampe für Culemeyer-Fahrzeuge. Mit diesen Straßenfahrzeugen erfolgte der Transport der Waggons mit Baustoffen in das Kasernengelände.

Bahnhof Rudolstadt-Schwarza

Der Bahnhof Schwarza, bei km 68,7 gelegen, war wie der Bahnhof Uhlstädt im ursprünglichen Projekt von Simon nicht vorgesehen. Zur Betriebseröffnung der Saalbahn war er mit äußerst bescheidenen Anlagen für den Reise- und Güterverkehr ausgerüstet. Schwarza war 1874 noch eine kleine selbstständige Gemeinde, und der Bahnhof lag abseits des Ortes. Die Bebauung des Geländes vor dem Bahnhof war eine Folge des Eisenbahnanschlusses der Gemeinde.

Das Empfangsgebäude von der Gleisseite um etwa 1930. Im Hintergrund ist das Befehlsstellwerk Ss erkennbar. An seine Stelle trat im Jahr 1992 das Stw B 1. AUFNAHME: SAMMLUNG KLAUS GIBBONS

Das Empfangsgebäude in Schwarza war nach demselben Muster wie das in Uhlstädt erbaut. Nach 1912 wurde es durch einen Anbau erweitert. Die Gleisanlagen – 1879 waren sechs Weichen verlegt – erfuhren mit dem Bau der Strecke nach Blankenburg im Jahr 1883 eine größere Änderung. Ein zweiständiger Lokschuppen und eine Drehscheibe wurden aus Saalfeld nach Schwarza umgesetzt. Um 1905 wurde der Lokschuppen abgetragen und die Drehscheibe ausgebaut, da die meisten Züge bis Rudolstadt verkehrten.

Nach der Eingemeindung der Gemeinde Schwarza in die Stadt Rudolstadt erhielt der Bahnhof im Jahr 1952 die Bezeichnung Rudolstadt-Schwarza.

1880 gründete Richard Wolff in Schwarza die Schwarzburger Papierzellstofffabrik. Sie erhielt 1914 wegen des umfangreichen Umschlages an Faserholz einen eigenen Gleisanschluss. Der Konsum-Verein „Saale" ließ sich 1912/13 mit dem Bau einer Bäckerei und eines Lagers in Schwarza nieder. Auch diese Anlage erhielt ein Anschlussgleis. Beide Gleisanschlüsse übernahm die 1935/36 gegründete Thüringer Zellwolle AG und baute sie weiter aus. Sie bildeten den Grundstein für die Anschlussbahn des Chemiefaserwerkes Schwarza. Sie führte auch Güterverkehr für andere Kunden durch. Im Empfang waren es chemische Güter, Koks, Kohle u.a. Im Versand waren es vor allem Chemie- und Kunstfaserprodukte. Über 100 Wagen mussten ab den sechziger Jahren jeden Tag bereitgestellt und versendet werden. Zusätzlich mussten noch täglich ein Ganzgüterzug mit Kohle für das Kraftwerk angenommen und die Leerwagen wieder abgefahren werden.

Bis Anfang der neunziger Jahre war diese Bahn hochfrequentiert. Mit dem Niedergang der Industrie änderte sich auch hier das Bild grundlegend. 1995 wurde ein Teil von der Erfurter Industriebahn übernommen. Ein Verkehr findet aber nicht statt. Der andere Teil wurde abgebaut.

Das Jahr 1980 brachte für alle Freunde der DR-Dampfschnellzugloks noch einmal einen letzten Höhepunkt, nachdem das Bw Saalfeld für ein knappes Jahr alle noch verfügbaren Kohle-01 einsetzte. Im Mai 1980 hat 01 2114 mit dem D 504 den Personenbahnhof von Rudolstadt verlassen und dampft an der nördlichen Signalgruppe vorbei. AUFNAHME: GÜNTER SCHEIBE

Ein (heute so nicht mehr möglicher) Ausflug in das Schwarzatal: von Rudolstadt-Schwarza nach Bad Blankenburg

Nachdem der Bau der Saalbahn beschlossen war, tauchten bald erste Projekte auf, eine Zweigbahn von Rudolstadt bzw. Schwarza durch das Schwarzatal über Schwarzburg nach Eisfeld zu führen. Durch diese Strecke sollte eine Verbindung Bayerns, Badens und Württembergs mit Berlin ermöglicht werden.

Die Saal-Eisenbahn-Gesellschaft war bestrebt, ihr Einzugsgebiet zu vergrößern, um ihre Einnahmen zu steigern. Die Regierungen, die den Vertrag zum Bau der Saalbahn unterzeichnet hatten, vor allem Schwarzburg-Rudolstadt, unterstützten die Gesellschaft dann auch in dieser Frage. Zunächst sollte es um eine Strecke von Schwarza nach Bad Blankenburg gehen. Selbst für diese nur 4,3 km lange Strecke war ein Staatsvertrag zwischen Sachsen-Weimar, Sachsen-Meiningen, Sachsen-Altenburg und Schwarzburg-Rudolstadt nötig. Am 26. September 1883 wurde er unterzeichnet und der Saal-Eisenbahn-Gesellschaft der Bau übertragen.

Der Bau der Strecke begann am 6. März 1884. Die einzige Schwierigkeit bestand im Überbrücken der Schwarza. Sie wurde durch eine Eisenträgerbrücke mit gewölbtem Überbau und einer lichten Weite von 35 m gelöst. Der Oberbau bestand anfangs aus Schienen, die auf der Saalbahn ausgewechselt worden waren, aber für die Nebenbahn noch taugten. Am 1. August 1884 erfolgte die Betriebseröffnung. Der Bahnhof Schwarza war zuvor erweitert und der Bahnhof Blankenburg neu eingerichtet worden. Letzterer war ausgerüstet mit sieben Weichen und 1,01 km Nebengleisen. Zusätzlich errichtete die Saal-Eisenbahn-Gesellschaft in Blankenburg einen Güterschuppen, einen provisorischen Lokschuppen aus Holz, ein Empfangsgebäude, eine Centesimalwaage und eine Abortanlage. Der Güterschuppen wurde von dem aufgelösten Güterbahnhof in Saalfeld, das Empfangsgebäude und die Abortanlage vom früheren Bahnhof Rothenstein umgesetzt.

Die Bahn entwickelte sich entgegen allen Erwartungen – auf der Saalbahn war in dieser Zeit ein allgemeiner Verkehrsrückgang zu beobachten – recht gut. Die Strecke, die zunächst als Stichbahn betrieben wurde, erreichte eine größere Bedeutung, als 1895 der durchgehende Verkehr von Saalfeld über Bad Blankenburg nach Arnstadt bzw. 1900 die Schwarzatalbahn von Rottenbach nach Katzhütte eröffnet wurde. Unter preußischer Regie entstanden, wurden die beiden oben erwähnten Gedanken zum Teil verwirklicht. Nach dem Entstehen dieser Strecken wurden die Züge in der Regel in Rudolstadt eingesetzt und über Schwarza, Bad Blankenburg, Rottenbach nach Katzhütte geführt. Auf Betreiben der Gemeinde Schwarza wurde am 1. Februar 1928 der Haltepunkt Schwarza West eröffnet.

Die Strecke Schwarza – Bad Blankenburg diente in hohem Maße dem Ausflugs- und Erholungsverkehr, aber auch dem Berufsverkehr. Bereits 1875 setzte die Thüringische Eisenbahn-Gesellschaft Tagessonderzüge von Leipzig über die Saalbahn, später auf der eigenen Strecke über Zeitz, Gera und Saalfeld, nach Schwarza ein. Diese Züge, die nach der Verstaatlichung wieder über die Saalbahn gefahren wurden, konnten nun bis in das Schwarzatal geführt werden und lebten bis in die jüngste Vergangenheit fort. Am 27. Mai 2000 verkehrte hier der letzte Zug; seitdem können Züge aus Richtung Jena nicht mehr direkt in das Schwarzatal fahren.

Bekannt geworden ist diese Anschlussbahn auch wegen ihrer „exotischen" Lokomotiven der Baureihe T 334 aus tschechischer Produktion. Insgesamt waren im Laufe der Jahre acht Lokomotiven dieser Baureihe im Einsatz. 1994 wurden sie nicht mehr benötigt. Zwei Maschinen gingen nach Regensburg, die sechs anderen gingen in die Slowakei.

Stellwerk B 1 ist seit 1992 in Betrieb. Es ersetzte die ehemaligen Stellwerke Sn und Ss. Das Stellwerk entstand auf Wunsch und Forderung des ehemaligen Chemiefaserkombinates. Das Verkehrsaufkommen war in den siebziger Jahre so gestiegen, dass eine Erweiterung der Anschlussbahn notwendig war. Die Finanzierung übernahm auch dieser Betrieb. Trotzdem dauerte es etwa zehn Jahre, ehe dieses Stellwerk in Betrieb genommen werden konnte. Mit der Elektrifizierung wurde das Gleis 3 abgebaut; der Platz wurde für die Masten benötigt.

Der Bahnhof erhielt zwei neue Außenbahnsteige, die jetzt etwa 200 m weiter nördlich liegen. Beide Bahnsteige sind durch einen Fußgängertunnel verbunden, der ebenfalls neu entstand.

Da die Bundesstraße 88/85 in der Ortslage Rudolstadt-Schwarza eine neue Trassierung erhielt, mussten Empfangsgebäude, Gü-

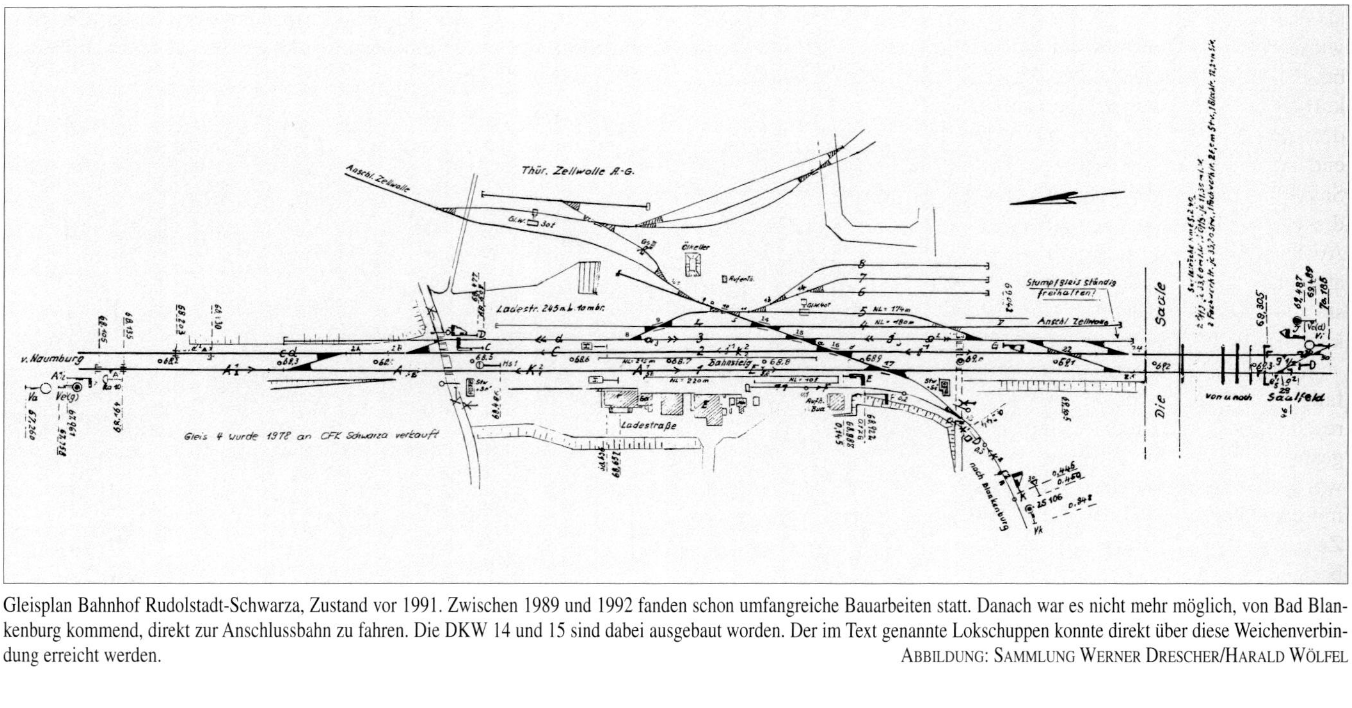

Gleisplan Bahnhof Rudolstadt-Schwarza, Zustand vor 1991. Zwischen 1989 und 1992 fanden schon umfangreiche Bauarbeiten statt. Danach war es nicht mehr möglich, von Bad Blankenburg kommend, direkt zur Anschlussbahn zu fahren. Die DKW 14 und 15 sind dabei ausgebaut worden. Der im Text genannte Lokschuppen konnte direkt über diese Weichenverbindung erreicht werden.
ABBILDUNG: SAMMLUNG WERNER DRESCHER/HARALD WÖLFEL

Blick auf den Bahnhof Rudolstadt-Schwarza mit dem letzten planmäßig von einer Lok der Baureihe 01 bespannten D 504 am 30. Mai 1981 Aufnahme: Rainer Heinrich

terabfertigung und alle anderen Anlagen westlich der Bahn weichen und wurden bis zum Frühjahr 2003 abgebrochen. Der Bahnhof Rudolstadt-Schwarza hat nun kein Empfangsgebäude mehr.

Der genannten Umverlegung der Bundesstraße 85/88 wurde auch die Schwarzabahn geopfert. Am 27. Mai 2000 verkehrte der letzte Zug. Seitdem können Züge aus Halle/Leipzig/Jena – die jahrzehntelang verkehrten – nicht mehr direkt in das Schwarzatal fahren. Dabei sahen ursprüngliche Pläne vor, die Bahn zu erhalten und eine Brücke über die Strecke zu bauen. Die Bahn hätte sich aber an der Finanzierung beteiligen müssen. Diese Kosten wollte die Bahn nicht übernehmen und schlug vor, die Strecke Rudolstadt-Schwarza – Bad Blankenburg stillzulegen. Das Land stimmte dem unbegreiflicherweise zu. Das ist um so unverständlicher, als das Schwarzatal heute mehr denn je auf den Tourismus angewiesen ist. Ob jedoch die nun mit mehrfachem Umsteigen verbundene, umständliche Anreise über Saalfeld den Tourismus ankurbelt, darf bezweifelt werden. Mit dem im Mai 2004 eingelegten Wochenend-Regionalexpress Leipzig – Gera – Saalfeld – Katzhütte und zurück wird dieses Problem nur zum Teil gelöst. Auch ein Konzept zu einem S-Bahnähnlichen Verkehr im Dreieck Rudolstadt – Bad Blankenburg – Saalfeld kann nun nicht mehr umgesetzt werden.

Rudolstadt-Schwarza erhielt ebenfalls einen Stellrechner, der ab dem Jahresende 2004 von Leipzig/Saalfeld aus gesteuert wird. Im November 2003 wurden weitere Weichen ausgebaut, die mit der Bahn nach Bad Blankenburg im Zusammenhang standen. Der Bahnhof besteht nunmehr aus den beiden durchgehenden Hauptgleisen 1 und 2 und drei weiteren – nicht mit Fahrleitung – überspannten Gleisen 34, 35 und 36. Die 34 bis 36 Gleise, vor Jahren von der Bahn an die Anschlussbahn verkauft, sind wieder zurückgekauft worden. Zur Zeit wird südöstlich des Bahnhofs eine Papierfabrik gebaut. Zur Bedienung dieser Fabrik soll in Verlängerung des Gleises 34 ein Gleisanschluss eingerichtet werden, der über die Saalebrücke in das Werkgelände führt. Parallel dazu führt die Ausfahrt aus dem Bahnhof Rudolstadt-Schwarza über die Saale.

Im November 1890 wurde diese Brücke durch Hochwasser zerstört und anschließend wieder errichtet. Um 1925 entstand eine neue Brücke. Nach dem Zweiten Weltkrieg war diese Brücke eingleisig in Betrieb. 1961, nach dem Bau der Berliner Mauer, wurde die nicht benutzte Brücke ausgebaut und bei Gerstungen für die neue Strecke über Förtha (Umgehung der Strecke durch das Werratal) wieder eingebaut. Mit dem zweigleisigen Wiederausbau 1972 wurde eine neue Brücke eingebaut, die 1989 und 1991 erneuert wurde.

Werklok T 334 0656 des Chemiefaserkombinates Schwarza, aufgenommen um 1968 Aufn.: Sammlung Werner Drescher

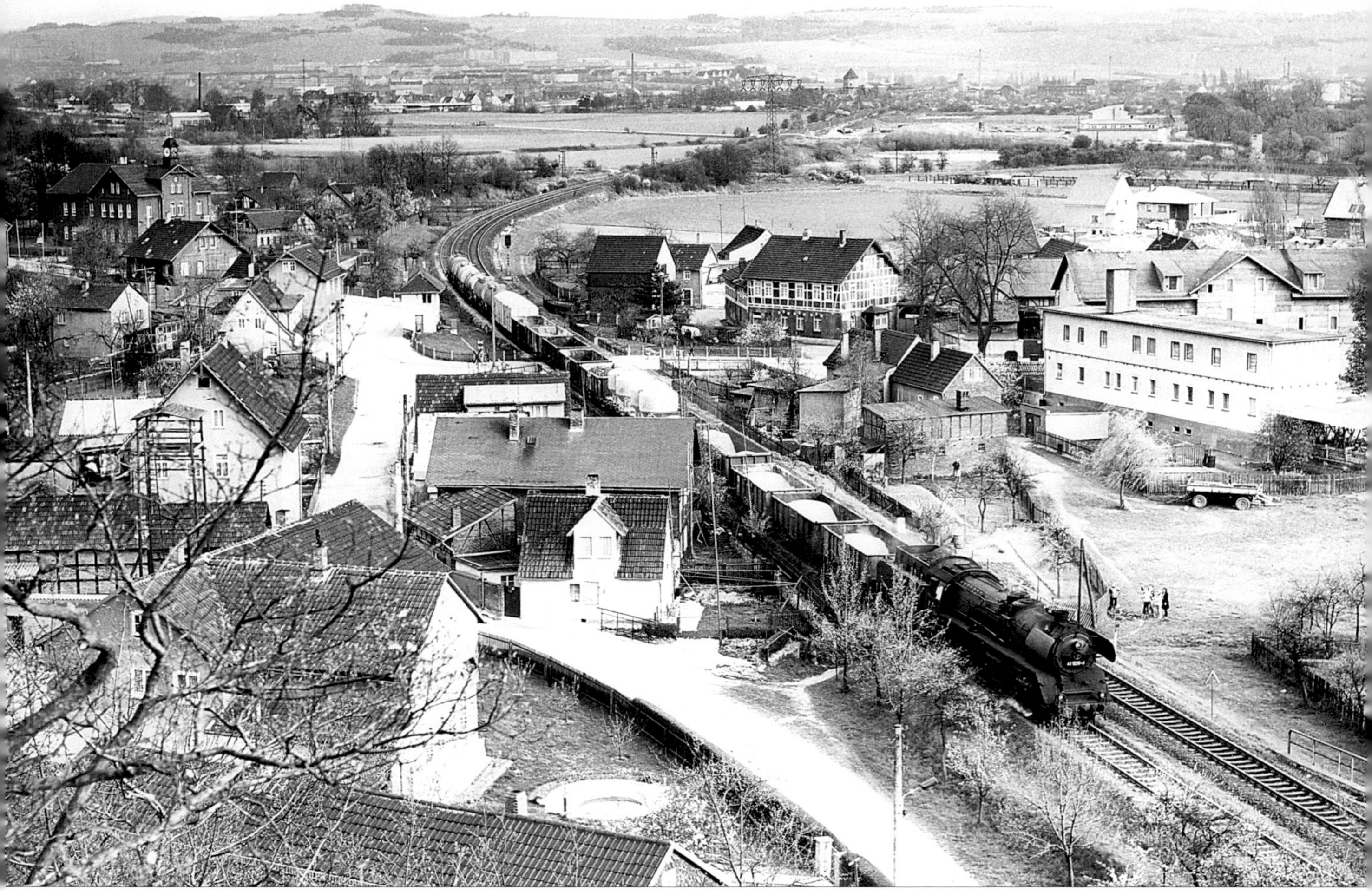

41 1225 durchfährt am 7. Mai 1982 mit einem Nahgüterzug in Richtung Jena den ehemaligen Block Remschütz. Im Hintergrund ist noch der nördliche Wasserturm des Bahnhofs Saalfeld erkennbar. AUFNAHME: RAINER ALBRECHT

Blockstelle Remschütz

Bei km 72,1 wird die ehemalige Blockstelle Remschütz erreicht. Von 1885 bis etwa 1903 bestand hier eine Anschlussgleisanlage für das Hädrichsche Mühlengeschäft. Nach 1922 entstand ein Anschlussgleis für die Porzellan- und Glassandwerke. Das Planum dafür ist teilweise noch erkennbar. Mit der Elektrifizierung der Saalbahn 1939/40 wurde an selber Stelle die genannte Blockstelle eingerichtet. Offenbar war diese während des eingleisigen Betriebes nach 1946 nicht mehr in Betrieb, denn in einem Schreiben vom 15. März 1952 forderte das Rba Saalfeld von der Rbd Erfurt die Einrichtung dieser Blockstelle zur Vereinfachung der Betriebsführung. Ebenfalls zu dieser Zeit wurde hier vom Kunstfaserwerk Schwarza die Einrichtung eines Haltepunktes für seine Mitarbeiter gefordert. Wegen zu geringem Verkehrsaufkommen, zu hohen Kosten und drohender betrieblicher Einschränkungen wurde auch dieser Haltpunkt abgelehnt. Mit dem zweigleisigen Streckenausbau im Jahr 1972 wurde die Blockstelle aufgelöst.

Ausweichanschlussstelle Propangas

Diese Awanst bei km 73,4 ist die jüngste Betriebsstelle der Saalbahn. Die Gasanstalt, seit Jahrzehnten Propangaslager der Bahn, wurde bis 1994 direkt vom Bahnhof Saalfeld aus bedient. Auch die Dienststellen der Saalbahn bezogen ihr Propangas für die Signalbeleuchtung von diesem Lager. Einmal in jeder Woche wurde seinerzeit ein G-Wagen einem fahrplanmäßigen Personzug zugestellt und die leeren gegen die vollen Gasflaschen direkt am Zug ausgetauscht. Mit dem Umbau des Nordkopfes in Saalfeld wurde der Anschluss an die heutige Stelle verlegt.

Bahnhof Saalfeld

Die Entwicklung bis 1945

Der erste Bahnhof in Saalfeld entstand 1871 mit dem Bau der Gera-Eichichter Bahn als Durchgangsstation. Mit dem Bau der Saalbahn erfuhr er seine erste größere Veränderung. Der Umbau erfolgte im Personenbahnhof auf Kosten der Thüringischen Eisenbahn-Gesellschaft, weshalb die Saal-Eisenbahn-Gesellschaft den Gera-Eichichter Bahnhof nach einem besonderen Abkommen mitnutzte. Für den Güterverkehr wurde von der Saal-Eisenbahn-Gesellschaft ein besonderer Güterbahnhof mit Güterschuppen und Laderampe errichtet. Am 1. April 1879 wurde der Güterbahnhof der Saal-Eisenbahn-Gesellschaft in Saalfeld *„aus Ersparnisgründen“* aufgelöst. Alle Gleise und die Weichen, zehn einfache und eine *„englische Weiche“* (Kreuzungsweiche) sowie der Güterschuppen wurden abgebaut. Fortan benutzte die Saal-Eisenbahn-Gesellschaft sowohl die Reise-, als auch die Güterverkehrsanlagen der Thüringischen Eisenbahn-Gesellschaft mit.

Bald erwiesen sich die gesamten Anlagen des Bahnhofs Saalfeld als nicht mehr ausreichend für den ständig wachsenden Verkehr. Es entstanden verschiedene Entwürfe zu seiner Erweiterung, die alle nicht ausgeführt werden konnten, da die finanziellen Mittel nicht vorhanden waren. Nach 1893 konnte Sachsen-Meiningen, auf dessen Territorium der Bahnhof Saalfeld lag, einen Bahnhofsumbau finanziell unterstützen. Der Umbau war dringend notwendig, da seit 1885 die Verbindung von Eichicht (heute Kaulsdorf) nach Stockheim und damit der durchgehende Verkehr nach Bayern möglich war. Im Jahr 1893 begann auch der Bau der Bahn von Arnstadt nach Saalfeld.

Das gesamte Planum im Bereich des Personenbahnhofs Saalfeld musste um etwa einen Meter erhöht werden, um die unterirdischen Zugänge zu den Bahnsteigen zu schaffen. Eine damit beauftragte Chemnitzer Firma baute eine 750-mm-Schmalspurbahn nach Köditz, um von dort die Erdmassen – etwa 30.000 m^3 – heranzuschaffen. Dieses Planum ist heute noch erkennbar. Die gesamten Gleisanlagen wurden verlängert und neue Betriebsgleise für Güterzüge angelegt. Das Empfangsgebäude musste weichen und weiter westlich neu aufgebaut werden. Die gesamte Anlage wurde am 10. November 1900 dem Betrieb übergeben.

Saalfeld hatte sich bald zu einem der größten und wichtigsten Bahnhöfe Thüringens entwickelt. Schon mit dem Bau der Verbindungsbahn bei Großheringen war abzusehen, dass der Verkehr auf der Saalbahn zunehmen und die Kapazität des Bahnhofs Saalfeld bald erschöpft sein würde. Als dann die Saalbahn zweigleisig ausgebaut wurde, machte es sich zum zwingenden Erfordernis. Dies geschah nach 1905. Zur selben Zeit wurden auch die vorhandenen Anschlussgleise erweitert und neue Ladeflächen und -gebäude geschaffen. Nachdem 1907 die Strecke Hockeroda – Wurzbach fertiggestellt war, begannen bzw. endeten in Saalfeld Züge, die in fünf Richtungen fuhren. Post und Eilgüter wurden damals an den Bahnsteigen des Personenbahnhofs verladen. Das häufige Rangieren führte zu Erschwernissen im Betrieb und bei der Abfertigung der Reisezüge. Deshalb erfolgte 1928 der Bau einer Eilgüteranlage mit eigenen Gleisen. Mit der geplanten Elektrifizierung wurden auf dem Bahnhof Saalfeld die wohl umfangreichsten Bauarbeiten notwendig. Um 1934 erfuhr der Güterbahnhof seine größte Ausdehnung. Neue Stellwerke wie das Reiterstellwerk Ss wurden errichtet, das gesamte Signal- und Sicherungswesen den neuen Bedingungen angepasst. Die verkürzten Signalflügel der Formsignale erinnerten noch bis 1994 an diese Zeit.

Die Zeit nach 1945

Nach der schweren Bombardierung am 9. April 1945 bot der Bahnhof Saalfeld ein chaotisches Bild. Am 12. April wurden die Brücken südlich und nördlich des Bahnhofs gesprengt. Da der Bahnhof so gut wie herrenlos war, setzte eine Plünderung des wenigen übrig Gebliebenen ein. Am 16. April 1945 rief der Amtsvorstand zur Räumung des Bahnhofs auf. Alle Eisenbahner beteiligten sich daran. In mühevoller Arbeit wurde er so hergerichtet, dass er wieder betriebsfähig war.

In den folgenden Jahren entwickelte er sich bald wieder zu einem der bedeutendsten Bahnhöfe Thüringens. Anschlussbahnen für das Schokoladenwerk, für das Knotenleitpostamt, für den Zoll und für die Gasanstalt mussten bedient werden. Er war ständig bis an seine Grenzen belastet, so dass benachbarte Bahnhöfe Aufgaben wie Zugbildung und -auflösung übernehmen mussten. Ein Merkblatt für die Entlastung des Verschiebebahnhofs Saalfeld vom 22. Oktober 1966 legte fest, dass in diesem Fall Züge in Camburg, Kahla, Rudolstadt-Schwarza, aber auch in Oppurg, Neustadt, Könitz, Singen oder Bad Blankenburg behandelt werden mussten. Im Nahverkehr mussten Bahnhöfe wie Göschwitz, sehr viel operative Arbeit übernehmen. Entstand ein Stau für das Bahnbetriebswagenwerk (Bww) Saalfeld, fanden die auszubessernden Wagen eine vorübergehende Abstellung in Könitz, Rudolstadt, Kaulsdorf und Wöhlsdorf.

In der Hochzeit – in den achtziger Jahren – wurden hier täglich etwa 50 Güterzüge aufgelöst und gebildet. Mit ca. 1.500 Waggons, die über den Ablaufberg bewegt wurden, war die Grenze längst erreicht. Zur Erleichterung des Rangierbetriebes wurden Mitte der achtziger Jahre eine Balkengleisbremse und sogenannte Dreikraftbremsen in den Richtungsgleisen in Betrieb genommen. Ein provisorischer Containerumschlagplatz war inzwischen auch eingerichtet worden. Saalfeld war bereits zu dieser Zeit ein bedeutender Knotenbahnhof. Im Reiseverkehr hatte er aber eine Randlage. Die meisten Züge endeten bzw. begannen hier. Das erforderte natürlich zusätzliche Kapazitäten zum Abstellen und Behandeln der Wagen. Deshalb war Saalfeld auch Standort eines Bww. Täglich waren für alle notwendigen Rangieraufgaben drei Lokomotiven im Güterbahnhof und eine Lokomotive für den Personenbahnhof im Einsatz. Das Empfangsgebäude wurde mehrmals instand gesetzt. In den Jahren 1982/84 wurde es umfassend rekonstruiert.

Der Bahnhof Saalfeld nach 1990

Die nächsten bedeutsamen Änderungen erlebte der Bahnhof mit der Wiederelektrifizierung nach 1993. Als erstes wurde 1994/1995 der Südkopf in Richtung Probstzella umgebaut.

Das Empfangsgebäude des Bahnhofs Saalfeld auf einer Ansichtskarte, die am 16. Februar 1927 abgestempelt ist

AUFNAHME: SAMMLUNG WERNER DRESCHER

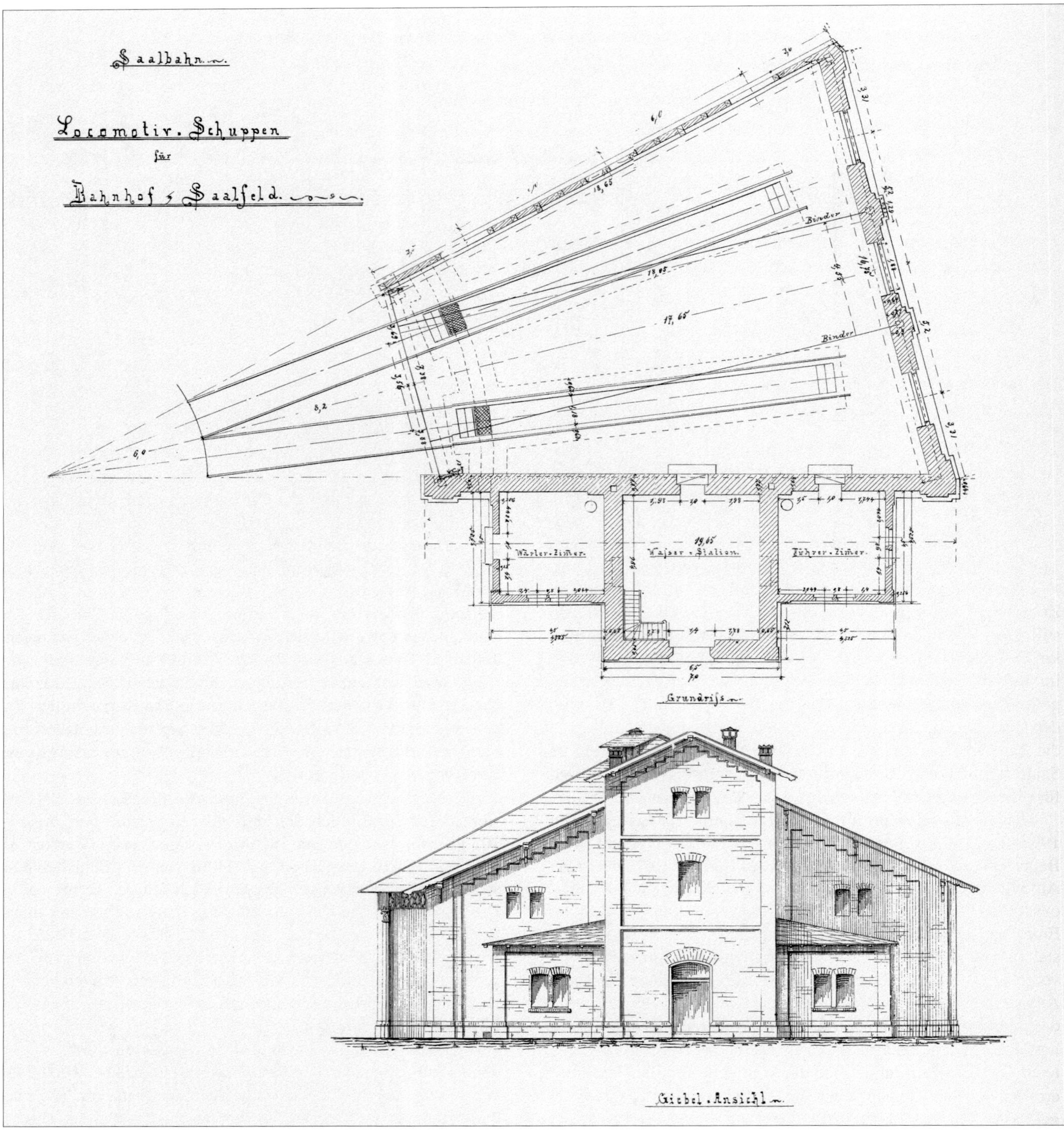

Der Lokschuppen der Saal-Eisenbahn-Gesellschaft in Saalfeld. 1882/1883 wurde er aus „Ersparnisgründen" und für die Strecke Schwarza – Blankenburg nach Rudolstadt-Schwarza umgesetzt. ABBILDUNG: SAMMLUNG RAINER GUTSCH

Das elektromechanische Stellwerk B 1 – 1934 im Rahmen der Erstelektrifizierung errichtet – konnte nicht an die neuerliche Elektrifizierung angepasst werden. Es wurde vorübergehend durch ein Container-Stellwerk ersetzt. Von hier wurde die Strecke Probstzella – Saalfeld gesteuert, bis am 18. Mai 2001 das ESTW-Uz in Betrieb genommen wurde. Seit dem wird der Streckenabschnitt Probstzella – Saalfeld von Leipzig aus ferngesteuert.

Nach 1996 wurde der Nordkopf des Bahnhofs völlig umgebaut. Mit dem Umbau fand in erster Linie eine Spurplanbereinigung statt, die doppelten Kreuzungsweichen wurden ausgebaut. An Gleisen verschwand nur das Gleis 9. Dort stehen heute die Fahrleitungsmasten. Elektrifiziert sind im Personenbahnhof die Gleise 2 bis 6 und im Güterbahnhof die Gleise 7, 8 und 10. Später wurden noch die Gleise 11 und 12 auf der Nordseite elektrifiziert, so dass dort Züge in Richtung Norden mit Ellok ausfahren können. Die Gleise 1 bis 14 werden von Leipzig aus gesteuert. Die anderen Gleise werden vom Stellwerk SR 1 für die Zugbildung und vom Stellwerk SK für Fahrten zum Betriebshof aus gesteuert.

Saalfeld ist nach wie vor Zugbildungsbahnhof, wenn auch auf weit niederem Niveau, als vor 1990. Die Mitte der achtziger Jahre eingebauten Balkengleis- und Dreikraftbremsen wurden Ende der neunziger Jahre ausgetauscht. Saalfeld ist neben Erfurt der einzige Bahnhof in Thüringen, auf dem noch Güterzüge über einen Ablaufberg rangiert werden. Täglich sind es noch etwa zehn Zugpaare nach Engelsdorf, Erfurt, Lobenstein und Könitz zum Stahlwerk Thüringen, die in Saalfeld abgefertigt werden.

Der Bahnhof Saalfeld nach der ersten Elektrifizierung im Jahr 1939

AUFNAHME: RBD ERFURT

Zwischen 1992 und 1993 wurden auch alle Anschlussbahnen stillgelegt. Lediglich die bereits erwähnte Awanst Propangas am km 73,4 der Saalbahn wird von hier aus bedient. Die Bedeutung im Reiseverkehr hat sich mit der Einheit Deutschlands völlig gewandelt. Für Züge des Fernverkehrs ist Saalfeld jetzt wieder Durchgangsstation. Selbst für Züge im Regionalverkehr, wie die Züge von Naumburg bzw. Großheringen nach Lichtenfels, ist Saalfeld nur noch Durchgangsstation. Damit entfielen Anlagen für die Wartung und Instandhaltung von Reisezugwagen.

Die Verkehrsanlagen im Personenbahnhof wurden zwischen 1997 und 1999 erneuert. Es entstanden drei Bahnsteige mit sechs Bahnsteigkanten und neuen zeitgemäßen Bahnsteigdächern, zwei Aufzüge und ein völlig neues Wegleit- und Fahrgast-Informationssystem. Der Fußgängertunnel, das Dach und die Fassade des Empfangsgebäudes wurden saniert. Innen wurde es völlig neu gestaltet. Neue Verkaufsflächen und Flächen für Gastronomie sind vorgesehen. Das Empfangsgebäude wurde durch einen gläsernen Anbau vergrößert. Dem Charakter des historischen Gebäudes war das nicht dienlich. Der Bahnhofsvorplatz wurde so stark verkleinert, dass es gar keiner mehr ist. Im Laufe des Jahres 2004 konnte ein Teil und zum Jahresende das komplette Empfangsgebäude eröffnet werden. Gemäß seiner Bedeutung hat Saalfeld trotz der genannten Einschränkung einen recht attraktiven Bahnhof. Der Bahnhofsvorplatz wurde umgebaut und eine gute Verknüpfung mit dem ÖPNV hergestellt. Insgesamt wurden für diesen Umbau 21 Mio. € investiert.

Das Bahnbetriebswerk Saalfeld

Zur Lokbehandlung wurde von der Thüringischen Eisenbahn-Gesellschaft 1871 auf dem Bahnhof Saalfeld ein Lokschuppen mit den entsprechenden Anlagen wie Drehscheibe, Wasserstation und Werkstatt errichtet.

Mit dem Bau der Saalbahn ließ die Saal-Eisenbahn-Gesellschaft zur Lokbehandlung einen zweiständigen Lokschuppen mit einer 11,9-m-Drehscheibe bauen, des Weiteren einen Wasserkran (das Wasser lieferte die Thüringische Eisenbahn-Gesellschaft) und einen Kohlenbansen. Durch den Bau der Zweigbahn von Schwarza nach Blankenburg wurde in Schwarza der Bau eines Lokomotivschuppens notwendig. Die Saal-Eisenbahn-Gesellschaft, die mehr als sparsam wirtschaften musste, ließ im Jahr 1882/83 den Lokschuppen in Saalfeld abtragen und in Schwarza wieder aufbauen. Nun wurden auch die Lokomotiven der Saal-Eisenbahn-Gesellschaft auf den Anlagen der Thüringischen Eisenbahn-Gesellschaft restauriert. Diese Anlagen sollten 1893 erweitert werden, u. a. sollte ein 25-ständiger Lokschuppen errichtet werden. Erst nach 1897 konnte das Projekt etappenweise verwirklicht werden. 1905 war er fertiggestellt.

Nach dem Ersten Weltkrieg gab es das Projekt einer Betriebswerkstätte, die nördlich der vorhandenen gebaut werden sollte. 103 Lokomotivstände, getrennt für Personen- und Güterzuglokomotiven, waren vorgesehen. Mit Hilfe von drei Schiebebühnen sollten die Lokomotiven auf die einzelnen Stände verteilt werden. Die gesamte Anlage sollte etwa 1,5 km lang werden. Das thüringische Wirtschaftsministerium in Weimar hatte jedoch Bedenken gegen diesen Plan, da etwa 25 ha wertvolles Ackerland verlorengegangen wäre. Durch die Weltwirtschaftskrise fehlten auch der Deutschen Reichsbahn-Gesellschaft die notwendigen finanziellen Mittel zur Realisierung des Projektes. Nur wenige Teile wurden verwirklicht, bis es 1931 endgültig fallengelassen wurde. Die Wagenreparatur, bisher in den Betriebswerkstätten bzw. in den Bahnbetriebswerken ausgeführt, wurde 1925 aus Platzgründen verlegt und dafür eine gesonderte Werkstatt errichtet. Außerdem entstand die Wasserstation mit dem nördlich des Bahnhofs gelegenen Wasserturm. Aus der Saale wurde das Wasser durch zwei Pumpen mit einer Förderleistung von 48 l/s entnommen und dem Wasserturm zugeführt.

Da der Neubau einer Betriebswerkstätte nicht zustande kam, die vorhandenen Anlagen aber nicht ausreichten, mussten sie rekonstruiert und erweitert werden. Eine neue Werkstatt und ein Sozialgebäude entstanden. Die Entschlackungsanlagen und der Kohlenbansen wurden erweitert. Um 1934 wurde eine Drehscheibe für Einheitslokomotiven eingebaut. In Vorbereitung der Elektrifizierung wurden die Stände 24 und 25 des Lokschuppens für die Aufnahme von Elektrolokomotiven umgebaut. Die ersten Arbeiten nach dem Zweiten Weltkrieg beschränkten sich darauf, das Bahnbetriebswerk wieder so herzurichten, dass ein Betrieb ermöglicht wurde. Der Umbau der Drehscheibe auf Handbetrieb machte sich erforderlich, da die Energieversorgungsleitungen zer-

38 1502 und 95 023 stehen vor dem alten Lokschuppen in Saalfeld. Zwischen beiden ist der Tender von 44 1601 erkennbar; fotografiert um 1967. AUFNAHME: FRITZ HEROLD/SLG. TFG

stört waren und nicht gleich ersetzt werden konnten. Ein Dampfgreifer zur Bekohlung der Lokomotiven wurde wieder aufgebaut. Die Bekohlungsanlage wurde 1946 abgebaut und an ihrer heutigen Stelle errichtet. Die Wasserversorgung erfolgte bis 1956 durch die Entnahme von Wasser aus der Saale. Später wurde bei Wöhlsdorf ein Brunnen von etwa 83 m Tiefe angelegt, dessen Wasser mit dem der Saale zur Aufbesserung der Qualität vermischt wurde. In jüngerer Zeit wird das Brunnenwasser vor allem als Kühlwasser für Diesellokomotiven verwendet und natürlich nicht mehr in den früheren Mengen benötigt. Deshalb wurde die Anlage zur Entnahme des Saalewassers stillgelegt.

Umfangreiche Erneuerungen begannen im Bahnbetriebswerk Saalfeld 1962 mit dem Bau eines neuen Verwaltungsgebäudes. Nachdem feststand, dass das Bahnbetriebswerk Saalfeld ölgefeuerte Dampflokomotiven erhalten würde, entstand im Jahr 1967 eine Öltankanlage, bestehend aus sechs Behältern mit einem Inhalt von je 100 m^3 und den dazugehörigen Anlagen. Im selben Jahr entstanden auch die Dieseltankstelle und ein modernes Sandportal. Ab 1969 wurde der Lokschuppen umfassend rekonstruiert. Es kam fast einem Neubau gleich, denn er wurde bis auf die Grundmauern abgetragen und völlig neu aufgebaut. Seit dieser Zeit hat der Lokschuppen 24 Stände, die jetzt in umgekehrter Reihenfolge nummeriert sind. Vor dem Lokschuppen wurde eine moderne Drehscheibe eingebaut. Sie besitzt nicht mehr den herkömmlichen Königsstuhl, sondern der Antrieb erfolgt durch zwei diagonal versetzte Antriebswagen, die die Bewegungen direkt auf die Antriebsräder übertragen.

Auch das Kesselhaus erfuhr umfangreiche Änderungen. 1967 wurden die Kessel gegen einen Dampflokkessel der Baureihe 44 ausgetauscht. Dieser Kessel wurde mit Öl beheizt. 1980 wurde ein neuer Kessel eingebaut, 1983 mit der Ölkrise aber wieder außer Betrieb genommen. Seit dieser Zeit übernahmen ein bis zwei kohlegefeuerte Dampflokomotiven der Baureihe 44 als provisorische Heizanlage die Wärmeversorgung. Ein leistungsfähiges Kesselhaus für Kohlefeuerung konnte am 2. Juni 1986 seiner Bestimmung übergeben werden. Dieses und die Errichtung von Lagerhallen, zum Teil mit modernen Büroräumen, bildeten den seinerzeitigen Abschluss der Rekonstruktion. Resultierend aus der veränderten Situation nach der Wiedervereinigung waren weitere bauliche Änderungen nicht mehr notwendig.

Der Verkehrsrückgang und die Strukturänderungen zu dieser Zeit machte Dienststellen und Anlagen überflüssig. Mit der Bahnreform ab 1994 gab es weitere organisatorische Veränderungen. Aus dem Bahnbetriebswerk Saalfeld und dem Bahnbetriebswagenwerk Saalfeld entstand letztlich das heutige Werk Saalfeld von Railion Deutschland. In der ersten „langfristigen Werke-Ordnung“ des Jahres 1993 sollte das Werk Saalfeld zunächst bis über das Jahr 2002 hinaus als Fahrzeugwerk für Reparaturen und Fristarbeiten an Diesellokomotiven, Reisezugwagen und Güterwagen dienen. 1994 mit der Gründung der DB AG und der Auflösung der DR entstand aus dem bisherigen Bahnbetriebswerk zunächst der neue Betriebshof (Bh) des Geschäftsbereiches Traktion. In dieser Zeit wurden noch die letzten Lokbahnhöfe bzw. Einsatzstellen in Göschwitz, Triptis und Lobenstein aufgelöst. Nach dem Inkrafttreten der 2. Stufe der Bahnreform ab 1. Januar 1998 ging das Werk Saalfeld in die hier entstandene Zweigniederlassung von DB Cargo über und die damals zu diesem Zeitpunkt noch in Saalfeld geführten Loks wurden von DB Regio wurden nach Gera abgegeben. Heute werden die Triebwagen für den regionalen Reiseverkehr von der DB Regio in Erfurt geführt und unterhalten.

In den Jahren 1970/71 erhielt das Bw Saalfeld verstärkt Lokomotiven der Baureihe 41. Sie lösten vor allem die Baureihe 22 ab. 41 1126 kam im Dezember 1970 aus Meiningen, links daneben 41 1025, die seit 19. Dezember 1969 in Saalfeld beheimatet war. 41 1130 war 1957 schon einmal in Saalfeld und gehörte seit 2. April 1970 erneut zum Bw Saalfeld. In jenem Jahr beheimatete das Bahnbetriebswerk der Saalestadt auch erstmals Lokomotiven der Baureihe 65. Die hier abgebildete 65 1051 gehörte zu Probstzella. Die Aufnahme entstand im Frühjahr 1971. Der neue Lokschuppen ist bereits im Rohbau fertig.

AUFNAHME: WALTER GRÜBER/EK-VERLAG

Das Bahnbetriebswerk Saalfeld zu Beginn der achtziger Jahre. Der neue Lokschuppen ist bereits über ein Jahrzehnt in Betrieb und Saalfeld besaß damit auch eines der modernsten Bahnbetriebswerke der Rbd Erfurt. Von den Dampfloks ist auf diesem Bild nichts zu sehen, obwohl einige Heizloks der Baureihe 44 und sieben Loks der Baureihe 41 zu diesem Zeitpunkt durch das Bw Saalfeld eingesetzt wurden. Die Lokparade zeigt die „U-Boote“ 119018, 023, 027, 011 und 052.

AUFNAHME: WERNER DRESCHER

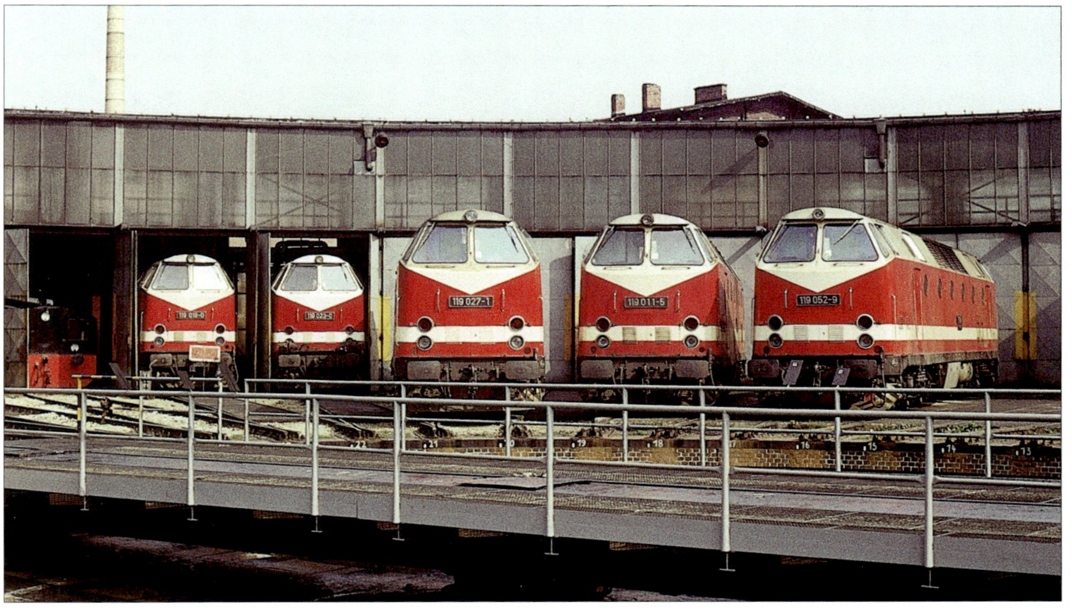

38 3562 gehörte nur eine kurze Zeit zwischen 1970 und 1971 zum Bw Saalfeld. Die Aufnahme zeigt die mit einem Giesl-Ejektor ausgerüstete P 8 im Juni 1971 im Bahnhof Saalfeld vor einem Personenzug. Links der bekannte Wasserkran, der tausenden Eisenbahnfotografen als Motiv für die hier haltenden Lokomotiven diente und beim Umbau des Bahnhofs im Zuge der erneuten Elektrifizierung auch mit verschwand.

AUFNAHME: WALTER GRÜBER/EK-VERLAG

Von Großheringen nach Saalfeld – eine Reise auf der Saalbahn von 1990 bis 2004 in Farbe

Die Saalbahn heute: Im Fernverkehr dominieren die ICE-T der Baureihe 411. Am 25. Mai 2002 befahren 411 032 und 411 006 mit ICE 1515 Berlin – Garmisch Partenkirchen „Wetterstein“ bei km 0,4 die Verbindungsbahn. Rechts die Gleise der Thüringer Bahn, daneben ist die Einmündung der Verbindungsbahn aus Richtung Saalfeld erkennbar. Im Hintergrund Burg Saaleck und die Rudelsburg. AUFNAHME: WERNER DRESCHER

Eine 140 hat am 10. Mai 2001 mit einem aus PKP-Wagen gebildeten Koks-Ganzzug die Verbindungsbahn erreicht und wird jetzt Richtung Saalfeld weiter fahren. AUFNAHME: TFG

Erinnerung an das inzwischen längst abgerissene Empfangsgebäude von Großheringen, das mit seiner Fachwerkarchitektur und der Insellage zwischen der Thüringer Bahn (nördlich) und der Saalbahn sowie der hier abzweigenden Strecke nach Sömmerda (südlich) bei Eisenbahnfreunden stets Aufmerksamkeit fand. Im August 1998 wartet dort eine Regionalbahn mit 143 651 auf die Abfahrt nach Saalfeld. AUFNAHME: EK

Der Abzweig Saaleck mit Blick aus Osten: 132 206 hat im September 1991 mit dem D 306 (München – Berlin) soeben die Saalbahn verlassen. AUFNAHME: TFG

Links: Zwischen Stöben und Camburg muss sich die Saalbahn das Gelände mit der Saale (rechts) und dem Muschelkalkhang teilen. Im April 1997 ist dort 103 191 mit einem IC von Berlin auf dem Weg nach München. Das Bild entstand noch vor der Jahre später erfolgten Erneuerung der Fahrleitung. Dabei wurden die Stahlgitter-masten gegen neue aus Beton ersetzt.

AUFNAHME: TFG

Unten: Von Mai 1995 bis September 1996 verkehrten auch Postzüge über die Saalbahn. 150 076 führt hier am 18. August 1995 IKL 52781 von Berlin Frankfurter Allee nach München Riem. Die Aufnahme entstand am ehemaligen Block Würchhausen.

AUFNAHME: DETLEF HOMMEL

Die bis 2000 auf der Saalbahn verkehrenden IC wurden zunächst von Loks der Baureihen 103 und 120 befördert, bis ab 1997 auch die neue Baureihe 101 zum Einsatz gelangte. Am 31. März 1997 konnte eine 120 mit einem IC auf dem Weg nach München in der großen Kurve bei Döbritzschen im Bild festgehalten werden.

Die Zeit der Werbeloks sorgte auch auf der Saalbahn für eine willkommene Abwechslung. Am 6. April 2000 hat 101 001 als Werbeträger für die Fußball-WM 2006 Camburg bereits hinter sich gelassen und mit dem IC 910 Stöben erreicht.
AUFNAHMEN (2): EK

Auch solche Motive sind längst Geschichte, obwohl erst im Juni 1997 mit der Kamera im Bild festgehalten: Der Bahnhof Camburg ist heute längst umgebaut, von den fünf Gleisen sind nur noch drei übriggeblieben. Die schicke 103 ist ebenso wie der EC 11 (Leipzig – Zagreb) bereits in die Eisenbahngeschichte eingegangen.

Vergangenheit sind auch diese Züge. Die Zeit der Baureihe 141 zwischen Lichtenfels und Großheringen währte nur bis 1997. Liefen anfangs noch Silberlinge hinter den Bundesbahn-Einheits-Elloks, sorgten später die grün-lichtgrau lackierten Doppelstockwagen für Abwechslung. 141 383 am 17. Mai 1997 bei Dornburg. AUFNAHMEN (2): TFG

Bis zur Aufnahme des elektrischen Zugbetriebes Ende Mai 1995 beherrschten mit Loks der Baureihe 204 bespannte Wendezüge den Nahverkehr auf der Saalbahn. 204 758 hat am 31. Mai 1992 mit dem P 7318 (Saalfeld – Naumburg) den Bahnhof Dornburg erreicht. AUFNAHME: WERNER DRESCHER

Auch die Baureihe 110 war seit der erneuten Elektrifizierung häufig vor Zügen des Fernverkehrs zu sehen. Teils als Ersatz für die Baureihen 103 und 120 wurden ansonsten auch Sonderzüge, Autoreisezüge oder Entlastungszüge bespannt. Am 21. Juli 1996 hat 110 160 mit dem D 13787 Jena Saalbahnhof erreicht. AUFNAHME: DR. STEFAN SCHMIDT

Der neue ICE-Bahnhof in Jena Paradies entsteht: Die Bahnsteige sind in ihrer Grundkonstruktion fast fertig. Die Verkehrsanlagen entstehen innerhalb des Dammes. Im Hintergrund erkennt man die Containerburg des Reisezentrums für den provisorischen Haltepunkt, davor das Empfangsgebäude des ursprünglichen Haltepunktes. 411 009 „Güstrow" passiert am 5. März 2004 mit ICE 1614 München – Berlin – Hamburg Altona die Baustelle. AUFNAHME: WERNER DRESCHER

Der provisorische Haltepunkt Jena Paradies am 21. Februar 2000. Dort fährt eine Lokomotive der BR 120 mit IC 910 in den Haltepunkt ein. AUFNAHME: OLAF BUHLER

Auf dem Hochdamm zwischen dem Saalbahnhof und Jena Paradies ist am 28. Juli 2002 101 101 mit dem IR 2713 (Leipzig – Stuttgart) auf dem Weg nach Saalfeld. Die Stabilisierung des Hochdammes für die Maste der Oberleitung infolge des breiteren Profils gegenüber der ersten Elektrifizierung sind hier gut zu erkennen.

Der Bauzustand des ICE-Haltepunktes in Jena Paradies am 7. Oktober 2004. Die Bahnsteige sind im Rohbau fertig. Die Serviceanlagen entstehen unterhalb im Damm. Die Aufzugschächte zum Bahnsteig werden gerade montiert. Im Hintergrund sind links der Jenzig und rechts der Hausberg zu erkennen. 143 089 durchfährt die Baustelle mit RB 16910 Naumburg – Saalfeld – Lichtenfels.

AUFNAHMEN (2): WERNER DRESCHER

Die 1997 überraschend noch einmal von Saalfeld aus eingesetzten Loks der Baureihe 228 fuhren nicht nur im Reisezugdienst zwischen Rudolstadt und Blankenstein, sondern kamen auch im Güterverkehr auf der Saalbahn fallweise zum Einsatz. 228 791 hat am 26. September 1997 gerade die Göschwitzer Autobahnbrücke durchfahren. AUFNAHME: GÜNTHER PRENGEL

Selbst die Loks der schweizerischen SBB-CARGO sind heute mit etwas Glück auf der Saalbahn anzutreffen. Am 6. August 2003 ist es 481 002, die mit einem Kesselwagenzug in Richtung Norden aus Göschwitz ausfährt. Die Anschlussbahn zum Heizkraftwerk wurde schon fast wieder von der Natur „zurückgeholt". AUFNAHME: WERNER DRESCHER

Nachtstimmung auf der Saalbahn: Während des Umbaus und der erneuten Elektrifizierung herrschte rege Bautätigkeit. Vor schweren Baustoffzügen fanden damals auch Loks der Baureihe 219 in Doppeltraktion Verwendung. 219 072 und 219 061 wurden am 4. Februar 1995 in Kahla im Bild festgehalten. AUFNAHME: MATHIAS BUCHNER

Nur Insidern ist bekannt, dass der Nachtzug 1901 Berlin – München mit seinen Talgo-Wagen in Göschwitz etwa eine halbe Stunde Betriebshalt („Schlafhalt") hat, um nicht zu zeitig in München anzukommen. Es ist die einzige Gelegenheit, diesen Zug im Bereich der Saalbahn abzulichten. Am 7. April 2002 wird dieser Zug von 101 081 geführt. AUFN.: OLAF BUHLER

Auch Lokomotiven der BR 112 kamen auf der Saalbahn zum Einsatz. 112 104 führt am 30. März 2002 IC 817 Berlin – Oberstdorf, hier aufgenommen beim km 38,6 in Schöps in der Nähe von Rothenstein. Die Überleitstelle zur Vorbereitung der Bauarbeiten in Rothenstein wird gerade eingerichtet. AUFNAHME: WERNER DRESCHER

Der Bahnhof Kahla vor dem Umbau im Mai 1993. Durchfahrt hat 220 289 (Bw Gera) mit einem Güterzug Weimar – Saalfeld, der bis Göschwitz die Weimar-Geraer-Bahn benutzt. Dieser Zug war damals die letzte 220-Planleistung auf dem südlichen Teil der Saalbahn. AUFNAHME: TFG

Seit der Wiederelektrifizierung bewältigen cie Loks der Baureihe 155 den Hauptteil des Güterverkehrs auf der Saalbahn. Erst seit kurzer Zeit werden die ehemaligen DR-Loks von den neuen Baureihen 152 und 189 verdrängt. 155 125 und 155 043 durcheilen am 15. Juli 2003 mit IRC 51834 Rothenstein. AUFNAHME: WERNER DRESCHER

Auch die ehemalige DR-Baureihe 114, seit 1992 als 204 bezeichnet, ist ab und zu noch auf der Saalbahn anzutreffen. Zwar nicht mehr im Reisezugdienst, dafür aber im Güterverkehr. 1998 wurden die Maschinen DB Cargo (heute Railion Deutschland) zugeteilt. 204 790 hat am 26. April 2000 gerade Kahla verlassen. AUFNAHME: GÜNTHER PRENGEL

Kaum beachtet verschwanden 1991/92 von der Saalbahn die viele Jahre von Loks der Baureihe 132 und Bghw-Wagen geführten Personenzüge. Abgelöst wurden diese Zuggarnituren von 114 (204)-geführten Wendezügen und nach der Elektrifizierung durch die Baureihe 143 und verschiedene Doppelstockeinzelwagen. Remschütz, April 1991. AUFNAHME: TFG

Reichlich zehn Jahre später: Am 23. April 2003 verlässt 143 095 mit RB 16488 Saalfeld – Großheringen den Bahnhof Rudolstadt-Schwarza. An Stelle des Stellwerkes Ss steht an fast der selben Stelle das Stellwerk B 1. Das Bild belegt den Wandel der Saalbahn in den vergangenen Jahren. Empfangsgebäude und Güterschuppen fielen dem Straßenbau zum Opfer. Die Anschlussbahn wird nicht mehr bedient. AUFNAHME: WERNER DRESCHER

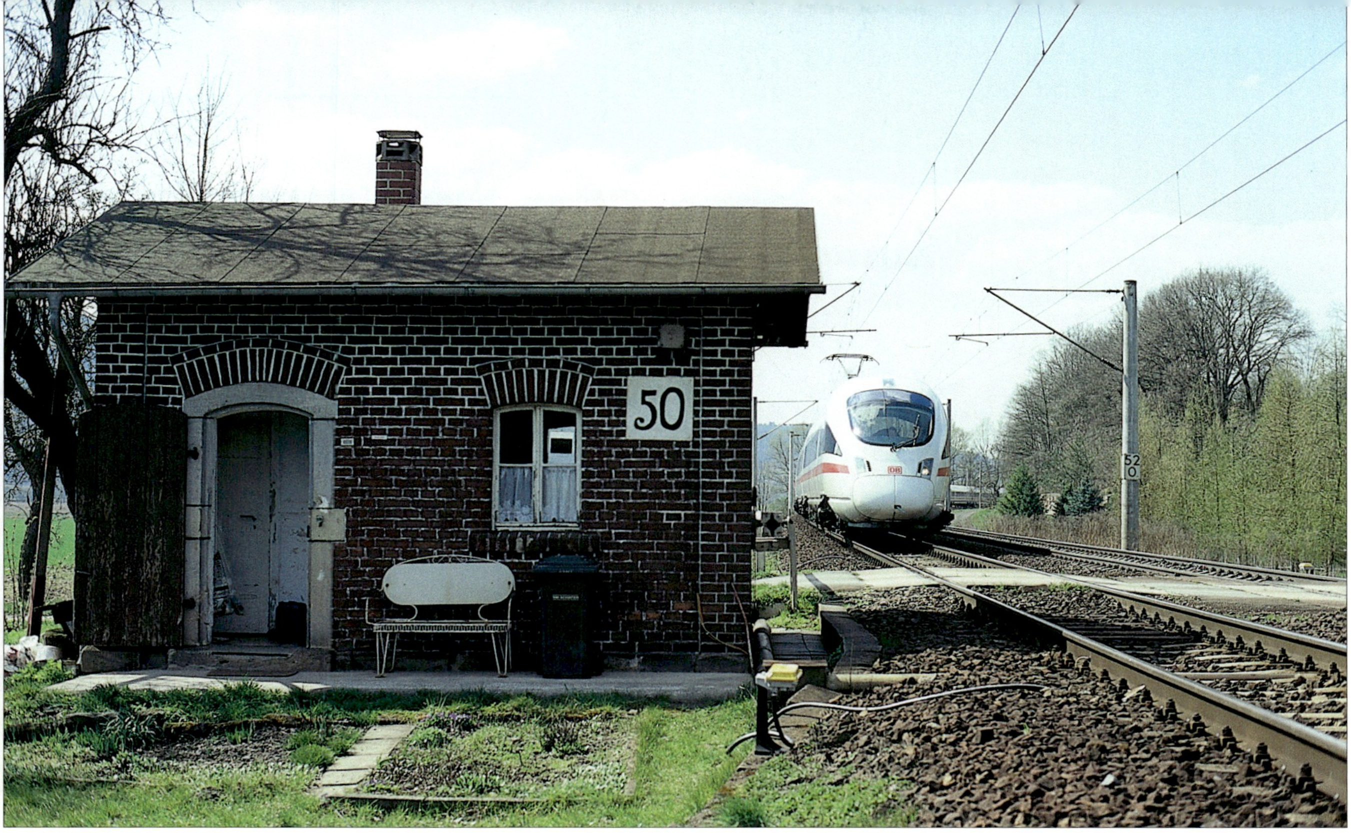

Kontraste zwischen Alt und Neu und Erinnerungen an alte Verkehrsbauten der Saalbahn: Der alte Posten 50 (**Bild oben**) scheint überhaupt nicht zum neuen ICE-T zu passen und doch gehören solche Bilder noch zur Gegenwart, 14. April 2004. AUFNAHME: WERNER DRESCHER

Die Stellwerke in Camburg (**Bild links**) mit dem alten Wasserkran und das Stellwerk Do in Dornburg (**Bild links unten**) repräsentieren die große Zeit der Saalbahn zu Beginn des 20. Jahrhunderts als Teil der wichtigsten deutschen Nord-Verbindung zwischen Berlin und München. Bald werden diese Zeugnisse der alten Eisenbahn fast vollständig verschwunden sein. Schließlich erinnert das inzwischen längst abgebrochene Stellwerk in Saaleck (**Bild unten**) an den Ausbau und die Elektrifizierung der Saalbahn in den späten dreißiger Jahren.

AUFNAHMEN: WERNER DRESCHER UND TFG (2)

Der Bahnhof Saalfeld im Wandel der Zeit: Das Bild vom 17. April 1993 zeigt ihn im noch weitgehend bekannten Erscheinungsbild aus der DR-Zeit. Eine 204 mit dem Piw aus Naumburg fährt gerade in den Bahnhof ein. Die Formsignale und die typischen Bahnsteiglampen prägen das Bild. Von der erneuten Elektrifizierung ist noch nichts zu sehen.

Aufnahme: Mathias Buchner

Saalfeld zwei Jahre später Mitte Mai 1995. Die Eröffnung des elektrischen Betriebes steht unmittelbar bevor und die Bahnsteiggleise sind bereits mit der Fahrleitung überspannt. Noch besitzt der Bahnhof seine alten Bahnsteige mit den kurzen Überdachungen. In Ermangelung der bisher verwendeten Doppelstockeinheiten haben jetzt Doppelstockeinzelwagen mit je einer 204 an der Spitze und am Ende des Zuges den Regionalverkehr zwischen Saalfeld und Naumburg übernommen. Zwei Wochen später werden sie von Lokomotiven der Baureihen 141 und 143 abgelöst.

Im Juni 2001 ist der Saalfelder Bahnhof nicht mehr wiederzuerkennen. Moderne ICE-gerechte Bahnsteige, futuristische Lampen und neue Bahnsteigüberdachung sind den alten Anlagen gewichen. Auch die Fahrzeuge haben mit den neunziger Jahren nichts mehr gemeinsam. Triebwagnen und 143 mit verkehrsrot lackierten Doppelstockwagen bestimmen neben den ICE jetzt das Bild.

Aufnahmen (2): TfG

Ein Ausblick: Die weitere Entwicklung der Saalbahn

2005 soll der Umbau bzw. Rückbau von Jena Saalbahnhof erfolgen. Bis 2006 soll der nördliche Teil der Saalbahn zwischen Göschwitz und Saaleck (ausschließlich Großheringen) mit ESTW-Sicherungs- und Signaltechnik ausgestattet werden. In diesem Bereich sind noch 16 Bahnübergänge zu erneuern bzw. anzupassen. Ein Bahnübergang wird aufgelassen. Dieser Abschnitt soll an die ESTW-Unterzentrale in Naumburg angeschlossen und ebenfalls von Leipzig ferngesteuert werden. Das alles wird aber nur möglich sein, wenn die weitere Finanzierung gesichert ist. Im Rahmen des weiteren Ausbaus der Weimar-Gera-Bahn wird es im Bahnhof Göschwitz Spurplanänderungen geben. In Camburg wird noch eine Stützmauer saniert. Damit dürfte der Ausbau entsprechend der Zielsetzung aus dem Jahr 1990 weitestgehend abgeschlossen sein. Insgesamt werden dann etwa 740 Millionen € verbaut sein.

Ob die Saalbahn damit leistungsfähiger geworden ist, muss differenziert betrachtet werden. Durch die Gleiserneuerung lässt die Saalbahn nun Geschwindigkeiten zu, die bisher nicht möglich waren. Der Rückbau von Gleisen bewirkte aber, dass die Disponibilität und Flexibilität weiter eingeschränkt wurde. Der mit der ESTW-Technik möglich werdende signalisierte Gleiswechselbetrieb ändert dabei nur wenig. Seitenrichtige Überholungen zwischen Saalfeld und Naumburg sind nur mehr in Orlamünde und Göschwitz – in Rudolstadt-Schwarza und in Rudolstadt (Personenbahnhof) mit Dieselfahrzeugen – möglich. In der entgegengesetzten Richtung trifft dies in Camburg, Göschwitz und Rudolstadt (Güterbahnhof) zu. Die 1990 ursprünglich geplanten 750 m langen Überholungsgleise in Porstendorf und Kahla wurden nicht gebaut. Jena Saalbahnhof wird zurückgebaut, so dass dort nur noch Regionalzüge bzw. Triebwagen kreuzen bzw. überholen können.

Die weitere Zukunft der Saalbahn wird vom tatsächlichen Neubau der ICE-Strecke von Ebenfeld nach Erfurt und weiter nach Halle/Leipzig abhängen. Diese Neubaustrecken (NBS) VDE Nr. 8.1 und 8.2 sind Bestandteil des „Verkehrsprojektes Deutsche Einheit Nr. 8" (VDE), das am 9. April 1991 durch die Bundesregierung beschlossen wurde. Das Projekt ist Bestandteil des Transeuropäischen Netzes (TEN) Verona – München – Berlin – Malmö. Dass dieser Neubau empfindliche Folgen für die Saalbahn haben wird, ist abzusehen. Zumindest der Fernreiseverkehr würde dann den genannten Korridor benutzen. Damit würden die Orte der Saalbahn, vor allem aber die Großstadt Jena und Saalfeld vom Fernverkehr abgehängt. Aber nicht nur diese: auch andere größere Städte Thüringens und Sachsen-Anhalts wie Weimar, Naumburg und Weißenfels – selbst Thüringens zweitgrößte Stadt, Gera – wären betroffen. Fernreisende aus Ostthüringen könnten nicht wie bisher nach Saalfeld fahren, sondern müssen erst nach Erfurt reisen, um dann Richtung Süden zu fahren. Eine einzige Stadt im Freistaat Thüringen wäre der Gewinner einer Neubaustrecke: die Landeshauptstadt Erfurt! Anders formuliert gäbe es nach dem Bau dieser Strecke nur noch einen ICE-Halt im gesamten Freistaat Thüringen, der regelmäßig bedient würde, nämlich den in Erfurt. Welchen Vorteil das für den Freistaat Thüringen insgesamt bringen soll, wie von der Politik ständig suggeriert wird, bleibt schleierhaft. Wahrscheinlich wird nach Vollendung dieser ICE-Strecke in Tagesrandlagen der eine oder andere ICE noch die Saalbahn befahren, bis mangelnde Nachfrage auch diesen letzten Rest Fernverkehr zur Disposition stellt. Dabei ist fraglich, ob die großen Investitionen, die für die Neubaustrecke geplant sind, sich jemals amortisieren.

Die für den Ausbau von Saal- und Frankenwaldbahn geplante Kapazität wird längst noch nicht genutzt. Von den einst geplanten 64 IC-Zügen verkehren im Jahr 2004 gerade 18 je Werktag. An einzelnen Tagen kommen noch einzelne Züge hinzu. Damit wird im Fernverkehr eine Kapazitätsausschöpfung von noch nicht einmal 30 % erreicht. Im Regional- und Güterverkehr gibt es ebenfalls noch Kapazitätsreserven.

Wenn man andererseits in den Planungen für die ICE-Neubaustrecke davon ausgeht, dass diese im Jahr 2010 von 7 Mio. Reisenden pro Jahr (20.000 je Tag) frequentiert werden soll, scheint das sehr zweifelhaft und zu hoch angesetzt. Damit steht natürlich die Frage nach dem Sinn einer Neubaustrecke, wenn die vorhandenen Möglichkeiten noch nicht einmal genutzt werden. Wo soll der Verkehr herkommen? Offensichtlich ist dies auch bei den Verantwortlichen bekannt, denn wäre die Rentabilität der Neubaustrecke gesichert, hätte man sie wesentlich forcierter gebaut. Der Streit um den Weiterbau der Strecke, besonders im Frühjahr 2004 – die Bahn sagt sie baut nicht, dann sagt sie es wird doch gebaut nur nicht so schnell, das Bundesverkehrsministerium sagt es wird weitergebaut – zeigt, wie fragwürdig dieses gesamte Projekt ist. Die zuletzt geplante Fertigstellung im Jahr 2015 (zu Beginn der neunziger Jahre, bei Beginn der Planungen, sprach man noch vom Jahr 2000) ist wegen der geplanten Mittelkürzungen im Verkehrshaushalt in unbestimmte Ferne gerückt.

Ob dies die Bahnpolitik der Zukunft sein kann, darf jedoch bezweifelt werden. Im Jahr 13 nach dem Beschluss zum Bau der Neubaustrecke werden die kritischen Stimmen der Fachleute immer lauter. In seiner vielbeachteten Analyse der Bahnreform zu deren 10. Jahrestag bezeichnet der ehemalige Sekretär der Regierungskommission Bahn, Dr. Gottfried Ilgmann, die Neubaustrecke Nürnberg – Erfurt als absehbaren betriebswirtschaftlichen Flop. Der Bundesrechnungshof stellt in seinen Bemerkungen zur Haushalts- und Wirtschaftsführung des Bundes 2003 allgemein fest: *„Die bisherigen Konzepte für europäische Hochgeschwindigkeitsstrecken des Personenverkehrs entsprechen nicht mehr den heute vorrangigen Zielvorstellungen von einer stärkeren Förderung des Schienengüterverkehrs. Zur Verkürzung der Reisezeiten greifen Engpassbeseitigungen und optimierte Betriebsabläufe in Schienenverkehrsknoten kurzfristiger und mit geringerem Kapitalaufwand als kostenintensive Neubauvorhaben. [...]. Die Zielsetzung eines geschlossenen europäischen Hochgeschwindigkeitsnetzes für den Personenverkehr sollte deshalb aus Sicht des Bundesrechnungshofes nicht mehr Kernpunkt der Netzinvestitionsstrategie des Bundes sein."*

Bereits 1997 hatte die VIEREGG-RÖSSLER GmbH Innovative Verkehrsberatung München das Projekt als unwirtschaftlich bezeichnet und ein Alternativkonzept entwickelt, das weitgehend bestehende Strecken zum Ausbau vorsah, dabei allerdings nicht die Saalbahn, sondern Teile der Sachsenmagistrale und der Weimar-Gera-Bahn (Mitte-Deutschland-Verbindung) für die wichtige Nord-Süd-Verbindung verwenden wollte. Sogar eine der Regierungsparteien, Bündnis 90/Grüne, fordern in ihrer Bewertung des Bundesverkehrswegeplanes vom 3. April 2003 *„Die ICE-Neubaustrecke (Nürnberg –) Ebensfeld – Erfurt halten wir trotz ungeprüfter Fortschreibung für unwirtschaftlich und im Planungszeitraum nicht für finanzierbar. Wir schlagen stattdessen als kostengünstigere und umweltverträglichere Alternative den Ausbau vorhandener Strecken ... vor."* Auch der Bund Naturschutz in Bayern e.V. sieht das ähnlich. In seiner Pressemitteilung vom 1. April 2004 liest sich das so: *Festhalten an ICE-Neubautrasse Nürnberg – Erfurt bedeutet finanzielles und verkehrspolitisches Harakiri! Neubaustrecke Nürnberg-Erfurt als politische Altlast. Die geplante ICE-Neubaustrecke Nürnberg-Erfurt ist eine Altlast*

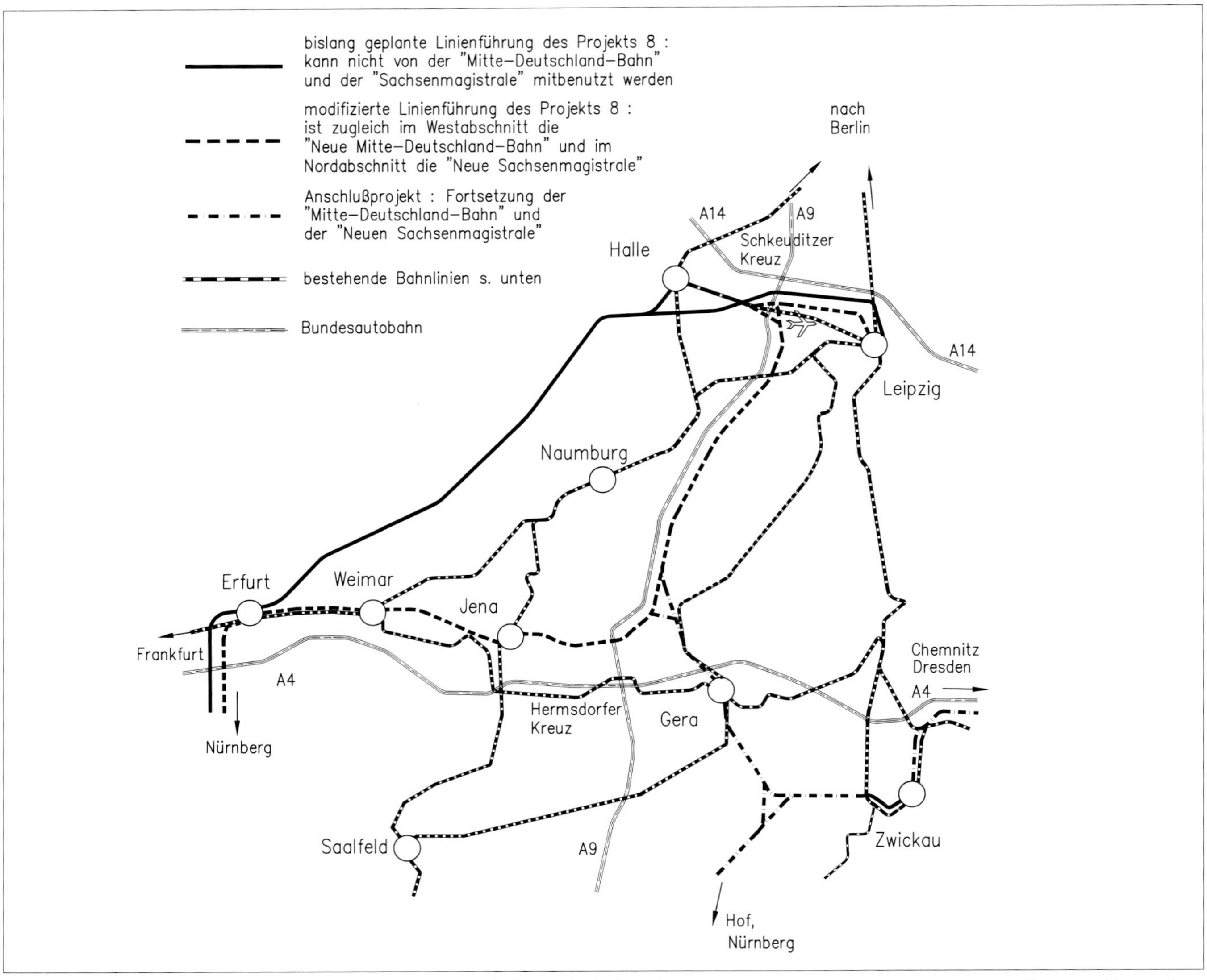

Alternativprojekte zur Neubaustrecke (Nürnberg –) Ebensfeld– Erfurt – Halle/Leipzig durch Ostthüringen ZEICHNUNG: KONRAD SPATH

aus der Zeit nach der Wiedervereinigung. Während in Thüringen einzelne Bauabschnitte verwirklicht sind, ist in Bayern noch kein Spatenstich erfolgt. … Bund Naturschutz und die Bürgerinitiative das „Bessere Bahnkonzept" haben die möglichen Fahrtzeiteinsparungen bei einer Modernisierung der bestehenden Strecke über den Thüringer Wald (Nürnberg – Lichtenfels – Saalfeld – Halle – Leipzig – Berlin) unter Einbeziehung der Neubaustrecke Ingolstadt-München analysieren lassen. Das „bahnbrechende" Ergebnis: Eine Fahrtzeitverkürzung zwischen München und Berlin um nahezu zweidreiviertel Stunden von derzeit sechs Stunden 40 Minuten auf fast vier Stunden ist erreichbar. Mit dieser radikalen Reisezeitverkürzung ohne weitere Landschaftszerstörung in Nordbayern und Thüringen ist das Hauptargument der Neubaustreckenbefürworter entkräftet. Die Kosten für notwendige Modernisierungsmaßnahmen lägen unter einer Milliarde Euro. Somit könnten fünfeinhalb Milliarden Euro eingespart oder für den nötigen Ausbau der Bahn in der Fläche verwendet werden.

Die geschätzten 6,5 Milliarden € für den Bau der ICE-Neubaustrecke könnten sinnvoller zum Ausbau von Frankenwald- und Saalbahn sowie weiterer vorhandener Strecken eingesetzt werden. Zumal manche Gutachter schon von einem Bedarf sprechen, der bei 15 Milliarden € liegt. Auch wäre eine weitere Zerstörung von Landschaft nicht nötig. Dabei gibt es genügend Untersuchungen, die belegen, dass durch bauliche und logistische Änderungen die Kapazität von Frankenwald- und Saalbahn weiter erhöht werden kann. Eine Möglichkeit wäre schon, wenn Blockabschnitte, die im Laufe der Jahre aufgelöst wurden, wieder eingerichtet würden. Nachteilig für die Saalbahn sind die ungünstigen Bogenverhältnisse. Darüberhinaus erlauben die Steigungen im Frankenwald ebenfalls keine hohen Geschwindigkeiten. Andererseits kann es nach dem Abschluss der restlichen Baumaßnahmen zu weiteren Fahrzeitverkürzungen kommen. Der Geschwindigkeitszuwachs in den vergangenen Jahren war bereits durchaus akzeptabel. Auch dabei erscheint der Bau der ICE-Neubaustrecke über Erfurt eher zwielichtig: Mag die Fahrzeiteinsparung der weit längeren Strecke über Erfurt auch eine halbe Stunde oder mehr betragen; der Reisende wird sich dann für zwei Varianten entscheiden können: Fahrt mit 300 km/h durch Tunnel, kanalisierte Fahrtröge, entlang meterhoher Sicht- und Schallschutzwände mit einem (bestenfalls) gelegentlichen Blick zum Himmel ohne vom vielgelobten „Grünen Herzen Deutschlands" viel zu sehen, oder die akzeptabel flotte Fahrt durch eine der schönsten deutschen Kulturlandschaften entlang der Saale und über den Frankenwald, sofern die Deutsche Bahn dann noch ein Fernverkehrsangebot hier vorhält.

Es bleibt nur zu hoffen, dass die alte und traditionsreiche Verbindung von München nach Berlin über den Frankenwald und durch das Saaletal trotz ihrer schwierigen betrieblichen und verkehrspolitischen Verhältnisse den Rang einer wichtigen Nord-Süd-Verbindung behält.

Zeittafel

1834	Im Rahmen eines „Eisenbahnnetzes für Deutschland“ von C. Grote wird erstmals der Anschluss an Jena an die Eisenbahn vorgesehen.
31.05.1836	„Plan zum Deutschen Eisenbahnnetz“ mit dem Projekt der „Thüringer Saalbahn“ von Carl J. Meyer erscheint.
25.09.1849	Der letzte Abschnitt der Thüringischen Eisenbahn (Stammbahn) Eisenach – Gerstungen wird dem Betrieb übergeben.
26.10.1851	Gründung des ersten Komitees zum Bau einer Saalbahn in Jena.
Dezember 1853	Auflösung dieses Komitees.
10.09.1855	Gründung eines „provisorischen Comités der Gößnitz-Jena-Weimarischen-Eisenbahn“ in Jena.
19.03.1859	Gesamtstrecke Weißenfels – Zeitz – Gera eröffnet.
Juni 1859	Fallen lassen des Projektes der Gößnitz-Jena-Weimarischen Eisenbahn.
20.06.1862	Erneute Gründung eines Komitees zum Bau der Saalbahn in Jena.
08.10.1864	Gründung eines Komitees zum Bau einer Eisenbahn von Weimar über Jena nach Crossen in Jena.
09.11.1864	Zusammenkunft aller Lokal-Komitees des Saaletals in Kahla; Gründung eines „Central-Comités“ mit Sitz in Jena.
Januar 1865	Zusammenkunft der lokalen Komitees aus Eisenberg, Bürgel und Jena zum Bau der Weimar-Crossener-Eisenbahn in Jena. Das Jenaer Komitee wurde als das Geschäftsführende festgelegt.
28.12.1865	Gößnitz-Geraer Bahn dem Betrieb übergeben.
1866	Aufgabe des Projektes der Weimar-Jena-Crossener Eisenbahn.
1867 bis 1869	Verstärkte Bemühungen zum Bau der Saalbahn; Behandlung der Saalbahn-Frage vor dem weimarischen Landtag.
1868	Das Komitee zum Bau der Weimar-Jena-Crossener Eisenbahn will diese Bahn als Zahnradbahn bauen. Dieser Gedanke wird aber bald fallen gelassen. Das Komitee wird danach nicht mehr wirksam und löst sich 1878 auf.
Juni 1869	Sachsen-Weimar setzt sich mit Preußen zwecks dem Bau der Saalbahn in Verbindung; Preußen hat gegen den Bau keine Einwände.
1869 bis 1870	Verhandlungen zwischen Sachsen-Weimar, Sachsen-Meiningen, Sachsen-Altenburg und Schwarzburg-Rudolstadt über die Linienführung der Saalbahn.
08.10.1870	Abschluss des Staatsvertrages zum Bau der Saalbahn in Camburg.
14.02.1871	Eintragung der Saal-Eisenbahn-Gesellschaft in das Jenaer Handelsregister.
03.04.1871	Konzessionierung des Baues der Saalbahn.
23.10.1871	Erster Spatenstich zum Bau der Saalbahn.
20.12.1871	Gera-Eichichter Bahn in Betrieb genommen.
26.03.1872	Abschluss des Staatsvertrages zum Bau der Weimar-Geraer Eisenbahn.
06.05.1872	Gründung der Weimar-Geraer-Eisenbahn-Gesellschaft.
08.06.1872	Konzessionierung des Baues der Weimar-Geraer Eisenbahn.
Frühjahr 1873	Baubeginn an der Weimar-Geraer Eisenbahn.
01.05.1874	Inbetriebnahme der Saalbahn.
14.12.1874	Inbetriebnahme der Saale-Unstrut-Bahn (Pfefferminzbahn) Straußfurt – Großheringen.
29.06.1876	Eröffnung der Weimar-Geraer Eisenbahn.
19.12.1876	Abschluss des Staatsvertrages zum Bau der Strecke Schwarza – Blankenburg.
28.07.1879	Abschluss des Staatsvertrages zum Bau der Eisenberg-Crossener Eisenbahn.
01.04.1880	Inbetriebnahme der Eisenberg-Crossener Eisenbahn.
01.07.1880	Inbetriebnahme des Empfangsgebäudes des Saalbahnhofs in Jena.
01.05.1882	Die Thüringische Eisenbahngesellschaft wird verstaatlicht und geht an Preußen über.
06.03.1884	Baubeginn der Strecke Schwarza – Blankenburg.
01.08.1884	Die Strecke Schwarza – Blankenburg wird eröffnet.
29.08.1884	Erstmalig wird von einer Nebenbahn von Camburg nach Zeitz gesprochen.
01.10.1885	Eröffnung Eichicht – Probstzella – Stockheim.
Sommer 1886	Erster Schnellzug auf Weimar-Geraer Eisenbahn bzw. Saalbahn: Erfurt – Weimar – Göschwitz – Saalfeld – Probstzella – München (verkehrte bis 1888).
19.04.1888	Abschluss des Staatsvertrages zum Bau der Orlabahn Orlamünde – Pößneck.
11.05.1888	Der Preußische Landtag genehmigt den Bau der Strecke Arnstadt – Saalfeld.
01.10.1889	Die Orlabahn von Orlamünde nach Jüdewein (heute Pößneck unterer Bahnhof) wird eröffnet.
24.10.1889	Staatsvertrag zum Bau der Camburg-Zeitzer Eisenbahn zwischen Preußen und Sachsen-Meiningen.
24.11.1890	Seit dem 29. Mai 1613, der „Thüringer Sintflut“, das größte Hochwasser der Saale. Erhebliche Schäden an Anlagen der Saal- und Weimar-Geraer Eisenbahn, die zu Verkehrsunterbrechungen führte.
Februar 1891	Beginn der Verhandlungen zur Verstaatlichung der Saal-Eisenbahn-Gesellschaft.
15.10.1892	Schlussstrecke Orlamünde Jüdewein – Oppurg wird in Betrieb genommen.
Januar 1895	Verhandlungen mit Sachsen zwecks Verstaatlichung der Weimar-Geraer-Eisenbahn-Gesellschaft.
30.01.1895	Abschluss des Staatsvertrages zwischen Preußen und Schwarzburg-Rudolstadt zum Bau der Schwarzatalbahn von Blankenburg nach Katzhütte bzw. Königssee.
05.04.1895	Verhandlungen mit Preußen zwecks Verstaatlichung der Weimar-Geraer-Eisenbahn-Gesellschaft.
April 1895	Beginn der Bauarbeiten an der Strecke Zeitz – Camburg.
16.07.1895	Verkauf der Saal- und Weimar-Geraer-Eisenbahn an den preußischen Staat.
01.10.1895	Übernahme der Saal- und Weimar-Geraer-Eisenbahn durch die Königliche Eisenbahn-Direktion Erfurt.
02.12.1895	Die Gesamtstrecke Arnstadt – Saalfeld wird dem Betrieb übergeben.
01.05.1897	Die Strecke Zeitz – Camburg wird eröffnet.
01.05.1898	Der Schnellzug Wien – Eger (Cheb) – Gera – Jena – Weimar – Cassel – Aachen verkehrt erstmals über die Weimar-Geraer Eisenbahn.
01.05.1899	Die Verbindungsbahn Ost bei Großheringen wird in Betrieb genommen, damit direkter Übergang von der Saalbahn in Richtung Halle/Leipzig und umgekehrt.
01.05.1900	Das erste Schnellzugpaar D 39/40 zwischen München und Berlin verkehrt über die Saalbahn.
18.08.1900	Eröffnung des letzten Abschnittes Köditzberg – Katzhütte der Schwarzatalbahn.
10.11.1900	Inbetriebnahme des neuen Personenbahnhofs einschließlich Empfangsgebäude in Saalfeld.
1903	Beginn des zweigleisigen Ausbaus der Saalbahn.
10.06.1904	Beginn der Bauarbeiten an der Strecke Eisenberg – Bürgel – Porstendorf.
1905	Umbau des Saalbahnhofs in Jena; er erhält seine Ausdehnung, die er bis 1994 hatte.
30.09.1905	Inbetriebnahme der Strecke Eisenberg – Bürgel – Porstendorf.

1911	Beginn des zweigleisigen Ausbaus der Weimar-Geraer Eisenbahn.
Sommer 1912	Erstmaliges Verkehren des Schnellzugpaares, später Fernschnellzugpaares 79/80 Berlin – München über die Saalbahn; mit diesem Zugpaar begannen erste Versuche in der Zugtelefonie in Deutschland.
April 1914	Auflösung des Camburger Bahnhofs in Zeitz; vorausgegangen war ein völliger Neubau der Bahnhofsanlagen in Zeitz.
01.05.1914	Inbetriebnahme des Hochdammes der Saalbahn in Jena; damit ist die Saalbahn und auch die gesamte Verbindung München – Berlin durchgehend zweigleisig befahrbar.
1918	Der neuerbaute Güterbahnhof in Rudolstadt wird seiner Bestimmung übergeben.
1934	Beginn der Bauarbeiten zur Elektrifizierung der Saalbahn; Erweiterung des Güterbahnhofs in Saalfeld.
15.05.1936	Aufnahme des Schnelltriebwagenverkehrs zwischen Berlin – Leipzig – Nürnberg/München/Stuttgart.
15.05.1939	Beginn des elektrischen Zugebtriebes zwischen Nürnberg und Saalfeld.
15.02.1940	Aufnahme des elektrischen Zugbetriebes zwischen Saalfeld und Göschwitz.
05.05.1940	Aufnahme des elektrischen Zugbetriebes zwischen Göschwitz und Camburg.
Mai 1941	Zuschaltung der Fahrleitung zwischen Camburg und Weißenfels.
02.11.1942	Durchgehender elektrischer Betrieb zwischen Nürnberg und Leipzig.
07.-09.04.1945	Bombardierung von Anlagen der Saalbahn; u. a. Zerstörung des Jenaer Saalbahnhofs und des Bahnhofs in Saalfeld; Einstellung des Betriebes.
09.-13.04.1945	Sprengung der Brücken im Hochdamm in Jena, der Saalebrücke bei Schwarza und der Brücken in Saalfeld, Sprengung der Brücke über Saale/Roda bei Göschwitz; damit Verkehrsunterbrechung der Weimar-Geraer Eisenbahn. Sprengung der Saalebrücke bei Porstendorf; damit ist der Verkehr nur zwischen Krossen und Beutnitz möglich. Sprengung der Saalebrücke in Camburg. Seit dieser Zeit wird die Strecke nur zwischen Zeitz und Molau, seit dem 1. Januar 1968 zwischen Zeitz und Osterfeld und seit 1999 überhaupt nicht mehr betrieben.
16.05.1945	Aufnahme des Betriebes auf Teilstrecken der Saalbahn.
Juli 1945	Behelfsbrücke über Saale und Roda bei Göschwitz eingebaut; damit ist die Weimar-Geraer Eisenbahn wieder durchgehend befahrbar.
22.10.1945	Die Saalbahn ist wieder durchgehend befahrbar.
15.02.1946	Stilllegung des Streckenabschnittes Pößneck unt. Bf. – Oppurg.
28. 03.1946	Einstellung des elektrischen Zugbetriebes auf der Saalbahn, Abbau der Fahrleitung.
1946	Abbau eines Gleises der Saalbahn und Weimar-Geraer Eisenbahn.
30.04.1947	Die Saalebrücke bei Porstendorf ist wieder errichtet, die Strecke nach Krossen wieder durchgehend befahrbar.
April 1965	Der Saalbahnhof in Jena erhält ein neues Empfangsgebäude.
23.09.1967	Aufnahme des elektrischen Zugbetriebes zwischen Weißenfels bzw. Großheringen und Camburg.
1968	Beginn des erneuten zweigleisigen Ausbaus der Saalbahn.
01.04.1969	Stilllegung des Streckenabschnittes Eisenberg – Bürgel.
01.08.1969	Stilllegung des Streckenabschnittes Bürgel – Porstendorf; damit Einstellung des Zugverkehrs von Jena nach Bürgel bzw. Eisenberg.
01.12.1969	Schließung des Raw in Jena.
1970	Beginn des abermaligen zweigleisigen Ausbaus der Weimar-Geraer Eisenbahn.
15.07.1977	Inbetriebnahme eines Zentralstellwerkes in Göschwitz.
1981	Abschluss des zweigleisigen Ausbaus der Saalbahn.
09.11.1989	Öffnung der deutsch-deutschen Grenze.
27.05.1990	Der erste IR hält in Jena Saalbahnhof und Saalfeld: IR 400 München – Leipzig.
1991/1992	Erster Umbau in Rudolstadt-Schwarza, Inbetriebnahme des Stellwerkes B 1.

Alltag auf der Saalbahn: Am 16. September 1974 erwartet die Schrankenwärterin am Posten 67 nahe Saalfeld den herannahenden Dg 74458, der von 44 0689 gezogen wird. Die Lokomotiven der Baureihe 44 bestimmten seit Kriegsende bis zum Jahreswechsel 1981/82 den schweren Güterzugdienst.

AUFNAHME: HANS-JOACHIM LANGE

Am 23. September 1967 nahm die DR auf dem nördlichen Teil der Saalbahn bis Camburg wieder den elektrischen Betrieb im Zuge der Elektrifizierung der Thüringer Stammbahn bis Erfurt und Neudietendorf auf. Am 31. August 1974 hat 242 212 aus Richtung Saaleck kommend mit einem Kokszug für die Maxhütte in Unterwellenborn gerade die Brücke der Verbindungsbahn passiert, links das Gleis der Verbindungsbahn West zum Bahnhof Großheringen mit dem (fast zugewachsenen) ehemaligen Stellwerk Gs. AUFNAHME: HANS-JOACHIM LANGE

31.05.1992	Der erste IC hält in Jena Saalbahnhof und Saalfeld. Die Kursbuch-Strecken-Nummern wurden neu geordnet. Die Saalbahn behält ihre bisherige Nr. 560.
23.05.1993	Der Haltepunkt Kirchhasel wird geschlossen.
1994 bis 1995	Wiederelektrifizierung und Umbau der Bahnhöfe Saalfeld und Rudolstadt. Porstendorf und Kahla werden Haltepunkte.
28.05.1995	Wiederaufnahme des elektrischen Zugbetriebes auf der Saalbahn. Erste planmäßige Lok in Jena war 112 176 mit IR 2207 aus Berlin, der am 27. Mai 1995 in Jena Saalbahnhof ankam und dort endete.
27.09.1998	Wiedereröffnung der Orlabahn, nachdem sie ab dem 1. Januar 1998 von Grund auf saniert wurde.
Dezember 1998	Empfangsgebäude Großheringen abgebrochen.
26.09.1999	Inbetriebnahme des provisorischen Haltepunktes Jena Paradies, Fernzüge halten nicht mehr in Jena Saalbahnhof, der alte Haltepunkt Jena Paradies wird stillgelegt.
September 1999	Erste Versuchsfahrten mit dem ICE-T der BR 411/415.
17.10.1999	Der Umbau der Bahnsteige 1 bis 6 in Saalfeld ist weitestgehend abgeschlossen.
1999 bis Mai 2000	Der Bahnhof Camburg wird umgebaut: Drei Gleise bleiben übrig. Von Oktober 1999 bis Mai 2000 ist nur ein eingleisiger Betrieb im gesamten Bahnhof möglich.
1999 bis Mai 2000	Umbau des Bahnhofs Orlamünde. Züge nach Pößneck unterer Bahnhof fahren von einem Behelfsbahnsteig außerhalb des Bahnhofs.
30.01.2000	Beginn des planmäßigen Einsatzes des ICE-T aber noch nicht mit aktiver Neigetechnik, da die Saalbahn zu dieser Zeit dafür noch nicht ertüchtigt war.
27.05.2000	Stilllegung der Strecke Rudolstadt-Schwarza – Bad Blankenburg.
28.05.2000	Einführung des Neige-Technik-Betriebes (abschnittsweise) mit ICE-T auf der Saalbahn.
01.09.2000	Schließung der Fahrkartenausgabe Jena Saalbahnhof. Damit ist der Bahnhof unbesetzt, nachdem der Bahnsteigservice bereits am 26. September 1999 zu Jena Paradies Provisorium umgesetzt wurde.
10.06.2001	IR 2400 Saalfeld – Leipzig eingestellt. Damit gibt es zwischen 5.00 und 9.45 Uhr (an Leipzig) keine umsteigfreie Verbindung Saalfeld – Jena und Leipzig mehr. Einstellung des IR-Verkehrs zwischen Weimar, Jena und Gera auf der „Mitte-Deutschland-Verbindung“.
Sommer 2002	Sanierung zwischen km 35,8 und 36,8; Umbau der Bahnsteige in Rothenstein. Die Blockstelle bleibt aber noch mit ihren Formhauptsignalen erhalten. Sanierung des Streckenabschnittes bei Zeutsch.
Herbst 2003	Gleissanierung zwischen Porstendorf und Jena-Zwätzen, neue Bahnsteige entstehen in Porstendorf Richtung Camburg und in Jena-Zwätzen für beide Richtungen.
Oktober 2004	Die Saalbahn wird im Abschnitt Rothenstein – Saalfeld über das ESTW-Unterzentrale Saalfeld von Leipzig ferngesteuert werden.
15.12.2004	Vorgesehene Inbetriebnahme des neuen ICE-Haltepunktes Jena Paradies.

Die allgegenwärtige Verwaltung des Mangels in der DDR dokumentiert das Bild der erst wenige Wochen zuvor in Saalfeld eingetroffenen Heizlok 44 1389, die deshalb wegen des Fehlens eines Heizstandes mit eigener Saugzuganlage einen „Schornstein" aus alten Öltonnen mit einem Gebläse erhielt, 17. September 1982 im Bw Saalfeld. AUFNAHME: DETLEF HOMMEL

Das Öl wird knapp: Die Episode der Heizlokomotiven ab 1982

Am 4. März 1980 fand in Saalfeld eine Beratung des Ministerium für Verkehrswesen (MfV), der Hauptverwaltung Maschinenwirtschaft (HvM), der Rbd Erfurt und den Bw Saalfeld und Probstzella über das weitere Schicksal der ölgefeuerten Lokomotiven statt. Zur Heizölersparnis wurde festgelegt, den Bestand des arbeitenden Parks ölgefeuerten Lokomotiven um 20 Loks zu senken. Zur Gewinnung von Erhaltungskapazitäten im Raw Meiningen sollte die Baureihe 95 im Jahr 1980 vorzeitig auslaufen. Die ölgefeuerten 44 wollte die DR aber auch weiterhin einsetzen. Während die Baureihe 95 durch die aus Rumänien importierte Baureihe 119 abgelöst wurde, verringerte die Rbd Erfurt den Bestand der ölgefeuerten 01 im Bw Saalfeld durch die Zuführung und Wiederaufarbeitung von kohlegefeuerten 01, die eigentlich als Heizloks vorgesehen waren. Von März 1980 bis Februar 1981 mussten sich die Saalfelder 01-Öl den Dienst mit ihren kohlegefeuerten Schwestern teilen. Bereits ab 1979 hatte das Bw Saalfeld zwei nicht mehr im Zugdienst benötigte Loks der Baureihe 58^{30} aus der Rbd Dresden erhalten und vom Juni 1979 bis Ende Mai 1980 (58 3014) und vom Oktober 1979 bis Juli 1981 (58 3034) als Heizlokomotiven genutzt.

Die ölgefeuerten Dampfloks des Bw Saalfeld traf schließlich im Herbst 1981 die HvM-Verfügung zur Abstellung bis zu 31. Dezember 1981. Ihre Dienste sollten weitgehend Diesellokomotiven übernehmen. Daraufhin setzte ab Oktober 1981 eine starke Umbeheimatungswelle in den DR-Bahnbetriebswerken ein. Neben den Baureihen 118 und 132 traf es auch die Baureihe 52^{80}. Der kurzfristige Einsatz von 52 8022 zum Jahreswechsel 1981/82 in der Einsatzstelle Göschwitz ist diesen Umständen zuzurechnen. Darüberhinaus kam es zu einer Reaktivierung von schon abgestellten Loks der Baureihe 41, von denen das Bw Saalfeld ab Dezember 1981 mehrere Maschinen erhielt, die bis Ende 1986 im Zugdienst standen.

Noch am 21. Dezember 1981 wurde seitens der Rbd Erfurt der HvM mitgeteilt, dass der erwartete Zugang von Lokomotiven aus der Rbd Greifswald und Dresden nicht ausreicht, um die verbliebenen Loks der Baureihen 01 und 44 abzulösen. Deshalb konnten erst im Januar 1982 die letzten Öl-Loks abgestellt werden. Am 8. Januar 1982 rücken 01 0520 und 44 0757 endgültig in den Saalfelder Schuppen ein. Anfang März 1982 konnten im Bahnbetriebswerk Saalfeld nochmals einige ölgefeuerte 44 angeheizt und in den Umläufen eingesetzt werden, um die eingebunkerten Vorräte an Heizöl zu verbrauchen. Im Bw Saalfeld kam am 7. April 1982 das endgültige Aus für die letzten eingesetzten 44.

Das Raw Meiningen erhielt gleichzeitig den Auftrag, den Rückbau der ölgefeuerten Lokomotiven der Baureihe 44 auf Kohlefeuerung durchzuführen. Schon Ende Januar 1982 verließen mit 44 1280, 1595 und 2663 die ersten Loks das Ausbesserungswerk. Die Lokomotiven verließen das Raw zwar voll betriebsfähig, durften jedoch nicht mehr im Zugdienst eingesetzt werden. Die HvM selbst wies später das Raw an, im Betriebsbuch den Eintrag *„Höchstgeschwindigkeit 50 km/h, nicht mehr zugdienstverwendungsfähig"* zu vermerken. Bei späteren Schadgruppen erfolgte eine Auslieferung ohne Lastprobefahrt und ausgebauten Mittelzylinder. Die Höchstgeschwindigkeit betrug nur 50 km/h und die maximale Zuglast 150 t zum Umsetzen von Wagengruppen.

Im Bw Saalfeld standen nun umfamgreiche Veränderungen ins Haus, um die Energie aus den Heizloks nutzen zu können. Das Kesselhaus musste dafür erneut umgebaut werden. Bereits 1967 wurden die dort bislang verwendeten Kessel gegen einen ölgefeuerten der Baureihe 44 ausgetauscht. 1980 wurde ein neuer Kessel

Bis zur Inbetriebnahme eines neuen Kesselhauses heizten zwei Loks der Baureihe 44 an diesem Heizstand am Nordkopf des Saalfelder Bahnhofs, 28. Dezember 1983.

eingebaut, musste aber mit der Ölknappheit wieder außer Betrieb genommen werden. Seit dieser Zeit übernahmen ein bis zwei kohlegefeuerte Dampflokomotiven der Baureihe 44 als provisorische Heizanlage die Wärmeversorgung, die nicht nur in Saalfeld selbst, sondern auch in der Einsatzstelle Göschwitz verwendet wurden. Bis zur Zuführung der auf Rostfeuerung rückgebauten ehemaligen ölgefeuerten 44 mussten auch die beiden rostgefeuerten 01 1514 und 01 1518 als Heizloks aushelfen. 01 1514 stand mit Unterbrechungen vom November 1981 bis April 1982 und noch einmal vom Januar bis April 1983 als Heizlok im Einsatz. Ab Ende August 1982 kam schließlich die erste von insgesamt vier Heizloks der Baureihe 44 ins Bw Saalfeld:

44 1389-4	(ex 44 0389-5)	ab 30.08.82
44 1378-7	(ex 44 0378-8)	ab 11.11.82
44 2196-2	(ex 44 0196-4)	ab 17.12.82
44 2324-0	(ex 44 0324-2)	ab 19.01.83

Bis zur Errichtung eines provisorischen Heizstandes für zwei Heizloks an der nördlichen Ausfahrt des Bahnhofs Saalfeld wurde 44 1389 mit einem provisorischen Schornstein aus alten Öltonnen und einem Gebläse auf dem Umlauf ausgerüstet und bot dabei ein für Dampfloks ungewohntes Bild. Ein leistungsfähiges Kesselhaus für Kohlefeuerung konnte schließlich am 2. Juni 1986 seiner Bestimmung übergeben werden.

Auch in der Einsatzstelle Göschwitz waren die Heizloks anzutreffen. 44 2324 steht am 21. März 1984 am Giebel des Göschwitzer Lokschuppens.

Aufnahmen (2): Thomas Frister

Quellen

Archivalien

- Archiv des DB-Museums Nürnberg: Fabriklisten, Fahrplanunterlagen,
- IV 361 Verzeichnis der Personen- und Gepäckwagen 1892 und 1913
- Stadtarchiv Jena: Bestand Jena B XVu, Gemeinderatsprotokolle, Geschäftsberichte, Tageszeitungen
- Kreisarchiv Jena: B 16 Denner, Die Geschichte der Porzellanindustrie Kahla; BD 62 Von Weise, Schilling von Alabaster bis Zement
- Thüringisches Staatshauptarchiv Weimar: Bestand Deutsche Bahn A 1897, A 1960, A 1970, A 3521 – 3526, A 10-922, A 10-930/931, Altregistratur RBD Erfurt 1900 – 1970
- Thüringisches Staatsarchiv Rudolstadt: Bestand Ministerium Rudolstadt Staatsministerium 5-13-200 XIX Eisenbahnen: 2143, 2148–2150, 2156-2159, 2172–2174, 2186–2193, 2186, 2191,2194, 2209, 2222–2225, 2224, 2246–2255, 2283
- Thüringisches Staatsarchiv Altenburg: Bestand Ministerium Abteilung des Innern 4941 – 4946 a

Weitere Archivalien sind den folgenden Literaturangaben zu entnehmen.

Literatur

- Werner Drescher: Die Saal-Eisenbahn, Transpress-Verlag Berlin 1991
- Werner Drescher: Die Weimar-Geraer Bahn, EK-Verlag Freiburg 2001
- Thomas Frister/Detlef Hommel (Hrsg): Die RBD Erfurt 1945, EK-Verlag Freiburg 1997
- Werner Gruner/Klaus Weiffen: Elektrifizierung der Strecke Camburg – Saalfeld – Probstzella, Elekrische Bahnen Heft 10/95, R.Oldenbourg Verlag
- Eberhard Hanke, Alexius Schilcher, Leeo Seyfried: Frankenwald- und Saalebahn mit Lückenschlußprojekt D 9 zweigleisig erneuert und elektrifiziert, Eisenbahn Technische Rundschau (ETR) Heft 4/1996
- Rainer Heinrich/Heinz Schnabel: Die Baureihe 22, EK-Verlag Freiburg 2001
- Dr. Gottfried Ilgmann: Bahnreform: Ein durchschlagender haushaltspolitischer Erfolg? Bahnreport 2/04
- Udo Kandler: Saalebahn – Mit Dampflokhochburg Saalfeld, Eisenbahn Journal Sonderausgabe II/2000, Hermann Merker Verlag GmbH, Fürstenfeldbruck, Mai 2000
- Klaus W. Müller/Willy Schilling: Deckname Lachs – Die Geschichte der unterirdischen Fertigung der Me 262 im Walpersberg bei Kahla 1944/45, Heinrich-Jung-Verlagsgesellschaft mbH, Zella-Mehlis/Meiningen, 4. Auflage 2002
- Nette, Rainer: Zusammenstellung betrieblicher Anordnungen, Stand 1. November 1949, Privatsammlung
- Ramp, Brian: Die Baureihe E 18, EK-Verlag Freiburg 2003
- Ulrich Rockelmann/Thomas Naumann: Die Frankenwaldbahn, EK-Verlag Freiburg 1997
- Ralf Roman Rossberg: Grenze über deutschen Schienen 1945-1990, EK-Verlag Freiburg 1991
- Hansjürgen Wenzel: Die preußische P 8, EK-Verlag 1994
- VIEREGG-RÖSSLER: Verkehrsprojekt Deutsche Einheit Nr. 8 – Alternativkonzept für den Raum Nürnberg – Erfurt – Leipzig – Dresden, http://www.vr-transport.de
- Bundesrechnungshof: Bemerkungen 2003 zur Haushalts- und Wirtschaftsführung des Bundes, 25 Empfehlungen für einen wirtschaftlichen Schienenwegebau, http://www.bundesrechnungshof.de/download/bemerkungen_2003.pdf
- Bund Naturschutz in Bayern e.V.: Pressemitteilung LFG 032-04: Bund Naturschutz für Verzicht auf Prestige-Projekte statt Kaputtsparen der Bahn in der Fläche, Festhalten an ICE-Neubautrasse Nürnberg – Erfurt bedeutet finanzielles und verkehrspolitisches Harakiri 01.04.2004, http://www.bund-naturschutz.de/presse/pressemitteilungen/443.html
- B90/Grüne: Der neue Bundesverkehrswegeplan, Infos und Bewertung. 2. April 2003, http://www.gruene-fraktion.de/rsvgn/rs_dok/0,,21917,00.htm

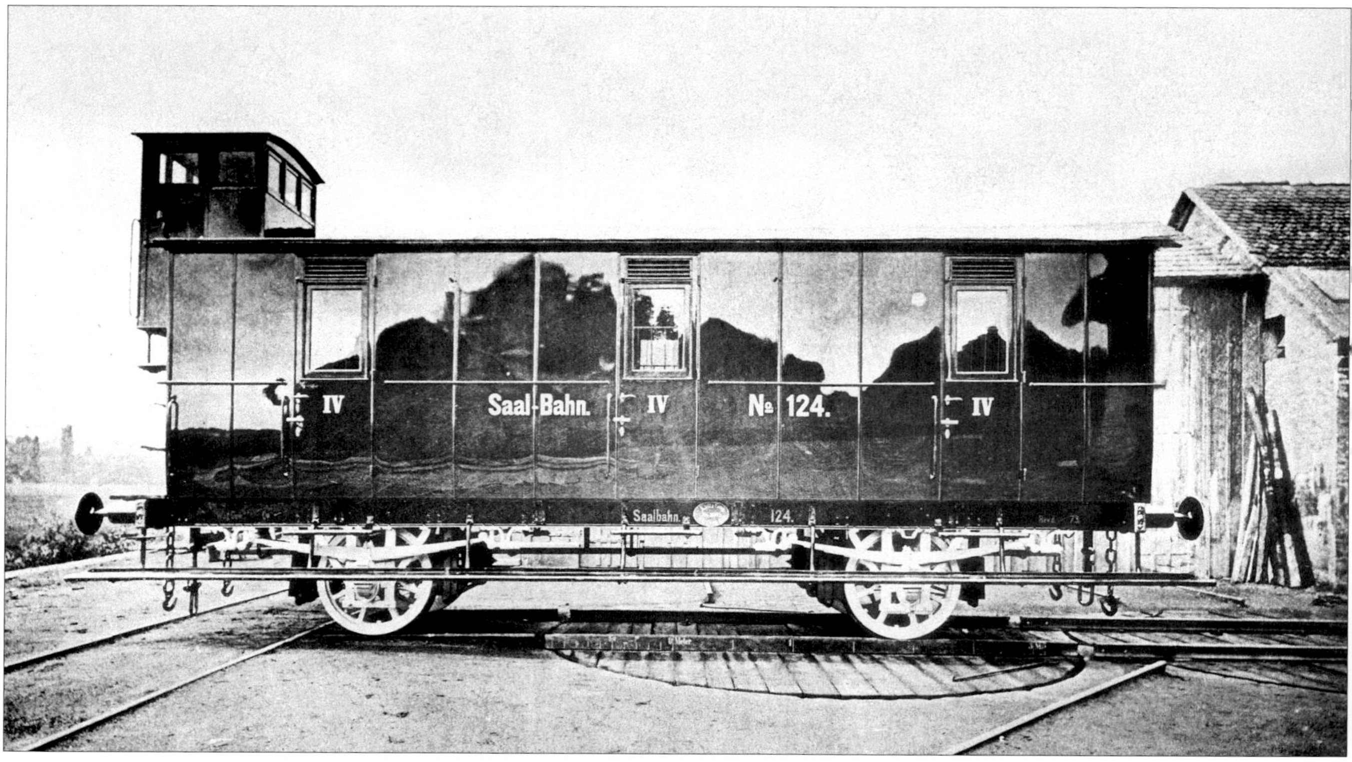

Dieser Personenwagen (Nr. 124 der Saal-Bahn) wurde 1874 von Klett & Co geliefert und 1880 in einen Wagen der III. Klasse umgebaut.
AUFNAHME: SAMMLUNG WOLFGANG RICHTER/WERKSARCHIV KLETT & CO.

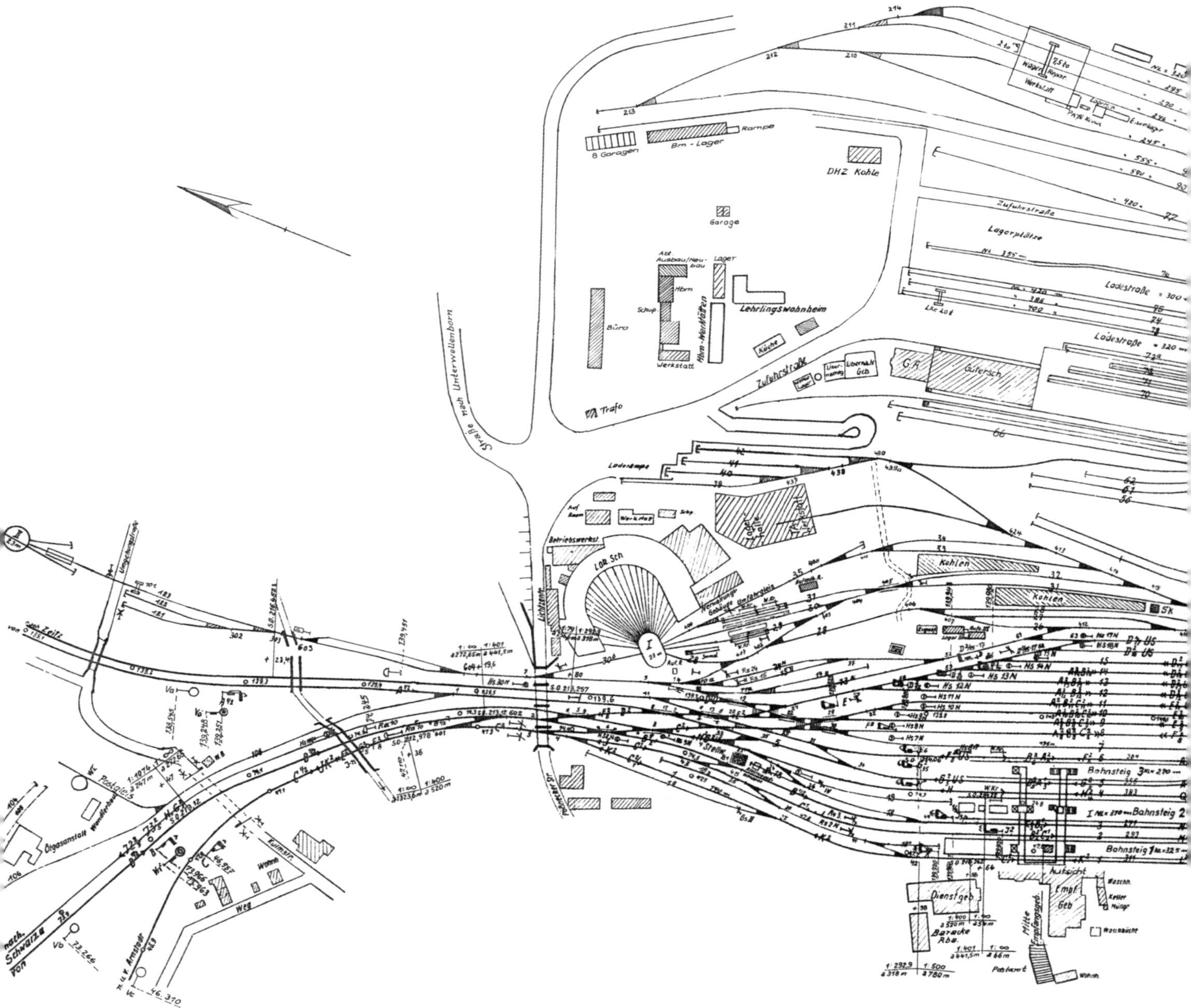

8 Garagen
Bm - Lager
Rampe
DHZ Kohle
Garage
Lager
Lehrlingswohnheim
Büro
Werkstatt
Küche
Zufuhrstraße
Trafo
Straße nach Unterwellenborn
Lagerplätze
Ladestraße
Gütersch
Laderampe
Betriebswerkst
Kohlen
Bahnsteig 3
Bahnsteig 2
Bahnsteig 1
Aufsicht
Dienstgeb
Baracke Rbe.
Weg